国家双一流建设学科南京大学“中国语言文学艺术”项目资助
江苏省高校优势学科建设工程“南京大学中国语言文学”项目资助
江苏省2011协同创新中心“中国文学与东亚文明”项目资助

CSSCI来源集刊

张玉来◎主编

漢語史與漢藏語研究

第十一辑

南京大学汉语史研究所主办

中国社会科学出版社

图书在版编目(CIP)数据

汉语史与汉藏语研究. 第11辑 / 张玉来主编. —北京：中国社会科学出版社，2022.8

ISBN 978-7-5227-1082-2

Ⅰ.①汉… Ⅱ.①张… Ⅲ.①汉语史—语言学史—研究②汉藏语系—研究 Ⅳ.①H1-09②H4

中国版本图书馆 CIP 数据核字(2022)第235103号

出 版 人 赵剑英
责任编辑 宫京蕾
责任校对 闫 萃
责任印制 郝美娜

出 版 中国社会科学出版社
社 址 北京鼓楼西大街甲158号
邮 编 100720
网 址 http://www.csspw.cn
发 行 部 010-84083685
门 市 部 010-84029450
经 销 新华书店及其他书店

印刷装订 北京君升印刷有限公司
版 次 2022年8月第1版
印 次 2022年8月第1次印刷

开 本 710×1000 1/16
印 张 23
插 页 2
字 数 393千字
定 价 128.00元

《汉语史与汉藏语研究》学术组织

南京大学汉语史研究所学术组织

目　录

纪念邵荣芬先生诞辰一百周年

邵荣芬先生学术传略 …………………………………… 张玉来（1）

我父亲的流亡求学经历 ………………………………… 邵作之（29）

认认真真做事　踏踏实实做人

——邵荣芬先生采访录 ………………………………… 张　洁（35）

邵荣芬先生的中古音研究 ……………………………… 王　雪（49）

《万韵新书》的源流及音韵问题 ……………………… 孙志波（70）

《万字归宗标韵》刊行时地考释及其音韵问题

——兼与李连昌先生商榷 ……………………………… 宋　峰（90）

《西儒耳目资》中的者组（ch组）声母 ……………… 尹　瑀（101）

谈谈佛典音义文献的整理与利用

——基于汉语音义学学科建设的视角 ………………… 黄仁瑄（120）

汉简“日书”类文献词语释读三题 ………… 刘建民　张学城（136）

“天气”“天时”的语义演变与历时替换

——兼论“天时”在南方方言中的存留 ……………… 洪晓婷（145）

信息分布原则与训诂格式中的语序排列 …… 曹亚敏　匡鹏飞（165）

早期北京话介词“起”的多功能用法及其来源 ……… 张　渊（182）

论汉字形源研究的几个理论问题 ……………………… 陈正正（198）

20世纪初英国人编写的北婆罗洲
《客家方言教程》……钟蔚苹　庄初升（212）
《西蜀方言》的音系性质辨析……周　岷　周及徐（226）
《西蜀方言》的考本字……倪博洋（247）

藏语副动词标记的来源类型……邵明园（264）
史兴语的致使结构……马思敏（292）
清抄本《广西镇安土司译语》壮汉基础方言研究……梁晓兰（312）
土家语汉借词与源词的语义比较……田　洋　王　正（328）

汉藏语历史比较方法论的新探索
——评《瑶语方言历史比较研究》……李子鹤（349）

邵荣芬先生学术传略

张玉来

（南京大学文学院/汉语史研究所）

图1　邵荣芬先生小照

摘　要：先师邵荣芬先生，安徽寿县人，长期任职中国社会科学院语言研究所，著名语言学家。邵先生将一生的精力都贡献给了学术研究和人才培养，在语言学的诸多方面都取得了卓越的成就，其学术论著已经成为民族的文化经典；邵先生为人醇厚，品性高洁，待人真诚，不慕名利，奖掖后进不遗余力，深受学界拥戴；邵先生的学术研究深得学界赞誉，学术地位崇高，自1992年起享受国务院政府特殊津贴，2006年获评中国社会科学院荣誉学部委员称号。

关键词：邵荣芬；语言；音韵；生平；学术史

一

邵荣芬先生（1922.12.29—2015.7.26），笔名邵欣伯、欣伯，安徽寿县邵老湾村人。[①] 邵先生出生在一个耕读之家，自小就接受了良好的教育，父亲是当地闻名的学者，主讲当地私塾多年，并创办了当地极富名望的邵店学校。邵先生1937年秋在邵店小学毕业后，升入合肥的"农林职业学校"读初中，因日寇入侵，学校解散。1938年春，邵先生投奔设在六安礓的安徽第一临时中学，随校撤退，转至湘西，后转入国立第八中学

① 寿县，曾名寿春、寿州等，历史上行政屡有变迁。新中国成立后曾隶属六安地区，现隶属淮南市。

初中第四部学习。1940年转至永绥（即现在的花坦县），继续在该校高中第二部学习，1944年夏高中毕业。① 邵先生回忆其中学求学生活时说：“我十五岁时为躲避战乱而离开老家，在湘西一个收留流亡学生的中学上学。高中一年级时，我的语文老师是张汝舟先生，他对我的人生观产生了重大影响。张先生为人正直，学识渊博，有丰富的教学经验。他在授业解惑、诲人不倦的同时，特别强调做人的道理。先生经常让学生去他家听他讲人生哲理，他常说：有好的品德，才能做好的学问。他身体力行，希望学生‘以敦品励行为务’、‘以修身为根本，博学为枝叶’。先生尤其注重国学，强调学习孔孟之道、程朱理学对于修身养性的重要性。先生的言传身教，为我处世为人做出了榜样，并为我笃志国学打下了基础。”②

邵先生1944年秋考入浙江大学中文系，1948年夏毕业，旋入该校中国文学研究所攻读汉语音韵专业的硕士研究生。邵先生曾经说，在浙大上学时，缺衣少食，生活条件非常艰苦，吃的是发霉的米饭，八个人一碗菜，上大一时，大冬天只穿一条单裤，腿都冻肿了。由于缺乏维生素B，得了脚气病，是好同学把自己的毯子、毛衣卖了，买了维生素B针剂，才治好了病。③ 艰难的流亡求学生涯，培养了邵先生在艰苦的条件下吃苦耐劳的精神，同时也增强了爱国心。邵先生深刻地认识到无国即无家，国家弱了就会受人欺负，祖国富强了才能抵抗外来侵略，人民才能安居乐业。同时在困难中，他也深深体会到了同学的友情、真诚与善良，学会了待人要有宽厚、仁爱之心。④

邵先生1950年夏毕业后，就职于中国科学院语言研究所（1977年改隶中国社会科学院）。邵先生在该所工作长达半个多世纪，直至去世。邵先生历任语言研究所助理研究员、副研究员、研究员，并曾兼任《中国语文》杂志编委、语言研究所学术委员会委员等职。

---

① 邵作之：《我父亲的流亡求学经历》，《汉语史与汉藏语研究》（第11辑），中国社会科学出版社2022年版。

② 张洁/邵荣芬：《认认真真做事，踏踏实实做人——邵荣芬访谈录》，载中国社会科学院青年人文社会科学研究中心编《学问有道学部委员访谈录》（下），方志出版社2007年版。

③ 张洁/邵荣芬：《认认真真做事，踏踏实实做人——邵荣芬访谈录》，载中国社会科学院青年人文社会科学研究中心编《学问有道学部委员访谈录》（下），方志出版社2007年版。

④ 张洁/邵荣芬：《认认真真做事，踏踏实实做人——邵荣芬访谈录》，载中国社会科学院青年人文社会科学研究中心编《学问有道学部委员访谈录》（下），方志出版社2007年版。

邵先生努力服务社会，服务国家的学术事业，兼任了许多学术职务，如中国音韵学研究会副会长/会长/顾问等职（该研究会 1980 年成立，首任会长严学宭先生，副会长有邵荣芬等先生。该会现已注销。）、《中国大百科全书》之《语言文字卷·音韵学》（1988 年版）副主编、《续修四库全书·经部》（1995 年版）特约编委、《中华大典·语言文字典》编辑顾问等。邵先生前后多次参与《现代汉语词典》的编纂和审查工作，并不畏辛劳全面审定了《辞源》（修订本，1979—1983 年版）的每一字的注音。邵先生还负责了《戴震全书·声类表、声韵考》（1994 年版）的审定工作。

邵先生先后师从张汝舟、郑奠、任铭善、罗常培、陆志韦、丁声树等先生，教育底蕴深厚，既有扎实的国学根基，又有良好的语言学素养，在语言学的诸多方面都取得了卓越的成就。邵先生为推动我国的学术进步呕心沥血，一生精力都贡献给了学术研究和人才培养，其杰出成就彪炳史册。邵先生为人醇厚，待人真诚，不慕名利，奖掖后进不遗余力，深受学界拥戴。邵先生尊师重道，不忘初心，为揭举师辈学术成就竭尽所能，不仅参与了《罗常培文集》的编纂工作，还亲自编纂了《陆志韦集》，为任铭善先生的《汉语语音史要略》作序等。邵先生的学术研究深得学界赞誉，学术地位崇高，自 1992 年起享受国务院政府特殊津贴，2006 年获评中国社会科学院荣誉学部委员称号。

图 2　邵老湾旧址风貌

邵先生的家乡位于安徽省寿县邵老湾村。因新农村改造，该村撤并，现已成良田。树木处即邵先生旧居旧址。该村位处瓦埠湖东南岸，成半岛状，土地肥沃，风景秀丽，人杰地灵。

邵先生富有才情，擅长诗词及书法，下面列举中国社会科学院秋韵诗

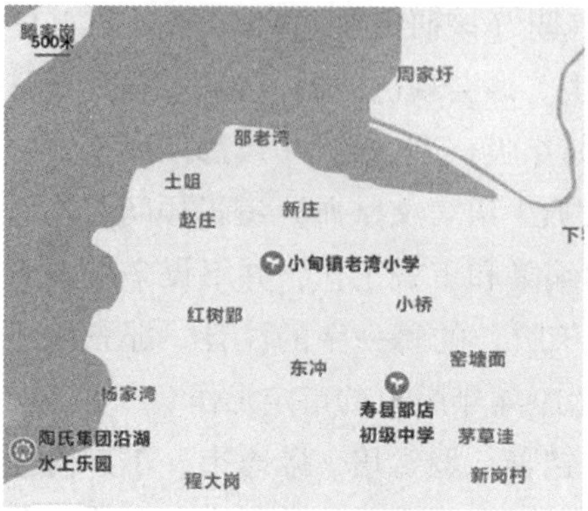

图 3　邵老湾地图位置

图 4　寿县古城东门（基础为宋代所建）

社所编《秋韵诗词选》里所收邵先生诗词各一首,[①] 即可见一斑。

念奴娇·咏江南初雪

曲园幽静，玉容都消却秋来清瘦。苦损天涯芳草梦，魂怯云山难逗。漫洒河桥，偷迷斜径，莫道无情趣。黄昏窥户，更欺窗里罗袖。　　却遣断雁和来，朝天暮色，几点横寒岫。做冷梅边明似月，何逊清辞沁透。倦舞西风，暂休娇喘，但恨归期骤。酒消怕看，夕阳红树依旧。

1946 年杭州

新春述怀

——为语言所“新春寄语”活动作

衰病连年怜剩勇，文章老去费沉吟。
神州放眼皆春色，宝岛回归独系心。

1998 年 1 月

邵先生晚年为痛风病所困，但仍然坚持研究学术、指导后辈学者，顽强地同病魔做斗争，表现出了坚强的意志品质，闪耀着伟大的人性光辉。

邵先生家庭幸福，与夫人谭美中女士育有三子，皆学有专长。长子邵

① 中国社会科学院秋韵诗社编：《秋韵诗词选》，社会科学文献出版社 1999 年版，第 167 页。

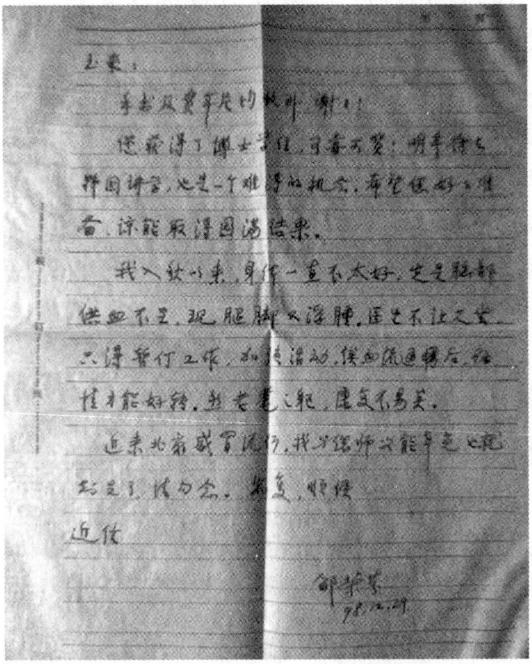

玉泉：

手书及贺年片均收到，谢谢！

您获得了博士学位，可喜可贺；明年将去韩国讲学，也是一个难得的机会，希望您好好准备，谅能取得圆满结果。

我入秋以来，身体一直不太好，先是脑部供血不足，现腿脚又浮肿，医生不让工作，只得暂停工作，加强活动，供血流通改善后，病情才能好转，然老迈之躯，康复不易矣。

近来北京感冒流行，我与您师母未能幸免，也犯，均已好了，请勿念。专复，顺候

近佳

邵荣芬
98.12.29

图 5　邵先生手迹——邵先生写给笔者的信

作之，华北电力大学教授；次子邵可之、三子邵位之，自己创业，事业有成。

二

邵先生毕生从事学术研究工作，其研究领域广泛，涉及词汇研究、词典编纂、汉语规范化、汉语音韵史和汉语音韵学史等。邵先生研究学术，力主古今贯通，强调史论结合、材料和方法并重。邵先生取得的众多成果已成为有关领域的学术经典。

邵先生的学术研究大致分为两个阶段。第一阶段是 20 世纪 50 年代。在这一阶段，为了服务国家的发展战略需要，完成国家提出的文字改革、汉语规范化、推广普通话三大紧迫任务，邵先生中断了他热爱的汉语音韵史研究，而去从事汉语规范化等方面的工作。这一时期，邵先生的研究工作涉及共同语的形成、外来词的发展规律及规范、现代汉语语法、词汇学、词典学及词典编纂等方面。下面介绍其本阶段的重要成果。

《统一民族语的形成过程——兼谈方言拼音文字》（1952）分析了当时流行的一些关于方言与共同语变化及其相互关系的错误认识，提出了基础方言可以以和平扩展的方式发展成民族共同语的新论点。这个观点的核心是方言发展为民族共同语既可以不采取敌对斗争的形式，也不采取互相融合和平均掺和的形式，而是在共同的历史文化和民族向心力的条件下和平扩展而成。该文还提出了不赞成为方言制定拼音文字的看法。该文发表后，受到了苏联语言学界的重视，被译载于苏联科学院《语言学问题》上。

《明末“兵科抄出”档案中的简字》（与蒋希文合作，1952）一文根据明代天启、崇祯两朝的427件“兵科抄出”文件，从中共辑得415个简体字，并统计了有些简化字的出现频率，如“边”字出现了295次、“实”字出现了879次、“拠（据）”字出现304次。这些高频次使用的简化字，说明它们在实际使用中已经十分广泛。本文还从这些档案中发现了不少跟正在使用的简化字字形完全相同的简化字，如“刘、总、宝、灯、迁、窃、战、机、尔、独、恳、夺、务、虽、声”等，这说明许多简化字在历史文献中早就存在。

邵先生与陆志韦先生合作研究了外国人名、地名的汉字对译的规范问题，编成了《英、俄、德、法四种语言人地名译音统一标准方案》（中国科学院1953年内部印本），第一次对汉语翻译外国人名、地名的规范提出了基本的原则和方法，是一次富有创造性的尝试。

《中型现代汉语词典编纂法》（1956）一文是邵先生与郑奠、孙德宣、傅婧、麦梅翘等先生合作发表的。该文是为贯彻执行当时国务院编好以确定词汇的规范为目的的中型现代汉语词典的指示精神而写的，目的是为《现代汉语词典》的编纂作方法和理论的准备。邵先生撰写了其中《释义》一章部分，他以现代语言学的观点，对词典中词的使用范围、同义词的分析、词义的解释以及引例等问题，提出了五十多条意见，为《现代汉语词典》及其他词典的编纂贡献了才智，对词汇学和词典学的研究也有很好的参考价值。

《评〈现代汉语外来词研究〉》（1958）一文是针对高名凯、刘正琰所著《现代汉语外来词研究》（文字改革出版社1958年版）写的书评。邵先生认为本书从材料到理论都有不少优点，是汉语外来词研究的先驱性著作。该书提供的材料和讨论的问题都比较广泛，一般读者通过本书的阅读，也能对汉语外来词的整个情况得到一个比较全面的了解。因此，不论对专家或一般读者，该书都有参考价值。在理论方面，本书首先阐明了外来词的范围和性质。其次阐述了外来词在民族文化交流中的重大意义。再次讨论了汉语吸收外来词的各种方式。最后归结到外来词的规范化问题。邵先生还认为，该书的论述和研究表现了实事求是的精神，虽然没有多少独创的见解，但能就前人陈说，加以发挥，使问题更清楚、更透彻。同时，邵先生也认为该书存在部分语源考证欠妥当、没能充分参考其他学者的研究成果、说明汉语外来词和英语原文对音情况时未能贯彻排斥方言的原则、说明规范化问题时忽略了历史的因素等方面的不足。

20 世纪 50 年代以后，邵先生的研究重心虽然发生了转变，但他还是参加了一些字典、词典的编纂工作。他参加了 1960 年、1973 年和 1979 年等版的《现代汉语词典》的审查和修改工作，并审定了《辞源》（1979 年版）的全部注音。邵先生还发表了《〈辞源〉注音审读记略》和《评〈古汉语常用字字典〉》等论文。

《评〈古汉语常用字字典〉》（1980）一文评介了商务印书馆 1979 年版《古汉语常用字字典》（王力先生等编）。首先，邵先生肯定了该字典既通俗实用，又具有一定的学术水平，不仅为初学古汉语的人提供了一部有用的工具书，而且对研究汉语词汇发展史也有参考价值，很好地将普及与提高结合起来了。其次，邵先生表彰了该字典字头选择原则合理、字义分析比较仔细、解释字义有独到之处、突出同义字辨析、比较注意字和字义的历史发展五个方面的特色。最后，邵先生也指出了该字典存在字头选择原则贯彻不彻底、注音与字义不匹配、义类之间界限不清、释义不够准确、对字义的发展时代的注释有错误五个方面的不足。

《〈辞源〉注音审读记略》（1987）一文，邵先生结合自己审读《辞源》的注音实践，从注音条例和具体字音两方面提出了《辞源》注音应该注意三个方面的问题：古反切和古音系、古音和今音、一字多音，并用具体事例、有针对性地阐述了如何处理这三个方面存在的错讹，并提出了许多应予遵循的注音原则。

邵先生学术研究的第二阶段从 20 世纪 60 年代初开始，那时语言研究所成立了古代汉语组，陆志韦先生任组长，邵先生就正式加入该组，从此回到了汉语音韵史和音韵学史的研究领域。那时，古代汉语组准备撰写一部汉语音韵史，邵先生分工研究中古代表性音系——《切韵》音系。虽然撰写音韵史的工作最终没有完成，但是邵先生就一直将中古音作为自己的研究中心，发表了一系列论文，写成了《切韵研究》一书。后来邵先生扩大中古音研究的范围，分析了《经典释文》《集韵》等文献的音系。除中古音研究外，邵先生积极参与上古音、近代音和音韵学史的研究，同样也取得了巨大的成就。在此期间，邵先生不幸遭遇“文革”，其学术研究工作受到不小影响，直到1978年，以发表译文《汉语里的长短元音》为标志，邵先生才又回到了学术研究的轨道。

除了汉语音韵史本体研究，邵先生还撰写了音韵史通论性著作——《汉语语音史讲话》一书，并发表了不少有关音韵学人物（如陈第、陆志韦等）、音韵学研究概况等音韵学史范畴的研究成果。此外，邵先生在组织学术活动方面也有突出表现，对音韵学研究的队伍建设也有重要贡献。因此，本文第四节将概述邵先生在这些方面的贡献。

邵先生除了以上几个研究领域之外，还特别注意学习和借鉴国外的学术成果，参与了好几项翻译工作，并贯穿其学术研究的每一个阶段。邵先生与人合作或单独发表的译作有《论语言发展的内部规律》（原作者苏联G. A. 谢列布连尼柯夫、M. M. 古赫曼，1953）、《介绍〈俄语语法〉》（原作者苏联A. A. 沙皮罗，1953）、《全民语与方言》（与刘涌泉合作，原作者苏联P. M. 阿瓦涅索夫，1956）、《现代汉语语法研究》（与王力、吕叔湘、范继淹合作校译，原作者苏联A. A. 龙果夫，郑祖庆译，1958）、《英语结构》（与何乐士等合译，原作者美国C. C. 弗里斯，1964）、《汉语里的长短元音》（译述，原作者美国P. B 敦林格，1978）等。

三

（一）邵先生的上古音研究

邵先生的上古音研究的特点是着力解决存在争议的若干声母和韵部之间的纠葛以及具体韵字的归部问题，而非构拟一个体系。这充分体现了邵先生以问题为中心、广泛搜集材料、专题突破的学术风格。

《试论上古音中的常船两声母》（1984）在材料的可靠性和全面性的基础上，通过对大量谐声字、通假字、异文、读若和直音等材料的统计分析，讨论了中古时期的常（禅$_{三}$）母和船母（床$_{三}$）在上古音里的分布和读音。邵先生得出了两点结论：上古常、船两母是对立的，不能合并；但是，常（禅）、船位置应互倒，常（禅）是塞擦音，船是擦音。

《匣母字上古一分为二试析》（1991）和《匣母字上古一分为二再证》（1995）讨论了中古汉语的匣母在上古音里的分布和读音问题。前文以谐声材料为主，后文以通假材料为主。邵先生认为，中古音里，匣母和云母当合二为一，并归纳了学术界关于中古的匣母和云母在上古音分布中的六种不同看法，肯定了匣母在上古一分为二的看法，即与 k、k^h 谐声的读浊塞音，与 x 谐声的是浊擦音。然后根据谐声、读若、异文、通假、现代汉语方言、梵汉对音等材料论证了匣母字跟 K 类相通的为匣$_1$类，并与群母相通的读 g；跟云母或非 K 类相通的为匣$_2$类，与云母同读。邵先生认为此说可以避免诸家学说的各种弊端。

《古韵鱼侯两部在前汉时期的分合》（1983）和《古韵鱼侯两部在后汉时期的演变》（1982）两文重新分析了于海晏《汉魏六朝韵谱》、罗常培/周祖谟的《汉魏晋南北朝韵部演变研究》中的前汉和后汉的韵谱材料，认为罗常培、周祖谟提出的两汉鱼、侯两部不分的主张是错误的。前文首先指出鱼侯合韵的比例很低，并未超出韵部划分的一般限度，而且鱼部与歌部通押，侯部绝不与歌部相通。这都证明前汉鱼侯并未合并。后文则发现后汉鱼侯通押较多是因侯部的虞韵字与鱼部通押较多造成的，如把侯部的虞韵字改归鱼部，则鱼侯通押的数量大减，鱼侯分立就极为明显。后汉时期鱼侯尚能分立，也进一步证明了前汉鱼侯合并是不可能的。

《古韵幽宵两部在后汉时期的演变》（1983）根据后汉时期的有关押韵资料，发现上古时期的幽部里的效摄字多通宵部、流摄字多通侯部，说明后汉时期，尤其是王充以后，古幽、宵、侯三部已变成了中古流、效两摄的格局。

《上古阳声韵若干字的归部问题》（1994）以上古三十一韵部为立足点，讨论了一些上古阳声韵部中的存在异见的若干声符及其谐声字的归部问题。邵先生通过分析比较，提出“允声、丰声”当归冬部，“黾声、蝇声”当归阳部，“夐声、虔声、免声”当归元部，“𦍒声”分归元部（𦍒瞒懑鬗满）、文部（璊𤅩）两部，“令声”当归真部，“西声、垔声、薦声”当归文部，“衔声”当归谈部。这些意见为上古韵字的归部分歧提供了一个解决方案。

（二）邵先生的中古音研究

邵先生研究汉语中古音的特点不同于上古音研究，先是围绕《切韵》音系作重点突破，然后扩大阵地，关注其他中古音文献音系，并注意将它们跟《切韵》音系进行比较，突出各音系之间的异同。邵先生认为《切韵》音系是汉语音韵学研究的根基性音系，代表了中古汉语语音的音韵格局，它完整保存了中古时期汉语的音系资料，据其可以上推上古音，下连近现代音。他还认为，对《切韵》音系性质的认识正确与否，是能否正确认识上古音和近现代音的关键。

《〈切韵〉音系的性质和它在汉语语音史上的地位》（1961）一文根据《切韵》的内部结构及其周围的材料，邵先生提出《切韵》音系大体上是一个以洛阳话为基础的活方言音系，不排除折合了某些方音特点的可能。他说"《切韵》音系大体上是一个活方言的音系，只是部分地集中了一些方音的特点。具体地说，当时洛阳一带的语音是它的基础，金陵一带的语音是它主要的参考对象。"因此，尽管《切韵》音系里有某些杂质，但是它基本上是一个活的音系，可以作中古语音的代表，它在汉语语音史上的地位是应该肯定的。该文是邵先生中古音研究的初步尝试和理论准备，也是后来《切韵研究》一书的出发点。

《切韵研究》（1981/2008）一书以王仁煦刊行的《刊谬补缺切韵》（王$_{三}$）为依据，对其反切系统进行了系联和深入分析，并比较了它和《广韵》在声类和韵类分布上的异同，从而推定《切韵》有声母 37 个，韵类 324 类。在详尽的音类考订的基础上，邵先生针对《切韵》音类内部的纠葛展开了讨论，提出《切韵》的声母的特点有唇音字后不分开合、泥娘分立、俟母独立、常母和船母应该互换位置、全浊声母不送气；他还针对重纽韵字的归类、幽韵的性质、严凡互补等提出了自己的看法。邵先生就声母、韵母的拟音提出了系统的观点，主要有：全浊声母不送气、j 化说得不合理、纯四等没有 i 介音等、重纽的音值是介音的不同。

《〈晋书音义〉反切的语音系统》（1981）一文根据何超《晋书音义》的反切系统，邵先生认为该音系反映了 8 世纪的洛阳音，其与《切韵》音系的差别仅仅是俟母是否独立，也可以说何超音系与《切韵》是同一个音系。这一结论为邵先生提出来的《切韵》音系为洛阳语音的观点提供了强有力的证据。

邵先生还关注了《切韵》之后的多种文献音系，主要涉及《经典释文》《五经文字》以及敦煌俗文学中的别字异文材料。

邵先生长期关注陆德明的《经典释文》音系。邵先生在前人研究的基础上，重新整理了其音注系统，先是写成了《略说〈经典释文〉音切中的标准音》（1982）和《〈经典释文〉的重音音切》（1989）两文，后出版了《经典释文音系》（1995）一书。前两文是邵先生的研究基础和理论准备，《经典释文音系》则是前两文的具体落实。《经典释文音系》通过分析具体的注音实例论述了其首音的特殊地位，肯定了首音代表陆德明本人或其认可的读音，排除了原书中杂引诸音，并对首音进行了全面研究，运用反切系联法和反切比较法，考订出了陆德明音系中声母为30个、不计声调的韵母有136个，并整理出了声韵配合表，全面描写了陆德明音系的概貌。邵先生还特别突出地将陆德明音系和《切韵》音系的异同进行了比较说明，以此说明当时南北语音的不同。

《〈五经文字〉的直音和反切》（1964）一文首先考证了其作者张参的生平，确定了其大致生活在714年至786年。然后通过对《五经文字》所记录的2990多字的注音——直音和反切进行了系联和比较，发现其主要语音特点有：轻重唇音分化、皆佳夬麻四韵相混、清青合并等。这些语音特点揭示了《切韵》之后的语音演变，是8世纪中叶长安一带秦音的音变。邵先生认为张参的年代晚《切韵》一个半世纪，其语音都是北方话为基础，它们的音系特点的不同，一定程度上代表了汉语北方话语音在两个时期中的差别。该文第一次使用了反切比较法，并对该方法的使用原则进行了讨论。借助这一方法，一些较少的、散见的反切音注都可以得到很好的研究，弥补了反切系联法的不足。

罗常培（1933）在《唐五代西北方音》里根据《千字文》《金刚经》《阿弥陀经》《大乘中宗见解》《开蒙要训》等对音文献讨论了唐五代西北方音的情况，取得了极大的成功。邵先生的《敦煌俗文学中的别字异文和唐五代西北方音》（1963）一文则是在罗书的启示下，根据敦煌俗文学中的别字异文讨论唐五代的西北方音，是对罗书的更正和补充。该文揭示了罗书没有注意或者没有提到的唐五代西北方音的诸多特点，比如疑影两母三四等和喻母不分、尤幽两韵不分、止摄开口和齐韵开口不分、-m尾和-n尾合并等。该文发表后深受国内外学者重视。

《〈集韵〉音系简论》（1997/2011）一书针对《切韵》系韵书最后一

种——《集韵》音系展开了分析和讨论。长期以来，《集韵》音系的情况研究不够，学界经常有人提及《集韵》相较《切韵》和《广韵》在注音上有创新。邵先生首先讨论了众多的重出小韵，认为它们除了重纽和少数因音变导致的重出以外，均不表示语音上的差异。然后通过反切的比较、系联和分析，重新考订了《集韵》的声类和韵类体系以及声韵搭配的情况，他发现：以前白涤洲提出的喻$_{三}$独立没有证据，常、船母是否合一也在疑似之间；韵母方面有些韵之间虽偶有混切，但不足以定其并合。但是，也有一些新变化，主要有：轻重唇音分化、崇俟合并、魂系字舌齿音变开口、歌韵系舌齿音变合口、开口二等喉牙音及喉牙音四等字产生了前腭介音，庚$_{三}$系庄组入声字变为二等、尤韵唇音字变入一等、幽韵明母字变入尤韵等。总体来看，《集韵》虽有一些新的音变现象的反映，但基本保存了《切韵》音系的框架，也因此对《切韵》研究也有参考价值，如《集韵》庚$_{三}$所增加的四个舌齿音小韵足证《切韵》庚韵系用三等切下字的庄组字为三等字。

另外，邵先生还根据《集韵》的不同版本以及有关文献，对《集韵》的一些小韵的首字和切语进行了校勘，保证了文献的准确性，或纠正了以前的误校或补正了以前的漏校。邵先生编制的《音节表》为研究《集韵》音系提供了直观的音系材料。《声韵调配合规律》则清晰地展示了《集韵》音系的结构特点。

邵先生还对《经典释文》文本的校勘进行了长期的工作。晚清学者法伟堂（1843—1907，字容叔，号小山，胶州人，著名学者，精通音韵学。）的《经典释文》校记对研究陆德明音切有重要学术价值，但是长期以来并未被学界重视，只有罗常培《法伟堂校本经典释文跋》（1936）介绍过。罗文使用的材料是根据唐兰先生所收藏的稿本迻录的。邵先生后来从唐兰先生哲嗣唐复年处借到稿本，却发现法伟堂校记是写在《经典释文》书眉上的。从此，邵先生花了很多时间整理这些校记。针对这份材料，邵先生写了《说〈法伟堂经典释文校本遗稿〉》（2004）一文，编校了《法伟堂经典释文校记遗稿》（2010）一书。

《说〈法伟堂经典释文校本遗稿〉》对法伟堂《经典释文》校记进行了评述，首先介绍了法氏的简要生平，然后说明了法氏校记的基本情况，文章的主体部分则是从校正字音、辨明音类、以等韵正切、以规避规则正切、以古音论切五个方面论述了法氏校记的贡献，同时也介绍了法氏在字形、字义、衍文、脱文方面的校勘成就。邵先生介绍说，唐兰先生的收藏本不是法氏原稿，而是一个迻录本，其依据是校记中存在不少错字、脱字、条目倒次等讹误，与法氏的学识不符。最后，邵先生说，法氏校记的贡献有二：一是补前人的漏校；二是正前人的误校。

《法伟堂经典释文校记遗稿》（2010）是经过邵先生编校后正式出版的。该书采取上下两部分合印的方式印行，上部为宋刻宋元递修本《经典释文》原书，以原书的一页为序，下部为邵先生整理的法氏校记。在法氏校语前添加被校文字，在误字后括加校语，这极大方便了学界利用。需要特别提及的是，根据该书的《出版说明》，唐兰先生原藏稿本《经典释文》版本情况不详，经复旦大学的李若晖校对，发现该本既不是通志堂本，也不是宋刻宋元递修本，可能是清代某刻本。《法伟堂经典释文校记遗稿》上部《经典释文》原书没有采用唐兰先生原藏，而是改用宋刻宋元递修本。

（三）邵先生的近代音研究

邵先生的近代音研究以专书音系研究或突出某一文献反映某一方音或专题研究个别音类的演变为特色。邵先生涉及的近代专书有《中原雅音》《中原音韵》《康熙字典》《韵法直图》《韵法横图》等；某一文献反映方音的涉及吴棫《韵补》与福州方音、陈第的论著与明代福州方音、《韵法横图》与南京方音、《康熙字典》与时音；某一音类专题研究的只涉及《切韵》的尤韵和东三等韵唇音声母字的演变。

《中原雅音研究》（1981）一书是邵先生根据明人章黼《韵学集成》所引《中原雅音》的材料写成的。首先，邵先生考订了该书的有关事实，肯定了《中原雅音》是一部韵书，大约写成于1398年到1460年。其次，邵先生通过考证辑得的《中原雅音》注音资料，对其音系进行分析和构拟，使失传已久的《中原雅音》音系基本上得到了还原，提出了该音系有20个声母、42个韵母和3个声调，基础方言是河北西南部井陉一带的重要结论。邵先生据此指出，《中原雅音》音系具有很多历史上前所未见的语音特点，如只有三个声调，影疑母字失声母后，在一定条件下，增生了n声母，从而为进一步弄清近代北方语音发展的脉络提供了一些重要线索。这是一个有别于《中原音韵》的语音系统。

《〈中原音韵〉音系的几个问题》（1991）一文论证了《中原音韵》

音系结构的三个方面的问题。第一是唇音和开合问题。邵先生论证了《中原》唇音声母后开合不对立，在有开合对立的一组韵母中，唇音字应一律置开口。目前有关学者置开置合混乱，应该纠正。第二是舌齿音与洪细问题。邵先生论证了《中原音韵》中的舌齿音声母 tʃ、tʃʰ、ʃ 后拼的韵母应该是洪音还是细音问题。邵先生认为，江阳韵中古阳韵知章组字当细音，即 tʃiaŋ 等，如“章昌”等字，古阳韵庄组字及古江韵知庄组字当作 tʃaŋ 等，如“椿庄”等字；东钟韵中 tʃ 等当拼洪音，即 uŋ 韵，如“崇重”等字。第三是萧豪韵的韵母。邵先生论证了萧豪韵有 ɑu，au，iau，uɑu 四个韵母，其中 au 是为了解决唇音的“褒”（豪）与“包”（肴）等一、二等字的对立；uɑu 是解决喉牙音三个韵母的对立问题，如“杲/阁/郭”“豪/鹤/镬”，其中“郭”“镬”两个小韵都是铎韵一等合口字，从萧豪整韵有一、二等的区别看，这两个小韵断乎不能放入二等 au 韵母，那么“镬”与“鹤”、“郭”与“阁”就构成了对立。邵荣芬说，如果不承认这两个小韵独立，恐难以作出合理的解释，主张应该另拟一个合口的 uau 来解决。

《〈中原音韵〉尤侯韵中〈广韵〉尤韵明母字的音韵地位》（2004）针对《中原音韵》尤侯韵的“缪矛眸鍪蝥牟麰侔”小韵中的 8 个字应归-əu 还是归-iəu 韵母展开了讨论。该文根据有关史实，提出早在晋代李轨、徐邈的音切中，尤韵和东三等字就有变成一等的迹象，到唐初陆德明《经典释文》的反切里大致就已完成。此后，曹宪的《博雅音》、颜师古的《汉书注》、玄应的《一切经音义》、张参的《五经文字》、慧琳《一切经音义》都有类似的反映。宋代及以后的《集韵》《皇极经世书声音唱和图》《切韵指掌图》《五音集韵》《蒙古字韵》《古今韵会举要》《四声等子》《经世正音切韵指南》等文献中都读-əu 不读-iəu。由此推断，《中原音韵》“缪”小韵的 8 个字也应读-əu 不读-iəu，有的学者归入-iəu 韵母的做法应该是错误的。该文最后提出，尤韵和东三等韵的明母字之所以没有随着同部位的帮滂並三母轻唇化，是因为它们在轻唇化发生之前就失去了介音“-i-”。

《吴棫〈韵补〉和宋代闽北建瓯方言》（1995）根据宋代学者吴棫（1100—1154）在用《集韵》反切为其所定古音注音时往往掺入他自己的乡音——建瓯方音这一史料，考证了建瓯方音的声韵调系统。邵先生发现，声母方面与今建瓯话相似，今日闽北十五音的雏形或远在 12 世纪中叶即已在建瓯地区大致形成。邵先生根据吴氏的譬况注音和对古今音的比较和描述，考证出当时建瓯方音韵母和声调的一些特点：韵母方面，止摄开口精庄两组声母字的韵母读近鱼虞两韵的韵母，止摄开口其他声母的韵母读近齐韵开口的韵母，梗摄二等读同或读近先韵；-n、-ŋ 尾不分，泰合口和队韵合一，祭开口和志韵不分等；声调方面，有阴、阳去和阴、阳入，浊上变入浊去等，这都与今日建瓯话相合，只有阳平是否像今日建瓯话并入了上声，情况不明。这些都是邵先生的重要发现。

《明代末年福州话的声母系统》（1985）和《明代末年福州话的韵母和声调系统》（1994）两文根据陈第用家乡福州话所定古音注音的材料，考证了当时福州话的声韵调系统，除韵母系统跟今日福州话尚有区别外，声母和声调都已跟今日福州话基本相同。

《〈康熙字典〉注音中的时音反映》（1996/2001）一文根据《字典》（1716）注音中直音和反切的不一致，考证出 18 世纪官话的声韵调系统，邵先生的结论是除 tɕ 组声母的出现不太能确定外，其余跟今日普通话已无区别。

《〈韵法横图〉与明末南京方音》（1998）一文邵先生发现《韵法直图》有承袭《韵法横图》之处，《横图》成书于 1586 年至 1612 年，《直图》在其后，这跟一般的看法相反，即《横图》成书在《直图》之前。该文根据《横图》的韵表和表注，考出了当时的南京音系，并总结了其音系特点：声调五个，全同今日南京话；声母 21 个，跟今日南京话的主要不同仅仅是微母仍是 v、n 与 l 不混、tɕ 组声母还未出现；韵母与今日南京话的差别略多一些，如-n 还未鼻化、uon（官）与 uɑn（关）仍有区别等。

《释〈韵法直图〉》（2002）一文进一步论证了《直图》后出问题，并考出了它的音系，分别构拟了其声母和韵母系统，并讨论了声韵调的特点，但并没有给出该音系的基础方言是何方言的结论。

《半个多世纪前的休宁方言音系》（2018）一文是根据罗常培先生 1934 年记录、邵荣芬先生 1955—1961 年增补修订的休宁地区（城区片）方言语音资料，后经张洁整理并撰写成文的。该文整理、分析并研究了半个多世纪前安徽休宁方言（城区片）的语音系统，包括方言概况、声韵调系统、音韵特点和同音字汇。全文描写了休宁方言有 23 个声母、27 个韵母和 6 个单字调，揭示了古全浊塞声母清化、送气与否没有明显的分化规律，部分微母字读 m 声母，古入声韵尾消失，阳声韵中咸、山、宕、江摄的全部和臻、曾、梗摄的部分字鼻音韵尾脱落，流摄开口一等字读细音，古上、入声按古声母的清浊各分化为阴、阳两类等音韵特点，按照韵母系统编写了详细的同音字表。

四

除了上节介绍的邵先生关于汉语音韵史的分阶段的本体研究的成就之外，他在汉语音韵史通论和汉语音韵学史及其他方面也有卓有贡献。今简述如下：

《汉语语音史讲话》（1979/2010）一书是一部介绍汉语语音史的基本知识、基本材料和研究方法的简明入门书。全书共有七个部分：一、引言；二、上古汉语语音；三、中古汉语语音；四、近古汉语语音；五、汉语声母系统的发展；六、汉语韵母系统的发展；七、汉语声调系统的发展。另有“汉语语音史重要文献评介”一个附录。邵先生将汉语语音史分作在上古、中古、近古三个历史时期，讲述了各个时期划分的依据，分别概述了各个阶段的声、韵、调的概貌，全面系统地把汉语语音发展的各重要阶段的音系结构及其研究材料和研究方法介绍给了读者，在很多重要的语音史问题上，作者都表明了自己的看法。

邵先生对汉语音韵学史上的重要人物和重要著作特别措心，尤其是对陈第（1541—1617）及其著作的研究花了极大的心力。以往对陈第的古音研究成就主要是称道其关于音变的认识——时有古今、地有南北说，很少有人讨论他在上古音考订方面的成就。邵先生则深入陈第著作内部，努力从陈第考订的韵字中归纳其心目中的古音韵部和读音。

《陈第对古韵的分部和韵值的假定》（1988/1989）一文根据陈第在《毛诗古音考》《屈宋古音义》等书中所考订的 721 个字所假定的读音，用系联法加以归纳，考订出了陈第心目中的古韵韵部，共得三十五部，如不计声调则为十七部，并将 721 个韵字归入了相应的韵部。邵先生还根据陈第对有关韵字的读音描述，结合陈第的福州方音，给有关韵部构拟了陈第心目中的读音。

邵先生考订的十七部及其拟音如下：

1. 支部 i

2. 质部 ik　eik（德部分字）

3. 真部 iŋ yiŋ（欣）eiŋ（臻部分字，登）uiŋ（谆文部分字）（?）

4. 尤部 eu（豪肴虞部分字，侯）　ieu

5. 月部 iek yek（月开喉牙音，屑合部分字，曷部分字，末）　uek（月合）

6. 先部 uek yeŋ（元开喉牙音）yoŋ（先合，仙合，元合，寒桓删山部分字）uoŋ（同前）

7. 灰部 uei

8. 萧部 o（豪）au（肴）iau

9. 合部 ak

10. 寒部 aŋ　uaŋ（删合，山合，桓）

11. 泰部 ai

12. 歌部 o（歌，麻开，支开）uo

13. 药部 ok（铎开，昔开，觉）yok（药开，昔开，锡开）　uok

14. 阳部 oŋ（唐开，阳开庄组，庚$_{三}$唇音）yoŋ（阳开、庚$_{三}$开）uoŋ

15. 鱼部 u（尤部分字，鱼虞非庄组，麻$_{二}$，模，侯）y

16. 屋部 ouk uk（屋$_{三}$，烛唇音，屋$_{一}$，沃）iok（屋$_{三}$）　iuk（烛）

17. 東部 øyŋ（东$_{三}$唇音，东$_{一}$，冬）iøyŋ

在以上分析的基础上，邵先生对陈第古音学的得失作出了迄今最为全面和深入的评价。邵先生认为，陈第在古韵分部上较之前辈学者吴棫等有了很大的进步，突出的表现在离析《广韵》的同韵字上，比如《广韵》麻韵半归歌部、半归鱼部，支部半归支部、半归歌部等，都是从陈第开始的。邵先生在肯定了陈第的学术贡献之外，也讨论了其研究的缺陷：首先，他不以《广韵》为出发点，而拿他自己的家乡话为出发点来观察古音，就是一个重大缺陷，在古今音韵比较上缺乏系统性；其次，陈第没能严守以《诗经》本证为主要依据的正确原则，所引旁证有超出了《诗经》押韵所许可的范围，造成了材料的不确定，给他的工作带来了不良的影响；再次，在韵脚判断上也偶有失误；最后，在拟音方面也存在错误的观念和做法。

《陈第评传》（1992）则是《陈第对古韵的分部和韵值的假定》的姊妹篇，基本内容大致相同，原来是作为《中国古代语言学家评价》

（1992）一书的一部分。该文突出了对陈第生平、事迹的介绍，强调了陈第在《诗经》韵例研究方面的贡献。附录里还列举了陈第的著作目录。

邵先生对现代音韵学研究的得失和有关学者的评介用力甚多。《欣欣向荣的汉语音韵学》（1993）一文，概述了1949年至1989年新中国四十年的音韵学成就。邵先生认为，新中国成立以来的汉语音韵学的发展大致可以分为三个阶段，各阶段的状况有较显著的差别。新中国成立之初至60年代中期为第一阶段。这期间，尤其是50年代，语文工作者面临文字改革、汉语规范化、推广普通话三大紧迫任务，还腾不出很多精力来从事语言史方面的研究。所以这一时期据不完全统计，只发表了音韵学专著10种（包括旧著重印），论文115篇，音韵学的发展还处在一般水平上。从60年代中期至70年代中期，为第二阶段。这期间由于动乱，音韵学的研究基本上处于停顿状态，没有任何论著发表，当然谈不上什么发展。从70年代中期到1989年，为第三阶段。这一阶段，尤其是党的十一届三中全会以来，由于政策的正确，专业人员从事科学研究和学术活动的时间多了，科研经费增加了，人才培养的规模也扩大了，音韵学不仅得到复苏，而且呈现了迅猛发展的势头。据不完全统计，十几年来，出版音韵学专著近80种，论文900多篇。不仅第二阶段无从与之相比，就是第一阶段也望尘莫及。这一阶段论著超过前两阶段竟达七倍之多。这是一种前所未有的速度。综观四十多年来汉语音韵学的主要成就，可以大致概括为下列三个方面。一、研究深化，很多观点逐渐趋向一致。二、辛勤探索，不断提出新假设。三、扩大了研究领域，空白点显著缩小。四十多年来，音韵学研究虽然取得了很丰硕的成果，但也有不足之处，比如与同系属语言的比较研究还开展得很不充分，汉语音韵学中的很多问题，尤其是上古音中的一些问题，恐怕只能通过与亲属语言的比较研究才能最终得到解决，近年来在国外学者的影响下，国内发表有关比较研究的论文虽然有所增加，但不论其数量或质量，都还是很不够的，至少都还没有达到我们的优势地位和应负责任所要求我们做到的那样。

《我和音韵学研究》（1999）一文谈了邵先生自己多年来研究音韵学的一些体会。他用自己的亲身经历，向学术界揭示了自己的学术历程和研究路径。他以自己的研究为例，从确定选题、收集资料、分析资料、作出结论四个方面总结了学术研究应该遵循的原则和注意的问题。邵先生真诚地把从事学术研究的“金针”度予每一个学人。

《陆志韦》（附《陆志韦生平年表》）（1999）一文，对陆志韦先生的生平、治学方法和学术成就作了详细评述，并钩稽、排列了陆先生的生平及事迹年表。关于陆志韦先生的学术生平，邵先生还写过《语言学家、心理学家——陆志韦》（2000）、《音韵学的开拓者和构词法奠基人陆志韦先生》等，全面表彰了陆先生的学术贡献。除评介陆志韦先生的文章外，邵先生还发表过《沉痛悼念王力先生》（1986）、《沉痛悼念严学窘先生》（1992）、《忆郑奠先生》（1993）、《悼念周祖谟先生》（1996）等文，缅怀了这些前辈学者的丰功伟绩。

邵先生尽心为学界前辈或后学撰写序文，或表彰前辈的成就，或鼓励后辈学者努力奋发，这些序文主要有《汉语语音史要略·序》（任铭善，1984）、《秦汉简牍帛书音韵研究·序》（李玉，1994）、《音略汇通音系研究·序》（张玉来，1995）、《古今韵会举要及相关韵书·序》（宁忌浮，1997）、《汉语音韵学论文集·序》（冯蒸，1997）、《广韵反切今音手册·序》（李葆嘉，1997）、《元代汉语音系的比较研究·序》（李立成，2002）等。

邵先生积极参与学术研究组织的创办和领导工作，作为发起人之一，邵先生襄助严学窘等先生创办了中国音韵学研究会（1980年成立于武汉），并担任了首届副会长，并接续首任会长严学窘先生为二任会长（1988—1990），后长期担任该会顾问。邵先生为这个学会呕心沥血，主持了该会的第五届、第六届学术研讨会，并曾作过《中国音韵学研究会第五次学术讨论会开幕词》（1989）、《中国音韵学研究会第六次学术讨论会开幕词》（1990）、《中国音韵学研究会第六次学术讨论会闭幕词》（1990）等，为学会的发展摇旗呐喊。

邵先生还积极推动海峡两岸学者的交流，1990年6月与台湾师范大学的陈新雄先生作为共同发起人在香港举办了中国音韵学国际学术研讨会，让隔离多年的两岸学者有了交流的窗口，并为以后的两岸音韵学界的交流奠定了基础。邵先生还积极参加国内和国际学术活动，先后应邀到国内有关大学和研究机构讲学，1982年和1985年分别在北京和泰国曼谷参加了第十五届和第十八届国际汉藏语言学会议，发表了重要论文，扩大了中国学术的国际影响。

五

1985 年 3 月初的春寒料峭的某一天，我手持先师殷孟非先生的介绍信，来到位于建国门内大街 5 号的语言研究所拜谒邵欣伯先生。邵先生性情醇厚，学识渊博，容颜很像师祖罗常培先生，令我仰慕不已。从此之后，无论我在哪里工作，无论在什么情况下，邵先生在学问和生活上总是给我极大的关怀和勉励，自己每一步的成长都离不开邵先生的培育。每年多次的登门求教，邵先生都谆谆教诲，师母常常会用家乡的美味招待；邵先生还不嫌山水之远，多次邮寄自己的论著，书信指教学术路径。更令人感动的事，邵先生多次不畏寒暑去有关图书馆帮我复印并邮寄资料……邵先生的关怀和指导永生难忘！

今年是邵先生诞辰 100 周年。为了表达对邵先生的敬仰，表彰邵先生对中国学术的卓越贡献，我约请了有关专家及邵先生长公子分别撰文，介绍了邵先生的为人为学及其学术成就，感谢他们的支持！邵先生的公子邵作之、邵可之、邵位之三位师兄都为本文的写作提供了帮助，谢谢他们！

参考文献

1. 邵荣芬：《邵荣芬自传》，载马启俊主编《名人与寿县文化》，安徽大学出版社 2016 年版。

2. 邵作之：《我父亲的流亡求学经历》，《汉语史与汉藏语研究》第 11 辑，中国社会科学出版社 2022 年版。

3. 张洁、邵荣芬：《邵荣芬访谈录》，载中国社会科学院青年人文社会科学研究中心编《学问有道学部委员访谈录》（下），方志出版社 2007 年版。

4.《中国现代语言学家》编写组：《邵荣芬》，载《中国现代语言学家》（第 2 分册），河北人民出版社 1982 年版。

5.《中国现代语言学家传略》编写组：《邵荣芬》，载《中国现代语言学家传略》（第 3 卷），河北教育出版社 2004 年版。

附录　邵荣芬先生学术论著编年目录

1952 年

1.《统一民族语的形成过程——兼谈方言拼音文字》,《中国语文》1952 年第 3 期；又由苏联汉学家鄂山荫教授译载于苏联科学院语言研究所杂志《语言学问题》(*ВопросыЯзыкоз-нания*) 1953 年第 4 期；又被收入《汉语的共同语和标准音》，中华书局 1956 年版。

2.《明末兵科抄出档案中的简化字》(与蒋希文合作),《中国语文》1952 年第 4 期。

1953 年

1.《英俄德法四种语言人地名译音统一标准方案》(与陆志韦合作)，打印本，1953 年。

2.《论语言发展的内部规律》(译文)，原作者苏联 G. A. 谢列布连尼柯夫、M. M. 古赫曼,《科学通报》1953 年第 7 期。

3.《介绍〈俄语语法〉》(译文)，原作者苏联 A. A. 沙皮罗,《科学通报》1953 年第 12 期。

1956 年

1.《中型现代汉语词典编纂法》(与郑奠等合作),《中国语文》1956 年第 7、8、9 期。

2.《全民语与方言》(译文，与刘涌泉合作)，原作者苏联 P. M. 阿瓦涅索夫,《语言学论文选译》第 1 辑，科学出版社 1956 年版。

1958 年

1.《评〈现代汉语外来词研究〉》,《中国语文》1958 年第 7 期。

2.《现代汉语语法研究》(校译，与王力、吕叔湘、范继淹合作)，原作者苏联 A. A. 龙果夫，郑祖庆译，科学出版社 1958 年版。

1960 年

1.《现代汉语词典》（参加审查和修改），商务印书馆 1960 年（试印本）、1978 年版。

1961 年

1.《〈切韵〉音系的性质和它在汉语语音史上的地位》，《中国语文》1961 年第 4 期。

1963 年

1.《敦煌俗文学中的别字异文和唐五代西北方音》，《中国语文》1963 年第 3 期。

1964 年

1.《〈五经文字〉的直音和反切》，《中国语文》1964 年第 3 期。

2.《英语结构》（与何乐士等合译），原作者美国 C. C. 弗里斯，商务印书馆 1964 年版。

1978 年

1.《汉语里的长短元音》（译述，署名欣伯），原作者美国 P. B 敦林格，《语言学动态》1978 年第 3 期。

1979 年

1.《汉语语音史讲话》，天津人民出版社 1979 年版；中华书局 2011 年版（校正本）。

2.《辞源》（修订本，负责审音），商务印书馆 1979 年版/1983 年版。

1980 年

1.《评〈古汉语常用字字典〉》，《中国语文》1980 年第 4 期。

1981 年

1.《〈晋书音义〉反切的语音系统》，《语言研究》1981 年创刊号。

2.《中原雅音研究》，山东人民出版社 1981 年版。

1982 年

1.《略说〈经典释文〉音切中的标准音》，《古汉语研究论文集》，北京出版社 1982 年版。

2.《古韵鱼侯两部在后汉时期的演变》，《中国语文》1982 年第 6 期。

3.《切韵研究》，中国社会科学出版社 1982 年版；中华书局 2008 年版（校订本）。

4.《高本汉的生平和成就》（校译），原作者丹麦易家乐，林书武译，《国外语言学》1982 年第 1 期

5.《古汉语研究论文集》第 1 辑，主编之一，北京出版社 1982 年版。

1983 年

1.《古韵鱼侯两部在前汉时期的分合》，《中国语言学报》1983 年第 1 期。

2.《古韵幽宵两部在后汉时期的演变》，《语言研究》1983 年第 1 期。

1984 年

1.《释〈集韵〉的重出小韵》，《音韵学研究》第 1 辑，中华书局 1984 年版。

2.《试论上古音中的常船两声母》，《罗常培纪念文集》，商务印书馆 1984 年版。

3.《汉语语音史要略・序》（任铭善著），河南人民出版社 1984 年版。

4.《古汉语研究论文集》第 2 辑，主编之一，北京出版社 1984 年版。

1985 年

1.《明代末年福州话的声母系统》，《中国语文》1985 年第 2 期；又载《庆祝吕叔湘先生从事语文教学与研究六十年论文集》，语文出版社 1985 年版。

2.《〈辞源〉注音审读记略》（节要），《中国语文》1985 年第 4 期。

1986 年

1.《“佛乘”的“乘”读平声证》，香港《中国语文研究》1986 年第 8 期。

2.《沉痛悼念王力先生》，《音韵学研究通讯》1986 年第 10 期。

1987 年

1.《〈辞源〉注音审读记略》，《古汉语研究论文集》第 3 辑，北京出版社 1987 年版。

2.《古汉语研究论文集》第 3 辑，主编之一，北京出版社 1987 年版。

1988 年

1.《陈第对古韵的分部和音值的假定》，《古汉语研究》1988 年创刊号、1989 年第 1 期。

2.《中国大百科全书·语言文字卷》（音韵学副主编），大百科全书出版社 1988 年版。

1989 年

1.《〈经典释文〉的重音音切》，《中国语文》1989 年第 6 期。

2.《中国音韵学研究会第五次学术讨论会开幕词》，《音韵学研究通信》1989 年第 13 期。

1991 年

1.《〈中原音韵〉音系的几个问题 》，《中原音韵新论》，北京大学出版社 1991 年版。

2.《匣母字上古一分为二试析》，《语言研究》1991 年第 1 期。

3.《〈切韵〉尤韵和东三等韵唇音声母字的演变》，香港大学《东方文化》1991 年第 1 期。

4.《陆德明反切用字析略》，《汉语言学国际学术研讨会论文集》，《语言研究》1991 年增刊。

5.《〈经典释文音系〉中的几个观点》，香港《中国语文通信》1991年第17期。

6.《中国音韵学研究会第六次学术讨论会开幕词》，《音韵学研究通讯》1991年第15期。

7.《中国音韵学研究会第六次学术讨论会闭幕词》，《音韵学研究通讯》1991年第15期。

1992年

1.《陈第》，《中国古代语言学家评传》，山东人民出版社1992年版。

2.《沉痛悼念严学宭先生》，《音韵学研究通信》1992年第16期。

1993年

1.《欣欣向荣的汉语音韵学》，《中国语文研究四十年纪念论文集》，北京语言学院出版社1993年版。

2.《忆郑奠先生》，《语文建设》1993年第9期。

1994年

1.《上古阳声韵若干字的归部问题》，《语苑新论——纪念张世禄先生学术论文集》，上海教育出版社1994年版。

2.《明代末年福州话的韵母和声调系统》，《音韵学研究》第3辑，中华书局1994年版。

3.《〈集韵〉韵母特点纪要》，《语言研究》1994年增刊。

4.《秦汉简牍帛书音韵研究·序》（李玉著），当代出版社1994年版。

5.《戴震全书·声类表、音韵考》（负责审定），黄山出版社1994年版。

1995年

1.《匣母字上古一分为二再证》，《中国语言学报》1995年第7期。

2.《论〈集韵〉的洪细》，《吕叔湘先生九十华诞纪念论文集》，商务印书馆1995年版。

3.《吴棫〈韵补〉和宋代闽北建瓯方音》，《中国语文》1995年第

5 期。

4. 《经典释文音系》，学海出版社 1995 年版。

5. 《音略汇通音系研究 · 序》（张玉来著），山东教育出版社 1995 年版。

1996 年

1. 《〈康熙字典〉注音中的时音反映——声母部分》，载《薪火篇》，山西高校联合出版社 1996 年版。

2. 《悼念周祖谟先生》，《音韵学研究通讯》1996 年第 19、20 期合刊。

1997 年

1. 《邵荣芬音韵学论集》，首都师范大学出版社 1997 年版。

2. 《古今韵会举要及相关韵书 · 序》（宁忌浮著），中华书局 1997 年版；又载《社会科学战线》1997 年第 4 期。

3. 《汉语音韵学论文集 · 序》（冯蒸著），首都师范大学出版社 1997 年版。

4. 《广韵反切今音手册 · 序》（李葆嘉著），上海辞书出版社 1997 年版；又载《文教资料》1997 年第 1 期。

1998 年

1. 《〈韵法横图〉和明代南京方音》，《汉字文化》1998 年第 3 期；又载《语言文字学》1998 年第 11 期。

1999 年

1. 《陆志韦》，《中国社会科学院学术大师治学录》，中国社会科学出版社 1999 年版。

2. 《我和音韵学研究》，载《学林春秋》（二编上册），朝华出版社 1999 年版。

2000 年

1. 《语言学家心理学家——陆志韦》，《光明日报 · 理论周刊》

B3 版，2000 年 3 月 21 日。

2001 年

2. 《〈康熙字典〉注音中的时音反映——声调、韵母部分》，《语言》2001 年第 2 卷。

2002 年

1. 《释・韵法直图》，《纪念王力先生百年诞辰学术论文集》，商务印书馆 2002 年版。

2. 《元代汉语音系的比较研究・序》（李立成著），外文出版社 2002 年版。

2003 年

1. 《〈陆志韦集〉编者的话》，载《陆志韦集》，中国社会科学出版社 2003 年版。

2. 《陆志韦生平年表》，载《陆志韦集》，中国社会科学出版社 2003 年版。

3. 《陆志韦集》，主编，中国社会科学出版社 2003 年版。

2004 年

1. 《〈中原音韵〉尤侯韵中〈广韵〉尤韵明母字的音韵地位》，载《音史新论——庆祝邵荣芬先生八十寿辰学术论文集》，学苑出版社 2004 年版。

2. 《说〈法伟堂经典释文校本遗稿〉》，载《音史新论——庆祝邵荣芬先生八十寿辰学术论文集》，学苑出版社 2004 年版。

2009 年

1. 《邵荣芬语言学论文集》，商务印书馆 2009 年版。

2010 年

1. 《法伟堂经典释文校记遗稿》，华东师范大学出版社 2010 年版。

2011 年

1. 《集韵音系简论》，商务印书馆 2011 年版。又收入《邵荣芬音韵学论集》，首都师范大学出版社 1997 年版。

2018 年

1. 《半个多世纪前的休宁方言音系》，《方言》2018 年第 2 期。

我父亲的流亡求学经历

邵作之

（华北电力大学控制与计算机工程学院）

1937 年秋，我父亲——邵荣芬先生到合肥上中学，时年 15 岁。所上中学实际上是一所职业学校，名字叫“农林职业学校”，该校为卫立煌创办。卫立煌是安徽巢县人。该校基本是免费的。学生只需负责自己的生活费及少量学习费用。因此，邵店小学毕业的孩子好几个都去报考该校，只有我父亲一人被录取了。

当年，曾祖父家并未分家，曾祖父与爷爷兄弟几个都住在一起，是一个大家庭。我父亲要出去念书，费用自是由曾祖父发话支付，但家里有很多平辈的孩子，如果都出来读书，家里如何承受得了。为此曾祖父特意把爷爷等兄弟们召集起来开会商议此事。因我父亲自小聪颖，书读得好，所以大家同意支持我父亲外出读书。

当年外出读书并未想到未来是否还要上大学或其他的前景，只是想以后能够在合肥城里找到工作。当时省城里一个中学的老师月收入达到 80—100 大洋，而那个时代 3 个大洋就可支持一个人一个月的生活。所以日后如果能谋到一个这样的工作，生活就可以无忧了。

我父亲去合肥上学时七七事变已经爆发，到年底，南京陷落，下江一带失守。所以学校就解散了。我父亲在这里只念了一个学期，学校解散只好回家。

1938 年春天，国民党政府在六安成立了“安徽第一临时中学”，收留因抗战流亡的学生。我父亲在家乡得知此消息后，便去投奔。战乱期间学校并不收费。

学校设在六安市西部大别山中的流波幢，在淠河边上，出产茶叶。可能是国民党军队溃退经过此地，引起了日本鬼子的注意。大概是 5 月，一天之内对小镇进行了两次轰炸。第一次同学们正在上课，来不及逃避，只能躲在桌下，满头都是震落的尘土。过不多时，正当同学们议论纷纷惊魂不定之时，远处日本飞机又来了，大家四散躲避。学校院子的大门外50米左右就是淠河，我父亲躲到河坎下，恨不能把自己嵌入河坎之中。河边堆的建房用的杉木被炸得乱飞，碎片从我父亲的头上飞过，机枪子弹在我父亲面前两三米处扫过，在地上打出一排弹孔，泥土四溅。轰炸过后，我父亲和一些同学跑到附近山上躲避，直到天晚才回。镇上残垣断壁，很多人被炸死，亲人在一旁哭泣，十分凄惨。此次轰炸学校里有一个老师受伤，屁股上炸了一个洞，当时范（范培元）爷爷①和这个老师在一起，帮助一块抢救。

这次轰炸之后第2天，校长就宣布逃亡，愿意的就跟他一起走，但逃到哪里去，然后又如何都不清楚。所以在六安实际上只读了不到3个月的书。

我父亲当时只有15岁。年纪虽小，但绝不能做亡国奴的信念很坚决。另外，长期以来，我父亲也很盼望能有机会走到外面，见识外边的世界。所以，我父亲毫不犹豫，当即决定跟随学校逃亡。能有机会走到外面去，我父亲甚至有点窃喜。六安离家有一百多华里，来不及回家看一下。我父亲把来上学时奶奶给的一个小红皮箱打开放在窗户上，其中的东西连同箱子都不要了。出发时只带一条学校发的灰色棉毯和一把雨伞。共有300多人一同逃亡。

第一阶段的逃亡路线是：（安徽）六安→霍山→（湖北）英山→罗田→团风→武汉。从地图上看，六安南部大概已进入大别山，霍山，英山则穿过大别山。一路上基本沿公路而行。一般每日走40—50里地。路面条件已记不清楚，但可以肯定的是：下雨时，路也能走。所以路面至少是砂石的。

路途中曾有一次，草鞋的鞋襻断了，把脚走破了，直到宿营地，得以买了一双新的草鞋。

过霍山的时候天下大雨。

罗田附近有一条河，河中布着石墩，踏着石墩过河，印象很深。

过团风时，一日宿营时，与范爷爷各找了一个农民的柳条笸箩，就盖

① 范培元先生，著名教育家、文学家，我家亲戚，父亲同学、好友，按亲论长父亲一辈。1941年考入浙江大学中文系，后长期执教南京第一中学，后调入南京教育学院。

着毯子露天睡在里头。

总之一路上遇到的老乡们对逃难的学生们还是很支持的，借门板、锅等。

已记不清先到汉口还是先到武昌，总之曾有一夜就露天睡在江边的草地上。最终落脚在武昌高级中学。武昌高级中学地盘较大，条件较好。似乎有不少流亡的单位和人在那里。

在武汉时几乎天天遭日本人轰炸。幸好学校里有防空洞，可以躲避。

据传，南京失陷后，国民党曾打算迁都武汉。政府有一个第三厅，似专与文人有关，当时曾听说郭（沫若）部长也到了武汉。

在武汉停留了两三个星期。最终得到消息政府决定在湘西办学，可以继续读书，我父亲因而十分高兴。

抗战中，国民政府曾在多处建立这样的学校，收留流亡的学生。如在现在的湘西吉首市办国立八中，重庆东面的长寿办有国立十二中（从湖北去的学生），重庆西南面的江津办有九中。

后来朱镕基也是在八中读的中学。①

第二阶段的逃亡路线：武汉→（湖南）常德→桃园→沅陵→麻阳。

从武汉出发乘船走长江进洞庭湖直至湖南常德上岸。在常德停留一个月左右。恰逢常德流行霍乱十分危险。后经桃园抵达沅陵。在沅陵也停留约一个月左右的时间。才到达麻阳。途经桃园县时年龄大些、身体较壮的同学都跑去游览桃园的美丽风光。但我父亲当时年幼体弱，无力前往。

现在的麻阳县政府在高村镇，已不是当年麻阳政府所在地。但现在已经记不清当年麻阳县政府所在地在哪里了。八中分布的地域很大，校本部在现在的吉首市，初中第四部在麻阳，高中第二部在花垣（当时叫永绥）。

几经周折到达麻阳安顿下来时已经是 1938 年秋天了。初一当年就读完。1938—1939 年读初二。1939—1940 年读初三。本应 1940 年暑假毕业，但偏偏那时患了细菌性痢疾。缺医少药，拖了近个把月未愈，忽一日竟然浑身抽搐，几乎死去，校医也别无他法，灌了一些白兰地酒才算止住。校长、教导主任都来看望，见情况不妙，决定把他送到吉首校本部。

---

① 黄作华：《抗战时期的国立中学》，见 http：//mail. tscable. com/news/show. aspx？ id = 924&cid = 58.

由同乡邵雨泽护送，同行的还有朱（朱尚植）伯伯，他患脚气病肿十分严重，也被送到校本部医治。我父亲和朱伯伯被人从麻阳抬到凤凰，休息一天后，又抬到吉首校本部。先住在校医院，不到一星期，医院被撤了，只好租个民房住着。这日校医院的院长来看病，院长姓毕，也是安徽人，与邵家还能攀上点亲戚。院长在屋里转了好几圈，总算决定给我父亲用痢特灵。当时这药是德国进口的，估计很紧缺。用了痢特灵很管用，5 天后我父亲就好了。当时也没有任何检验手段，只凭症状和感觉。院长怕又复发，临回麻阳时又给了 5 天的药。

痢疾总算治好了，捡回一条命。但未能按期毕业，直到 1940 年冬天才毕业，之后又到吉首考高中。考上后，到永绥（现在的花垣县）读高中。到 1944 年夏高中毕业（本应春天毕业，但此时大学不招生，故等到夏天才毕业）。

在永绥时，还遇到一件事印象十分深刻。一日街上来了一些国民党伤兵。抗战期间，战士前方作战，受伤后竟无人管顾。这些人刚来时还有人样，但没有吃没有住，更没有钱治伤。就在街上乞讨，一日不如一日。若干天后就死在当街。政府不闻不问，死了也无人管。

毕业后到贵州去考大学。抗日战争期间，许多大学都迁到了云南、贵州一带。如北大、清华迁到云南昆明，合并办学，称为“西南联大”；浙江大学则迁到贵州遵义。所以当时很多大学在贵阳招考，而范爷爷当时已在遵义的浙江大学读书。

从永绥再次来到沅陵。没有足够的钱，三个同学一起搭乘运水雷的军车去贵阳。

当时运送物资的军车常违规搭载长途旅行的难民等。搭车的被称为“黄鱼”。我父亲和同学们以及其他搭车的人就坐在水雷上。那些人没文化，不懂轻重，竟在车上抽烟。我父亲等一路上必须监督他们不得抽烟。所搭车之司机是南京人，小学毕业。俗称“车船店脚衙、没罪也该杀”。该人从“车”行，生活混乱，此时正与一个失去丈夫的女人混在一起。当时我父亲只带有一个楠木箱子装书。司机见我父亲等在如此混乱的世道中还能独善其身，读书上进，而不是像他一样搞女人胡混，十分佩服。军队在芷江设有检查站，司机事前特嘱我父亲等到时只称自己是无钱的流亡学生到贵阳考大学，千万不要提给司机钱了。结果十分灵验，我父亲等被顺利放行。但一同搭车的其他人则被赶下车。这些人已付了司机的钱，行李还在车上，被抛在他乡，无亲无靠，兵荒马乱十分凄惨。

当时美国的飞虎队在芷江有机场（也许是国民党的机场）。一路上常可看到开着 Jeep 的美国兵。

到贵阳后，有一个同学找到工作便不打算考大学了。我父亲原本打算在贵阳考大学，因为很多大学在那里招生，如西南联大等，机会多一些。结果在贵阳只停留了几天，住在一个小店中，房间只有四五平米大，床上满是臭虫。竟然又染上痢疾，无亲无靠又无钱，情景十分危险。只有尽快赶到遵义才能救急。但我父亲已经身无分文。不得已只好又去找那个司机，事情非常凑巧，竟然真的又找到了那个司机。他们正要启程，这个司机的表现确实仗义，同意免费把我父亲带到遵义。检查的军官了解了情况后也同意放行，却不准司机的女人同行。可怜那女人便被抛在异乡，生活无着。

到遵义后得到范爷爷的照顾。我父亲发着高烧，参加了浙大的招考，竟然得中。考试时正值热天，我父亲却穿着毛衣，范爷爷又送又接，还在家里煮好粥和豆浆等我父亲回来好吃。

当时浙大并不都在遵义，如农学院就在遵义东面的湄潭县。湄潭东北方向有个叫永兴场地方，那里有个文庙。我父亲的大学一年级就是在那里读的。到了冬天我父亲只有单裤和草鞋，加之营养不良，连脚带腿肿了起来。也不知是冻的还是怎么了。写信给在遵义的范爷爷。范爷爷找到校医，校医是从德国留学回来的。据他估计是得了脚气病（维生素 B 缺乏症），那时条件艰苦，得这个病的人很多。于是范爷爷卖了自己的毛衣和毯子，给我父亲买了一盒维生素 B 针剂（大约 10 支）。据我父亲说只一针下去，就开始消肿。终于治好了病。朱伯伯当年在麻阳患得也是此病。是靠吃糠吃好的。我父亲当时已经肿到大腿根。如再得不到有效治疗，有生命危险。但我父亲并不知此病厉害。多亏了范爷爷，又捡了一条命。

到 1946 年时，我父亲已离家 8 年。暑假学校迁回杭州，我父亲随校回迁，才得返家。

回迁时的路线在贵州境内与来时基本相同，途经贵阳，镇远，玉屏等。但在湖南境内的路线已记不清，只记得途经了邵阳，衡阳，长沙等。玉屏出萧，我父亲在玉屏买了一对萧以作纪念。但回到家时只剩一支了，那一支哪里去了已经记不清了。

父亲对邵阳的印象深刻，因遇到一个老人带着一个十几岁的女孩卖唱乞讨。女孩所唱十分凄凉。其情景如电影中所演一样。

到衡阳时所见都是残垣断壁，虽然抗战胜利已一年，战争的破坏还未得到清理。

从遵义到衡阳都是汽车，自衡阳转火车。在长沙（也可能是武汉）有同学的亲朋，在那家住了一夜，人家招待得很热情，第 2 天早上还为每人准备了 3 个红糖鸡蛋。

从长沙坐火车到武汉。从武汉开始乘船。所乘之船有 300 吨，在当时是我父亲乘过的最大的船。学校有人组织，在船上用粉笔画好位置，各就其位，井然有序。经九江时，还下来观赏街上所售的景德镇瓷器。

到芜湖下船，和范爷爷一起在芜湖一同学家住了几天。在芜湖听到近似合肥的话感到十分亲切。想当年离家到合肥读书时，听合肥人说话的口音十分反感。而此时听到多年久别的合肥话，就好像到了家，感觉自是不同。

经芜湖→巢县（现在的巢湖市）→合肥→淮南，之后无车可乘，走到寿县。在寿县住了几天，见了过去的老同学。后同范爷爷出南门，雇了毛驴骑着，走到开荒集，范爷爷便到家了。在范爷爷家住了一晚。第 2 天到湖边码头乘船过湖，到家。进门时恰好碰到奶奶从里往外走。见到奶奶，我父亲叫了一声“妈”，眼泪几乎流出来了。奶奶却愣了半天，才把我父亲认出来。我父亲流亡逃难时都未曾能够通知家里。在八中期间虽最终与家里通上了信，但消息不畅，更没有条件探家。奶奶思念儿子心切，过年过节时，常多备一副碗筷，盛上饭，算是给我父亲的。这次回来之前，虽然已经书信告知，但八年没有见面，走时还是个孩子，回来时已是个大小伙子了。突然间我父亲回来了，奶奶自然一下子反应不过来。

（作之记：本文 2005 年 11 月 21 日整理成初稿，2006 年 1 月 1 日经我父亲订正，2009 年 10 月 29 日再次订正补充。）

认认真真做事　踏踏实实做人

——邵荣芬先生采访录

张　洁

（中国社会科学院语言研究所）

邵荣芬（1922—2015），字欣伯，汉族，安徽寿县人。1950年毕业于浙江大学中文系，研究生学历。同年进入中国社会科学院语言研究所（1977年以前为中国科学院语言研究所）工作。2006年被聘为中国社会科学院荣誉学部委员。曾先后任《中国语文》杂志编委，语言研究所学术委员会委员，中国社会科学院研究生院研究生导师，中国社会科学院文学语言学科片研究员职称评审委员会委员，中国音韵学研究会副会长、会长、顾问，中国大百科全书《语言文字卷》“音韵学”副主编、《续四库全书·经部》特约编委、《中华大典·语言文字典》编辑部顾问等职。学术专长为汉语音韵学、词汇学。1992年起享受国务院颁发的政府特殊津贴。

主要著作：《汉语语音史讲话》（天津人民出版社1979年版；中华书局2011年校正版）、《中原雅音研究》（山东人民出版社1981年版）、《切韵研究》（中国社会科学出版社1982年版；中华书局2008年校订本，中华书局2016年再版）、《经典释文音系》（学海出版社1995年版）、《法伟堂经典释文校记遗稿》（华东师范大学出版社2010年版）、《集韵音系简论》（商务印书馆2011年版）、《邵荣芬音韵学论集》（首都师范大学出版社1997年版）、《邵荣芬语言学论文集》（商务印书馆2009年版）等。

邵荣芬先生是我国著名的汉语音韵学家，曾任中国音韵学会会长。几十年来，他兢兢业业、踏实努力地工作着，为我国音韵学研究的发展做出了很大贡献，在音韵学界享有崇高的学术地位。邵先生为人宽厚正直、淡泊名利，他的学者风范在学界享有盛誉。2007年，中国社会科学院计划编纂出版一套《学问有道》丛书，内容是请社科院的学部委员谈人生和

图 1　邵荣芬先生在第 18 届国际汉藏语言学会议上，泰国，1985

治学经验。当时邵先生在身体稍有好转的情况下，在家中接受了我的采访。

张洁：众所周知，汉语音韵学是一门绝学，晦涩难懂。您很早就对音韵学感兴趣了吗？为什么选择了以音韵学作为毕生从事的事业？

邵荣芬：我早年在浙江大学中文系读书时，就开始对音韵学产生了浓厚的兴趣。当时听说音韵学是一门绝学，艰深难懂，好奇心促使我想去挑战困难，一探其秘，看看它到底有多难，我能不能学好；而且音韵学是国学的基础，学好音韵学对于理解很多文字、词汇、语法上的语言现象很有益处，对于进一步学习古典文学也很有必要；就音韵学本身而言，语音变化规律性很强，对应严整，更引起了我的浓厚兴趣。因而 1948 年本科毕业后，升读本校研究生时，就选择了音韵学专业，导师是任铭善先生。在学两年间读了不少音韵学方面的书，收集了一些资料，打下了一定的基础。我毕业后到语言所工作，先后有机会直接受教于罗常培先生、丁声树先生、陆志韦先生。自此，我对音韵学的见闻日广，认识日深，兴趣也日益加强。从 20 世纪 60 年代起，语言所成立了汉语史组，我的研究工作正式转到音韵学方面，从此与音韵学结下了不解之缘。

张洁：作为传统知识分子的一员，您的身上秉承着极强的“修身”

理念。“认认真真做事，踏踏实实做人”是您的座右铭，我理解为“从人格的自我完善出发，真诚、踏实、正直地做人，认真、细致地做事、做学问”。在人生的各种风风雨雨中，你坚守自己做人、做事、做学问的原则。请谈谈您的心路历程。

邵荣芬：你的问题我理解为询问我的思想、人格的形成过程。首先家庭的影响对我人格的形成起了决定性的作用。我出生在并不富裕的农村家庭，父母善良本分，待人宽厚。父亲是小学教师，酷爱读书，是当时乡里最有学问的人。他要求我多读书，多学习，强调读书、掌握知识是一切事业成功的关键。他教我做人的道理，要求我从小要有远大志向，树立人生目标。

我十五岁时为躲避战乱而离开老家，在湘西一个收留流亡学生的中学上学。高中一年级时，我的语文老师是张汝舟先生，他对我的人生观产生了重大影响。张先生为人正直，学识渊博，有丰富的教学经验。他在授业解惑、诲人不倦的同时，特别强调做人的道理。先生经常让学生去他家听他讲人生哲理，他常说：有好的品德，才能做好的学问。他身体力行，希望学生“以敦品励行为务”“以修身为根本，博学为枝叶”。先生尤其注重国学，强调学习孔孟之道、程朱理学对于修身养性的重要性。先生的言传身教，为我处世为人做出了榜样，并为我笃志国学打下了基础。

抗日战争时期的生活经历让我立下了报效祖国的决心。当时日本鬼子攻陷南京，为躲避战乱，我离开合肥来到六安的临时中学上学。一天，我们正在上课，日本飞机突然来轰炸，我逃出学校，跑到河边贴岸而卧，日本飞机上的机关枪就在离我不到一米的地方扫射过去，目睹着日本飞机对手无寸铁的老百姓狂轰滥炸，机关枪到处扫射，街上尸横遍地，百姓痛哭流涕，劫后余生的我痛感只有强大的祖国才能摆脱他国的侵略，立志要为祖国的富强而学习。

我早期的人生经历中有很多的磨难，每一次磨难都锻炼了我的意志。抗日战争初期，我所在的中学学生流亡大西南，由安徽步行翻过大别山，经湖北、湖南，穿过洞庭湖，到达湘西麻阳。学生们背上背一床军用毯子、一把雨伞。一路上，走的大多是坎坷不平的山路，赤脚穿草鞋，每天走四五十里，脚都磨烂了。晚上到老乡家借门板睡觉，真是风餐露宿，异常艰苦。到了湘西后，政府在那里成立了国立安徽第八中学，我进入该校学习，终于结束了流亡生活。但我却得了很严重的细菌性痢疾，由于当时缺医少药，我的病久治不愈，已奄奄一息，是一位姓毕的校医给了我从德国带来的好药，才把我从死亡线上救了下来。

高中毕业后我去考大学，就奔向贵阳，因为当时很多大学都在贵阳招生。为节省费用，我当了一回“黄鱼”，就是沿路搭坐国民党军队的运水雷车。到了贵阳，我的痢疾又犯了，运水雷车的司机看我像个读书人，很照顾我，免费把我带到了遵义，正好赶上浙江大学招考。我带病上考场，时值盛夏，我穿着毛衣，由同学扶着进考场。考完后同学又给我买来了豆浆充饥。就这么艰苦，我竟然很幸运地考中了。

在浙大上学时，缺衣少食，生活条件非常艰苦。我们吃的是发霉的米饭，八个人一碗菜，上大一时，大冬天只穿一条单裤，腿都冻肿了。由于缺乏维生素 B，我得了脚气病，我的同学把自己的毯子、毛衣卖了，买了维生素 B 针剂，才治好了我的病。

这几次磨难，培养了我在艰苦的条件下吃苦耐劳的精神，同时也增强了我的爱国心。我深刻地认识到无国即无家，国家弱了就会受人欺负，祖国富强了才能抵抗外来侵略，人民才能安居乐业。同时在困难中，我也深深体会到了同学的友情、真诚与善良，更让我学会了待人宽厚、仁爱。毕业后我从事研究工作，立志要做一名学者。我要求自己无论是做人还是做学问，都要尽心尽职，为国家、为社会多做贡献，对得起国家对我多年来的培养。

20 世纪 50 年代，国家号召语文工作者致力于文字改革、汉语规范化、推广普通话的三大紧迫任务，我暂时中断了音韵学的研究，从事汉语规范化工作。我觉得作为一名学者，应该尽心尽力地服从国家和社会的需要，而且语言学的各领域之间相辅相成、互相影响，做汉语规范化工作对于音韵学的研究也有促进作用，因此我很愉快地投入到这项工作中。这期间，我做的工作是研究外来语词汇的发展规律，与陆志韦先生合作制定俄英德法四种语言汉字译音表，以规范专名译音。与其他同志合作，撰写了《中型现代汉语词典编纂法》，为编写规范性的现代汉语词典这一国家任务做理论及方法上的准备。

20 世纪 60 年代，我正式开始做历史语言研究，语言所成立了古代汉语组，陆志韦先生任组长，我开始搞专业研究。当时我们打算写一部音韵史，根据分工，我研究中古《切韵》音系，后来感到写音韵史的条件还不成熟，取消了原来的计划，而我仍然继续研究《切韵》，最后写成了

《切韵研究》一书。

张洁：您从事音韵学研究四十多年，成就斐然。请从音韵学研究的角度谈谈您的治学经验。

邵荣芬：科学研究都要从选题、收集资料、分析资料、做结论四个方面下功夫。

第一，就选题来说，我认为在一般情况下，应该选择所攻学科的根题，也就是关键性的有生长能力的课题。《切韵》音系就是汉语音韵学研究的根题。《切韵》是中古时期保存完整的音系资料，据此可以上推上古音，下连近现代音。对《切韵》音系的认识正确与否，是能否正确认识上古音和近现代音的关键。我刚开始研究音韵学时，选择的就是《切韵》音系这个课题。这是个大课题，包含问题很多，需要我们把问题排排队，一个一个加以研究，或只研究其中的某些问题。而如果想研究上古音或近代音，也需要全面掌握前人对《切韵》音系的研究成果。

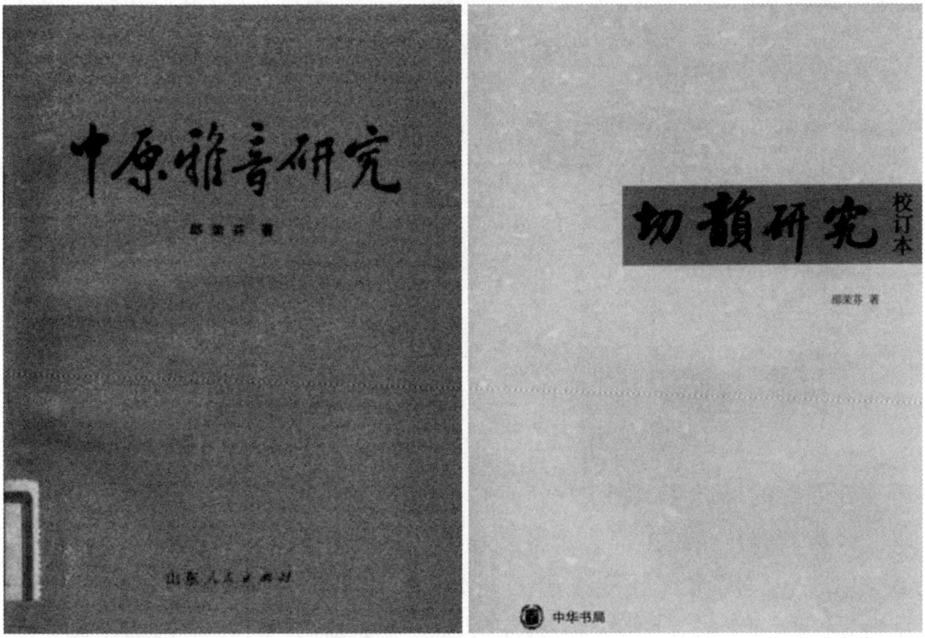

图 2　邵荣芬先生部分著作书影

后续工作的选题最好选择与已经完成的首选之题有重要关联的课题，以便两者能够起到互相比较、互相启发的作用。我在《切韵》研究结束后，很自然地想到与它差不多同时的陆德明的《经典释文》音切的音系。我认为，《切韵》音系的基础方言基本上是当时的洛阳话，代表当时的北方标准音系。而《释文》音切的音系基础应当是当时的金陵话，因此它是南方的标准音系。对《释文》音系的研究，不仅关涉到《切韵》音系的性质，也关涉到对中古音南北大格局的全面了解。因此，我就选定《释文》作为我的第二个研究目标。

至于有人研究过的资料能否作为选题目标。我认为凡在方法或内容上你能提出与前人不同见解的，仍然可以作为选题目标。事实上，很多复杂的资料，不要说研究过一次，即使研究过十次八次，甚至于几十次，也未必能把里面所含有的全部语音信息彻底揭示出来。

第二，就收集资料而言，最重要的是资料的准确性，也就是所收集的必须是自己课题范围内的资料。要做到这点，对有些资料来说并不容易。

对韵文韵脚字的识别，近体诗、词等比较容易，而没有固定格律的先秦韵文、散文中夹杂的韵语就比较困难。在收集韵字材料时，务必小心谨慎，对韵例要有正确的判断，绝不能掉以轻心。

对反切资料的识别也要仔细。比如《切韵》反切有正音与又音之分，两者性质不同，正音反映《切韵》自身音系，又音是一些古音或方音，与正音在体系上往往有矛盾。因而研究《切韵》音系时，应当依据正音，才能避免把体系搞乱。

通假字也存在辨别问题。通假字有两类：一类是学者们考辨出来的，带有一定的主观性；一类是异文。异文见于不同的本子，往往比考辨出来的通假字更为可靠，但也需要仔细辨认，只有在彼此音同或音近的情况下才有可能成为通假字，而其中还要将异体字和形误字排除出去。

从以上诸例可知收集资料并不都是轻而易举的机械操作，其中还包含着比较繁难的挑选和识别工作。

收集资料从量的方面来说，当然越多越全备越好。有的资料集中于一本书内比较容易全部收集，比如《说文》的读若等。而有的资料繁多，又散见于各种文献之中，难于收集齐全，比如通假字。面对这类比较繁难的资料，一般多把论题缩小到个别问题上，以便于收集资料。不过由于通假字在语音关系上比较宽泛，即使把论题缩小到观察某两音之间的关系，收集资料时也绝不能仅限于两音之间的通假资料，还必须全面收集两音与其他音之间的通假资料，才能得出正确的结论。

第三，分析资料是研究工作的核心，分析得正确与否，直接关系到研究工作的成败。一些基本概念应该牢牢记住。

其一是资料的语音信息量，资料不同所含的信息量也很不同。反切所含的语音信息量较高，一般来说，凡反切上字相同的反切，所切字的声母就相同，反切下字相同的反切，所切字的韵母就相同。而谐声所含的语音信息量就比较低，同一个声符所谐的字，声母不一定相同，韵母也不一定相同。通假也是如此。谐声和通假的这一情况跟它们产生的时代和地域上的跨度较大有一定关系，另外，即使时、地跨度小，甚至同时同地，也并不能完全改变音近通假的现象。了解谐声和通假所含语音信息量不高的特点十分重要，否则见到送气与不送气、清与浊相通或相谐，就认为上古声母没有送气与不送气之别，没有清浊之别，见到声调不同的字相谐或相通，就认为上古无四声，那就很荒唐了。

其二是音变的总规则，即“语音在相同的条件下，不能有不同的变化”。这是一条比较语言学的规则，它管着一切语音分化。我们在分析资料、观察音变时应该牢牢记住。尤其是在假定后代两个不同的音是从古代同一个音分化出来时，必须说明它们的分化条件。如果不说明，或说明得不合理，便不能算是完整的或合理的假设。

其三是语音结构的规律性。语音是一个系统，它的结构都有规律性，分析语音时必须注意这点。比如董同龢在上古唇鼻音 m 之外又拟了一个清的唇鼻音 hm，而舌尖和舌根鼻音的位置都没有构拟清鼻音，于是出现了不均衡状态。李方桂看出了这问题，在他的上古声母系统里，把鼻音都构拟了一个清鼻音，配列如下：

清	hm	hn	hng	hngw
浊	m	n	ng	ngw

这样系统就显得十分整齐，说服力就强多了。所以，结构的规律性不论是在启发分析思路方面，还是在判断是非方面都有重要作用。

其四是音位学的基本概念。如最小对立、分布互补、音位变体等概念，在音韵分析时经常用到。比如《广韵》有些声母如帮组、见组等的反切上字三等跟一、二、四等有分组的趋势，高本汉认为分组是显示三等有一套 j 化声母，即 pj-、kj-等。由于他认为喻$_{四}$是四等，是不 j 化的，并与 j 化的喻三对立，他的 j 化声母就不是不 j 化声母的条件变体，而是两套真正不同的声母。其实反切上字所分的两组分布是互补的，且不说分得很不彻底，即使彻底，也不能把它们作为对立的音位来看待。高本汉的j化说可以说是在音位上处理不当的一个例子。

其五是音变的阶段性。汉语方言复杂，发展很不平衡。不过在先秦就已有共同语性质的雅言存在，往后汉语的发展当然就有了一条主线。汉民族是在黄河流域发展起来的，先秦雅言不用说是在北方话的基础上形成的，因而汉语的发展主线也就是以北方话为核心的发展路线，有其内部的一致性。它的每一发展阶段必然都具有自己的特征，在观察音变时务必要记住这些特征。比如，浊声母消失是《切韵》以后的事，有人却说汉代或更古时这种音变就已经存在；又比如，见系声母颚化是近代的音变现象，有人却说上古时就已经发生了。显然这些说法都犯了时代错误，忽视了音变的阶段性特征。

图3　邵荣芬先生部分著作书影

第四，做结论，最重要的就是实事求是。有两点要注意：

其一，要尊重前贤和时贤，但不要迷信。我们研究工作所取得的成就，不论大小都是在前辈学者辛勤劳动所得成果的基础上实现的，因而对前辈学者要有足够的尊重和爱戴，这是一个科研工作者的基本道德。但尊重前辈并不等于迷信他们。事实上再大的权威，其研究工作都不可能完全没有缺点。改正这些缺点是后人责无旁贷的工作。因此资料分析要求我们做什么样的结论，就做什么样的结论。真正的学者都以追求真理为己任，对别人的不同意见都是能客观对待的。记得早年我写了一篇评高名凯、刘正埮的《现代汉语外来词研究》的短文，里面指出了高书的一些不妥之处。不久我意外地收到了王力先生的一封信，并把他的《汉语史稿》第三册即词汇部分送给我一本，要我给他提意见，并说我批评高先生的错误，大多也是他的错误。王先生这种从善如流、虚怀若谷的精神显示了真正科学家的态度。他的这种态度应该能够解除我们的顾虑，鼓起我们坚持实事求是原则的勇气。

其二，不要先入为主。在接触资料之初，往往会产生某种或某些设想或假定。在整理分析资料之后，这些设想有可能跟资料一致，有的则可能不一致。不一致时就应该修改或放弃原来的设想，绝不能坚持原来的设想不放而强为之词。这是做结论时的一个基本态度，离开这个态度，就不可能获得正确的结论。

图 4　采访者张洁与邵先生和邵师母

张洁：作为音韵学会前任会长，您对汉语音韵学的发展做出了不可磨灭的贡献。请问您对目前音韵学的研究状况和今后的发展方向有什么看法？

邵荣芬：现在的音韵学研究可以用“欣欣向荣”一词来形容。据不完全统计，新中国成立初期到60年代中期，只发表了音韵学论著10种、论文115篇，音韵学的发展很一般；“文化大革命”时期，音韵学研究处于停滞状态；从“文化大革命”以后到现在，音韵学研究有了突飞猛进的发展，论文、著作数量大增，研究队伍不断扩大，硕士、博士数量相当可观。

从研究内容上看，主要有三个特点：

第一，研究领域进一步拓宽，不再局限于上古、中古、近代三个代表音系上，而是对音韵史上的空白点和模糊点做了大量的探索，对各时代的各种与音韵相关的资料进行了整理和分析，其中有很多材料都是新发现的，如地下出土的简帛文献资料、少数民族语言资料等，这对于探索汉语各阶段的语音特点、进一步掌握汉语语音史上语音演变的规律十分有利。

第二，研究水平大大提高，研究内容不断深入。随着研究资料的不断挖掘、研究方法的不断创新，很多原来分歧比较大的观点渐渐趋向一致。比如，在上古音方面，一个韵部只有一个主元音已经基本成为共识，现在已很少有人提出一个韵部多元音说了。当然，各家拟音的元音系统并不一致，这还有待于研究的进一步深入。

关于上古汉语有无复辅音声母的问题，随着汉语方言、同系属语言历时比较研究的逐步展开，已经渐渐明朗化，尽管目前还有部分人持怀疑态度，但大部分人已承认复辅音的存在了。

中古音方面，关于《切韵》音系的性质问题，原来有杂凑说、综合音系说、单一音系说三种看法，现在大部分人都认为是单一音系。又如，高本汉针对反切上字的分组现象，曾提出过把《切韵》帮组、见组等声母构拟成j化和非j化两套，并把浊塞音和浊塞擦音构拟成送气声母，陆志韦先生提出了质疑，后来经过学者们的反复研究探讨，已经取得共识，高本汉之说已经被否决了。

重纽问题也是一个争议很大的问题，目前学术界都承认了存在重纽的区别，而且对于重纽在音值上的差别，也有了比较一致的看法，介音区别说占了上风。

近代音方面，关于《中原音韵》的声母问题，曾有过二十个声母说、二十七个声母说、二十四个声母说、二十五个声母说、二十一个声母说。

随着研究的进一步深入，二十一个声母说已经得到了绝大多数学者的认可。

这类取得一致或基本一致的例子还有很多，不能尽举。共识范围的不断扩大，使音韵学的研究建立在更为宽广、更为坚实的基础上，从而又为音韵学的进一步发展创造了条件。

第三，新的理论、新的假设和新的问题不断提出。新假设或新论点是新知获得和科学进步的起点，提出新假设或新论点的多少，是衡量一个学科有没有获得良好发展的重要尺度之一。当前音韵学者们在各自的研究领域不断探索挖掘，提出了很多新问题、新假设、新理论，这对于丰富音韵学的研究内容，活跃并推动音韵学的研究具有很重要的意义。

图 5 王显先生、管燮初先生、邵荣芬先生与第一届研究生

当前音韵学研究存在的不足是，与同系属语言的比较研究还没有充分展开，音韵学中的很多问题，尤其是上古音的一些问题，如果能通过与亲属语言的比较研究，也许就可以在较大程度上得以解决。我国境内有几十种可能与汉语有亲属关系的少数民族语言，进行比较研究很方便，而且近年来少数民族语言工作者已经做了大量的工作，取得了很大成果。这是我们的一大优势，我们应该充分利用这一点。近年来在国外学者的影响下，国内发表有关比较研究的论文已经有所增加，数量和质量也有所提高，今后还应该朝着这个方向走下去，这对于解决音韵学中很多悬而未决的问题很有好处。当然，历史比较研究并不容易，一方面要掌握研究方法，另一方面要对汉语及与之相比较的亲属语言具有相当深厚的根底，否则就不容易取得令人信服的成果。

张洁：请谈谈您对青年音韵学工作者的期望。

邵荣芬：青年音韵学工作者是音韵学的未来和希望，我想在这里向他们提几点希望。

首先，年轻人要打好学科基础。要做好音韵学研究并不容易，不仅要学好音韵学、音系学等知识，还要懂古代汉语、方言、文字学、词汇训诂、少数民族语言等，还要懂一两门外语，以便吸收国外的研究成果。只有基础夯实了，研究起来才能得心应手。

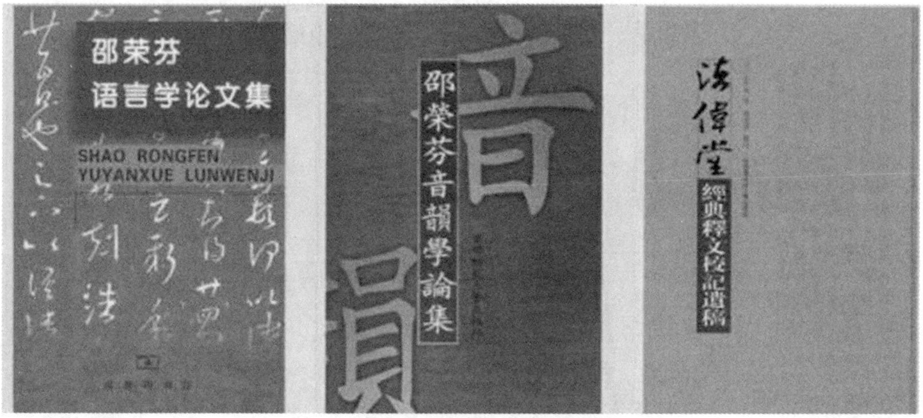

图 6　邵荣芬先生部分著作封面

其次，要珍惜时间，趁着年轻多学点东西，不能仅仅依靠八个小时。

再次，要勇于探索、勇于创新。青年人有新的想法、新的观点要大胆地说出来，特别是与前辈师长的观点相抵触时，不能有所顾虑，要发扬“吾爱吾师，吾更爱真理”的精神，但对前辈学者应该有足够的尊重。

最后，要善于接受来自各个方面的批评，不要产生抵触情绪，不要把个人情绪掺杂到学术研究中，要敞开胸怀，以探索真理为目的，本着“有则改之，无则加勉”的精神，正确对待批评，这样才有助于提高研究水平。学术争论在所难免，只要用正确的态度对待学术争论，就能在学术界营造和谐的氛围，这对于活跃学术气氛、促进学术交流、提高学术水平都大有裨益。

这些虽然都是老生常谈，但真正做起来，而且要做好并不是很容易的事。

图7　前排左起唐作藩先生、陈新雄先生、邵荣芬先生和杨耐思先生

张洁：您曾经参加过汉语规范化问题的研究，并发表了很有影响的《统一民族语的形成过程》一文，提出了“基础方言以和平扩展的方式形成民族共同语”的观点。目前，我国由于经济和文化的繁荣发展，人口流动加剧，在使普通话得到进一步推广的同时，也导致了很多方言迅速萎缩，乃至消失，一种语言的消亡就意味着一种文化的消亡，这是中华民族人文科学史上不可挽回的损失。因此，有很多学者为此喊出了“抢救方言”的口号，还有些人甚至提出要“保卫上海话”“保卫温州话”等。请您就目前推广普通话与保护方言之间的关系谈谈您的看法。

邵荣芬：语言发展有其自身的规律，是不以人们的意志为转移的，方言消失而向普通话靠拢，这是不可阻挡的历史潮流，任何为了保存方言而排斥普通话的人为行为肯定是行不通的。语言的目的就是交流，随着社会的发展，方言，尤其是与普通话差别大的方言，更要向普通话靠拢，这样才有利于政治、经济和文化的发展。当然，我国各地方言是一个非常丰富的民间文化宝库，有其自身的价值和文化意义，抢救方言、保护方言，是要尽最大可能记录方言、描写方言，为后人留下一份宝贵的财富，这也是目前迫切需要做的事，这需要语言工作者投入大量工作。

（本文原载中国社会科学院青年人文社会科学研究中心编《学问有道：学部委员访谈录》，方志出版社2007年版。今次重刊略有修改。）

邵荣芬先生的中古音研究

王　雪

（南京大学文学院）

摘　要：邵荣芬先生是二十世纪最有成就的音韵学家之一，他在汉语中古音研究方面的贡献最为突出。其代表作《切韵研究》分析了《切韵》音系的性质与结构，认为《切韵》反映了以洛阳音为基础的活方言音系，并就泥娘分立、唇音字不分开合等已有观点补充了新证，就重纽韵舌齿音字的归属等问题提出了新说，将《切韵》研究推入了新的阶段。《经典释文音系》全面整理了《经典释文》"首音"，重建了陆德明音系，指出它作为南方标准语音系与《切韵》所代表的北方标准语音系并立。邵先生的中古音研究还涉及《晋书音义》《五经文字》、敦煌俗文学中的别字异文、《集韵》等跨越时间和地域的众多资料，提出了许多重要意见，为改进中古音研究方法、揭示中古音全貌及其发展规律做出了巨大贡献。

关键词：邵荣芬；中古音；《切韵研究》；《经典释文音系》

邵荣芬先生从事语言研究六十余年，其研究领域主要包括汉语规范化和音韵学两个部分。他的音韵学研究涵盖汉语语音史的各个时段，其中中古音研究成就最为突出，主要成果有专著三种及古籍整理著作一种，分别是《切韵研究》（1982）、《经典释文音系》（1995）、《集韵音系简论》（2011）、《法伟堂经典释文校记遗稿》（2010）；论文七篇，分别是《〈切韵〉音系的性质和它在汉语语音史上的地位》（1961）、《敦煌俗文学中的别字异文和唐五代西北方音》（1963）、《〈五经文字〉的直音和反切》（1964）、《〈晋书音义〉反切的语音系统》（1981）、《略说〈经典释文〉音切中的标准音》（1982）、《〈经典释文〉的重音音切》（1989）、《〈切韵〉尤韵和东三等唇音声母字的演变》（1991）。

一 《切韵研究》

《切韵》成书于601年，其音系反映了中古汉语共同语的基本面貌，在汉语音韵学研究中发挥着枢纽作用。《切韵》研究的历史可追溯至唐初，至20世纪60年代，人们对《切韵》的语音系统已经有了较为深入的认识，但没有充分解决的问题仍然有不少。邵先生的《切韵研究》于1963年写成初稿，后来又几经修改，1982年由中国社会科学出版社出版。该书就《切韵》音系的性质、音类、音值、声调四个方面展开了讨论，对前辈学者的观点进行了补证或修改，极大提高了《切韵》的研究水平。2008年，中华书局重印此书，新版经过冯蒸先生校改，消除了初版的错字、漏字等讹误，并在第三章第二节的韵母表后补列《王三》和《广韵》反切下字总数，体例更加严谨均衡。

（一）《切韵》音系的性质

邵先生认为《切韵》音系是以洛阳音为基础、以金陵音为主要参考对象的活方言音系。他在《〈切韵〉音系的性质和它在汉语语音史上的地位》一文中，从《颜氏家训·音辞篇》的记录，金陵话与洛阳话的历史渊源，洛阳在政治、经济、文化上的中心地位等几个方面肯定了洛阳语音的标准音地位，指出洛阳一带的语音是当时很多语言学家的共同标准。在《切韵研究》中，他又将《切韵》音系与反映洛阳音的《晋书音义》音系、反映南方语音的《玉篇》音系分别就声母系统做了比较，发现《切韵》与《晋书音义》几乎没什么不同，与《玉篇》却相去甚远，从而进一步论证了《切韵》音系以洛阳语音为基础这一观点。

邵先生是反对综合音系说最用力的学者之一，他自始至终都主张《切韵》是个活语言音系，虽然吸收了一些方音，但由于作者们的方音知识受到时代的限制，这种吸收一定不多，达不到破坏洛阳音系基本面貌的程度。邵先生的论述有四个要点：①为了反驳罗常培（1931）等学者从分不从合的观点，指出《王三》关于韵部分合的附注表现的是各家分韵精粗的不同而非语音上的差异，这些附注四声全注的较少，不全注的占多数，而汉语四声相承，绝不能认为相承各声分合不同就是实际语音不同；②通过《切韵》分韵与当时诗文押韵的部类的一致性以及临川话、潮州话的复杂韵母体系，来说明《切韵》的复杂声韵系统并非没有现实语音依据；③指出《切韵》大多数“又音”都是别义又读，与综合全无关系；④以仙游话等现代汉语方言中的文白异读现象以及《博雅音》中的“口音”“正音”为例论证了读书音与口语音的关系，指出读书音一般不会溢出口语音的范围，不会导致杂凑音系。

邵先生论证了《切韵》音系的北方共同语属性和活语音属性，在一定程度上为它作为中古代表音系和沟通语音史不同阶段的枢纽的合法性提供了支撑。

（二）《切韵》的声母

邵先生在系联《切韵》反切上字的基础上，又参考其他资料，考求《切韵》声母为37个，见表1。

表1 **《切韵》声母表**

		全清	次清	全浊	次浊	全清	全浊
唇音	重唇	帮 p	滂 p‘	並 b	明 m		
舌音	舌头	端 t	透 t‘	定 d	泥 n		
	舌上	知 ȶ	彻 ȶ‘	澄 ȡ	娘 ȵ		
半舌					来 l		
齿音	齿头	精 ʦ	清 ʦ‘	从 ʣ		心 s	邪 z
	正齿	庄 ʧ	初 ʧ‘	崇 ʤ		生 ʃ	俟 ʒ
	正齿	章 ʨ	昌 ʨ‘	常 ʥ		书 ɕ	船 ʑ
半齿					日 nʑ		
牙音		见 k	溪 k‘	群 g	疑 ŋ		
喉音		影 ʔ			以 ∅	晓 x	匣 ɣ

邵先生主张《切韵》娘母独立；俟母独立；云匣合并；全浊声母不送气；取消［j］化声母；庄组为舌叶音，知组为与庄组同部位的塞音；日母为［nʑ］；对换船母和常母的位置，船母为擦音，常母为塞擦音；影母为喉塞音。此外，李荣先生《切韵音系》出版以后，拟音的音标写法发生了变化，《切韵研究》声母表、韵母表都采用新的写法，更易为当代读者所接受。

1. 娘母独立

李荣先生（1952/1956：126）根据《切韵》反切系统没有娘母的地位、守温三十字母没有娘母、现代汉语方言里找不到泥娘区分的三点证据断定娘母是被生造出来的。邵先生持相反的观点，他指出《王三》《广韵》泥娘类隔数与端知相像，若承认端知有别，也当承认泥娘分立；不对立的不仅是泥娘，还有透彻，若分立透彻，也应分立泥娘。邵先生还观察了《博雅音》、《晋书音义》、《汉书》注、《慧苑音义》的反切以及汉藏对音资料中泥娘的情况，证明泥娘分立在中古时期具有一定的广度。

关于在现代汉语方言找不到泥娘区分的证据这一点，邵先生说："那可能是由我们在这方面知识的局限性造成的。随着方言调查工作的进一步深入，很有可能会有新的发现。"近年来，方言研究突飞猛进，陈瑶、王健（2016）调查发现，泥娘在徽语、湘语、客家话、晋语的一些方言点中存在对立，进一步验证了邵先生的观点。

2. 俟母独立

《切三》《王三》"漦""俟"互为反切上字，跟其他声母不能系联，《七音略》《切韵指掌图》等将"漦""俟"两小韵放在禅母二等的位置。董同龢（1948）由此提出俟母独立的观点，李荣（1952/1956：92—93、127）、邵荣芬两位先生相继补证。李荣先生指出，《广韵》"漦""俟"两小韵与崇母系联，但"漦"与"茬"、"俟"与"士"有对立，可见《广韵》俟母也没有并入崇母，现代方言"俟""士"声母往往也不同。邵先生在稍后的反切材料里找到了旁证，他发现《晋书音义》"漦"字三见，都用俟小韵的字做反切上字，与《切韵》情况相似，可说明俟母独立具有一定的可靠性。他还指出，《经典释文》《博雅音》《五经文字》等多种材料俟母字都并入崇母，表明俟母独立不能代表当时大多数方言。

然而，邵先生及其他支持者的论证都不能解决俟母字少的质疑。欧阳国泰（1987）指出，《切韵》一个声母下面一般有几十个小韵，最单薄的船母也有 21 个小韵，而俟母只有两个小韵，其独立性是可疑的。

3. 取消［j］化声母

《切韵》有的声母可以配四个等，但所用反切上字有一、二、四等和三等分组的趋势。高本汉（1940：470—471）提出中古一、二、四等字的声母是纯粹声母，三等字的声母[1]是［j］化声母的观点。此说遭到了中国学者的强烈反对，邵先生也是反对者之一。他统计了《王三》和《广韵》两书各声母的三等和一、二、四等反切上字混用的次数和在总切数中所占的比例，指出高本汉所谓“《切韵》对于［j］是严格的分别出来的”没有事实依据。邵先生还从系统性方面反驳了［j］化说。他指出，高本汉认定韵图排在四等的声母和排在三等的不同，如精组声母韵图排在一、四等，所以不［j］化，但该组声母也出现在三等韵母，这就造成了对韵图的解释与［j］化说之间的矛盾。

4. 船母和常母的音值

陆志韦（1947：11—13）对韵图里船母和常母的位置提出了质疑，认为船母应该是擦音，常母应该是塞擦音，并列举了四个理由：①船母和喻$_{\text{三}}$在《广韵》里同等不相逢，必定是相差不远的两个音素，语音里可以混而为一，喻$_{\text{三}}$既然是擦音［ɣ］，船母也应当是［ʑ］而不是［dʑ］了；②据谐声通转和《广韵》一字重读的关系，喻$_{\text{四}}$、心、邪与船母近而与常母疏；③船母可与梵语的“ś”对应；④中古船母和常母的舒声合口字在今日陕甘语里都是船母读擦音，常母读擦音或塞擦音。

然而陆志韦的这四个理由并非全部可靠[2]。邵先生作出了新的论证，才将这个问题朝真正解决推进了一大步。他指出，义净以前全都用常母字对译梵文字母 ja 和 jha，没有船母字，说明常母是个塞擦音；佛驮跋陀罗用船母的“蛇”对译梵文字母的 ya，说明船母读浊擦音。邵先生还就韵图和梵汉对音之间的龃龉作出了解释。他通过观察曹宪《博雅音》、颜师古《汉书》注、李善《文选》注、《玄应音义》、李贤《后汉书》注等资料所反映的船、常两母的情况，发现大概八九世纪以后，能区分船、常的方言已不多见。而韵图作者们在不能区分船、常的情况下，错误地模仿了守温的排列法，以至于误将两母的位置颠倒。

---

① 不包括精庄两组和影以两母。

② ［ɣ］与［ʑ］似乎很难混而为一。而且《广韵》船母只管 19 个小韵（据邵荣芬 1982/2008：33），数量少也会影响它与韵母的配合情况。谐声通转不能当作《切韵》音系的证据。现代陕甘语都是船母读擦音，常母读擦音或塞擦音，但北方也有一些地区船母读塞擦音而常母读擦音或塞擦音的，如开封、沁阳。

（三）《切韵》的韵母

邵先生考求《切韵》韵母为325个，不计声调共157个，见表2。

表2　　《切韵》韵母表①

		一	二	三A	三B	三C	三D	四
止	开			微 iəi	之 ie	支 iɛ 脂 iɪ②	支 juɛ 脂 jɪ	
	合			微 iuəi		支 iuɛ 脂 iuɪ	支 juɛ 脂 juɪ	
蟹	开	泰 ɑi 咍 ɒi	夬 ai 皆 ɐi 佳 æi	废 iɐi	咍 iɒi 齐 iɛi	祭 iæi	祭 jæi	齐 ɛi
	合	泰 uɑi 灰 uɒi	夬 uai 皆 uɐi 佳 uæi	废 iuɐi		祭 iuæi		齐 uɛi
臻	开	痕 ən		殷 iən		真 ien	真 jen	
	合	魂 uən		文 iuən		真 iuen	真 juen	
山	开	寒 ɑn	删 ɐn 山 æn	元 iɐn		仙 iæn	仙 jæn	先 ɛn
	合	寒 uɑn	删 uɐn 山 uæn	元 iuɐn		仙 iuæn	仙 juæn	先 uɛn
果	开	歌 ɑ			歌 iɑ			
	合	歌 uɑ			歌 iuɑ			
假	开		麻 a		麻 ia			
	合		麻 ua					
宕	开	唐 ɑŋ			阳 iɑŋ			
	合	唐 uɑŋ			阳 iuɑŋ			
梗	开		耕 ɐŋ 庚 aŋ		清 iæŋ 庚 iaŋ			青 ɛŋ
	合		耕 uɐŋ 庚 uaŋ		清 iuæŋ 庚 iuaŋ			青 uɛŋ
曾	开	登 əŋ			蒸 ieŋ			
	合	登 uəŋ			职 iuek			

① 阳声韵包括入声韵，表4同。邵先生将等韵图全列三等的韵称作三A，分列二、三、四等的（重纽韵除外）称作三B，重纽韵列于四等的称作三D，其余的字称作三C。

② 邵先生实际上将脂韵拟为［i］，不过为了和介音［i］区别，将它写作［iɪ］。

续表

		一	二	三A	三B	三C	三D	四
通	独韵	东 uŋ 冬 oŋ			东 iuŋ 鍾 ioŋ			
江			江 ɔŋ					
遇		模 o			虞 io 鱼 iɔ			
效		豪 ɑu	肴 au			宵 iæu	宵 jæu	萧 ɛu
流		侯 əu			尤 iəu 幽 ieu			
深						侵 iem	侵 jem	
咸		谈 ɑm 覃 ɒm	衔 am 咸 ɐm	凡 iɐm		盐 iæm	盐 jæm	添 ɛm

邵先生关于《切韵》韵母的主要观点有重纽两类是介音的区别，重纽韵舌齿音字与B类为一类，A类单独为一类；严韵系并入凡韵系，臻韵系并入真韵系；庚韵系庄组声母字用二等切下字的属二等，用三等切下字的属三等，庚$_{三}$系划归三B类；合口介音只有一个，唇音字不分开合；四等韵无前腭介音，主要元音为［ɛ］；取消长短元音，一、二等重韵是音质的不同；独韵没有合口介音；海韵和齐韵都有三等。

1. 重纽韵舌齿音字的归属

支、脂、祭、真、仙、宵、侵、盐几个韵系牙喉音和唇音字在反切上有对立，中古韵图把这两套喉牙唇音字分别列在三等和四等，学者们将列在四等的称为A类、列在三等的称为B类。但这些韵系的舌齿音字只有一套，舌齿音字同于A类还是B类呢？邵先生之前已有不少学者讨论过这个问题，主要形成了两种观点。第一种由董同龢（1948）提出，他认为B类独立的倾向比较明显，将舌齿音字与A类归为一类，B类单独为一类。第二种是陆志韦（1947：25—29）提出的，他统计了重纽韵反切下字的情况，将舌齿音字一分为二，认为知庄两组字和来母字同B类为一类，其余舌齿音字同A类为一类。邵先生指出，就《广韵》的反切来说，B类自为一类的只是极少数，舌齿音字也无法彻底割为两类，他的观点是舌齿音字与B类为一类，A类单独为一类，其理由有三：①《古今韵会举要》支、脂、真、盐诸韵系都是舌齿音同于B类而A类独立，《蒙古字韵》里也有相似的情况；②现代东南沿海一带的方言里，有许多舌齿音同于B类而A类独立的例子；③从韵图排列的角度看，舌齿音同于B类而A类独立符合简明易懂的原则。

邵先生在反驳陆志韦观点的时候说："精、章、日归乙类，从《王三》看，似乎是有道理的，可是从《广韵》就看不出来了。"他忽略了重纽韵是变化的这一事实。与《王三》相比，《广韵》是晚近的。《古今韵会举要》和《蒙古字韵》都成书于十三世纪，重纽韵已经进入了另一个发展阶段，支、脂、真、盐诸韵系舌齿音都同于B类只能表明这几个韵系的舌齿音字和B类变作了一处，不能证明它们本来就相同。关于第二个理由，现代汉语方言中既有舌齿音同于B类而A类独立的例子，也有相反的例子。从韵图排列的角度看，如果舌齿音同于A类，的确没有必要分列两行，但若事实如陆说，舌齿音分作两部分，分别同于A、B两类，像现在这样排列也无可厚非。此外，不论舌齿音同于A类还是B类，重纽韵都会变成一个五音俱足的三等韵加上纯三等韵。但从纯三等韵唇音字后来都变成了轻唇音，而从重纽韵里剥离出来的所谓的纯三等韵依然读重唇这点来看，舌齿音分为两类似乎更有道理。

虽然邵先生的看法并非无懈可击，但他为解决舌齿音归属问题提供了一条新思路，拓展了彻底解决重纽问题的可能性。此后的研究都是在三说的基础上进行的，如姚荣松（1997）统计发现舌齿音的三种归类方式在《广韵》中都有所体现，丁邦新（1997）也指出上述三种归类方式都持之有故，只是表现了重纽韵不同时期的状态而已。

2. 严和凡、真和臻

臻韵系只有庄组平入声字，真韵系庄组只有上声字，两韵系互补。严凡两韵系只在溪母上、入声有对立。李荣先生（1952/1956：144）将真臻合并，保留了严凡的分立。邵先生将两组都合并，其理由是：①《王三》《广韵》严凡上入两声虽然在溪母有对立，但这几组对立是后加字所致，并非反映《切韵》原貌，王仁昫加字的目的是强行填补《切韵》严韵系上去声的空缺；②《切韵》同时或之后的材料能分清严凡、真臻的并不多见；③现代方言韵母因声调而异读的极其常见，严和凡、真和臻的区别就是在一定声母条件下的异调异读。

真臻互补，且上古来源一致[①]。栉韵有"齜，崱瑟切"，质韵也有

① 其舒声都来自古真部、文部，入声来自古质部、物部，分布比较均衡。

“齜，仕叱切”，两音不区别意义，可见当时这两个音在听感上可能界限模糊。严凡的情况却是不同的。“剑，举欠切”“欠，去剑切”两个小韵《王三》和《广韵》在凡韵系去声，项跋本在严韵系去声，两韵系可能听起来也容易混淆，但是严凡在溪母有对立，上古来源也不一致①，合并还需更慎重。

3. 庚韵系庄组声母字

《切韵》庚韵系庄组字有些用二等切下字，有些用三等切下字，陈澧《切韵考》根据反切系联将用二等切下字的归二等，三等切下字的归入三等，而高本汉（1940：113）、陆志韦（1947：43—44）、李荣（1952/1956：101）等学者将这些字一律归入二等。后者给出的理由主要是庚韵系庄组字用二等切下字的小韵和用三等切下字的小韵出现的机会互补。邵先生支持陈澧的观点。他指出互补是归为一类的必要条件而不是充分条件，不冲突的小韵不一定要合并，并提出了如下证据：①除《广韵》出现了“生，所庚反”② 外，《王三》中用三等切下字的庚韵系庄组字在《广韵》之前的其他《切韵》系韵书中也稳定地使用三等字作切，不杂二等字；②从历史来源看，庚韵系舒声字《切韵》用二等切下字的庄组字来源于上古阳部，用三等切下字的来源于上古耕部，界限分明；③在庚$_{三}$系和清韵系混而不分的资料中，《篆隶万象名义》（以下简称《名义》）庚$_{三}$系、清韵系字多次用庚韵系庄组字“生”作切下字，《经典释文》庚韵系庄组字有用清韵字作切下字的；④庚韵系庄组字在日本汉音和安南译音中的表现也与《切韵》反切完全相合。

李荣先生将庚韵系庄组字都归二等，庚$_{三}$就成了纯三等韵，所以他比照元韵将庚$_{三}$的主元音拟为［ɐ］。邵先生将庚$_{三}$移到三 B 类，其主要元音也相应地改成了［a］。

4. 唇音字不分开合

最早对唇音不分开合说展开详细论证的是李荣先生（1952/1956：97—100，135—136），他的理由有两个：开合韵唇音字可以用开口字做反切下字，也可以用合口字做反切下字，可以做开口字的反切下字，也可以

① 严韵系舒声来自古谈部，入声来自古叶部，凡韵系舒声来自古侵部，入声来自古缉部和叶部，但来自叶部的只有一个“法”字。

② 邵先生认为《广韵》“生”用二等字作切可能是受时音影响。

做合口字的反切下字；开合韵的唇音字没有对立，只有灰、哈两韵系有例外，而这些对立的小韵的可靠性值得怀疑。

邵先生赞同李荣先生的观点，又做了如下工作：①统计了《王三》与《广韵》中做开、合口字切下字的唇音字的情况，发现同一个唇音字既做开口字切下字又做合口字切下字的在这两种资料中分别占 46% 和 45%，将近半数；②列举了《玉篇》《经典释文》《博雅音》《玄应音义》《晋书音义》五种资料中同一个唇音字既做开口切下字又做合口切下字、用开口字作切的唇音字又切合口字以及同一个唇音字既用开口字作切又用合口字作切的情况，说明唇音不分开合是中古各方言的共同特点；③考察了《经典释文》《博雅音》《字林》《五经文字》等十数种资料中灰、哈唇音字相关的反切，指出这两个韵系唇音不对立是中古时期的普遍现象。

邵先生的补证具体到了单个字在反切系统里的表现，避免了统计上的疏漏。[①] 从李荣先生的研究可以看出，从《王三》《广韵》内部去证明灰哈两韵系唇音的对立小韵不可靠是很困难的，而邵先生另辟蹊径，广征文献，通过论证灰哈唇音不对立在中古时期的普遍性这一方式来推断作为标准音的《切韵》音系也当如此。[②]

5. 纯四等韵的主要元音为［ɛ］

李荣先生（1952/1956：114—115）引证梵汉对音证明了纯四等韵没有前腭介音且其主要元音同于或近于梵语 e。邵先生又考察了从佛陀波利到善无畏所译同一段陀罗尼里四等字的用法，发现除了“鞞”“底”“帝”三个字对译 i[③]，其他字都对译 e，再一次证明了李荣先生的观点。

---

① 只针对唇音字整体作统计只能排除它们都为开口或都为合口的可能性，若唇音字有开有合，开口唇音字的切下字是开口字，合口唇音字的切下字是合口字，开口唇音字做开口字的切下字，合口唇音字做合口字的切下字，也会形成相似的局面。

② 其后又有阮廷贤、储泰松（2012）、刘芹（2015）等学者就唇音字的开合问题进行了讨论，然而这个问题还没有彻底解决。我们若观察唇音字与舌齿音字相涉的反切就会发现，唇音字只做舌齿音开口或合口的一方的切下字，或只用舌齿音开口或合口的一方做切下字。这一现象目前还没有得到很好的解释。

③ 邵先生对这三个字对译 i 分别做了解释：用“鞞”是因为所对译的 i 受其后 ṣ 影响音色变暗，用“底”“帝”是因为脂、之两韵系没有相当的清塞音声母字。

李荣先生将四等韵的主要元音拟为［e］，邵先生调整为［ɛ］。邵先生的这一调整彻底取消了长短元音。虽然李荣先生（1952/1956：140）取消了一、二等韵的长短元音，但他为了保持真韵和先韵、萧韵和幽韵的区别，不得不将真、幽的主要元音拟作［ě］，保留了短元音。邵先生将四等韵主要元音改为［ɛ］，就避免了这个问题。

（四）《切韵》的声调

高本汉（1940：437—438）、陆志韦（1963）持四声八调的观点，他们认为平上去入每一声以声母清浊分为两类。陆氏的理由是《切韵》浊声母字的反切里有规避浊声母切下字的趋势，清声母字的反切里也有规避清声母切下字的趋势，这表明同一韵母的字，清声母字和浊声母字的调值不完全相同。邵先生指出，如果清浊声母字的声调真的有区别而造反切的人又想拼读顺口，也应该是浊避清、清避浊，不会是浊避浊、清避清。他还发现，浊避浊和清避清的现象不出现在所有类型的韵里，并且不同时出现在同一韵里，可见这种规避趋势是受韵母影响的结果，与声调无关。

李荣先生（1952/1956：152—153）提出了四声三调说。他举了一些汉语方言和其他语言里的汉语借音去入同调的例子，来说明去入虽然有两种调值，但是只有一个调位。邵先生统计了从《诗经》时代到齐梁陈隋各个时期去入通押占去入韵总数的比率，发现这个比例是递减的，魏晋时代还能维持在5%，隋代几乎没有。他指出，李荣先生所举去入同调的例子只能说明汉语经历过这样一个阶段，但至迟魏晋时代，这个阶段已经成为过去式了。

邵先生根据一些隋唐时期文献对当时声调的描述，对《切韵》四声的调值作了如下假定：平声是可以延长的中平调，上声是个高升调，去声是个降调或降升调①，入声是个促调。

邵先生还制作了《王三》和《广韵》的声母表、韵母表以及《王三》音节表。他在制定声韵表之前参照《七音略》《韵镜》以及各家校记对《广韵》和《王三》的反切上下字进行了详细的校改，改正了《广

① 《切韵》反切上字有规避去声字的倾向，陆志韦（1963）认为是去声音高上有曲折所致。邵先生在《经典释文音系》中对陆志韦的观点表示了赞同。

韵》里的一些错字，移动了错置的小韵，删并了列于韵末、《切韵》各残卷未收、不被早期韵图采用的重出小韵以及与《切韵》音韵结构不符合的小韵。《王三》音节表展现了每个小韵的音韵地位并构拟了它们的读音，集中而清晰地呈现了邵先生的研究结论，为我们提供了宝贵的参考资料。

二 《经典释文音系》及其他中古音研究成果

除《切韵》以外，邵先生的中古音研究还涉及《经典释文》、《晋书音义》、《五经文字》、敦煌俗文学中的别字异文以及《集韵》等多种资料。这些资料分布在中古不同时期和地域，能够帮助我们认识中古音全貌及其发展规律。它们的问世时间与《切韵》相去不远，也能够为我们研究《切韵》提供重要旁证。此外，邵先生中古音研究所体现的研究思路和研究方法对我们也有重要的启发意义。

（一）《经典释文音系》

《经典释文》为吴人陆德明所作，是注释儒家经典字词之音义的著作，其成书不晚于589年，差不多与《切韵》同时。1962年，林焘发表《陆德明〈经典释文〉》一文，肯定了“标之于首”的音切的特殊地位，并指出陆德明“微加斟酌”的标准就是当时受北音影响很大的金陵音。坂井健一（1975）和王力（1982）先后对《经典释文》音注进行过系统研究，但前者只分析了陆德明引录的诸家音注，没有论及陆德明本人的音切；后者将各家音切杂糅一处，所得结论不免欠妥。邵先生重新整理了《经典释文》音注，先后发表了论文《略说〈经典释文〉音切中的标准音》（1982）、《〈经典释文〉的重音音切》（1989），又撰写了专著《经典释文音系》（1995），以注音实例进一步论述了首音的特殊地位，并排除杂引诸音，对首音进行了全面研究，整理出了它的语音系统并制作了声韵配合表，使我们得以窥见陆德明心目中的标准音面貌。

邵先生运用反切系联法和反切比较法考求陆德明音系声母为30个，韵母不计声调为136个，见表3、表4。

表 3　　**陆德明音声母表**

		全清	次清	全浊	次浊	全清	全浊
唇音	重唇	帮 p	滂 p‘	並 b	明 m		
舌音	舌头	端 t	透 t‘	定 d	泥 n		
半舌					来 l		
齿音	齿头	精 ʦ	清 ʦ‘	从 ʣ		心 s	
	正齿	庄 ʧ	初 ʧ‘	崇 ʤ		生 ʃ	
	正齿	章 ʨ	昌 ʨ‘	常 ʥ		书 ɕ	
半齿					日 ȵ		
牙音		见 k	溪 k‘	群 g	疑 ŋ		
喉音		影 ʔ			以 Ø	晓 x	匣 ɣ

表 4　　**陆德明音韵母表**

		一	二	三 A	三 B	三 C	三 D	四
止	开			微 iəi		脂 i	脂 jɪ	
	合			微 iuəi		脂 iui	脂 jui	
蟹	开	泰 ɑi 咍 ɒi	夬 ai 皆 ɐi 佳 æ	废 iɐi	咍 iɒi	祭 iæi	祭 jæi	齐 ɛi
	合	泰 uɑi 灰 uɒi	夬 uai 皆 uɐi 佳 uæ	废 iuɐi		祭 iuæi		齐 uɛi
臻	开	痕 ən				真 ien	真 jen	
	合	魂 uən		文 iuən		真 iuen	真 juen	
山	开	寒 ɑn	删 ɐn 山 æn	元 iɐn		仙 iæn	仙 jæn	先 ɛn
	合	寒 uɑn	删 uɐn 山 uæn	元 iuɐn		仙 iuæn	仙 juæn	先 uɛn
果	开	歌 ɑ						
	合	歌 uɑ						
假	开		麻 a		麻 ia			
	合		麻 ua					
宕	开	唐 ɑŋ			阳 iɑŋ			
	合	唐 uɑŋ			阳 iuɑŋ			

续表

		一	二	三 A	三 B	三 C	三 D	四
梗	开		庚 aŋ		清 iæŋ			青 ɛŋ
	合		庚 uaŋ		清 iuæŋ			青 uɛŋ
曾	开	登 əŋ			蒸 ieŋ			
	合	登 uəŋ			职 iuek			
通	独韵	东 uŋ 冬 oŋ			东 iuŋ 鍾 ioŋ			
江			江 ɔŋ					
遇		模 o			虞 io 鱼 iɔ			
效		豪 ɑu	肴 au			宵 iæu	宵 jæu	萧 ɛu
流		侯 u			尤 iu 幽 ieu			
深						侵 iem	侵 jem	
咸		谈 ɑm 覃 ɒm	衔 am	凡 iɐm		盐 iæm	盐 jæm	添 ɛm

邵先生将《切韵》与陆德明音系的主要差异总结如下：

表 5　　陆德明音与《切韵》音系比较

		《切韵》	陆德明音
声母	1 端知	分立	不分
	2 从邪	分立	不分
	3 崇俟	分立	不分
	4 常船	分立	不分
韵母	5 东$_{三}$明母	三等	一等
	6 尤韵明母	三等	一等
	7 支脂之	分立	不分
	8 齐$_{三}$	有	无
	9 真殷	分立	不分
	10 辖黠合口	分立	不分
	11 庚$_{二}$耕	分立	不分
	12 庚$_{三}$清	分立	不分
	13 咸衔	分立	不分

邵先生认为陆德明音系代表六世纪南方标准音系，也就是金陵音系，与代表北方标准音系的《切韵》音系并立为二大标准音系。其理由主要有三个：①陆德明未到过北方，且撰写《经典释文》是在任国子助教期间，必定以当时的南方标准语金陵话作为定音标准；②陆德明音系的特点与《颜氏家训》所记南音特征相合；③陆德明音系的声母系统与《名义》所记《玉篇》音系完全一致，其韵母之间的分歧都可以解释为音变。

陆德明音系与《切韵》音系之间的差异多达 13 项，而与同样成于南方人之手的《玉篇》音系只有几项差异，乍一看似乎陆德音与《玉篇》都反映南方标准音，《切韵》反映北方标准音。然而，陆德明音系与《切韵》音系之间有 4 项差异也是它与《玉篇》音系的差异①，很难归结为南方特点。我们也可以看到，前文所述 13 项差异中，重韵分合占了一大半，这或许是审音宽严不同而不是实际语音造成的。我们认为仅有的几项与南北方音有关的差异并没有显著到可以分出两种标准音。

随着对陆德明音研究的进一步深入，学者们对邵先生所构建的音系提出了一些修改，但这丝毫不能影响《经典释文音系》对汉语语音史研究的贡献。邵先生成功地从《经典释文》首音中整理出了陆德明所认可的音系，不仅揭示了《经典释文》的语音史价值，还对研究其他音义类文献有重要的启发意义，即语音系统是靠一群反切用字共同作用来表现的，杂引诸家音切不妨碍表现实际语音。《经典释文》与《切韵》时代接近，对陆德明音的研究为我们认识《切韵》音系的性质及结构特点提供了帮助，也促进了我们对汉语共同语形态的思考。

（二）其他中古音研究成果

1.《〈晋书音义〉反切的语音系统》

《晋书音义》为洛阳人何超所作，其成书不晚于 747 年，其音注反映了八世纪中叶洛阳语音的概貌。邵先生对其反切的语音系统进行了全面描写，发现其声母和声调与《切韵》完全相同，只有韵母较《切韵》有七项重韵范围内的合并：东一等和冬、哈和泰开口、覃和谈、皆和夬开口、

---

① 分别为尤韵明母字陆德明音归一等，《切韵》《玉篇》都归三等；辖黠合口、庚$_{二}$耕、咸衔都是陆德明音不分，而《切韵》《玉篇》都分（《名义》所记《玉篇》音系据周祖谟 1966：270—404）。

删和山、之和脂支开口、鱼和虞。他指出，两种音系的相似性表明《切韵》音系的语音基础是洛阳话。

2.《〈五经文字〉的直音和反切》

《五经文字》系张参所作，是一部官修正字专书，完成于 776 年。邵先生根据张参久居长安推断他所说的话是“秦”音，并用反切比较法对其音切所反映的语音系统进行了分析，总结出了其声母、韵母、声调三个方面的特点。

邵先生对《五经文字》的研究，揭示了《切韵》以后的汉语语音发展特点，如轻重唇音分化以后非敷两母确实经历过一个分立的阶段，现代北方话佳皆夬麻之间复杂的关系很可能在八世纪已经成形了，纯四等韵发生变化也始于八世纪等。

3.《敦煌俗文学中的别字异文和唐五代西北方音》

敦煌文书因长期封锁于洞窟中而未经后人篡改，产生的时代和地域也相对容易考定，是汉语史研究的重要资料。罗常培（1933/2012）对《千字文》《金刚经》《阿弥陀经》《大乘中宗见解》四种汉藏对音资料以及注音本《开蒙要训》进行了分析，描写了唐五代西北方音的特点，开启了方言语音史研究的先河。邵先生又立足《切韵》音系，考察了敦煌变文、曲子词、诗和唱词等俗文学抄本中的别字异文所反映的语音特征，不仅进一步验证了罗常培的合理观点，而且补充了若干新发现，如疑影两母三、四等和喻母不分、尤幽两韵不分等，拓展了我们对唐五代西北方音的认识。

4.《〈切韵〉尤韵和东三等唇音声母字的演变》

一般情况下，经历唇音轻化的韵系其唇音字全部都变了唇齿音，然而尤韵和东三等只有帮、滂、並母字变了，明母字依然读双唇音。邵先生通过观察《经典释文》《玉篇》《博雅音》《汉书》注、《玄应音义》等《切韵》前后的资料里尤韵和东三等明母字的具体音切，指出其原因是这两韵明母字在唇音轻化之前就已经失去前腭介音，变入了一等。

这一结论在分析具体音系时有重要作用。如处理《晋书音义》的反切，虽然尤幽两韵有 3 例混切，但其时唇音字还没有轻化，我们便不能凭这三例推断尤幽两韵合并。

5.《〈集韵〉音系简论》

《〈集韵〉音系简论》最初是《邵荣芬音韵学论集》（1997）中的一篇论文，2011 年由商务印书馆出版为专著。邵先生在书中分析了《集韵》的重出小韵，指出其中多数是非语音对立的重出，只有少数反映重纽或音变。他又运用反切比较法对《集韵》的语音系统进行了全面考察，归纳出它与《广韵》在声母、韵母、声韵配合关系上的异同，发现《集韵》极力保存了《切韵》音系的本来面貌，对《切韵》研究有重要的参考价值，如《集韵》庚三等又增加了四个舌齿音小韵，进一步证实《切韵》庚韵系用三等切下字的庄组字为三等字。同时，《集韵》还表现出了轻重唇音分化，崇俟合并，魂韵系舌齿音变开口、歌韵系舌齿音变合口，二等开口喉牙音及四等喉牙音都产生了前腭介音，庚$_{三}$系庄组入声字变为二等，尤韵唇音字变入一等、幽韵明母字变入尤韵等几项音变，对我们了解宋初实际语音也有一定的帮助。

《集韵》版本复杂，且不同版本之间差别较大。邵先生以曹刻本为底本对其小韵首字和切语进行了详细校勘，补正前人漏校、误校并制作了音节表，为《集韵》研究提供了可靠的参考资料。

6.《法伟堂经典释文校记遗稿》

晚清法伟堂《经典释文》校记对今人研究陆德明音切有重要的启发意义，然而其原稿已不可见。邵先生托人从唐复年处抄得移录本并加以校理，在法氏校语前添加被校文字，在误字后括加校语，出版了编校本以方便学界利用。他还撰写了《说法伟堂经典释文校记遗稿》一文，从校正字音、辨明音类、以等韵正切、以规避规则正切、以古音论切五个方面论述了法氏校记在校音上的成就，指出他不仅在《经典释文》校勘上补正前人漏校、误校，而且对陆德明音系与《广韵》的异同也提出了不少卓见①，使我们充分看到了这一文献的学术价值。

7. 研究方法

邵先生的中古音研究成果还包括在方法论上的创见。他一方面根据研究对象的特点提出了新方法，根据具体的研究需求改进了已有方法，丰富了音韵学研究方法的内容；另一方面重视对研究方法的使用原则以及局限

---

① 如法氏指出了《经典释文》轻重唇未分化、从邪不分、船禅不分等特征，揭示了重纽的对立，并认识到了重纽与某些声母有特定关系。

性的总结，提高了方法本身的可操作性以及研究结论的准确性。

（1）反切比较法

在反切比较法问世之前，研究反切资料的基本方法仅有反切系联法。系联法经陈澧提出后，在中古音研究中发挥了重要作用，但这种方法有一些缺陷：当反切数量较少、不足以系联出语音系统时，系联法就捉襟见肘了；有些音注资料反切数量虽然可观，但系统性不足，导致同一音类时有失联；系联法只针对反切资料，对于那些没有在反切上下字里出现的字或直音所反映的音韵特征，则不能发挥作用。

邵先生在《〈五经文字〉的直音和反切》（1964）一文中首次提出并使用了反切比较法。反切比较法是将研究对象与某种参照系进行对比，通过注音用字的类别异同来分析语音特点的方法，适用于系统性较弱的音注资料，弥补了系联法的不足。邵先生还阐述了该方法的操作原则：比较的先决条件是研究对象和参照对象都收有某字；比较的充分条件是这两个字必须在意义上相同；当两边音切都不相同，以语音差别远近为标准，比较最相近的两个音切；当远近关系相等的时候，比较符合语音演变趋势的两个音切。其后，他又将这一方法成功用于《晋书音义》《经典释文》《集韵》的研究，用实践证明了它在分析音注资料语音特点、归纳语音发展规律中的价值。

因反切比较法的适用对象不仅有反切还有直音，耿振生（2016）将它更名为音注类比法。

（2）异文通假声训集证法

异文通假声训集证法清代学者就已经在使用，是将文献里的异文通假字、声训字和《切韵》音系对照来分析语音特点的方法。该方法多用于古音研究，而邵先生在《敦煌俗文学中的别字异文和唐五代西北方音》（1961）一文中首次将它成功用于中古方音的研究，为我们提供了新的范例。

邵先生从三个方面完善了异文通假声训集证法。首先，他通过调查现代人所写的别字来推想古代人写别字的情况，巧妙验证了别字异文在语音史研究中的效用；其次，他提出了同音代替是确定别字异文可以用来观察语音现象的唯一前提这一原则，提高了研究结论的准确性；最后，他注意到敦煌俗文学抄本内容繁杂，涉及的地域广大，其中的别字异文表现的不是某一个音系的特征，而是不同时期不同地区方言的混合体，指出了异文通假声训集证法的局限性，有利于我们正确认识、有效利用这一方法。

三 总结

邵荣芬先生中古音研究的贡献主要有三个方面。其一是《切韵》研究，对前辈学者的观点进行了辨析并提出了一些新的见解，将人们对《切韵》的研究水平推到了新的高度；其二是对多种中古音注资料的研究，深化了人们对中古音全貌以及《切韵》以后语音演变过程的认识；其三是更新和改进研究方法，对音韵学持续科学发展有积极意义。

邵先生的中古音研究成果自问世以来一直受到关注，已成为中古音研究和音韵学史研究绕不开的部分。其中《切韵研究》更是青年学者学习和研究《切韵》的重要参考书，其后几乎所有相关研究都是在邵先生体系的基础上展开的。此外，邵先生审慎的治学态度、多样的研究思路也起到了良好的示范作用，在我国音韵学界有着深远的影响。

参考文献

1. ［日］坂井健一：《魏晋南北朝字音研究》，汲古书院 1975 年版。

2. 陈瑶、王健：《从现代汉语方言看古泥娘母的分立问题》，《中国语文》2016 年第 6 期。

3. 丁邦新：《重纽的介音差异》，《声韵论丛》第 6 辑，学生书局 1997 年版。

4. 董同龢：《广韵重纽试释》，《历史语言研究所集刊》1948 年第 13 本。

5. （清）法伟堂：《法伟堂经典释文校记遗稿》，邵荣芬编校，华东师范大学出版社 2010 年版。

6. ［瑞典］高本汉：《中国音韵学研究》，赵元任、罗常培、李方桂译，商务印书馆 1940 年版。

7. 耿振生：《音韵学研究方法导论》，北京大学出版社 2016 年版。

8. 李荣：《切韵音系》，科学出版社 1956 年版。

9. 李新魁：《重纽研究》，《语言研究》1984 年第 2 期。

10. 刘芹：《再论〈切韵〉唇音字的开合口》，《西华大学学报》（哲学社会科学版）2015 年第 5 期。

11. 陆志韦：《古音说略》，哈佛燕京学社 1947 年版。

12. 陆志韦：《古反切是怎样构造的》，《中国语文》1963 年第 5 期。

13. 罗常培：《切韵鱼虞之音值及其所据方言考》，《历史语言研究所集刊》1931 年第 2 本。

14. 罗常培：《唐五代西北方音》，商务印书馆 2012 年版。

15. 欧阳国泰：《〈切韵〉"俟"母质疑》，《厦门大学学报》（哲学社会科学版）1987 年第 4 期。

16. 阮廷贤、储泰松：《唇音分开合试证》，《古汉语研究》2012 年第 3 期。

17. 邵荣芬：《〈切韵〉音系的性质和她在汉语语音史上的地位》，《中国语文》1961 年第 4 期。

18. 邵荣芬：《敦煌俗文学中的别字异文和唐五代西北方音》，《中国语文》1963 年第 3 期。

19. 邵荣芬：《〈五经文字〉的直音和反切》，《中国语文》1964 年第 3 期。

20. 邵荣芬：《〈晋书音义〉反切的语音系统》，《语言研究》1981 年第 1 期。

21. 邵荣芬：《略说〈经典释文〉音切中的标准音》，《古汉语研究论文集》，北京出版社 1982 年版。

22. 邵荣芬：《〈经典释文〉的重音音切》，《中国语文》1989 年第 6 期。

23. 邵荣芬：《〈切韵〉尤韵和东三等唇音声母字的演变》，《东方文化》1991 年第 1 期。

24. 邵荣芬：《经典释文音系》，学海出版社 1995 年版。

25. 邵荣芬：《邵荣芬音韵学论集》，首都师范大学出版社 1997 年版。

26. 邵荣芬：《切韵研究》（校订本），中华书局 2008 年版。

27. 邵荣芬：《集韵音系简论》，商务印书馆 2011 年版。

28. 王力：《〈经典释文〉反切考》，《龙虫并雕文集》，中华书局 1982 年版。

29. 姚荣松：《重纽研究与声韵学方法论的开展》，《声韵论丛》第 6

辑，学生书局 1997 年版。

30. 周祖谟：《问学集》，中华书局 1966 年版。

（王雪，女，南京大学汉语言文字学专业博士研究生。通信地址：江苏省南京市栖霞区仙林大道 163 号勇园。邮编：210023。电子邮箱：1021909579@qq. com。）

《万韵新书》的源流及音韵问题*

孙志波

（河南师范大学文学院）

摘　要：文章利用新发现的明本《万韵新书》考证了韵书的成书时间，并探讨了声母、声调问题。文章指出韵书的成书时间为明代天启年间，清刻本《增补万韵新书》是在明本的基础上修订而成。古知庄章组声母在《万韵新书》中是分作两套，阴平、上声、清入三个声调在韵书中调值相近，关系密切。

关键词：《万韵新书》；山东方言；知庄章；声调

明清时期山东地区"音韵锋出"，有关学者纂修了近百种韵书。在这些韵书中，《万韵新书》因其忠实记录了现实语音而得到众多学者的关注。永岛荣一郎（1941）、耿振生（1990）、李新魁和麦耘（1993）、张鸿魁（2001、2005）、张树铮（2005）、李媛媛（2011）、刘一梦（2017）等学者，或是对勘版本，或是考证音系，对该韵书都作了许多重要的研究。前述学者所研究的《万韵新书》皆是署名刘振统的清代刻本《增补万韵新书》。笔者近来发现一种新的版本，与前所研究者均不同，因韵书正文题"大明五音正韵万韵图"，故本文将其称作"明本"，而刘振统本下文则称作"增补本"。

一　明本《万韵新书》简介

该韵书共两册，开本约 25.5cm×14.5cm，版心框高约 20.5cm×

* 国家社科基金重大项目"明清民国珍稀时音韵书韵图整理集成与研究"（项目编号：19ZDA308）。

13cm，白棉纸木刻不分卷。封面题《五音万韵新书》，正文首行又题作“大明五音正韵万韵图”。全书无序跋，共由目录、正文和文末附录三部分构成。

（一）韵书的作者及成书时间

光绪《山东通志·艺文志》载：“《万韵新书》三卷附‘韵法’一卷，刘振统撰。振统字率公，高苑人。其书有坊刻本，以‘宫刚高子举官该家杰孤金国勾吉戈’十五字为首，而以平仄之声近者分属于下以便检寻。‘韵法’则历城刘桂字云毓所增，盖为初学切音而设也。”（徐泳，2016：560）前辈学者据此认为《万韵新书》的作者为清代山东高苑（今高青）人刘振统。不过，明本却提供了不同的信息。

明本不著撰者，但正文首行“大明五音正韵万韵图”后署“复教如意堂　赐进士第胡重阅较正”。“如意堂”当为堂号，“胡”是校阅者的姓。增补本正文首行亦题“五音正韵万韵图”，但仅有“重阅较正”四字，无校阅者的记录。那么，“胡”是何人呢？据刘廷銮、孙家兰（2015：16），明代山东地区的胡姓进士共 14 人，从籍贯看，其方言与《万韵新书》的描写最为接近的有三人：（1）胡经（？—1513），滨州人，成化二十三年（1487）三甲第二百一十九名进士；（2）胡鳌，生卒不详，滨州人，弘治六年（1493）三甲第一百一十一名进士；（3）胡东渐（？—1631），章丘人，万历二十三年（1595）三甲第二百二十二名进士。若要确认校阅者，还应该结合韵书的成书时间。

明本未列成书时间，只能从避讳字中推测一二。明代前期对避讳并不做要求，但自万历帝起避讳逐渐严格，如熹宗朱由校规定凡“校”者，俱应作“较”“挍”（李紫鸥，2011：151—153）。是书“重阅较正”以及正文“高韵”不列“校对”之“校”，似是为避“校”字讳，“学校”之“校”因与帝名不冲突，故不避讳。更为重要的是，“钧”字韵书增笔作“钧”，显然是为了避万历帝朱翊钧的讳，对比“筠（筠）均（均）”二字更能明确这一点。结合韵书不避“检”字，可以推测《万韵新书》成书于明代天启年间，即公元 1605—1627 年。因此，校阅者最有可能是胡东渐。

（二）韵书的体例

今通行之增补本《万韵新书》韵谱正文的体例是：韵部为纲，开列四呼，同呼分声，同声分调，附以简注。即以十五韵部“宫刚高子举官该家杰孤金国勾吉戈”廓列韵字，同韵部下先分出合、撮、开、齐四呼，然后同呼之下依照声母分列，同声母下再按声调区分，最后每个字添加简单的注释。就韵字的编排格局而言，《万韵新书》很接近《韵略易通》《韵略汇通》，但韵书通篇没有声母声调之名，不同音节间只以圈围符号“○”隔开。其情形如下所示。

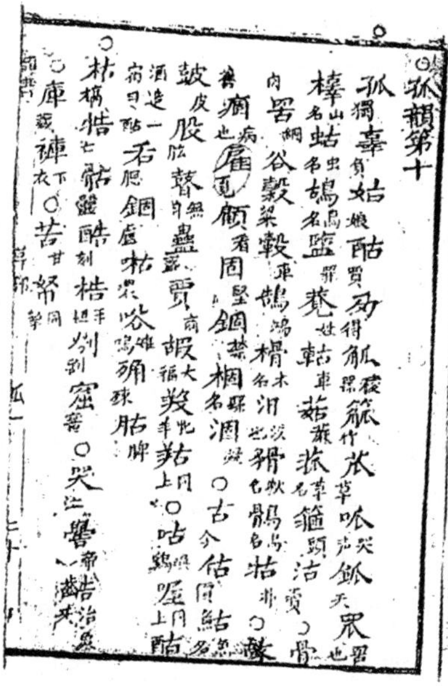
孤韻第十

图 1　子云堂本《增补万韵新书》书影 1

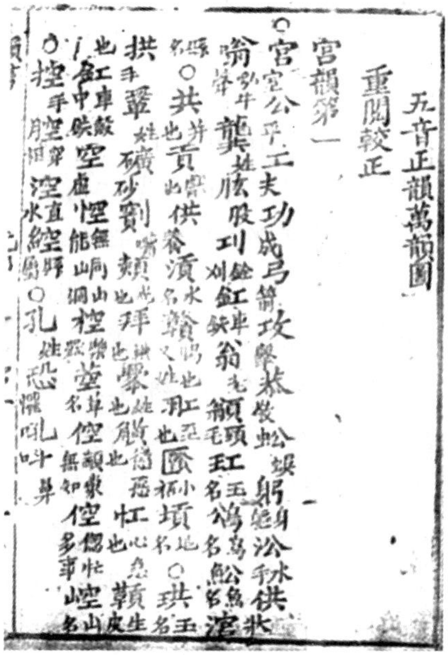
五音正韻萬韻圖
重閱較正
宮韻第一

图 2　子云堂本《增补万韵新书》书影 2

明本《万韵新书》体例的大格局跟增补本一致，但列有声母、声调的名称。声母类别依次是：见溪疑端透泥帮滂明精清心晓来日知彻审非。声调的类别依次是：㊀——阴平；㊁——入声；㊂——去声；㊃——上声；㊄——阳平。明本《万韵新书》的体例如下所示。

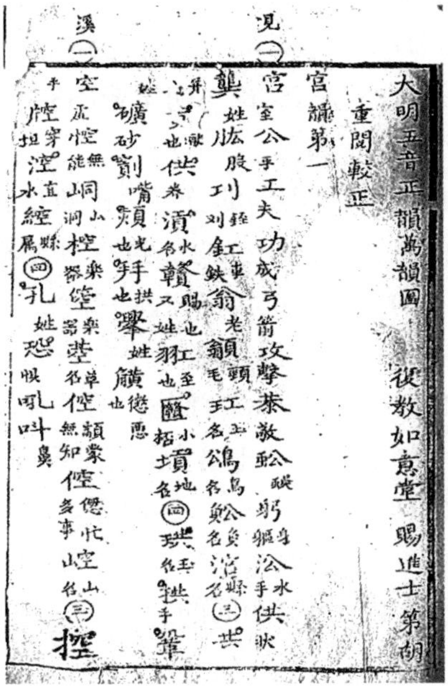

图 3　明本《增补万韵新书》书影 1

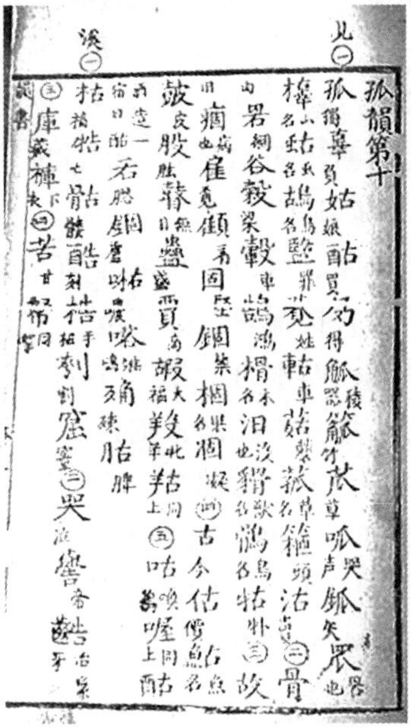

图 4　明本《增补万韵新书》书影 2

很显然，明本的体例比增补本更具优越性，因为增补本无法具体体现字音的类别，容易导致字音分析的错误。例如【该韵】齐齿呼“挨”小韵①和【杰韵】齐齿呼“揭”小韵，增补本的情形是：“○挨○额頟隘嫕○矮躷○埃崖捱堐輻唲”；“○揭揲讦结紒劫洁㓤袺絜孑釪黠铗偈○竭碣杰桀烾契碣堨○挈襭告页扐婕羯”。张鸿魁（2005：106）和张树铮（2005：290、297）对这两个小韵声调的分析结果存在不同：

表 1　“挨”“揭”小韵的分析结果

	阴平	入声	去声	上声	阳平
张鸿魁	挨	额		矮	埃
	揭	竭			挈
张树铮②	挨		额	矮	埃
		揭			竭

① 声母韵母相同，而声调有别的字，本文称作“小韵”，下同。

② 张树铮（2005：297）未列“挈”音节。

明本《万韵新书》则清晰的显示：㊀（阴平）挨……㊂（去声）额……㊃（上声）矮……㊄（阳平）埃……；㊁（入声）揭……㊃（上声）竭……㊄（阳平）挈……两位学者的分析结论与明本皆不完全一致。由此也可看出明本在揭示语音现象方面的优越性。

《万韵新书》目录开列了十五韵部里每个小韵的首字，比照目录开列的小韵首字，可以看出明本有少量的亡佚，第十五韵部当有“戈科阿多诺坡莫作梭搓擢乐卓戳朔拖”17个小韵，韵书正文仅存前12个。对比增补本可知，明本自“擢”小韵去声“货”音节至“拖”小韵皆亡佚，若该部分与增补本相同，则亡佚音节13个，字数98。此外，明本和增补本皆有“三十六字母总名”“三十六字母分清浊”“七音分母”“等字部位”“字母歌”“七音分母补遗”“字母分韵共计十五韵”等内容。除最后一项是《万韵新书》的韵部外，其他都是对传统三十六字母的分析。明本该部分有少量残损，但所存内容跟增补本是完全相同的。

二 《万韵新书》的源流

明本《万韵新书》目前仅见此版本（或为宇内孤本?），增补本《万韵新书》则有多种版本。据笔者所知，仅清代的刻本就有7种：光绪丁丑年子云堂版、光绪甲申年顺和堂藏版、光绪丙戌年文裕成藏版、清敬文堂藏版、光绪孟冬李圣龢题款石印本，除最后一种外，其余皆题作《增补万韵新书》，此外还有民国时期的印本多种。增补本之间大同小异，下文以子云堂本作为增补本代表，探讨增补本与明本之间的关系。

（一）明本和增补本的渊源

张鸿魁（2005：87—93）根据增补本的三篇序言推测增补本的刊布过程及其版本渊源。受材料所限，张鸿魁先生推测《万韵新书》是刘振统在偶然得到的一份无名氏《同音字表》的基础上，划分声韵调格局进行编排，而后又经郑尚信、刘桂增补，成为《增补万韵新书》。本文已然推断明本《万韵新书》成于明天启年间，其作者自然不是刘振统。那么增补本的成书经过就可以在张鸿魁（2005：93）的基础上调整为：

《万韵新书》→刘振统《万韵新书》（增补遗失，弁以序言）→ 郑尚信《增补万韵新书》（重加增补，授以梓人）/ 刘桂《重镌万韵书增直图》（增入"新订字韵"）→ 三序《增补万韵新书》（学古堂本）→今本《增补万韵新书》（子云堂本、顺和堂本等）

随之而来的问题是，刘振统得到的《万韵新书》是怎样的？刘振统对此曾有提及：

> 至于《万韵新书》，可以豁人心目，可以释人闷迷，不计点画不谋其形象，止将所用之字审其音韵，于十五字某音同韵者，定在某部内也。如"东通宗京"之类，即在"宫"字部内；如"端宽潘安"之类，即在"官"字部内；如"心真君亲"，即在"金"字部内。不能悉数，余皆仿此。（刘振统《万韵书序》）

由此可见，刘振统得到的《万韵新书》也是十五韵部划分井然的。将明本和增补本进行对比，我们发现，刘振统所得《万韵新书》可能就是本文所说的明本。理由如下。

第一，增补本的体例是改订明本体例而来。增补本全书以"○"隔开音节，但部分韵部内透露出"○"原本是声母或声调的名称。例如明本（图5）和增补本（图6）的【勾韵】部分音节如下：

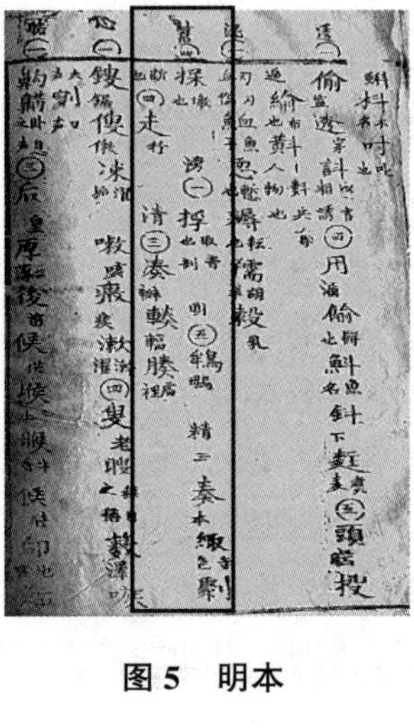

图5　明本

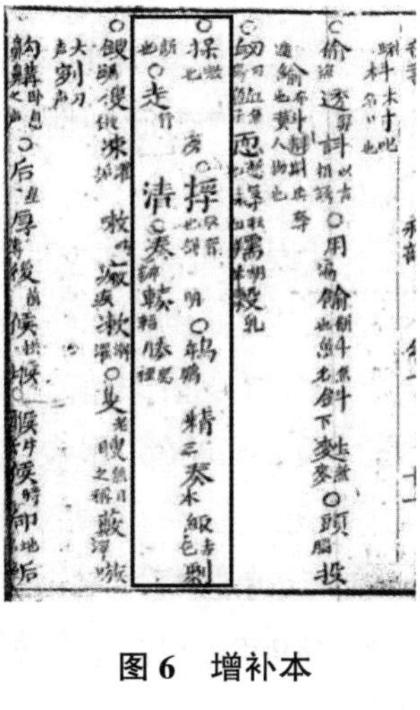

图6　增补本

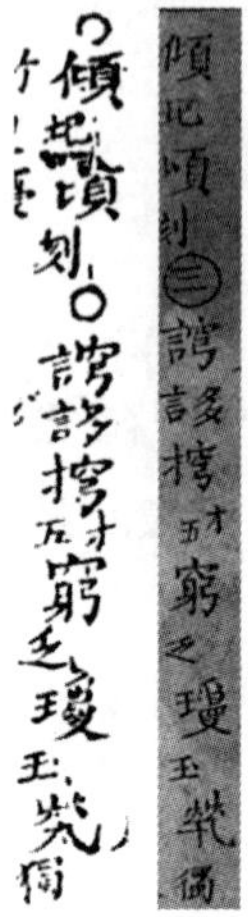

明本把【勾韵】开口呼的帮㊃、滂㊀、精㊂㊃、清㊂等音节排在一起，增补本也把这些音节排在一起，但增补本里也出现了滂、精、清四个声母，且于精声母下出现声调“三”。对比两者可知，凡是外加“〇”的声调，增补本皆删除，明本“精三”因声调未加“〇”，被误认为是小字注释，得以保留。

第二，增补本之讹误系因明本字体刻板印刷问题。例如：【宫韵】“倾”小韵增补本作“〇倾[圮]顷[刻]〇謣誃挎[才][五]穷[乏]琼[玉]茕[独]……”（刻板如右侧图左），其中“誃”字及“穷”字以下诸字，皆与“謣”字音不和，而“挎才五”的注释也显得怪异。此处问题皆与明本刻板（如右侧图右）有关。明本“謣”字释作“多言”，但因字体略大，被增补本误认为是“誃”字，致使注释窜入正文。增补“挎”字释作“才五”，与“穷”字间无间隔符号“〇”，乃是因明本声调“五”未添加外部圈围“〇”，且字体偏小靠上，致使增补本释“挎”字为“才五”。再如：【该韵】“大”小韵去声，增补本作“〇歹扳𪡏仮憷嚏”，其中“扳仮”二字于音不和，查明本“歹”字最后一笔存在拖长的现象，作“歹扳仮”，故可知增补本讹误之由来。

第三、明本一些非内容的疏失，导致增补本内容上的讹误。例如【宫韵】“冲”小韵阴平音节增补本作“〇冲[动]衝[开]充[军]怖[忧][也]……”，“怖”字音义皆不和。考明本作“忡”，但刻板印刷时，“忡”字中间断裂作，形体近似“怖”。此种情形，在韵书中共三处，虽然不多，却因其偶然性使得说服力更强。

此外，明本讹误增补本基本因袭——此类现象不胜枚举，并且增补本如子云堂刻本的版式也与明本十分接近（可参考图1—图6）。

综上所述，我们有理由相信，本文所示明本当系增补本之祖本。那么明本是否就是《万韵新书》最初的版本呢？似乎不是。首先，明本题“复教如意堂　赐进士第胡重阅校正”，说明在此之前应该有未经胡进士校阅的版本。其次，【孤韵】“夫”小韵倒数第二字，明本与增补本皆作“䪖音溥姓也旧本無此字新添非本韻”，注释提到“旧本無此字”，可见明本之前还有另外一种版本。

（二）增补本的“增补”

前文已述明本的内容：目录、正文、附录，增补本内容则较多。两者内容构成比较如下：

表 2　　　　明本和增补本的内容比较

<table>
<tr><th>内容序号</th><th>明本</th><th>增补本</th></tr>
<tr><td>①</td><td rowspan="3">无</td><td>刘振统《万韵书序》（乾隆六年）</td></tr>
<tr><td>②</td><td>郑尚信《增补万韵新书序》（乾隆九年）</td></tr>
<tr><td>③</td><td>刘桂《重镌万韵书增直图序》（乾隆二十三年刊于学古堂藏板）</td></tr>
<tr><td>④</td><td>三十六字母总名
三十六字母分清浊
七音分母
等字部位
字母歌
七音分母补遗</td><td>三十六字母总名
三十六字母分清浊
七音分母
等字部位
字母歌
七音分母补遗</td></tr>
<tr><td>⑤</td><td>目录（全书小韵首字）</td><td>目录（全书小韵首字）</td></tr>
<tr><td>⑥</td><td>正文：大明五音正韵万韵图</td><td>正文：五音正韵万韵图</td></tr>
<tr><td>⑦</td><td>无</td><td>韵法直图、切字法、传响图</td></tr>
</table>

从表 2 可以看出，增补本相较于明本多三篇序言以及内容⑦抄录的《韵法直图》等内容。三篇序言是考证增补本渊源的重要依据，至于内容⑦，增补本从《韵法直图》中抄录了“韵法目录”至指掌图的内容，张鸿魁（2005：88）评价说“抄制粗劣”。内容⑦还夹杂着“读韵歌”（平声平气无低昂，遇上高声猛力强，去声谒谒音渐远，入意短促急收藏）、“晓韵捷法”（喉牙唇舌齿，喉兼牙齿唇，要问末二字，喉舌牙齿音）以及“切字法”“传响图”等，“均不知抄自何处”。（张鸿魁 2005：88）

明本和增补本皆有内容④⑤，只是明本将④放在正文之后，而增补本位于目录之前。内容⑤目录部分，除少数文字的形体错讹外，两者也是一致的。

正文方面，增补本与明本最大的不同是，增补本分成元亨利三部：正文“宫刚高子举”五韵部为“元部”，正文“官该家杰孤”五韵部为“亨部”，正文“金国勾吉戈”五韵部为“利部”，另有“贞部”为内容⑦。明本应当也有“分部”的意图，因为明本“举韵”末，写有“首卷式拾式张”，即“宫刚高子举”五韵部为首卷，但其余十韵部不再分卷。若是五部一卷，则与增补本的分部相同。

至于正文内容方面，增补本偶尔会增加韵字。我们对比了明本、子云堂本并参考民国大成书局石印本，整理出明本和增补本区别910处，其中涉及韵字增加的有20处，增加韵字共计20个，均是在小韵最后添加韵字。例如【宫韵】“京”小韵和【高韵】“标”小韵：

表3　　增补本的增字举例

	明本	增补本
宫韵	见㊀京驚经耕荆泾硜矜惊畊 ㊂敬镜胫竟境逕径竞劲茎颈婙兢獍 ㊃景警儆勍憬璟	○京驚经耕荆泾硜矜惊畊 ○敬镜胫竟境逕径竞劲茎颈婙兢獍 ○景警儆勍憬璟曔
高韵	帮㊀标麃骠镳膘俵熛穮飚 ㊂鳔 ㊃表婊臕	○标麃骠镳膘俵熛穮飚 ○鳔 ○表婊臕殍

增补本增加的韵字不但少，而且不影响语音系统，甚至有些增加的韵字是俗字、僻字，于音韵研究而言没有什么意义。例如【家韵】“喇”小韵和“花”小韵：

表4　　【家韵】“喇”小韵和“花”小韵增字情形

明本	增补本
来㊁喇邋 ㊂拉腊臈辣蜡蠟镴鎉垃揩儠揦蹦	○喇邋 ○拉腊臈辣蜡蠟镴鎉垃揩儠揦蹦才
晓㊀花华眵骅浛 ㊂化话画槬侲輠華猾滑华狻繣铧 划偖哗譁澅桦	○花华眵骅浛 ○化话画槬侲輠華猾滑华狻繣铧釗 划偖哗譁澅桦才

增补本在这两个小韵后增加了相同的字“才”，其缘由不知为何。

综上可以看出，增补本虽然名为“增补万韵新书”，但其主体跟明本实在相差不大，只是改换了声母、声调的标记。所谓的“增补”实在是只做了些“多此一举”的工作。

三　《万韵新书》的音韵系统

增补本的“增补”二字在音韵问题上徒有虚名，跟明本相差不大。

换言之，前辈学者认为《万韵新书》是清代高青方言实录的观点需要修正。首先，语音的时代需要往前回溯到明代。其次，既然确定《万韵新书》的著作权不归刘振统，那么韵书的基础方言似乎就不宜如此绝对化。不过，张树铮（2005：165—167）指出增补本音系的诸多特征只见于高青及其周边地区。慎重起见，我们认为《万韵新书》的基础方言应该是高青及其周边地区的某一地方，从方言区划上看，大致就是《中国语言地图集》（第二版）所划出的冀鲁官话沧惠片章桓小片及周边地区中的某个方言（下文称作“章桓方言”）。

由于明本《万韵新书》已经提供了声韵调的架构，故而本文通过梳理中古音类在韵书中的类聚情形，比照现代章桓方言的语音情形，同时参考诸位学者对增补本的分析，我们把明本《万韵新书》的音韵系统构拟如下。

声母 26 个：

帮 p	巴板步逼	滂 p^{h}	盘普胖劈	明 m	忙米慢木	非 f	非焚仿服
端 t	刀短定答	透 t^{h}	头土泰铁	泥 n	拿暖女捏	来 l	劳吕乱列
精 ts	增祖聚接	清 ts^{h}	全请刺促	心 s	巡伞细速		
知 tʂ	知肿壮扎	彻 tʂ^{h}	崇齿衬畜	审 ʂ	生爽瘦叔	日 ʐ	仍蕊睿辱
知 tʃ	朱整宙质	彻 tʃ^{h}	绸杵趁彻	审 ʃ	书闪世设	日 ʒ	如软让热
见 tɕ	基举倦吉	溪 tɕ^{h}	渠巧劝乞	晓 ɕ	玄喜项学		
见 k	高管共格	溪 k^{h}	狂苦控客	晓 x	豪虎汗或		
疑 ø	安咬万玉						

注：音标前所列汉字系明本给定的声母代表字。

韵母 35 个

子 ɿ	资磁死寺	吉 i	衣体制吉	孤 u	乌土父竹	举 y	淤吕树菊
子 ʅ	枝匙史士						
家 a	巴洒榨答	ia	丫贾下甲	ua	娃耍化袜		
戈				uo	窝朵破各		

杰			ie	爷姐社蝎			ye	瘸靴月拙
该	ai	哀白摆赛	iai	挨鞋解额	uai	歪获揣外		
国	ei	飞美内百			uei	威腿岁国		
高	au	熬宝灶雹	iau	腰小赵却				
勾	əu	欧愁搂扣	iəu	忧求扭受				
官	an	安谈罕汕	ian	烟甜剪善	uan	弯团缓撰	yan	冤全喘劝
金	ən	恩盆本衬	iən	音秦谨甚	uən	温轮滚顿	yən	云春允顺
刚	aŋ	昂汤朗杠	iaŋ	央常两项	uaŋ	汪床谎撞		
宫	əŋ	更仍等挣	iəŋ	英停惩杏	uəŋ	瓮东肿贡	yəŋ	雍龙永诵

注：音标前所列汉字，为十五韵部的名称。

声调 5 个

阴平（㊀）：高开昏国　　阳平（㊄）：穷寒鹅白

上声（㊃）：古口五设　　去声（㊂）：近盖岸月

入声（㊁）：一曲黑割

四　相关音韵问题分析

《万韵新书》是部北方官话方言韵书，具有北方方言的很多共性特征，例如：全浊音清化；韵母合流简化，入声韵跟阴声韵合流；平分阴阳，全浊上声变去声等。相关音韵特征张鸿魁（2005）、张树铮（2005）、李媛媛（2011）等都已有详细的论述，本文不再赘述。下文结合韵书和现代方言，从古知庄章组声母和声调着眼，讨论相关的方言音韵问题。

（一）古知庄章组的读音

张树铮（2005：165）论述《万韵新书》以后的声母变化，主要是尖团音合流、高青周边的部分地区日母跟来母相混等现象，没有提及知庄章组声母的演变。这是因为张树铮先生认为古知庄章组声母在韵书中合流为tʂ组，且跟洪细两套韵母拼合，即tʂ和tʂi-对立，后续的变化主要是韵母由细变洪。刘淑学、李媛媛（2017）认为该类声母在《万韵新书》中是分成两套的：tʂ组拼洪音，tɕ 组拼细音。尽管学者们有“合一说”和“二分说”的不同主张，但两者本质上是没有区别的，即都承认知二庄和知三章语音大致对立的事实。张树铮先生之所以主张是 tʂ和 tʂi-对立，乃是因判断《万韵新书》为清代的著作，现代方言中知庄章合一，“对于200 多年的时间来说，这种变化似乎是太快了。”（张树铮，2005：133）现在我们把韵书的成书时间又往前推了 100 多年，那么承认“二分说”就十分合理了。

明本《万韵新书》把古知系字列入知、彻、审三声母之下，但它们各自有两种读音，我们认为拼洪音的是*tʂ组，拼细音的是*tʃ 组。古知庄章组在韵书中的对立格局十分清晰，大体是：遇摄、山合三入声、臻摄之外的古合口字，合流为一组读洪音；古开口字（不含止摄）及遇摄、山合三入声、臻摄合口字存在知二庄和知三章的对立，前者拼洪音，后者拼细音；止摄开口字知组跟庄章组对立。其情形如表 5 所示：

表 5　　知庄章组在《万韵新书》中的读音情形

<table>
<tr><th rowspan="2"></th><th colspan="2">开口</th><th colspan="2">合口</th></tr>
<tr><th>止摄</th><th>其他</th><th>遇、臻、山合三入</th><th>其他</th></tr>
<tr><td>知二组</td><td>—</td><td rowspan="2">*tʂ组</td><td rowspan="2">*tʂ组</td><td rowspan="4">*tʂ组</td></tr>
<tr><td>庄组</td><td rowspan="2">*tʂ组</td></tr>
<tr><td>章组</td><td rowspan="2">*tʃ 组</td><td rowspan="2">*tʃ 组</td></tr>
<tr><td>知三组</td><td>*tʃ 组</td></tr>
</table>

尽管现在章桓地区的方言中（包括章丘、桓台、高青），知庄章组普遍合流为 tʂ组，但其周边地区的许多方言还保留着二分的情形。如图 7 所示①：

不过，章桓周边地区知庄章二分的情形，跟《万韵新书》的存在差别。下面列出无棣（张金圈，2015）、临邑（曹延杰，2005）、寿光（张树铮，1995）等方言的知庄章二分情形：

① 图 7 截取自钱曾怡（2011：119）的“山东方言图（三）”，但对行政边界、河流等地理信息进行了处理，只体现方言现象地理分布的大致情形。

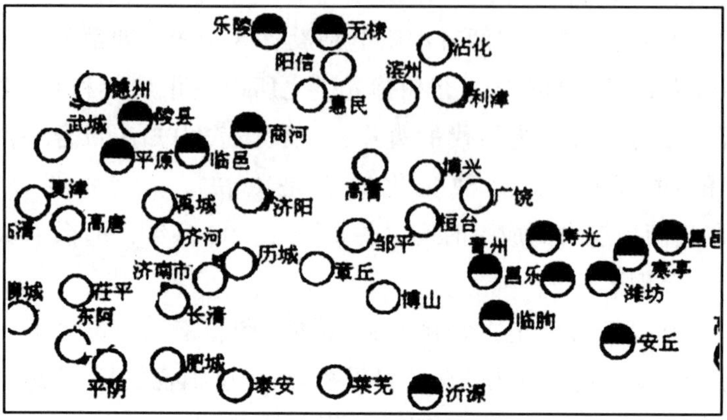

图7　章桓及其周边地区知庄章的读音情形

注：上图是“争抄生、准船顺、蒸超声”的发音部位，“○”代表发音部位相同，“◓”代表“争抄生≠准船顺=蒸超声”。

表6　《万韵新书》与现代方言知庄章的读音对比（开口呼）

	支淄	知	罩笊	赵照	愁	绸仇
无棣	tsɿ	tʂʅ	tsɔ	tʂɔ	tsʰou	tʂʰou
临邑	tsɿ	tʂʅ	tsɔ	tʂɔ	tsʰou	tʂʰou
寿光	tʂʅ	tɕi	tʂɔ	tɕiɔ	tʂʰəu	tɕʰiə
韵书	*tʂʅ	*tʂi	*tʂɔ	*tʃiɔ	*tʂʰəu	*tʃʰiəu
	蘸绽	占战	衬	针珍	生	升声
无棣	tsã	tʂã	tsʰẽ	tʂẽ	səŋ	ʂəŋ
临邑	tsã	tʂã	tsʰẽ	tʂẽ	səŋ	ʂəŋ
寿光	tʂã	tɕiã	tʂʰə̃	tɕiə̃	ʂəŋ	ɕiəŋ
韵书	*tʂã	*tʃiã	*tʂʰən	*tʃiən	*ʂəŋ	*ʃiəŋ

表7　《万韵新书》与现代方言知庄章的读音对比（合口呼）

	助	注住	追锥	拴	专转
无棣	tʂu		tʂuei	ʂuã	tʂuã
临邑	tʂu		tʂuei	ʂuã	tʂuã
寿光	tʂu		tʂuei	ʂuã	tʂuã

续表

	助	注住	追锥	拴	专转
韵书	*tʂu	* tʃy	*tʂuei	* ʂuã	* tʂuan
	拙	春	述	崇	虫充
无棣	tʂuə	tʂʰuə̃	ʂu	tʂʰuŋ	
临邑	tʂuə	tʂʰuə̃	ʂu	tʂʰuŋ	
寿光	tʂuə	tʂʰuə̃	ʂu	tʂʰuŋ	
韵书	*tʃye	*tʃʰyən	* ʂu/*ʃy	*tʂʰuəŋ	

如表 6 和表 7 所示，章桓周边的无棣、临邑、寿光等方言中，开口字还维系着《万韵新书》的对立情形（特别是寿光方言①），但合口字已经合流为一组，《万韵新书》的合口字则有不同的表现：（1）张树铮（2005：134）和刘、李（2017）都观察到"述术殊"等字有举韵和孤韵两读，这说明部分*tʃy-类字，正在向*tʂu-类字变化；（2）张树铮（2005：149—150）指出，山臻摄合口知章组字在知庄章二分的山东方言中，或者读同开口知二庄组，或者读同开口知三章组，但《万韵新书》却是山摄合口知章组归洪音，臻摄合口知章组归细音，像是一种过渡类型。

对此，我们的观点是：《万韵新书》和现代无棣、临邑、寿光等地的知庄章读音都来自同一种类型——该类型的特点是无论开合都保持着知二庄*tʂ组与知三章*tʃ 组的对立，跟现代平度方言（于克仁，1992）中的情形大致相当：

	罩	赵	支淄	知	助	注住	专	拴	拙	春
平度	tʂɔ	tʃɔ	tʂʅ	tʃʅ	tʂu	tʃu	tʃuã	ʂuã	tʃuə	tʃʰuə̃

无论是从《万韵新书》还是现代方言来看，合口知章组字*tʃy->*tʂu-的变化，快于开口字*tʃi->*tʂ-的变化。《万韵新书》里通摄、山摄阳声韵合口的知章组已经完成了*tʃy->*tʂu-的变化，"述术殊"等字正在进行该变化，而臻摄合口知章组字和山摄合口入声"拙啜"等字，尚未开始此变化。结合韵书和现代方言，可以得到如下演变顺序：

① 精组洪音字在无棣、临邑、寿光方言中都是读 ts 组，也就是说"支淄、罩笊、愁"等字在无棣、临邑中跟精组洪音字合流，在寿光方言中两者还保持着对立。

平度型→《万韵新书》→无棣、临邑、寿光

但有个问题是，无棣、临邑的合口字合流是读同了开口的知三章，《万韵新书》却是读同了开口的知二庄，两者似乎有区别。若将青岛方言（李行杰，1999）纳入比较的视野，就会得到不同的看法：

	罩	赵	支淄	知	助	注住	专	拴	春
无棣	tsɔ	tʂɔ	tsɿ	tʂʅ	tʂu	tʂu	tʂuã	ʂuã	tʂ^{h}uə̃
青岛	tʂɔ	tʃɔ	tʂʅ	tʃʅ	tʂu	tʃu	tʂuã	ʂuã	tʂ^{h}uə̃

青岛方言给予我们的提示是，遇、山、臻摄合口知庄章组合流之后是读同开口知二庄，跟《万韵新书》相同。青岛及《万韵新书》的情形，应该就是无棣等地的早期情形，即：开口知二庄＝合口知庄章 tʂ≠开口知三章 tʃ。但在此格局之后，无棣等地的方言里开口字发生了 tʃ>tʂ>ts 的链变，而合口字因为后接元音 u 的［-front］特性，抑制了 tʂ>ts 的变化，导致合口知庄章跟开口知三章读音相同为 tʂ组。

承认《万韵新书》知庄章二分，且其格局跟无棣、临邑、寿光乃至更东部的平度、青岛等方言同出一源，就使图 7 中知庄章合一的章桓地区不再“格格不入”。也就是说，至少在明代，仅就知庄章的读音而言，章桓地区跟周边方言是相同的。

（二）入声及相关问题

《万韵新书》共有五个声调：阴平（㊀）、阳平（㊄）、上声（㊃）、去声（㊂）、入声（㊁），其中入声主要由中古清声母入声字构成。饶有趣味的是《万韵新书》对声调的排序，张鸿魁（2005：101—102）指出韵书的声调排序是“颇具匠心”的安排，其缘由在于“上声、阳平调值相近，阴平、清入也调值相近，也许有某些字音混同甚至两调合并。”张树铮（2005：155）也说这个顺序“颇值得玩味”，但他认为这种顺序的安排并非因为调值相近，而是为了读者阅读的便利：将阴入放在阴平后，既有区别，便于阴入独立的读者使用，也便于阴入归阴平的读者使用。那么韵书中的声调就究竟是怎样的关系呢？

张树铮（2005：156—157）指出《万韵新书》中的入声除古清入字外，还有少数非入声的阴声韵字，多数都是清声母或今读零声母的平声和上声字。本文以《方言调查字表》所收之字为基础，在剔除了明本韵书中的一些笔误后①，统计了 70 个常用字："邀脂陬须需胥沮肤他鸦嗟丕稽柯；携邳嵆跎；妮怩呢；沼指旨褚且牯莆阻痞匕鄙妣玺耻；杼；扰羽禹雅以矣已你娜；歉炽婿臂智；鹧寓闭捕腻渍；沓峡协突侄辟寂获复；物杌匿域"在入声（㊁）里的分布情况：

表 8　　《万韵新书》入声调中的非清入字数据统计

	平	上	去	入
清	15	14	6	—
全浊	4	1	5	9
次浊	3	9	—	4
总计	22	24	11	13

表 8 所统计的字中在今章桓方言中仍旧有读作入声的，如利津方言"他可且鸦捕需以"等是读作入声的。但表 8 提供的信息是：上声读同清入的现象，跟平声同样突出。此类现象也见于现代利津方言（杨秋泽，1990：13）。为何会出现这种现象？张树铮（2005：80）认为清入舒化后与上声调值相近导致两者相混，而阴平读同清入可能是受周边清入归阴平的冀鲁官话的影响导致字音的游移。我们认为，无论是阴平还是上声，它们跟清入相混的重要原因，都是在《万韵新书》里调值跟清入接近。缘由有二：

第一，除了阴声韵部有清平、上声读归清入外，阳声韵部还有清平和上声相混的例子，例如【宫韵】"讽"在阴平和上声中重出，"睁"列于上声，【金韵】"珍（珎）樽"字在阴平和上声中重出。字虽然不多，但都是常用字，并且现代章桓地区也有相同的现象，如利津方言（杨秋泽，1990）："詹ᶜtʂã 湍ᶜtʰuã 珍ᶜtʂə 羹ᶜkəŋ"等。章桓周边方言的情形也类似，图 8 是章桓及其周边地区的清入字归调情形②：

图 8 显示章桓及其周边地区清入的调类归派有四种模式：A 类清入归

① 例如【勾韵】见声母下："㊁垢逅姤拘構觏搆彀遘媾篝耇雊鞲礴"，虽然标为入声（㊁），但无论是从古音来源看，还是现代山东方言的读音，都应该是去声（㊂）。

② 图 8 截取自钱曾怡（2011：135）的"山东方言图（十九）"，采取了跟图 7 相同的处理方式。

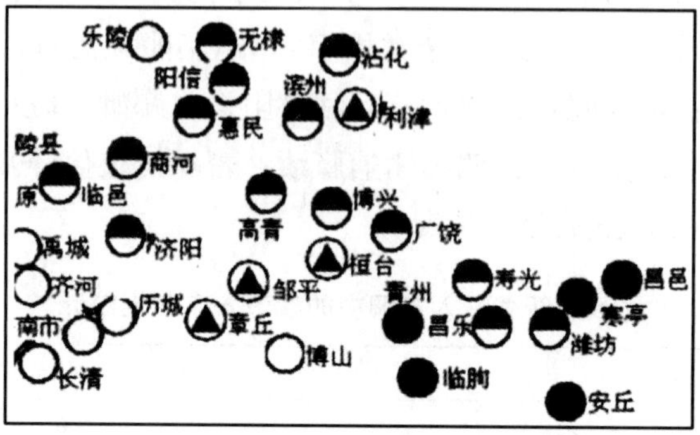

图 8　章桓及其周边地区清入字的归类

注：上图表示中古清入字的调类。“○”归阴平，“●”归上声，“◓”归阴平和上声，“◬”有独立的入声调。

阴平型，如历城、博山、齐河等；B 类清入独立型，如章丘、利津、桓台；C 类清入归阴平和上声型，如无棣、临邑、寿光等；D 类清入归上声型，如青州、昌邑、安丘等。B 类和 C 类恰好位于清入归阴平（A 类）和清入归上（D 类）的过渡地区。C 类清入字因受 A 类和 D 类的影响，分归了阴平和上声，而部分古清平和古上声字也出现了一些例外：或是归上声，或是归阴平。例如无棣方言（张金圈，2015：76—77）：

清平读上声：	清上读平声（阴平）：
他它巴芭蛙枯揩褒氽豌桑冈岗峰锋砒	颗且剐组阻几揣轨匪漂悄剖殴
禧攉瞟（俘奎魁雌滂妨肪痤询）	呕朽罕慷桨拥

由于无棣方言里阳平跟上声合流，所以括号里面的“俘奎雌”可能原本读的是阳平，而非上声。上述字为什么会出现这样的例外？根据张树铮（2005：77）的解释，这些不规律是“历史上‘清入归上’和‘清入归阴平’两种变化交替时造成的结果”。对于阴声韵字，我们同意这个说法。但是阳声韵字似乎不能用这个说法解释，而应该归因于历史上阴平和上声调值的相近。

第二，现代章桓地区能够反映清入现象的方言，其“轻前变调”① 的调值也能对我们的观点给予支持：

① “轻前变调”即双音节组合中，后一个音节为轻声时，前一个音节会发生变调的现象。

表 9　　章桓方言中的轻前变调

	阴平	阳平	上声	去声	入声
博山	214→31① 214→22②	55→24③ 55→214④		31→55	—
淄川	214→31 ① 214→214②	55→24 ③ 55→214④		31→55	—
寿光	213→21 ① 213→213②	53→35	55→213	21→55	—
利津	213→21	53→55	55→212	21→44	44→23
桓台	213→31	55→24 ③ 55→213④		31→55	33→33
章丘	213→21	55→24 ③ 55→21 ③		21→55⑤ 21→21⑥	44→23

注：“→”前是单字调值，后是轻前变调调值。①是古清平的轻前变调，模式②是古清入的轻前变调，模式③是古浊平、全浊入的轻前变调，模式④是古清、次浊上的轻前变调，⑤是古清去、次浊入声的变调，⑥是古浊去、全浊上的轻前变调。

今山东方言的单字调调值普遍遵循“高低升降”规则，阴平（凹调）213/214 等，阳平（高降）42/53 等，上声（高平）55/44 等，去声（低降）312/31/21 等，但平山久雄（1998）、张树铮（1999：127—141）等学者指出山东方言的“轻前变调”保留着较早的声调状态。孙志波（2021）进一步指出山东方言的轻前变调调值，会以“词调”的形式发生变化，他对比德州、青岛等地的方言，认为山东方言中阳平、去声的轻前变调调值存在 42>55>35/24 的变化，即表 7 各方言的阳平 24/35、去声 55/44 分别源自 55、42。表 7 各方言无论单字调是否有入声，连读变调中清入字均有特殊表现，结合孙志波（2021）的分析，可以看出清入的轻前变调调值（22/23/33）跟阴平（21/31）、上声（212/213/214）的同处低调域，跟阳平（24/35<55）、去声（44/55<42）的轻前变调调值高低有别——也就是说，章桓地区更早期的声调格局可能如同轻前变调所反映的，阴平、上声、清入同属低调域，而阳平、去声同属高调域。这种格局也能解释，为何今天章桓地区如利津方言里“詹ᶜtʂã 湍ᶜtʰuã 珍ᶜtʂə 羹ᶜkəŋ”等字不读阴平 213，而读上声 55，因为它们是在调域相近的时候相混，而非依据现在的调值。

进一步来看，章桓周边清入派阴平、上声的方言里，若清入多归阴平，则古上声归阴平的字多，如无棣方言。若清入多归上声，则清平归古上声的字多，如临邑方言清平归上声的有 33 个（脂施嗤犀禧区驱岖躯它他她播坡遮珂褒皈攟钞搔瞟骄巅癫专申殷尊谆勋饔倾，阴声韵字 23 个，阳声韵字 10 个），上声归清平的有 21 个（梓玺组朵诽匪轨镐狡皎缴晓宛疸坦惨遣究隐桨统，阴声韵字 12 个，阳声韵字 9 个）。这说明清平和上声的例外读法，是随着清入变化的，无棣、临邑等方言可能曾经也是清入独立的方言。颇为有趣的是，同样是清入归上，章桓地区以东的广大胶辽官话区也有清平读上声的现象，如平度方言“抓播坡戈差参~施犀枢需须区驱躯骄器鼾煽宣珍醺豇匡封侦舂荆”，青岛方言有“施躯驱嘉播他器夭艘刊饔”，其中的阴声韵字跟临邑颇为相近，这些方言的清入读法历史上跟章桓及周边临邑、无棣方言是否有相近的现象？这有待进一步的研究。

参考文献

1. 曹延杰：《山东临邑方言音系》，《方言》2005 年第 1 期。

2. 耿振生：《明清等韵学通论》，语文出版社 1990 年版。

3. 李新魁、麦耘：《韵学古籍述要》，陕西人民出版社 1993 年版。

4. 李行杰：《青岛话音档》，上海教育出版社 1999 年版。

5. 李媛媛：《〈万韵书〉六题》，硕士学位论文，江苏师范大学，2011 年。

6. 李紫鸥：《古籍版本收藏入门不可不知的金律》，山东美术出版社 2011 年版。

7. 刘淑学、李媛媛：《论古知庄章三组声母在近代汉语北方话中的读音分合——以〈万韵书〉为例》，载《古代汉语通语与方言学术研讨会论文集》，2017 年。

8. 刘廷銮、孙家兰：《山东明清进士通览明代卷》，山东文艺出版社 2005 年版。

9. 刘一梦：《赵荫堂珍藏明清官话等韵文献十种通考》，厦门大学出版社 2017 年版。

10. 平山久雄：《从声调调值演变史的观点论山东方言的轻声前变调》，《方言》1998 年第 1 期。

11. 钱曾怡：《山东方言研究》，齐鲁书社 2011 年版。

12. 孙志波：《音变竞争与词汇扩散：胶辽官话去分阴阳及相关演变

研究》，载《第八届音韵与方言青年学者论坛论文集》，2021年。

13. 徐泳：《山东通志艺文志订补·经部》，山东人民出版社2016年版。

14. 杨秋泽：《利津方言志》，语文出版社1990年版。

15. 永岛荣一郎：《近世支那語特に北方語系統に於ける音韻史研究資料に就いて》，《言語研究》1941年第9期。

16. 于克仁：《平度方言志》，语文出版社1992年版。

17. 张金圈：《无棣方言志》，世界图书出版公司2015年版。

18. 张鸿魁：《〈万韵书〉述略》，《中国语文》2001年第6期。

19. 张鸿魁：《明清山东韵书研究》，齐鲁书社2005年版。

20. 张树铮：《寿光方言志》，语文出版社1995年版。

21. 张树铮：《寿光方言古调值内部构拟的尝试》，载《方言历史探索》，内蒙古人民出版社1999年版。

22. 张树铮：《清代山东方言语音研究》，山东大学出版社2005年版。

23. 中国社会科学院语言研究所等：《中国语言地图集》（第2版），商务印书馆2012年版。

（孙志波，男，副教授，博士，从事音韵学与方言学研究。通信地址：河南省新乡市牧野区建设东路46号河南师范大学东区文学院。邮编：453007。电子邮箱：hsdzhibo@163.com。）

《万字归宗标韵》刊行时地考释及其音韵问题*
——兼与李连昌先生商榷

宋　峰

（江苏理工学院文化与旅游学院）

摘　要：《万字归宗标韵》是清代一部教人识字辨韵的简易字书，传世版本稀少，亟待整理与研究。这部韵书以五声统摄56个韵部（阴平、阳平、上声、去声各13韵，入声4韵），若不计入声，则各调内的韵摄情况类似传统十三辙。分析该书韵部韵字，可见其分韵特征与《四川音韵常用字表》比较贴合，大致代表了当时西南官话地区的用韵概况。该书最早刊行时间当为1854年（咸丰年间），最初刊行地为清代永川（今西南重庆西，或四川成都一带），而非李连昌先生所认为的出自乾隆年间的文渊阁。

关键词：《万字归宗标韵》；西南官话；平水韵；十三辙系韵书

《万字归宗标韵》又名《辨真五音标本》，是由清代京都胡鹏春、张芝俊、黄绍卿、范鸿恩、吕国檪、李纯元、汤自元、胡绍堃八位学士“同选”，并由京都学士湖北人张永春承录而成。这些编录者虽皆为京都学士，但多数身份已不可考证，再加上此韵书存本稀少，所以学界很少有人论及此书。贵州收藏家李连昌先生曾在遵义沙滩上征集到该书，并认为这是一部学习古音韵的奇书（李连昌 2012）。后来，曾晓渝、陈希（2017：182—194）在论证云南官话的来源及历史层次问题时，偶对《万字归宗标韵》（残本）有所言及，认为这是一部反映西南官话的韵书。显

* 基金项目：国家社科基金重大项目“明清民国珍稀时音韵书韵图整理集成与研究”（项目编号：19ZDA308）。

然，这些发现都表明该书具有重要的音史与文献价值。为进一步了解该书，本文首先对《万字归宗标韵》一书的刊行时间和地点问题进行考释，并与李连昌先生商榷；其次，简要介绍了《万字归宗标韵》一书的编排体例，并考察了其与旧诗韵、十三辙、《四川音韵常用字表》的音韵关联情况等。

一 《万字归宗标韵》刊行时间及地点考释

《万字归宗标韵》一书流传范围狭小，今存世的不多。“高校古文献资源库”所统计的全国各主要高校图书馆均未收录该韵书。现在尚能看到的，多为散见于旧书店中的永川文林阁（图 1）和顺庆博古斋刊印（残）本（图 2）。

图 1 永川文林阁刊印本

图 2 顺庆博古斋刊印本

较之顺庆博古斋刊印本，永川文林阁刊印的《万字归宗标韵》刻字较为清晰，可作为学术研究的底本使用。永川文林阁刊印本，为清竹纸木刻本，封皮记有“翻字本”，且记有“程子超”（民间收藏者）字样。装帧方式为线装，尺寸长 21. 5cm，宽 13cm，厚度 1. 5cm。总一册，共四十九页，包括“万字归宗标韵”书名一页（含八名编者名录）、“万字归宗小引”两页，“平上去入五音标韵目录”两页，正文四十四页。同时，尚存世的还有民国廿八年署名为“郑代富”的手抄本（图 3）。该手抄本因为距原本的流出时间较近，加之其临摹的近似程度较高，错误较少，可以和能寓目到的原本相互校勘，所以亦有其文献价值。此外，还可见到江有樵先生（1926—2003，重庆市文史研究员）的藏本《万字归宗标韵》（图4），因为钤盖之处清晰地表明“甲寅年”字样，对于考察该书的刊行信息更具价值。

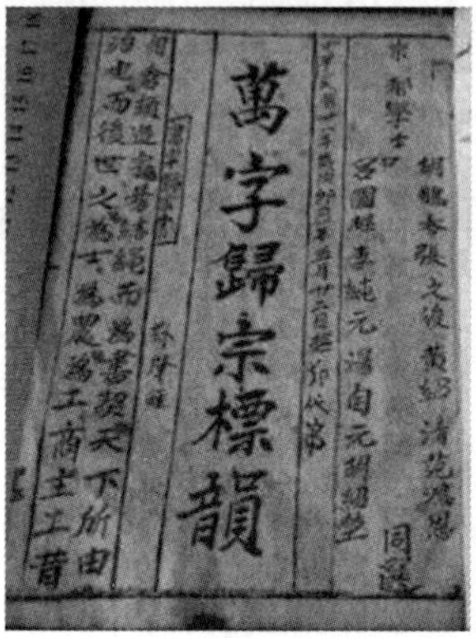

图 3　民国郑代富手抄本

图 4　江友樵藏书

李连昌先生（2012）在介绍该韵书时，说这是清乾隆年间“文渊阁”刊刻印行的一本学习古音韵的奇书。对此我们有些疑义，下面分别从刊印时间和刊印地点上作出相关解析。

（一）《万字归宗标韵》的刊行时间考释

李先生是在遵义沙滩征集到的这本韵书。他是因发现书封上标有“‘文渊阁’刊刻印行”的字样，才据此认为刊行于乾隆年间。而一些事实又足以证明该书最早刊行时间应当在清咸丰年间（1854），而非乾隆年间，理由如下。

1.《万字归宗标韵》小引中，提到了清代重要的两部字书和韵书，一是《字学举隅》，二是《文成诗韵》。《万字归宗标韵》的成书在它们之后是不争的事实。《文成诗韵》为康熙年间所编纂的大型韵书，而《字学举隅》则是清人龙启瑞和黄本骥合作编著的。龙启瑞生活在1814—1858年，黄本骥生活在1781—1856年。据此，从时间上推断，编著《字学举隅》当是乾隆年间（1711—1799）之后的事。所以，如果照李先生所言《万字归宗标韵》刊行于乾隆年间，那么显然与书前“小引”部分所提及的这本《字学举隅》的成书时间相悖。

2. 江友樵先生所藏《万字归宗标韵》（图3）封上，发现印有的“甲寅年”字样（与题名同色同字体），这一时间标注不可忽视。按照“甲寅年”的推断，清代有可能的年份为：1674年、1734年、1794年、1854年。根据上文的相关分析，《万字归宗标韵》的成书年代为1854年，即光绪年间(1850—1861)。这是考证《万字归宗标韵》成书年代的一条很重要的信息。

结合上述两条事实，《万字归宗标韵》刻行于1854年最为接近事实。

（二）《万字归宗标韵》的刊行地点考释

李连昌先生认为该书是在当时的皇家图书馆“文渊阁”刊刻印行。这种说法可能与事实不符，有不少材料证明此书当刊行于永川文林阁，即今天的重庆永川地区（清嘉庆时期隶属四川省）。理由如下。

1.《万载归宗标韵》的13个韵部系统是一套很宽松的韵部系统，其中一个重要的原因就是它将音近的韵字归并在一起了，而且这种宽韵押的都是方言韵。基于这一考虑，我们将《万字归宗标韵》和反映现代四川地区用韵状况的《四川音韵常用字表》（成都市文化局，1974）两相比较，也是顺理成章的。四川曲艺音韵将韵辙分为十三道半韵（见表1），[①] 这十三道半韵基本上是以现代成都话为标准。

表1　《四川音韵常用字表》所分的十三道半韵及例字

序号	韵目	韵母	序号	韵目	韵母
一	黑白韵	e、ie	八	空同韵	eng
二	灰堆韵	ei、uei	九	喉头韵	ou
三	胡涂韵	u	十	骡驼韵	o
四	提携韵	i、ü	十一	二耳韵（半韵）	er
附	狮子韵	（z、c、s、r、zh、ch、sh）	十二	八大韵	a
五	青城韵	en、ing	十三	天仙韵	an
六	开排韵	ai	十四	螳螂韵	ang
七	嚎啕韵	ao			

可以推想，如果这部《四川音韵常用字表》所凸显出来的显性区别

① 十三道半辙是由黑白韵、灰堆韵、胡涂韵、提携韵、青城韵、开排韵、嚎啕韵、空同韵、喉头韵、骡驼韵、八大韵、天仙韵、螳螂韵十三道大辙，和一种小辙（二耳韵）组成。因为二耳韵字数不多，在四川音韵里只作为半个韵。

特征，也能在《万字归宗标韵》中呈现的话，那么就会有这样一种可能，即《万字归宗标韵》亦反映了四川一地的语音特点。我们选取了《四川音韵常用字表》中四个各具混杂性特点的韵部，来和《万字归宗标韵》的相应韵部进行比较，这些韵部所胪列的共同小韵字，正是推断二书有着同一音系基础的重要证据。具体韵字见表 2。

表 2 《四川音韵常用字表》与《万字归宗标韵》中有区别性的韵字列表

《四川音韵常用字表》		共现的小韵字	《万字归宗标韵》	
提携韵	阴平	西、居、拘、车、岖、须……	阴平	之几韵
	阳平	皮、尼、渠、劬、鱼、渔……	阳平	于眉韵
	上声	你、女、雨、宇、语、吕……	上声	子此韵
	去声	弟、巨、具、聚、玉、遇……	去声	自四韵
开排韵	阴平	阶、皆、哉、呆、胎、歪……	阴平	皆哉韵
	阳平	岩、崖、延、捱、鞋、排……	阳平	排徊韵
	上声	解、矮、乃、彩、歹、摆……	上声	解矮韵
	去声	界、介、芥、戒、诫、届……	去声	拜艾韵
青城韵	阴平	因、清、今、生、孙、分……	阴平	清今韵
	阳平	成、人、仁、明、民、魂……	阳平	成情韵
	上声	本、皿、冷、枕、引、永……	上声	枕皿韵
	去声	信、正、圣、孕、问、令……	去声	圣正韵
空同韵	阴平	东、风、公、中、翁、兄……	阴平	东风韵
	阳平	朋、蒙、逢、同、红、熊……	阳平	同蒙韵
	上声	亩、某、蜢、董、孔、哄……	上声	董孔韵
	去声	茂、贸、孟、梦、奉、弄……	去声	洞中韵

表 2 中的几个区别性较明显的韵部给我们解读《万字归宗标韵》的音系特征及基础点，提供了重要的依据，特别是表中共现的小韵字则更具有代表性。

2. 李先生（2012）依据征集到的刊本所印有的“文渊阁”字样，便就此认为此书是在“‘文渊阁’刊刻印行”，其实这是有失常理的，不能作为该书最早刊行于“文渊阁”的证据。文渊阁是清乾隆年间设在紫金城内最大的一座皇家藏书楼，是专为编纂《四库全书》所用的，很少会刊行《万字归宗标韵》此类有别于正统（《佩文韵府》和《佩文诗韵》

等）的方音性韵书。所以李连昌先生“‘文渊阁’刊刻印行”之“刊刻印行”四字恐有不确，其所见到的《万字归宗标韵》“文渊阁”可能是后来一些书商在印行过程中冒充所为，也或另一种可能，即后来的“文渊阁”本身便曾贮存过此书。从《万字归宗标韵》的刊行时间（1854）上推断，这后一种可能性较大。

3. 从目前的《万字归宗标韵》版本分布地来看，该书多存于今西南一带，主要是四川地区，其他地方很少能够看到。

根据《万字归宗标韵》的“小引”，可知这是一本助人识字归韵的简易韵书。它采用了接近于时音（西南官话）的分韵法，保留了独立的入声调类（曾晓渝等，2017），这些类似“十三辙”的韵目最容易为所谓“士农工商”各个阶层所接受，所以民众中可能会遗留一些。目前，国内各大图书馆古籍书库都查不到该书（影印本也不见），只有在古旧书交易平台——孔夫子网站上可查到有6家在售，其中一部为民国毛笔手抄本，字迹较为清晰，但有些别字。另外算上已经售出的12本，总计18本。我们从该书在孔夫子网站的15个卖家书店的地址分布上可得到如下相关信息。即这15家书店，其中在四川省的占9家，在售和未售的共12册；重庆地区的3家，在售和未售的共3册；此外，浙江的2册，北京的1册。所以，从目前存本的分布看，我们还是能够大致推断此书刊行地点主要以四川地区为主。

4. 从《万字归宗标韵》各种遗本的记录情况来看，其所标注的刊地大多为永川文林阁，其次就是顺庆博古斋，再来就是后期（民国年间）的，如同兴书局（巴县走巴乡同兴书店印）、二合书社（1942）。该书最早当在永川（今西南重庆西）文林阁刊行，后又相继在顺庆（今四川省南充市顺庆区）博古斋等地新刊。清代永川位于今重庆西部一带，清嘉庆时期隶属四川省东道重庆府，顺庆就是今天的四川省南充市顺庆区，巴县在今重庆地区。除二合书社我们不知其确切地址外，其余皆在今西南地区。所以，由此推断该书最早可能刊行在清永川，即今离成都276千米的永川地区。

二　与《万字归宗标韵》相关的音韵问题

（一）《万字归宗标韵》的编写体例

《万字归宗标韵》正文前附载了一则颇有深意的“小引”（如图5、

图 6 所示），共 304 言。

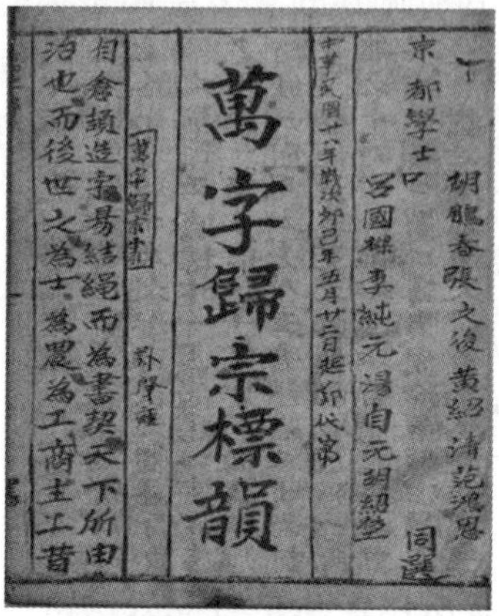

萬字歸宗標韻

萬字歸宗小引

自倉頡造字易結繩而為書契天下所由
治也而後世之為士為農為工商主工昔

图 5　《万字归宗标韵》“小引”书影

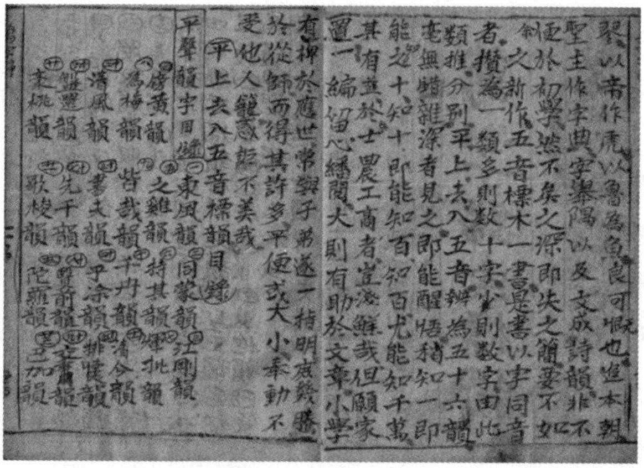

翏以帝作虎以魯為魚良可慨也迨本朝
聖主作字典字學擧隅以及文成詩韻非不
便於初學然不失之深即失之簡要不如
余之新作五音標本一書是書以字同音
者攢為一類多則數十字少則數字由此
類推分別平上去入五音辨為五十六韻
毫無錯雜深者見之即能醒悟稍知一即
能知十知十即能知百知百尤能知千萬
其有益於士農工商者豈淺鮮哉但願家
置一編留心繙閱大則有助於文章小學
有裨於應世常須子弟遂一指明庶幾勝
於從師而得其許多平便或大小乖動不
受他人譏誚豈不美哉

平上去入五音標韻目錄

图 6　《万字归宗标韵》“小引”书影（续）

兹将“小引”内容誊录如下，其中画线部分说明了本韵书的编写体例。全“小引”内容如下：

自仓颉造字，易结绳而为书契，天下所由治也。而后世之为士、为农、为工商，主工昔翏，以帝为虎，以鲁为鱼，良可慨也。迨本朝圣主作字典字学举隅，以及文成诗韵，非不便于初学，然不失之深，即失之简要，不如余之新作《五音标本》一书。是书以字同音者攒为一类，多则数十字，少则数字，由此类推。分别平、上、去、入五音，辨为五十六韵，毫无错杂。深者见之即能醒悟，稍知识字者一见即能了然。阴文字乃是字韵之头目，顺音相诵，知一即能知十，知十即能知百，知百即能知千万，其有益于士农工商者，岂浅鲜哉？但愿家置一编，留心繙阅，大则有助于文章，小则有裨于应世。常与子弟逐一指明，庶几胜于从师，而得其许多平便，或大小奉動不受他人笼惑，讵不美哉？

从“小引”中所记“五音标本”及平声内26韵部的韵目设置情形来看，其“五音”实则包含了平声中的阴平和阳平两类（阴平13韵，阳平13韵）。这56个韵部下所辖的同韵字按照声母的不同排列，但需要指出各个韵部里的声母排序有不尽一致处。每一韵部下的小韵字数量不一，少则33个（“果裸韵”），多则246个（“不六韵”），详情见表3。

表3 《万字归宗标韵》四声分韵归字表（共56韵部，5136个小韵字）

平声二十六韵		上声十三韵	去声十三韵	入声四韵
阴平	阳平			
1. 东风韵（79）	2. 同蒙韵（79）	1. 董孔韵（59）	1. 洞中韵（59）	1. 不六韵（246）
3. 江刚韵（130）	4. 傍黄韵（103）	2. 讲赏韵（79）	2. 望丈韵（92）	2. 法夹韵（105）
5. 之几韵（52）	6. 于眉韵（129）	3. 子此韵（132）	3. 自四韵（163）	3. 一力韵（219）
7. 辉批韵（67）	8. 为迷韵（61）	4. 尾菲韵（50）	4. 桂岁韵（107）	4. 白曰韵（149）
9. 皆哉韵（47）	10. 排徊韵（43）	5. 解矮韵（43）	5. 拜艾韵（93）	
11. 清今韵（207）	12. 成情韵（75）	6. 枕皿韵（129）	6. 圣正韵（164）	
13. 呜呼韵（59）	14. 夫涂韵（68）	7. 五肚韵（71）	7. 父庶韵（77）	
15. 干丹韵（106）	16. 盘还韵（96）	8. 敢懒韵（106）	8. 饭善韵（136）	
17. 先千韵（79）	18. 钱闲韵（79）	9. 眼捡韵（60）	9. 店现韵（106）	
19. 交肖韵（129）	20. 豪桃韵（106）	10. 保老韵（91）	10. 少抱韵（135）	
21. 哥梭韵（48）	22. 陀罗韵（41）	11. 果裸韵（33）	11. 货墓韵（44）	

续表

平声二十六韵		上声十三韵	去声十三韵	入声四韵
阴平	阳平			
23. 巴加韵（76）	24. 麻蝦韵（42）	12. 马瓦韵（51）	12. 架下韵（50）	
25. 周攸韵（72）	26. 由流韵（66）	13. 斗九韵（57）	13. 又扣韵（91）	
平声共 2139 个韵字		上声共 961 个韵字	去声共 1317 个韵字	入声共 719 个韵字

注：按照本书阴平、阳平、上声和去声四声相承的条例，“五肚韵”应该和平声“鸣呼韵”“夫涂韵”及去声“父庶韵”同行，而编者把它放在“皆哉韵”一系，明显是失误；照此类推，上声“解矮韵”“枕皿韵”应分别回到与“皆哉韵”和“清今韵”相对应的上声位置。这样原上声韵部中的“五肚韵”“解矮韵”和“枕皿韵”，则应分别应调整为“解矮韵”“枕皿韵”和“五肚韵”。

《万字归宗标韵》的这 56 个韵部，其名称大部分是由每一韵部下起始的两个韵字组合而成。少数因为避讳之故稍有调整，比如“江刚韵”，本应为“江肛韵”，因为“肛门”之“肛”较俗，故而借用第三个韵字“刚”组成“江刚韵”。

《万字归宗标韵》中的多数小韵字都配有组词，对于无组词的极少数小韵字，也都附了精要的释义，如“江刚韵”中“姜”释为“姓”，“淌”释为“流水”等。除安排同韵字外，这种以表现词语为主的编排法，是该书的一个特色。在所胪列的五千余个词语中，二字词语居多，不过亦有极少量的三字词语（如“殊，殊不知”等)。这些二字词语中，又分正序词（如“芳，芳草”）和逆序词（如“方，方地”）两类，其中以正序词组为主。所收韵字中，凡多音字则多以组词的形式相区别，如“中”：念去声时在“洞中韵”，有“中举”一词；念阴平时在“东风韵”，有“正中”一词。《万字归宗标韵》词条丰赡，指义明确，特别是生活俗语较多，这对研究清末西南官话一带的词汇使用状况，有着重要的史料参考价值。

（二）《万字归宗标韵》的音韵关联情况

从《万字归宗标韵》韵部的设置和小韵字的编排秩序上来看，该韵书和有清一代广为流行的“平水韵”和“十三辙”系统有着密切的关系，这三套韵部系统的韵部对应情况如表 4 所示。

表 4　《万字归宗标韵》与平水韵、十三辙关系列表

《万字归宗标韵》（举阴平以赅阳平、上、去）	平水韵平声韵目（举平以赅上去）	传统十三辙
1. 东风韵	1 东 2 冬（少量庚、蒸韵里的字）	中东
2. 江刚韵	3 江 22 阳	江阳
3. 之几韵	4 支 5 微 8 齐 6 鱼 7 虞	乜斜/灰堆/一七
4. 辉批韵	4 支 5 微 8 齐 10 灰	
5. 皆哉韵	10 灰 9 佳	乜斜/怀来
6. 清今韵	11 真 12 文 13 元 23 庚 24 青 25 蒸 27 侵	人辰/中东
7. 呜呼韵	6 鱼 7 虞	姑苏
8. 干丹韵	14 寒 15 删 28 覃 30 咸	言前
9. 先千韵	13 元 16 先 29 盐	
10. 交肖韵	17 萧 18 肴 19 豪	遥条
11. 哥梭韵	20 歌	梭坡
12. 巴加韵	9 佳 21 麻	发花
13. 周攸韵	26 尤	油求
4 个入声韵部	17 入声韵部	无入声

注：最左栏《万字归宗标韵》的韵部中加黑部分，表示混杂成分较多的韵部。所谓混杂性的韵部，主要是依照“十三辙”内“一七辙”等类似韵部提出来的。

首先，如果单从非入声韵部的对比上来看，《万字归宗标韵》的 13 个阴声韵已是一套很宽松的韵部系统了。《万字归宗标韵》的分韵框架沿袭了平水韵“以调统韵”的传统，但与旧诗韵也存有明显的不同：（1）平声一类表面上虽未分化，实则分阴平、阳平两类；（2）阴平、阳平、上声、去声四声相承，均保留 13 个韵部；（3）保留了 4 个入声韵，较之“诗韵”，大大简化。[①]

其次，与传统十三辙相比较，《万字归宗标韵》也仅在“东风韵”“之几韵”“皆哉韵”和“清今韵”等几个韵部上与十三辙存有差异，其余韵部则与十三辙近乎一致。所以，亦可认为这是十三辙系统影响下的一

① 对于该书所保留的四个入声韵部（即不六、法夹、一力、白日），曾晓渝、陈希《云南官话的来源及历史层次》（《中国语文》2017 年第 2 期）认为其代表的应是独立的入声调类。这种判断大致是合理的，因为今西南官话的某些小片仍保留有这种性质的入声，例如分布于今四川岷江流域西部及泸州、重庆江津等地区的岷江小片（即“西蜀片”）。

部韵书（宋峰 2020：11—22），只是二者所依据的语音基础点不同。

三 小结

上文通过对《万字归宗标韵》的刊行时间及地点及其编纂体式、方言基础点等问题进行了讨论或考释，得出主要结论如下：（1）通过与其相关文献的信息梳理，可知这部韵书大约刊行于清咸丰年间（1854）的永川地区大致为今重庆永川地区，而非李连昌先生所提出的清乾隆年间的文渊阁。（2）这部韵书以“五音”（阴平、阳平、上声、去声和入声）统摄 56 个韵部，在编纂体式上虽效仿平水韵系统，但其语音价值也有其独到之处。如果不计声调、不计入声，它的十三韵部系统已经很接近于今四川地区的音韵概貌。

《万字归宗标韵》的八名“同选”者身为京都学士，编写这部韵书竟能突破传统平水韵的旧有藩篱，敢于依时音来设置韵部，给人们提供了识字上的方便，其革新创举值得钦佩。这是一部非常有价值的韵书，可为我国西南官话地区的语音史研究提供重要史料。

参考文献

1. 曾晓渝、陈希：《云南官话的来源及历史层次》，《中国语文》2017 年第 2 期。

2. 成都市文化局：《四川曲艺音韵知识》，成都市文化局群众文化组编印 1974 年版。

3. 李连昌：《一本学习古音韵的奇书》，《贵州都市报数字报》2012 年第 4 期。

4. 宋峰：《北京音系十三辙：制定普通话新诗韵的基础》，《常熟理工学院学报》2020 年第 1 期。

（宋峰，男，江苏丰县人，博士，研究方向为汉语史。通信地址：江苏省常州市中吴大道江苏理工学院文化与旅游学院，邮编：213001。电子邮箱：yunru0406@126. com。）

《西儒耳目资》中的者组（ch 组）声母*

尹　瑀

（南京大学文学院）

摘　要：本文以《西儒耳目资》者组（ch 组）声母为考察对象，先从音类分合角度出发，提出该音系中古知庄章三组声母的合流音变具有如下三项重要特征：①通过“语音突变，词汇渐变”的 *tʃi> tʂ离散式音变完成；②在声母类型上是按照“先塞擦音，后擦音”的顺序合流；③在辖字韵类上很有可能是按照“先合后开，（开口）先低后高”的次序完成，然后，再结合同时代其他韵书中古知三章组声母的表现，证明了该书记录的是一种 17 世纪初期金尼阁掌握并审定的官话读音，其所展现的古知庄章三组声母的拼合状态，是汉语共同语音系曾经历的重要一环，对于研究宋元以来汉语共同语音系知庄章的合流音变具有重要意义。

关键词：《西儒耳目资》；者组声母；知庄章；官话

一　引言

明末来华传教士金尼阁编纂的《西儒耳目资》（1626），是目前所见最早的成语音体系的汉语罗马字注音资料。作为研究近代汉语语音史的珍贵文献，该书的古知庄章组声母的表现形式，一直是音韵学界关注较多的一个论题。

中古以来，古知庄章组声母在共同语里经历了一系列复杂的演变，从

* 基金项目：国家社科基金重大项目“明清民国珍稀时音韵书韵图整理集成与研究”（项目编号：19ZDA308）、江苏省研究生科研与实践创新计划项目“明代官话罗马字拼音方案整理集成与研究”（项目编号：KYCX21_0016）。

《切韵》音系中知、庄、章的三组鼎立，历经近代《中原音韵》音系中知$_{二}$庄与知$_{三}$章的二分格局，最终形成了现代普通话音系中的合流局面。而关于其在《西儒耳目资》中的情况，金尼阁在《西儒耳目资·列音韵谱答问》（1626/1957：136—137）中明言："等韵三十六所称母者，余称为父……知、彻、澄、照、穿、床六者，俱同鸣之二曰'者'ch。"不仅如此，在他所绘制的《等韵三十六字母兑考》图中，二十字父中的"者ch""撦'ch""石x"三母，同样与三十六字母中的知彻照澄穿床审禅母对应。可见，在金尼阁看来，《西儒耳目资》中的古知庄章组声母已完全合流，可以统一归入者组声母。

然而，金尼阁的描写未必准确。正如耿振生（2004：288—289）所言，金尼阁的记音并非处处都比中国人的分类更细致，《西儒耳目资》中，既有汉语中本是一个音位而金尼阁分别用两个符号代表的偏差，也有汉语中本属两种音但金尼阁却混同为一音的失误。就《西儒耳目资》中的古知庄章组声母而言，他的描述主要存在以下两处争议：①古知庄章组声母并非全部归入者组声母，古知$_{二}$庄组字存在一定数量的 ç 组（则组）[①] 读法，如：窄$_{庄}$ çeʔ、皱$_{庄}$ çeu、梳$_{生}$ su 等，古知$_{三}$章组声母也存在零星的 t 组（德组）和 ç 组（则组）读法，如：追$_{知}$ tui、纯$_{禅}$ 'tun、胜$_{书}$ sem 等。（孙宜志 2010：438—440）②在者组声母字内部，既有拼洪音韵母者，又有拼细音韵母者，甚至还存在一字洪细两读的现象，如：占 chen/chien、手 xeu/xieu、稍 xao/xiao 等。从已有的研究来看，学界对于前者的讨论比较详备，张卫东（1991：224—242）、桑宇红（2008：151—156）、孙宜志（2010：438—450）等都曾对此进行过具体的描述与分析，相对而言，学界对于后者的讨论稍显简略，话题主要聚焦在与细音韵母相拼的知$_{三}$章组声母的拟音上，如罗常培（1930/2004：251—358）、陆志韦（1947/1988：97）、王松木（1994：77—78）、曾晓渝（1995/2004：3—13）、薛志霞（2005：87—88）、郑伊（2018：174—195）等。从汉语史的角度系统展现《西儒耳目资》者组声母的声韵拼合面貌，并明确描述古知$_{二}$庄与知$_{三}$章组声母合流音变过程的研究成果，尚不多见。鉴于此，本文拟在有关研究的基础上，穷尽式考察《西儒耳目资》者组声母字的

① 为避免争议，除本文讨论的者组（ch 组）声母外，其他注音均尽量沿用《西儒耳目资》符号，下同。

音节拼合形式，以揭示古知庄章组声母合流音变过程中的关键细节，并为讨论《西儒耳目资》的语音性质提供语言本体的依据。

需要强调的是，我们要想更好地观察《西儒耳目资》者组声母的分合及演变，就必须将其置于近代汉语知庄章演变的大背景中，这样方能显现出其演变的特点和所在的环节。

对于以《中原音韵》为代表的近代汉语共同语音系格局中古知$_{二}$庄和知$_{三}$章的语音区别，音韵学界大致分为“一套音位，一套音值”“一套音位，两套音值”“两套音位，两套音值”三种不同的看法。其中，“一套音位，一套音值”观点，既不能解释近代汉语韵书中古知庄章组声母兼拼舌面、舌尖元音的现象，又无法诠释现代汉语官话方言两分的实际语感，更忽略了音节拼合的生理自然顺适问题，有违语音描写和音位归纳的原则，（张玉来 2021：25—26）因此最不具说服力。而“两套音值，一套音位”观点与“两套音值，两套音位”观点，实质上只是音位处理宽严的差别，前者强调音位的互补，后者强调语音的差异，并无绝对的对错之分。在进行历史研究或方言比较时，最好是将语音的分合作为主要观察点，否则很难揭示语音演变中的复杂情景。（王洪君 2007：3）故而本文选用“两套音位，两套音值”的处理方式。

而对于近代汉语音系中知$_{二}$庄和知$_{三}$章的拟音问题，学界对前者的构拟比较一致，均记作［tʂ］，但在后者的写法上不甚统一，存在［tʃ］［tɕ］两种观点。知$_{二}$庄与知$_{三}$章的合流，是近代汉语官话音系的重大音变现象，可以推想，知$_{二}$庄与知$_{三}$章组声母一定具有发音上的相似性。与舌面［tɕ］组声母相比，舌叶［tʃ］组声母与卷舌［tʂ］组声母在发音生理上更具连续性和渐变的可能性。另一方面，如果将古知$_{三}$章组声母拟为［tɕ］组，那么从汉语语音史的角度观察，则极易与见组字的* ki->tɕi-音变产生冲突。王力（2010：673—674）曾用拉链式音变来描述近代汉语音系中古知庄章组和见组声母之间的密切关系，认为“到了明代，全部知照系字都转化为［tʂ，tʂʰ，ʂ］。这时，［tɕ，tɕʰ，ɕ］的位置又空出来了，由精系齐撮字和见系齐撮字先后变为［tɕ，tɕʰ，ɕ］出来填补知照系的遗缺。”见组声母的腭化音变起于何时，限于材料，目前很难作出准确的时代判断。不过，元代的八思巴字对音（龙果夫 1930/2004：187—188）、吴草庐“见分见圭”（赵荫棠 1936：91），明代的本悟本《韵略易通》（赵荫棠 1936：91、宁忌浮 1997：30）、《韵略汇通》（张玉来 1995：

52—55）等语料中，均表现出了见组字腭化的迹象。清代《圆音正考》（1743）中对尖团音的分析，标志着这一音变的彻底完成。此外，赵彤（2019：4—5）根据现代方言和语音演变的一般规律，也证明了见系细音腭化在语音上是一个渐变的过程。如此看来，在 17、18 世纪的官话音系中，见组声母应该已经开始了*ki->tɕi-音变，那么，此时的古知$_{三}$章组声母自然就不宜再拟作［tɕ］组。故而，“古知$_{二}$庄拟［tʂ］、古知$_{三}$章拟［tʃ］”观点渐成主流。也就是说，近代汉语音系中知$_{二}$庄、知$_{三}$章的合流，其实质就是知$_{三}$章的*tʃi>tʂ音变，即知$_{三}$章变同知$_{二}$庄。

二 《西儒耳目资》中者组声母的语音分析

《西儒耳目资》韵分五十，根据《西儒耳目资·列音韵谱》可知，者组声母出现在其中 28 个韵中，总拼合 236 个小韵，涉及 2247 个韵字，音节拼合形式如表 1 所示。为了更好地展示者组声母内部古知$_{二}$庄与知$_{三}$章组声母的分合情况，每个小韵内部古知庄章三组声母的分布也一并列出。表内虚线表示两侧音节的韵母相同，拟音主要依据曾晓渝（1995/2004：1—44），唯将“第三母 i”原拟的［ʅ］改拟为［i/ʅ］，理由详见下文的讨论。另外，为了保证文字没有歧误，所举例字皆采用繁体字。

表 1 《西儒耳目资》者组声母内古知庄章三组声母的音节拼合形式

		知$_{二}$	庄$_{二}$	庄$_{三}$	章	知$_{三}$			知$_{二}$	庄$_{二}$	庄$_{三}$	章	知$_{三}$
第一母 a［a］	者	哳	扭				四十母 oam［uaŋ］	者	椿	漴	莊		
	撦	茶	察					撦	撞	摐	牀		
	石		沙					石		雙	霜		
十九母 oa［ua］	者						四五母 uam［uaŋ］	者	椿	漴	莊		
	撦							撦	撞	摐	牀		
	石		傻					石		雙	霜		
廿一母 ua［ua］	者	檛	髽				第九母 an［an］	者	詀	琖	僝		
	撦							撦		產			
	石							石		山	穇		

续表

		知二	庄二	庄三	章	知三			知二	庄二	庄三	章	知三
第二母 e［甚 ɛ 次 ʅ①］	者				遮	哲	四一母 oan［uan］	者					
	撦				掣	敇		撦					
	石				食			石		櫰			
廿二母 ue［uo］	者			茁	拙	掇	十二母 en［ɛn］	者	綻	琖		占	展
	撦				啜			撦	梴			闡	覘
	石			刷	說			石				扇	
第三母 i［i/ʅ］	者			輜	支	知	卅四母 ien［iɛn］	者	綻	琖		占	展
	撦			縒	翅	馳		撦	梴			闡	覘
	石			師	匙			石				扇	
廿三母 ui［uei］	者				錐	追	四八母 uen［uan］	者			撰	專	轉
	撦			揣	吹	椎		撦				穿	椽
	石			衰	誰			石					
第四母 o［甚 ɔ/入 o］	者	啄	捉		祝	竹	第十母 eu［əu］	者			騶	周	咮
	撦	趠	齪	閑	綽	臭		撦				酬	稠
	石				灼			石				綬	
第五母 u［甚 u/中 ʮ］	者			阻	諸	豬	卅三母 ieu［iəu］	者					
	撦			耡	出	絮		撦					
	石			毹	術			石				綬	
第六母 ai［ai］	者	豸	齋				十一母 em［eŋ］	者	玎	爭			
	撦	蠆	釵		茝			撦	棖	琤			
	石		灑	篩				石					
卅八母 oai［uai］	者						十七母 im［iŋ］	者				蒸	徵
	撦							撦				承	澄
	石			衰				石				升	
第七母 ao［au］	者	嘲	罩		招	趙	廿六母 um［uŋ］	者				終	中
	撦	踔	巢		弨	超		撦			崇	充	盅
	石		梢		韶			石				慵	惷

① “第二母 e”中“次 ʅ”只涉及入声字，“第三母 i［i/ʅ］”无入声字。

续表

		知$_{二}$	庄$_{二}$	庄$_{三}$	章	知$_{三}$			知$_{二}$	庄$_{二}$	庄$_{三}$	章	知$_{三}$
卅一母 iao [iau]	者						十八母 in [in]	者			臻	斟	珍
	撦							撦			岑	嗔	塵
	石		梢					石			森	神	
第八母 am [aŋ]	者	鐘			章	張	廿七母 un [uən]	者				諄	窀
	撦			創	昌	腸		撦				春	椭
	石		淙		商			石				順	

根据表 1，并结合洪细、开合等分布情况，可以将《西儒耳目资》者组声母内古知庄章组声母的拼合归纳为 9 种类型，如表 2 所示。表中方框表示该韵中存在系统的小韵又读现象，详见下文表 4、表 5、表 6 及相关讨论。

表 2　《西儒耳目资》者组声母内古知庄章三组声母的洪细、开合类型

	洪音韵母			细音韵母		
	仅拼知$_{二}$庄	仅拼知$_{三}$章	兼拼知$_{二}$庄、知$_{三}$章	兼拼知$_{二}$庄、知$_{三}$章	仅拼知$_{二}$庄	仅拼知$_{三}$章
开口	a、an、em	e	ao、am、ai、en、eu	i、ien、in	iao	im、ieu
合口	oa、ua、oai、oam、uam、oan	un	o、u、ue、ui、uen、um	/	/	/

由表 1、表 2 可知，《西儒耳目资》音系中，古知$_{三}$章与知$_{二}$庄组声母之间存在着明显的合流迹象。具体来说，古知$_{三}$章组声母共拼合 18 个韵，仅在 i、ien、in、im、ieu 等 5 个韵中保持细音读法，在 ao、am、ai、o、u 等 13 个韵中，已不再与细音韵母相拼，而是改与洪音韵母组合，所辖韵字与古知$_{二}$庄组字完全同音（除与古知$_{二}$庄组字拼合无字的 e、un 两韵外），如在“第七母 ao”中，啁$_{知二}$朝$_{知三}$招$_{章}$罺$_{庄二}$同小韵。这与 14 世纪共同语代表《中原音韵》音系中知$_{二}$庄与知$_{三}$章的对立格局相比，无疑是一个新的语音形式。下面列出本文对《西儒耳目资》者组声母内部所见古知庄章组声母合流音变的若干观察。

（一）古知$_{三}$章与知$_{二}$庄组声母的合流音变，是通过离散式音变的方式完成的。从现有材料看，《西儒耳目资》音系中的知$_{三}$章组声母正处在由［tʃi］向［tʂ］发展的中间环节，其中有的韵母，如 ao、o 等，发展得快一些，已全部变成舌尖音，有的韵母，如 en/ien，还处在演变的初始阶段，两种读音并存，还有的韵母，如 im、in，尚未参与音变。这三种不同的状态，正对应着词汇扩散理论的“已变”“变异”“未变”阶段。

结合离散式语音演变的基本范式表（王士元 1969：9—25），我们可以勾勒出《西儒耳目资》中知$_{三}$章组声母的动态演变过程，如表 3 所示。

表 3　　《西儒耳目资》知$_{三}$章组声母的离散式音变过程

	U（未变）	V（变异）	C（已变）
W1			ai、ao、am、e、o、u、ue、ui、uen、un、um
W2		en/ien、eu/ieu	
W3	im、in、i		

一般来说，受音变过程“视窗”时长的限制，文献资料通常只有“未变”“已变”两个阶段的语音反映，缺少“变异”阶段的状态描写。因为音变刚发生时，新读未必能被韵书接纳，作为典正读音记录下来，而音变一旦完成，共时变异的两读状态消失，旧读自然也不会被纳入音系之中。（赵庸 2019：401）而《西儒耳目资》以实际语音为立足点，更加重视日常谈话中所用的语言，受历史音类的影响较小，因而捕捉到了这极为重要的一环，为知$_{三}$章的*tʃi>tʂ音变补充了很多关键的细节，成了我们观察知庄章合流轨迹的重要参考。

除此之外，我们在“第三母 i”中找到了更多证据。这是一组特别的韵母，虽然上文根据音节拼合关系将其归入了“未变”状态，但是金尼阁明确表达过自己的困惑：“元母之三衣 i 用不用（甚、次）未详，盖风气不同。有为甚，亦有为次，如‘知、纸’之类，但忒细易乱，故从便寻之用。一甚之中俱包之，未敢细别，余心未安故耳。”可见，金尼阁明显感觉到了“衣”的韵母与“知$_{知三}$、纸$_{章}$”的韵母存在差异，后者存在“i 次”的新读，但“i 甚”和“i 次”所辖韵字的准确范围却难以划定。不仅如此，他还注意到，“知、纸”等字的实际读音，存在“风气”的不同，有些地方的人读作“i 次”，有些地方的人读成“i 甚”。考虑到以上种种因素，金尼阁最后勉强将这些字的读音统一归入了“元母之三衣 i”之中。

“甚、次”是《西儒耳目资》自创的语音分析术语，是金尼阁“对于不能用罗马字母标注的中国语音想出来的补救办法”（罗常培 1930/2004：268），主要反映了舌位高低、舌位前后、舌面音与舌尖音等三种韵母差异（曾晓渝 1995/2004：22—33）。考虑其历史来源及现代方言材料，学者们一般都将“i 甚”和“i 次”的差别归为第三种，将前者拟为[i]，后者拟为[ʅ]。（曾晓渝 1995/2004：11）

不难看出，金尼阁所叙述的这种甚次并存、部分变读的现象，是一种未完成的、进行中的音变，它所呈现出的参差的、不规则的状态，正是离散式音变的典型特征。只有经过了足够长的时间，当音变彻底完成后，离散式音变的方向和目标才会被凸显。作为一名外国来华的传教士，金尼阁自然无法判断正处于离散式音变中的［tʃi］［tʂʅ］哪一种是标准读法，所以才会产生了“忒细易乱”“未敢细别”的不安。

值得注意的是，根据表 1、表 2，古知$_{二}$庄组声母中似乎存在“tʂi”“tʂin”“tʂien”“tʂiao”等明显不符合拼合规律的读音①。据本文的观察，它们的性质并不相同。第一类“tʂi”，其出现的原因应与上文所述“第三母 i”的甚次不分直接相关。第二类“tʂin”，其所摄韵字均为庄组臻、深摄开口三等字，并且只有一读，按照中古音和《西儒耳目资》的对应规律而言，本应全部归入 en 韵中。但是，中古山、咸二摄知庄章组字在《西儒耳目资》en 韵、ien 韵中重出，率先抢占了“tʂen”的位置，导致了臻、深摄庄组三等字的“无处安放”。在此背景下，金尼阁只能将前者放入了音近的“tʂin”音节中，与臻、深摄知$_{三}$章组字合并。第三类 en/ien，属于零星的字音异读，只涉及如下三个韵字：“詀$_{知二}$”“琖$_{庄二}$”“綻$_{澄二}$”。结合下文的表 5 可知，者组声母中 en/ien 的异读是一种成体系、有规律的又读现象，主要表现的是古知$_{三}$章组 129 字的* tʃi->tʂ-音变，可以推测，“詀”“琖”“綻”等 3 个知$_{二}$庄$_{二}$组字的窜入应该只是金尼阁未加细别的结果，是一种“误归”。第四类 ao/iao，关系到“梢捎蛸鞘旓髾筲弰稍哨削稍”等 12 个庄组二等字，其真实性同样值得怀疑。我们先看《西儒耳目资》中“第七母 ao”“第三十一母 iao”中者组声母的分布情况，如表 4 所示。

---

① 无论是从现代汉语官话方言，还是从汉语的声韵拼合规律出发，“tʂi-”式音节结构都是不能成立的，请参看张玉来（2021：25—27）。

表 4　《西儒耳目资》第七母 ao、第三十一母 iao 中者组声母的分布

韵母＼声调		清平	浊平	上声	去声
第七母 ao	者	嘲啁$_{\text{知二}}$朝鼂$_{\text{知三}}$招昭鉊釗$_{\text{章}}$罺巢$_{\text{莊二}}$	○	貇$_{\text{知二}}$兆旐肇趙肁裯駣絩$_{\text{知三}}$昭沼$_{\text{章}}$爪$_{\text{莊二}}$	趙 垗 召$_{\text{知三}}$ 櫂 罩$_{\text{知二}}$照詔邵劭$_{\text{章}}$笊抓$_{\text{莊二}}$
	撦	超$_{\text{知三}}$ 弨$_{\text{章}}$ 怊$_{\text{知三/章}}$謙鈔勦訬$_{\text{庄二}}$	朝 鼂 潮$_{\text{知三}}$ 巢 轈窠漅$_{\text{庄二}}$	炒鬻$_{\text{庄二}}$麷$_{\text{章}}$	踔趠$_{\text{知二}}$鈔謙勦$_{\text{庄二}}$
	石	燒$_{\text{章}}$梢捎蛸鞘旓髾筲弰$_{\text{庄二}}$	韶佋詔苕$_{\text{章}}$	少紹佋詔袑$_{\text{章}}$稍$_{\text{庄二}}$	邵少燒劭紹繞遶饒$_{\text{章}}$稍哨削$_{\text{庄二}}$
第三十一母 iao	者	○	○	○	○
	撦	○	○	○	○
	石	梢捎蛸鞘旓髾筲弰颵$_{\text{庄二}}$	○	稍$_{\text{庄二}}$	哨削稍$_{\text{庄二}}$

结合表 1、表 2、表 4 可知，《西儒耳目资》音系中，知$_{三}$章组声母的* tʃiao>tʂao 音变已经完成，那么，为什么会在石组声母内出现庄组二等字的“异常”又读呢？这表明，在当时的现实语音中，金尼阁感受到知$_{二}$庄与知$_{三}$章中的石组声母字之间仍存在一些细微的语音区别，但又无法准确描述，兼之考虑到前者多有精组声母的又读，于是索性糅合了现实语音中不同来源的读音，即韵母来源为效摄三等，而声母为庄组，（李军 2019：188）从而为“梢捎蛸鞘旓髾筲弰稍哨削稍”这一批字增加了［iao］韵的异读①，是一种“误判”。

（二）古知$_{三}$章与知$_{二}$庄组声母的合流音变，在开、合口韵中速度不一。结合表 2、表 3 可知，知$_{三}$章组声母的*tʃi>tʂ 音变在合口韵中已全部完成，都转为了洪音读法 o、u、ue、ui、uen、un、um，开口韵却仍在进行之中，还有一定数量的韵母保持细音读音，如 im、in。而之所以合口韵字能够率先完成音变，是因为与开口*tʃi-相比，合口*tʃiu-显然是一个不稳定的组合，［tʃ］组声母和合口［u］介音同具［+圆唇］特征，而三

① 存在一个例外：“颵”。颵，《广韵》所交切，《集韵》思邀切、师交切、所教切三读，但《西儒耳目资》中只有一读，即表 3 所列的“石”母“iao”韵。为什么《西儒耳目资》有“ ʂiao”却无“ ʂao”，待考。

等［i］介音则为［-圆唇］特征，发音时唇形在圆、展间不停转换，存在一定的不协调性，由此导致了［tʃ］声母［+圆唇］特征的失落和［-i-］介音的直接脱落，发生了*tʃiu->tʂu-音变。

（三）在开口韵中，古知$_{三}$章与知$_{二}$庄组声母的合流音变呈现出明显的循序渐进性。通过对知$_{三}$章组声母开口韵字的综合考察，可以发现，“未变”状态下只有主元音为i的im、in、i，“变异”状态下只有主元音为e的ien、ieu，“已变”状态下的韵摄略多，包括主元音为e的e以及主元音为a的ai、ao、am。也就是说，除了已变状态下的e韵外，“未变”“变异”“已变”状态与i、e、a韵腹分别对应，与主元音舌位的高低有明显的关联性。这很难用偶然去解释，甚至对于“例外”的e韵而言，也很有可能是因其“无韵尾”的特殊条件，率先完成音变，进入“已变”状态。需要说明的是，虽然《西儒耳目资》中字母的实际音值尚有争议，但是对于im、in、i，ien、ieu、e，ai、ao、am而言，它们之间的舌位高低关系是显而易见的。综上，我们虽然不能断言，在开口韵中，*tʃi>tʂ的音变完成顺序绝对如此：ai、ao、am>e、en、eu>i、im、in，但可以肯定，它一定与主元音舌位的高低有关，是按照韵腹舌位从低到高的顺序依次进行的。

（四）在声母类型上，古知$_{三}$章与知$_{二}$庄组声母的合流音变按“先塞擦音，后擦音”的调音部位渐次推进。《西儒耳目资》中者组（ch组）声母下存在两组成系统的［tʃi-］［tʂ-］又读现象。我们先看《西儒耳目资》中“第十二母en”“第三十四母ien”中者组声母的分布情况，如表5所示。

表5　《西儒耳目资》第十二母en、第三十四母ien中者组声母的分布

韵母＼声调		清平	浊平	上声	去声
第十二母 en	者	毡旃饘鹯邅栴醦旜邅驙鳣詹瞻谵占沾詀	○	展辗樿襢皽琖襄飐	战颤单禅驙展襢占缠邅绽飐
	撦	袩燀啴梴幨襜沾脥觇[蹅]	禅蝉埏鋋澶单婵掸儃缠廛躔瀍蟾棎	阐蒇幝燀啴繟谄	沾襜幨韂觇裣繟[硟]
	石	扇膻挻埏苫痁颤煽	蟾棎禅蝉埏鋋澶单婵掸儃	闪陕睒剡淰潣善膳墠鳝僤单鄯坛蝉潬熯	善缮墠膳擅禅譱鄯坛樿单扇煽赡闪掞痁苫

续表

韵母＼声调		清平	浊平	上声	去声
第三十四母 ien	者	毡旃饘鹯趲栴酟旜邅驙鳣詹瞻谵占沾詀	○	展辗樿襢皽琖衰飐	战颤单禅骣展襢占缠邅绽飐
	撦	燀啴梴幨襜袩沾緂觇	蝉埏鋋澶单婵掸儃缠廛躔瀍蟾梴禅	諂 [讇] 蒇幝燀繟啴阐	繟襜韂韂觇沾襝
	石	膻挻埏苫痁颤煽扇	单蟾梴禅蝉埏鋋澶婵掸儃	闪陕覢剡淰澗善膳墠鳝僤单鄯坛蝉潬熯	善缮墠膳擅禅譱鄯坛樿单扇煽赡闪掞痁苫

表 5 显示，第十二母、第三十四母中的者组声母均拼合 11 个小韵，它们所拼合的韵字多兼 tʂen、tʃien 两种读法。例外只出现在“撦”母中，涉及清平的“蹭”、上声的“讇”以及去声的“碰”三字。其中，“蹭”“碰”二字情况相同，仅出现在“第十二母 en”中，可能是率先音变的痕迹。而“讇”字虽只被列入“第三十四母 ien”中，却以小字的方式出现在“第十二母 en”中，并且它还是已被“第十二母 en”“第三十四母 ien”同时收入的“諂”字的异体字，因此实际上并不影响此处的分析。综合来看，这种成规律的异读，表明这些字都正在经历 *tʃien>tʂen 的语音演变，其中，读 tʂen 是新音，读 tʃien 属旧读。与“第三母 i”相比，“en/ien”中不再是漫无目的的胡乱扩散，有规律的结构格局正在形成。

我们再看“第十母 eu”“第三十三母 ieu”中者组声母的分布情况，如表 6 所示。

表 6　《西儒耳目资》第十母 eu、第三十三母 ieu 中者组声母的分布

韵母＼声调		清平	浊平	上声	去声
第十母 eu	者	周赒州洲舟诪咮輈辀调鵃侜驺緅邹螯	○	肘帚纣铜杻葤鯞	胄胄宙酎繇紬籀纣冑祝呪詋詶昼咮
	撦	抽瘳犨妯	酬雠雔梼鯈魗敹稠犨詶紬售犨俦畴筹裯帱帱	丑杻丑	臭殠畜
	石	收	○	首手守受绶寿 [授]	狩守首收 [授] 寿售绶謏兽

续表

韵母＼声调		清平	浊平	上声	去声
第三十三母 ieu	者	○	○	○	○
	撦	○	○	○	○
	石	收	○	首手守受绶寿	兽狩守首收 授 寿售绶謏

表6显示，第十母中者组声母共拼10个小韵，第三十三母中者组声母共拼合3个小韵，它们仅在石母字中存在系统的异读。其中，“授”字的情况略有特别，去声存eu、ieu两读，上声唯有eu一读，这既有可能是上声的率先音变，也有可能是上声失收ieu音。很明显，与ien韵母相比，ieu韵母的演变更快一些，塞擦音者、撦母中的合流俱已完成，只剩下擦音石母正在进行*ʃieu>ʂeu的演变。看来这一变化过程还受到了声母条件的影响，声母［tʃ］［tʃʰ］最先完成音变，［ʃ］则变化得比较缓慢。而这与黄笑山（1996：104）对于利玛窦注音文章的观察结果是一致的。

至于这一音变顺序形成的原因，可能是与发音强度有关。发音强度的物理性质表现为收紧点后面的口腔气压，气压越大，收紧点就越用力，气流就越强。发音强度有以下的序列：清塞音>浊塞音>清塞擦音>浊塞擦音>清擦音>浊擦音>鼻音>流音>半元音>元音。（潘悟云2002：123）显然，清塞擦音的发音强度是大于清擦音的。因此，在快速语流中，［tʃ］［tʃʰ］除阻后的气流更强，促使发音部位不断向前移动，最终与后龈相阻，形成与［ʃ］不同的共振模式，率先并入舌尖音［tʂ］［tʂʰ］。

至此，我们可以把上面的讨论总结如下：《西儒耳目资》中古知$_{二}$庄和知$_{三}$章组声母的合流是通过“语音突变，词汇渐变”的*tʃi>tʂ离散式音变完成的，该音变在声母类型上是按照“先塞擦音，后擦音”的顺序完成的，而在辖字韵类则很有可能是按照“先合后开，（开口）先低后高”的次序合流。

三　从*tʃi->tʂ-音变看《西儒耳目资》的语音性质

由上可知，《西儒耳目资》音系中知$_{三}$章组声母的分布比较整齐，具有较强的规律性，结合该书“供旅人聋瞽之用”“察音察字随手可得”的编纂目的，将此视为一种客观真实的语音现象，应在情理之中。那么，它记录的是何时何地何种语音系统，能否为宋元以来知庄章的合流音变提供“变异”阶段的关键信息？这些问题都牵涉到了对《西儒耳目资》语音性质的认识。

关于这一问题，学界聚讼纷纭，形成了北京音（罗常培 1930/2004：308）、山西音（陆志韦 1948/1988：94—108、李新魁 1982：126—129）、南京音（鲁国尧 1985：47—52、张卫东 1991：224—242）、中原音（蔡瑛纯 2007：143—160）、江淮方言（孙宜志 2010：438—450）、南京官话（曾晓渝 2014：423—429）等多种观点，足见其复杂性以及进一步研究的必要性。鉴于此，我们尝试分析与《西儒耳目资》同时期的多种文献音系，提炼出此时汉语共同语知$_{三}$章组声母的主流特点，再以此为枢纽，反观《西儒耳目资》中知$_{三}$章组声母的演变情况，为探明《西儒耳目资》的语音性质提供有价值的线索。

《西儒耳目资》成书于 1626 年，为了尽量避免时间因素带来的历时演变差异，我们以 1626 年为中心，以 30 年为范围，选取《合并字学篇韵便览》《交泰韵》《太律》《切韵声原》《韵略汇通》《五方元音》等 6 种具有代表性的文献音系，从中抽绎出与知$_{三}$章组声母语音演变紧密关联的语音现象进行比较。现将 6 种文献中知$_{三}$章组声母的分布特点列举如下：

表 7　　17 世纪上半叶 6 种韵书知$_{三}$章拼合情况统计

韵书	时代	作者	籍贯	知$_{三}$章组声母的表现
合并字学篇韵便览	1602	徐孝	北京	与知$_{二}$庄完全合流，所有韵摄均拼洪音。（耿军 2004：19—20）
交泰韵	1603	吕坤	河南宁陵	韵分 21 摄，其中 13 摄与知$_{三}$章组声母相拼，支［ï］、灰［uei］只拼洪音，东［uŋ/iuŋ］、文［un/yn］洪细兼拼，真［ən/in］、先［iɛn/yɛn］、阳［ɑŋ/iɑŋ/uɑŋ］、青［iŋ］、齐［i］、鱼［y］、萧［iɛu］、遮［iɛ/yɛ］、尤［əu/iəu］只拼细音。（张伟娥 2002：16—18）
太律	1618	葛中选	云南河西	与知$_{二}$庄完全合流，所有韵摄均拼洪音。（张玉来等 2014：82—83）

续表

韵书	时代	作者	籍贯	知$_{三}$章组声母的表现
切韵声原	1641	方以智	安徽桐城	韵分 16 摄，其中 13 韵与知$_{三}$章组声母相拼，限挨［ai/iai］只拼洪音，翁雍［uŋ/iuŋ］、乌于［u/y］、噫支［uei/i/ï］洪细兼拼，昷恩［in/yn］、渊烟［yɛn/iɛn］、呀揶［ua/ia/iɛ］、央汪［aŋ/iaŋ/uaŋ］、亨青［iŋ］、爊夭［iau］、讴幽［iou］、音唵［im］、淹咸［iɛm/iam］只拼细音。（张小英 2002：11—12）
韵略汇通	1642	毕拱辰	山东莱州	韵分 16 摄，其中 12 韵与知$_{三}$章组声母相拼。支辞［ï］、灰微［ei/uei］、皆来［ai/iai/uai］只拼洪音，东洪［uŋ/iuŋ］、江阳［ɑŋ/iɑŋ/uɑŋ］、真寻［ən/in/uən/yn］、庚晴［əŋ/iŋ］、先全［iɛn/yɛn］、居鱼［i/y］、萧豪［ɑu/iɑu］、遮蛇［iɛ］、幽楼［əu/iəu］只拼细音。（张玉来 1995：38—52）
五方元音	1654	樊腾凤	河北隆尧	韵分 12 部，其中 11 部与知$_{三}$章组声母相拼，虎［u］、驼［o/io/uo］、豺［ai/uai/iai］只拼洪音，天［an/ian/uan/yan］、人［ən/in/un/yn］、龙［əŋ/iŋ/uŋ/iuŋ］、地［i/ï/ei/ui/y］洪细兼拼，羊［aŋ/iaŋ/uaŋ］、牛［ou/iou］、獒［au/iau］、蛇［ɛ/iɛ/yɛ］只拼细音。（张晓 2007：37—38）

由表 7 可知，17 世纪上半叶，汉语共同语音系文献中知$_{三}$章组声母的表现较为复杂，体现出明显的“共时参差性”，但可以肯定的是，作为一个独立的声类，知$_{三}$章组声母正在消失，6 种官话文献均反映了其与知$_{二}$庄组声母的合流，只是不同韵书拼合格局不一，存在认识上的差别：《交泰韵》《切韵声原》《韵略汇通》《五方元音》等韵书大致维持“知$_{二}$庄拼洪音，知$_{三}$章拼细音”的对立格局，但在个别韵部中已经出现知$_{三}$章组声母只拼洪音韵母或者兼拼洪、细韵母的现象；而在《合并字学篇韵便览》《太律》等韵书中，知$_{三}$章组声母只拼洪音韵母，从音类上看已与知$_{二}$庄组声母完全合流。

根据表 7 进一步观察，则能发现正在发生音变的韵摄主要集中在《交泰韵》的支［ï］、灰［uei］、东［uŋ/iuŋ］、文［un/yn］，《切韵声原》的限挨［ai/iai］、翁雍［uŋ/iuŋ］、乌于［u/y］、噫支［uei/i/ï］，《韵略汇通》的支辞［ï］、灰微［ei/uei］、皆来［ai/iai/uai］，《五方元音》的虎［u］、驼［o/io/uo］、豺［ai/uai/iai］、天［an/ian/uan/yan］、人［ən/in/un/

yn]、龙［əŋ/iŋ/uŋ/iuŋ］、地［i/ï/ei/ui/y］，由此推知，知$_{三}$章与知$_{二}$庄的合流音变，在开、合口韵中的演变并不同步，后者明显快于前者。不仅如此，在开口韵中，［ai］的合流速度相对较快，除不存在“知$_{三}$章+ai”组合的《交泰韵》外，其他三部韵书之中，［ai］韵只拼洪音，表明其率先完成了*tʃi->tʂ-音变。①

这样看来，《西儒耳目资》音系中知$_{三}$章组声母的表现基本符合 17 世纪早期官话音系的主流特征，只是在合流速度上与其他文献存在一些差距。如果将《交泰韵》《切韵声原》《韵略汇通》《五方元音》看成*tʃi->tʂ-音变的初始阶段，将《合并字学篇韵便览》《交泰韵》视为*tʃi->tʂ-音变的完成阶段，那么《西儒耳目资》无疑就是*tʃi->tʂ-音变的过渡阶段。同一时代的文献，为何会出现如此不一致的语音处理方式？这不得不令人深思。

已有的研究表明，历代汉语共同语缺乏明晰的规范的口头标准音系（张玉来等 2016：38），只有一个相对标准的语音系统，其核心部分比较稳固，是得到了人们共同承认的官话成分，而非核心部分却有些游移不定，因时、因地、因观念而变（耿振生 1992：121—122）。作为一种新产生的离散式音变，知$_{三}$章的*tʃi->tʂ-音变，自然是属于官话的非核心部分，并且从语音实际情况看，知$_{二}$庄和知$_{三}$章的合流演变在各地存在快慢和方式的差异，有些地方直至现在还保持着这两组声母的对立格局。在此背景下，不同方言背景的官话使用者，对知$_{三}$章的*tʃi->tʂ-音变的理解认知就会存在不同，从而对其所讲的共同语口语产生影响，使得共同语在不同的地域形成变体，而他们所编纂的共同语韵书，自然也就会呈现出如表 7 所示的纷繁复杂的语音面貌。总而言之，17 世纪上半叶，汉语共同语音系中的知$_{三}$章组声母大致在存亡之间，无论是知$_{三}$章组声母只拼洪音韵母的组合方式，还是知$_{三}$章组声母兼拼洪、细音韵母的拼合格局，都是现实官话读音的一种读法。

并且，与《合并字学篇韵便览》《交泰韵》等同时期传世的国内韵书相比，《西儒耳目资》等传教士文献的口语性和时音性更加突出。原因有二。首先，传教士们的学习目标就是当时的共同语口语音系，而非书面音

① 从表面上看，［ï］韵似乎也满足这一条件，但其与［ai］韵的性质不同，它是近代以来从［i］韵中分化出来的新韵母，应与［i］韵结合视为一个整体来观察。

系，如明代西方传教士利玛窦、金尼阁在《利玛窦中国札记》（2017：66）中说："除了不同省份的各种方言，也就是乡音之外，还有一种整个帝国通用的口语，被称为官话，是民用和法庭用的官话语言……官话现在在受过教育的阶级当中很流行，并且在外省人和他们所要访问的那个省份的居民之间使用。懂得这种通用的语言，我们耶稣会的会友就的确没有必要去学他们工作所在的那个省份的方言了。"其次，在面对规范不明、异读频出的读音现象时，作为外来者，西方传教士们只能从观察者的视角切入，以自身学习和亲身感受为基础对共同语进行描写和总结。因此，他们笔下的拼音方案，出于交流的实用目的，基本如实反映了明代西方传教士口中的"官话"实貌。

最后，还有一个问题须稍作说明。张卫东（1991：224—242）、孙宜志（2010：438—450）等学者虽然同意《西儒耳目资》记录的是明代的官话音系，但亦坚持，明代官话的标准音是南京音（或基础方言是南京型江淮官话），也就是说，他们认为《西儒耳目资》实质上记录的是当时的南京方言（或江淮官话）。他们列举的证据之一就是《西儒耳目资》音系中存在相当数量的、与［ts］组读音对应的古知庄章组声母字，并提出它们能与南京方言（或南京型江淮官话）建立起语音对应关系。关于明代官话的标准音或基础方言问题，学界历来争议很大。"明代官话的语音基础是南京方言（或江淮官话）"的假设，多年来未被很好地证明过，更重要的是缺乏历史比较研究的成果支持，麦耘、朱晓农（2012：337—358），曾晓渝（2014：423—429），张玉来、尹瑀（2021：108—127）等对此都有过详尽的讨论，否定了这一可能。

仅就《西儒耳目资》音系中古知庄章组声母的［ts］组读音而言，情况亦是如此。根据冯法强（2014：290—297）的研究，江淮官话读入［ts］组的知庄章组字的范围主要集中在：知$_{二}$庄组声母的止、遇、流、深、臻、曾、梗、通摄字。而《西儒耳目资》的范围远不限于此，知$_{二}$庄组声母逢假、蟹、效、咸、山、宕、江摄时，存在［ts］组读音，如眨 çɑʔ，杉 san，创 çam 等，知$_{三}$章组声母中亦如此，如侦 çem、胜 sem、束 soʔ 等。这些字的［ts］组读音从何而来？不仅如此，《西儒耳目资》中，知$_{二}$庄组声母逢止、遇、流、深、臻、曾、梗、通摄时，也是记有［tʂ］组读音的，如：阻 chu、事 xi、森 xin。那么这些读音又从何而来？孙宜志（2010）将此全部归结为"金尼阁听到的不同方言区人说江淮官话时

（当时共同语的基础方言）受自己方言影响而出现的偏误”。但是，果真如此的话，为什么会在个别字上出现“偏误”？《西儒耳目资》出版前经过了韩云、王徵等人的“互相质证、细加评核”，他们为什么没有去掉这些明显的“偏误”？这些都是“南京音说”需要解释的问题。因此，在未看到更多的证据之前，我们持保守态度，认为《西儒耳目资》中古知庄章组声母的分合情况不太适合作为“南京音说”的直接证据。

综上，我们认为，《西儒耳目资》记录的是17世纪初期金尼阁掌握并审定的一种官话读音，其所展现的知$_{三}$章组声母的拼合状态，是汉语共同语音系所经历的重要一环，可以为汉语共同语音系中古知庄章组声母的合流音变提供重要参考。

参考文献

1. 蔡瑛纯：《关于明代汉语共同语基础方言的几点意见》，载耿振生编《近代官话语音研究》，语文出版社2007年版。

2. 耿军：《〈合并字学篇韵便览〉研究》，硕士学位论文，苏州大学，2004年。

3. 耿振生：《20世纪汉语音韵学方法论》，北京大学出版社2004年版。

4. 耿振生：《明清等韵学通论》，语文出版社1992年版。

5. 黄笑山：《利玛窦所记的明末官话声母系统》，《新疆大学学报》1996年第3期。

6. ［比］金尼阁：《西儒耳目资》，文字改革出版社1957年版。

7. 李军：《〈中原音韵〉与明代官话系韵书古知庄章组声母的特征及相关问题》，载娄育、李超、储小昆主编《汉语史新视阈 叶宝奎先生七秩寿庆论文集》，厦门大学出版社2019年版。

8. 李新魁：《记表现山西方音的〈西儒耳目资〉》，《语文研究》1982年第1期。

9. ［意］利玛窦、［比］金尼阁：《利玛窦中国札记》，何高济、王遵仲、李申译，商务印书馆、中国旅游出版社2017年版。

10. 龙果夫：《八思巴字与古官话》，载罗常培、蔡美彪编著《八思巴字与元代汉语》，中国社会科学出版社2004年版。

11. 鲁国尧：《明代官话及其基础方言问题——读〈利玛窦中国札记〉》，《南京大学学报》1985年第4期。

12. 陆志韦：《金尼阁〈西儒耳目资〉所记的音》，载《陆志韦近代汉语音韵论集》，商务印书馆1988年版。

13. 罗常培：《耶稣会士在音韵学上的贡献》，载《罗常培语言学论文集》，商务印书馆2004年版。

14. 宁忌浮：《古今韵会举要及相关韵书》，中华书局1997年版。

15. 潘悟云：《流音考》，载潘悟云编《东方语言与文化》，东方出版中心2002年版。

16. 乔全生：《〈西儒耳目资〉与山西方言及其音系基础》，载中国音韵学研究会、石家庄师范专科学校编《音韵论丛》，齐鲁书社2004年版。

17. 桑宇红：《从中古知庄章声母再论〈西儒耳目资〉的基础方音》，载乔全生编《晋方言研究 第三届晋方言国际学术研讨会论文集》，希望出版社2008年版。

18. 孙宜志：《从知庄章的分合看〈西儒耳目资〉音系的性质》，《中国语文》2010年第5期。

19. 王洪君：《〈中原音韵〉知庄章声母的分合及其在山西方言中的演变》，《语文研究》2007年第1期。

20. 王力：《汉语语音史》，商务印书馆2010年版。

21. 王松木：《〈西儒耳目资〉所反映的明末官话音系》，花木兰文化出版社1994年版。

22. 薛志霞：《〈西儒耳目资〉新探》，博士学位论文，南京大学，2005年。

23. 曾晓渝：《〈西儒耳目资〉声韵系统研究》，载《语音历史探索——曾晓渝自选集》，南开大学出版社2004年版。

24. 曾晓渝：《〈西儒耳目资〉音系基础非南京方言补证》，《语言科学》2014年第4期。

25. 张伟娥：《〈交泰韵〉音系研究》，硕士学位论文，山东师范大学，2002年。

26. 张卫东：《论〈西儒耳目资〉的记音性质》，载《王力先生九十诞辰纪念文集》，山东教育出版社1991年版。

27. 张小英：《〈切韵声原〉研究》，硕士学位论文，山东师范大学，

2002 年。

28. 张晓：《〈五方元音〉音系》，硕士学位论文，苏州大学，2007 年。

29. 张玉来、高龙奎、戴飞：《葛中选〈太律〉的史实及其音系》，中国社会科学出版社 2014 年版。

30. 张玉来、高龙奎、耿军、孙志波：《历史书面文献音系“存雅求正”的性质与汉语语音史研究》，《语言研究》2016 年第 3 期。

31. 张玉来：《〈中原音韵〉古知庄章三组声母的分布及其语音分析》，《语文研究》2021 年第 3 期。

32. 张玉来：《韵略汇通音系研究》，山东教育出版社 1995 年版。

33. 赵彤：《从汉语史看音变过程的几种模式》，《中国语文》2019 年第 1 期。

34. 赵荫棠：《中原音韵研究》，商务印书馆 1936 年版。

35. 赵庸：《汉语首次长元音高化链移和中古韵书异读的来源》，《中国语文》2019 年第 4 期。

36. 郑伊：《〈西儒耳目资〉知庄章组字分派类型的计量研究》，《汉语史学报》2018 年第 2 期。

37. WANG，W. S-Y. 1969. Competing changes as a cause of residue. *Language* 45，9－25.

（尹瑀，女，南京大学文学院博士研究生，从事汉语语音史研究。通信地址：江苏省南京市栖霞区南京大学仙林校区文学院。邮编 210023。电子邮箱：yinyu1113@foxmail. com。）

谈谈佛典音义文献的整理与利用*

——基于汉语音义学学科建设的视角

黄仁瑄

（华中科技大学中国语言研究所）

摘　要：佛典音义文献的整理与利用是汉语音义学学科建设的重要内容。佛典音义文献的整理利用大约肇自清人任大椿。佛典音义文献整理主要包括书目梳理和文本校注两个方面。书目梳理既要检讨旧目更要重编新目；文本校注以高丽大藏经为工作底本有利凸显其系统性特征，校注时需要遵循内外结合的原则。中华书局率先推出“音义文献丛刊”，是推动、促进汉语音义学研究的富有建设性的战略举措。

关键词：佛典音义整理；汉语音义学；音义文献丛刊

“风，风也，教也。风以动之，教以化之。”（《诗·周南·关雎序》。《十三经注疏》，页269下）“季康子问政于孔子。孔子对曰：‘政者，正也。子帅以正，孰敢不正？’”（《论语·颜渊》。《十三经注疏》，页2504中）“天，显也，高显在上也；又坦也，坦然高远也。地，底也，其体底下载万物也。”（《庄子·天地》“天地虽大”陆德明释文引《释名》云。《经典释文》，页1477）人们很早就开始探索汉语语音和语义间的关系问题，音义关系问题对汉语音义学研究具有根本性意义。

“汉语音义学的性质是一门研究汉语语音和语义关系的学科。”（尉迟治平《序》，页8—9。黄仁瑄2020）“一门学科要成为一门真正意义上的科学（即实证科学），必须满足以下几个条件：（1）有客观的研究对象；

---

* 基金项目：国家社会科学基金重大项目“中、日、韩汉语音义文献集成与汉语音义学研究”（19ZDA318）；国家语委重大项目“中国语言学话语体系建设与传播研究”（ZDA145－2）；华中科技大学一流文科建设重大学科平台建设项目“数字人文与语言研究创新平台”。

（2）有自己的研究方法；（3）有系统的学科理论，该理论必须得到实证（包括逻辑实证）。”（金立鑫 2007：7）此中所言“客观的研究对象”，就汉语音义学而言，包括但不限于汉语音义文献①。汉语音义文献整理是汉语音义学研究的重要内容。

根据儒、释、道三分的标准，汉语音义文献大略可以分为儒书音义、佛典音义和道藏音义三类②，限于篇幅，这里谈谈佛典音义文献的整理问题。

一

佛典音义文献的整理利用大约肇自清人任大椿③。乾隆四十七年（1782），任氏辑成《字林考逸》八卷，玄应《大唐众经音义》（下称玄应音义）、慧苑《新译大方广佛华严经音义》（下称慧苑音义）是其重要辑录依据：“爰是参核典坟，兼及二藏音义，钩沈起滞，积累岁年，遂成八卷。”（《字林考逸·序》）其中“二藏音义”，指的就是玄应音义、慧苑音义。

（1）唐沙门元应《一切经音义》《称讃净土经音义》、《大方等大集经》卷四下云：“天之所助也。”（《字林考逸》卷二示部“佑者助也”条注）

（2）《大方广佛华严经》卷一音义，唐僧慧苑《大方广华严经》卷上《世主妙严品之四》音义，《大方广华严经》卷下《法界品之十七》音义。（《字林考逸》卷二足部“踰越也”条注）

乾隆四十九年（1784），孙星衍辑成《仓颉篇》三卷，玄应音义、慧

① 参见黄仁瑄《汉语音义学材料系统述略》，“中国音韵学第21届学术研讨会暨汉语音韵学第16届国际学术研讨会”（2021.08.20—23。中国·西南交通大学）宣读论文。

② 尉迟治平（《序》，页5。黄仁瑄2011）：“音义书有各种不同的分类，其中一种是从传统三教的角度，分成儒学音义、道书音义和佛典音义，道书音义和儒学音义性质基本相同，佛典音义独具特色。”

③ 佛典音义的编纂肇始于魏晋末叶，唐五代时蔚为一时之风，有宋以后没落（黄仁瑄2011：1）。

苑音义亦是其主要辑录依据："星衍以戊辰之岁读书江宁瓦官寺阁，游览内典，见元应所著（引者按：指玄应音义）并慧苑《华严经音义》，引《仓颉》为多，随加钞摭，兼采儒书，阅五年矣，粗具条理，刊而行之，庶亦小学之助。元应、慧苑之书世多不传，南宋人博雅如朱子、王应麟亦未之见，中引古书尤多，足与陆德明《经典释文》并垂于世。"①（《仓颉篇·序》）

（3）《文选注》，唐释元应《一切经音义》。（《仓颉篇》卷上"煌煌光明也"条注）

（4）唐释慧苑《华严经音义》。（《仓颉篇》卷中"示现也"条注）

乾隆五十一年（1786），庄炘校刻玄应音义，亲撰序文一篇，随文同附钱坫、孙星衍校语。嘉庆四年（1799），臧庸校刻慧苑音义，亦撰跋文一篇。

清儒著述多有取两种音义为证或刊谬补阙者，其中尤以引据玄应音义为最。例如：

（5）……今本皆脱"浩羕"二字。凡诸书引《广雅》而今本脱去者，若与上下文并引，即可依次补入，如下文"楷、模、品、式，瀍也"，脱去"模、品"二字，据《众经音义》所引补入是也。若不与上下文并引，则次第无征，但附载于本节之末，如此条"浩羕"二字是也。凡补入之字，皆旁列以别之，后放此。（《广雅·释诂一》"道、天、地、王、皇、……駿、都，大也。浩羕"王念孙疏证，页5下—7上）

（6）……楷、模、品、式者，《说文》："模，法也。""程，品

① 王国维《重辑仓颉篇》（1918年。此据手稿本下"戊午秋八月"推知）把《仓颉篇》的辑校工作推进到了一个新的阶段："今兹所辑以汉残之所存，扬雄、杜林之所说，及《急就篇》所用《苍颉》正字为上卷，而以扬、杜、张、郭之说此诸字者附焉。其余诸书所引《苍颉》、《三苍》之字，并为下卷。上卷为《汉志》所录《苍颉》之字。下卷则《隋志》所录《三苍》之字。又别本字与注为二。原书次第已不可寻，故仍用孙氏书例，以《说文》部首为之编次，取便简阅。"（《重辑仓颉篇·叙录》。《王国维全集》（第6卷），页332—333）

也。"《逸周书·谥法解》云:"式、法也。"《老子》云:"知此两者亦楷式。"《汉书·宣帝纪》云:"品式备具。"各本皆脱"模、品"二字。《众经音义》卷二十四引《广雅》:"楷、模、品、式,法也。"今据以补正。……(《广雅·释诂一》"闲、埻、楷、模、品、式、祖、枨、肖、容、拱、捄、术、臬、井、括、鳫、类、榎、略,灋也"王念孙疏证,页10上—11上)

(7)释玄应《众经音义》曰:"谓鬼神作灾祸也。"(《说文·示部》"祟,神祸也"段玉裁注,页8下)

(8)谓石之美者名玫,此字义之别说也。释玄应《大唐众经音义》引:"石之美好曰玫。"……(《说文·玉部》"玫,玫瑰,火齐珠。一曰石之美者"段玉裁注,页18下)

(9)依《众经音义》补二字。(《说文·艹部》"蓤,香艹也"段玉裁注,页25上)

(10)《易·说卦》:"坎为耳痛。"《释名·释疾病》:"痛,通也,通在肤脈中也。"《一切经音义》引张揖《杂字》:"痛、痒,疼也。"(转注。)(《说文·疒部》"痛,病也。从疒甬声"朱骏声通训定声,页38下)

(11)《一切经音义》引《说文》:"动痛也。"凡三见。从疒虫省声。(《说文·疒部》"痋,动病也"朱骏声通训定声,页41下)

嘉庆七年(1802),谢启昆撰成《小学考》,其中"音义"类收录六种佛典音义(李文泽等2015:755—757):

释元应《一切经音义》 《唐志》二十五 存

……

释慧苑《华严经音义》 《藏经目录》三卷 存

……

僧可洪《藏经音义随函》 《通志》二十卷 存

无名氏《大藏经音》 《通志》四卷 存

无名氏《唐藏经音义》 《读书志》四卷 存

……

释处观《大藏音》 《藏经》二卷 存

……

谢氏别立“音义”的理由见《小学考》卷四十五《音义一》“王氏肃《周易音》”条注（李文泽等2015：681）：

按：音义为解释群经及子、史之书，故诸家著录不收入小学。然其训诂、反切，小学之精义具在于是，实可与专门著述互订得失，且《通俗文》、《声类》之属，世无传本者，散见于各书音义中至多。则音义者，小学之支流也。昔贤通小学以作音义，后世即音义以证小学，好古者必有取焉。今从晁氏《读书志》载《经典释文》之例，别录音义一门以附于末。

史志目录中，音义书往往附属他类①。如《隋书·经籍志》，《尚书》类附列：“《古文尚书音》一卷，徐邈撰。梁有《尚书音》五卷，孔安国、郑玄、李轨、徐邈等撰。《今文尚书音》一卷，秘书学士顾彪撰。……《大传音》二卷，顾彪撰。”《汉书》类附列：“《汉书集解音义》二十四卷，应劭撰。《汉书音训》一卷，服虔撰。《汉书音义》七卷，韦昭撰。《汉书音》二卷，梁寻阳太守刘显撰。《汉书音》二卷，夏侯詠撰。《汉书音义》十二卷，国子博士萧该撰。《汉书音》十二卷，废太子勇命包恺等撰。《汉书集注》十三卷，晋灼撰。《汉书注》一卷，齐金紫光禄大夫陆澄撰。《汉书续训》三卷，梁平北咨议参军韦稜撰。”儒典音义集大成之作《经典释文》，《旧唐书·经籍志》亦视为“右三十六部，经纬九家，七经杂解二十七家，凡四百七十四卷”之一种，《四库全书总目》则归入经部下“五经总义类”。谢氏《小学考》率先打破了音义书的这种附属格局，特标“音义”，是汉语音义学独立的标志②。

① 尉迟治平（《序》，页1。黄仁瑄2011）：“唐陆德明《经典释文》在经部五经总义类，宋孙奭《孟子音义》在经部四书类，唐何超《晋书音义》在史部正史类，唐李籍《九章算术音义》在子部天文算法类，唐潘纬《柳河东集音义》在集部别集类。”

② 《郡斋读书志》依当时通行之法，总分典籍为经、史、子、集四部，四部之下设经部十类、史部十三类、子部十八类、集部四类，计四十五类，其中“经部总论·小学类”（转下页）

光绪年间（1875—1908），杨守敬利用出使日本之机访得狮谷白莲寺本慧琳《一切经音义》、希麟《续一切经音义》（下称慧琳音义、希麟音义）。日本明治年间（1868—1911），东京弘教书院排印可洪《新集藏经音义随函录》（下称可洪音义）。早期五种佛典音义于是全部回归学界视野，“至20世纪末叶，有关佛典音义书的研究逐渐兴盛，终成热潮”（尉迟治平《序》，页3。黄仁瑄2011）①。

二

佛典音义文献整理主要包括两个方面的内容：一是书目的梳理，二是文本的校注。

先看佛典音义书目的梳理。《中国佛教经籍（续）》之《佛典音义》（田光烈1989）、《佛典音义书目》（水谷真成1949）、吕澂（1980：150）和黄仁瑄（2011：3—15）等有过专门的或详或略的梳理，从汉语音义学学科建设的角度看，已有的工作却是问题多多。尉迟治平特别讨论《中国佛教经籍（续）》收录之《佛典音义》，认为其中只有玄应《大唐众经音义》、慧苑《新译大方广佛华严经音义》、慧琳《一切经音义》、可洪《新集藏经音义随函录》和希麟《续一切经音义》才是学科意义上的音义著作（《新译大方广佛华严经音义·序》，页9—16。黄仁瑄2020）。

（接上页）下收录“《经典释文》三十卷”，并注云：“右唐陆德明撰。德明名元朗，以字行。释《易》、《书》、《诗》、三《礼》，三《传》、《孝经》、《论语》、《尔雅》、《老》、《庄》，颇载古文及诸家同异。德明盖博极群书者也。”（（宋）晁公武撰、孙猛校证：《郡斋读书志校证》，上海古籍出版社，1990年版，第154页。）引者按：《郡斋读书志》列《经典释文》于“玉篇三十卷梁顾野王、广韵五卷隋陆法言、智永千字文一卷梁周兴嗣”后、“干禄字书一卷唐颜元孙、林氏小说三卷唐林罕”之前，跟字书、韵书等混同，说明晁公武（1105—1180年）对音义书的分科意识并不十分明确，其做法却对近六百年后谢启昆（1737—1802年）《小学考》的分类处理有明确的启示。

① 佛典音义研究的学者主要有（音序排列）：陈光宪，陈五云，陈垣，储泰松，池田证寿（日），丁锋（日），高田时雄（日），韩小荆，黄淬伯，黄仁瑄，李广宽，李圭甲（韩），梁晓虹（日），聂鸿音，上田正（日），矢放昭文（日），水谷真成（日），孙建伟，谭翠，王华权，王力，王曦，吴继刚，谢美龄，许端容，徐时仪，周法高，周祖谟，竺家宁，筑岛裕（日），等等。详见《新译大方广佛华严经音义校注·附录：佛典音义论著目录》（黄仁瑄2020：241—287）。

不仅如此，《碛砂藏》《思溪藏》《嘉兴藏》《永乐北藏》《乾隆大藏经》等所收经卷的末尾亦多见音义文字，例如（见“《大般若波罗蜜多经》卷第一”卷末。《影印宋碛砂藏经》第一册，页9下）：

大般若波罗蜜多经卷第一　天一

圣教序

潜昨塩反。窥倾弥反。苞必交反。控苦贡反。抑音忆。湛寂上宅减反。蠢尺尹反。庸鄙卑美反。拯之肯反。纷糺上方文反，下吉酉反。沿音缘。顺也。隆替上六中反。讵音巨。讹谬上五禾反，下眉救反。析先击反。翘心上渠遥反。迈莫败反。蹑尼輙反。探赜上土含反，下士责反。泫玄犬反。

圣教记

轨躅下厨玉反。综括上子宋反。黔其淹反。衽而甚、如禁二反。甸音殿。龆龀上田聊反，下初谨反。足岳上子遇反。

僧玄则再序

覃徒含反。邈眉角反。堞音牒。峻虽闰反。阅音悦。筌七全反。泯美忍反。躁则到反。挛吕员反。桎音质。媲匹诣反。搦札上尼格反，下则八反。炯古顶反。谘津私反。度徒各反。

第一卷

苾蒭上频必反。担丁滥反。嚬蹙上音频，下子六反。辐轮上音福。胫下顶反。腨时软反。髀部礼反。髆伯各反。殑伽上巨升反。西域河名。

曩因《华严》板行于世，继栞《涅盘》《宝积》《般若》等经，虑其文繁义广，不无鲁鱼亥豕之讹，谨按大都弘法南山普宁思溪法宝古闽东禅碛砂延圣之大藏，重复校雠已毕。而况此经难信解品者，所谓法数文句增损不定，只如自《般若波罗蜜多》乃至诸佛无上正等菩提之文，分八十四头为使头头避其本位，非阙文也。〇又初分四百卷八十五品说二十空。〇二分七十八卷八十五品说十八空。〇三分五十九卷三十一品说十六空。斯亦广略不同耳。或谓略者阙然，不究其源，擅以二十空补之，寔乖其文，抑违佛意，得无咎乎？今改而正诸，庶几后贤读之，当以自勉，毋忽焉！

至顺三年龙集壬申七月 日吴兴妙严寺经坊谨志。

上述文字见相关经卷末尾，行文体例一依玄应音义，具有典型的

“随函”特征，显然也是佛典音义文献整理需要关注的内容，目前却缺乏系统梳理，从方便利用和研究的角度出发，实在是有必要依“随函”体例辑录成书，并为之编列书目。辑录各大藏经之随函文字并编列书目应该是汉语音义学学科建设的一个重要内容，虽然任务重，费时长，却自有其特别的学术意义，值得我们持续为之付出艰辛的努力。

佛典音义文本的校注同样是一件任重而道远的工作。蒋礼鸿《玄应〈一切经音义〉校录》（《蒋礼鸿集》（第三卷），页151—202）、徐时仪《一切经音义三种校本合刊》（2012）和黄仁瑄《大唐众经音义校注》（2018）、《新译大方广佛华严经音义校注》（2020）、《续一切经音义校注》（2021）、张涌泉《敦煌经部文献合集·小学类佛经音义之属》（2008a、2008b）等都为佛典音义文本的整理贡献了积极的力量，但较之其巨大的学术研究价值，已有的整理成绩却显得远远不够。

比较儒书音义如《经典释文》，佛典音义内容别具特色①。先看下面一则音义（黄仁瑄2018：1）：

> 1.001 摩竭提　或云摩竭陁，亦言默偈陁，又作摩伽陁，皆梵音讹转也。正言摩揭陁。此译云善胜国，或云无恼害国。一说云：摩伽，星名，此言不恶，主十二月也；陁者，处也：名为不恶处国，亦名星处国也。揭音渠谒反。32p0001B—0001C

上引文字见玄应音义开篇，有发凡起例的作用，类似的文字玄应音义有1,900条（黄仁瑄2011：246）。“摩竭提”是个非汉语词，一般读者不识，是阅读利用的巨大障碍，需要为之作注（黄仁瑄2018：1注①）：“摩竭提，梵词Magadha，玄应译摩揭陁。瑄案：梵词Magadha有摩竭陁、默偈陁、摩伽陁、摩揭陁等种种异译，玄应音义分别以‘或云’、‘亦言’、‘又作’、‘正言’等标识。所谓正言，即著者以为正确的对音形式，是考察玄应时代汉语语音的重要依据。参见黄仁瑄（2011：147—152、246—248）。”

再看下面两则音义（黄仁瑄2018：1—2）：

① 参见于亭（2009：249—286）。

1.002 华鬘　　梵言俱苏摩此译云华。摩罗。此译云鬘，音蛮。案：西国结鬘师多用苏摩那华，行列结之，以为条贯，无问男女贵贱，皆此庄严，或首或身，以为饰好。则诸经中有华鬘、市天鬘、宝鬘等，同其事也。字体从髟音所衔反。臱声。臱音弥然反。经文作鬘，非体也。32p0001C

1.003 踰摩　　《字书》作逾，同。庾俱反。《字林》："踰，越也。"《广雅》："踰，度也。"言摩尼者，讹也。正言末尼。谓珠之总名也。32p0001C

两则音义接排在前引音义"1.001 摩竭提"例后，例中字目所含之"鬘、摩"其实都不是汉语词，而是外语词的音译节略形式，黄仁瑄（2018：1 注④、2 注④）一一为之出注说明，这就为读者扫清了阅读障碍，方便其进一步的学习和利用。

这样的材料在其他四家佛典音义中触处皆是：慧苑音义收录 364 条，慧琳音义收录 4,900 条，可洪音义收录 15,000 条，希麟音义收录 320 条（黄仁瑄 2011：248、249、251、252）。从学术利用、传承的角度看，系统辨识佛典音义中的外语词并注出其源语形式无疑是佛典音义文献整理基本而又必然的要求。《大唐众经音义校注》（黄仁瑄 2018）最先对此做出了响应和实践。"黄仁瑄博士对玄应《音义》中这些梵文译音成分一律注明梵文源词的拉丁文转写，找不到源词的也加以说明。这是从没有人做过的工作，筚路蓝缕，创始维艰，却也大大提升了玄应《音义》的学术价值，为学者研究工作提供了极大方便。""黄仁瑄博士此书逐个注明梵文源词，无疑改进了音义书的框架，拓展了古籍整理的功能，提升了佛典音义的学术价值，为学者研读和使用玄应《音义》提供了便利。"（尉迟治平《序》，页 20、25。黄仁瑄 2018）《新译大方广佛华严经音义校注》（黄仁瑄 2020）、《续一切经音义校注》（黄仁瑄 2021）继续同样的努力，最终为学界提供了可资利用的慧苑音义、希麟音义的最新整理文本，取得了很好的学术效果。

慧琳音义集佛典音义之大成，总字数达 140 余万的可洪音义更是鸿篇巨制，可以想见其整理工作之繁难，好在已经有了玄应音义、慧苑音义和希麟音义的整理经验（黄仁瑄 2018、2020、2021），相信在可预期的时间里能够实现其最新整理文本的成功问世，从而顺利实现汉语音义学材料梳理暨学科建设工作的重大突破。

三

在某种意义上说，佛典音义文献整理其实就是玄应音义、慧苑音义、慧琳音义、可洪音义和希麟音义的整理。今存各种汉文大藏经中，只有高丽大藏经全部收录了这五种音义，以高丽大藏经本为底本显然有利于解决整理工作的系统性问题，这是佛典音义文献整理的基本前提，该前提已经在徐时仪（2012）、黄仁瑄（2018、2020、2021）的工作中得到了很好的反映。

基于高丽大藏经本这一工作前提，佛典音义文献整理需要遵循内外结合的原则[①]，具体实施办法则因书而异。

（一）比较说来，玄应音义、慧苑音义版本情况最为复杂，其校勘宜用本校法，亦即聚本比勘以判断正误和真伪；慧琳音义、可洪音义、希麟音义版本比较纯粹，其校勘宜用前后互证法。如玄应音义卷二“逮得”注（32p0016B）：“徒戴反。《说文》：‘逮，及也。’经文多误作逯，力属反。《说文》：‘逯，谨也。’亦人姓也。逯非经音。”案：非经音，碛砂藏本（458p013b）作“非经旨”。考“X非经旨”结构玄应音义凡八见，表示“X”的音义跟经文语境不符。如玄应音义卷二“耘除”注（32p0021C）：“禹军反。除草也。经文作芸字，与蒷同。草名也，似苜蓿。《月令》‘仲冬芸始生’是也。芸非经旨。”案：“芸非经旨”即表示“芸”字使用欠当。同样的结构还有“X非经义、X非经用、X非经意、X非字体”等（参见黄仁瑄 2011：96），因此知例中“音”字讹，宜据改。这首先是汇聚众本以发现问题，之后才是想办法解决问题。慧琳音义卷六十八“耽嗜”注引《说文》（58p0819b）：“嗜，欲喜也。从口，耆声。”案：欲喜，今本《说文》作“嗜欲，喜之也”。考慧琳音义凡七引《说文》释“嗜”，卷六十七“耽嗜”注引《说文》云（58p0808b）：“嗜欲，喜之也。从口，耆声。”卷六十九“耽嗜”注引《说文》（58p0853a）：“人嗜欲，喜之也。”卷八十“嗜欲”注引《说文》云

① 说详黄仁瑄《略论佛典音义校勘的原则和方法》（《文献语言学》2021 年第 13 辑，页127—148）。

(58p1089a)："(耆)［嗜］欲，喜之也。从口，耆声。"比较诸例，可知例中脱"嗜、之"二字，宜据补。这是据前后文互证。

（二）慧琳音义有"集大成"的特点，校勘相关内容时可用对校法。如慧琳音义卷二十七"矜高"注引《礼记》(57p0968b)："孔子不矜而庄。"案：孔子不矜而庄，语见《礼记·表记》(页1638中)："子言之：'归乎！君子隐而显，不矜而庄，不厉而威，不言而信。'"据《礼记》，"不矜而庄"的描写对象只能是君子，慧琳音义引文之意跟《礼记》语境显然不合。考"矜高"例实见玄应音义，高丽藏本（32p0080C)、碛砂藏本（458p055a)、金刚寺本（页116）作"孔子曰不矜而庄"，比较诸本，知慧琳本"孔子"后脱"曰"字，宜据补。卷四十五"编石"注(58p0397b)："卑绵反。编次石也。《字林》：'编，织也。'以绳次织曰编。"案：次织，丽藏本（32p0316B)、碛藏本（461p028b）作"次物"。详文意，"次织"讹，宜据改。《玉篇残卷·纟部》"编"字下引《声类》(页628)："(编，) 以绳编次物也。"又慧琳音义凡二十一释"编"，卷十五"编络"注引《声类》(57p0684b)："以绳编次物也。"卷二十三转引之慧苑音义"编草"注引《珠丛》曰（57p0866a)："取物交织谓之编也。"卷二十六再删补之云公音义"编椽"注引《声类》云(57p0937b)："以绳次物曰编。"卷三十"琼编"注引《声类》云(57p1044b)："以绳次物也。"或言"编次物"，或言"次物"，或言"取物交织"，皆言"次物"，文从字顺，可为据改之旁证。

（三）五种音义引书众多，梳理其所引典籍时，宜多用他校法。如玄应音义卷三"红缥"注引《释名》云（32p0034C—0035A)："缥，浅青色也。有碧缥，有天缥，有青缥也。"案："青缥"之"青"，碛砂藏本（458p025a）作"骨"。考《释名·释彩帛》"有骨缥"王先谦疏证补（《汉小学四种》，页1512上)："骨缥，则青黄色矣。《隋·礼仪志》所谓黄缥也。"亦作"骨"，且跟文意相合，可知例中"青"字讹，宜据改。卷十八"檀嚫"注（32p0248C—0249A)："或言达嚫，叉觐反。此云财施。报施之法名曰达嚫。又案《西域记》云：'正云达榇拏，或云驮器尼。以用右手受他所施，为其生福，故从之立身。'"案：立身，慧琳音义转引本同，表意似有不顺。考玄应音义卷一"达榇"注引《西域记》云（32p0005B—0005C)："正言达榇拏，或云驮器尼。以用右手受他所施，为其生福，故从之立名也。"唐释法藏《华严经探玄记》卷第十八引《西域记》云（T35n1733_p0443c27—c29）："正言达榇拏，或云驮器尼。此云右也。以用右手受他所施，为其生福，故从之立名。"唐释定宾《四分律疏饰宗义记》卷第七"佛达嚫讫"自注（X42n0733_p0220b03—b04）："梵云达嚫拏，或云驮器尼。以用右手受他所施，为其生福，因之为名。"卷第十"法揵度"下（X42n0733_p0282b16—b18）："文中达嚫偈者，案《西域记》：'正云达衬拏，或云驮器尼。此云财施，报施之法也。以用右手受他所施，为其生福，因以为名也。"诸例皆作"立名"，文从字顺，知例中"立身"讹，宜据改。

（四）五种音义同一字词前后往往数见，其内容参差即可用本校暨前后互证法；有的内容他校法、对校法、本校法皆不可取时，可适当运用理校法。如慧琳音义卷二十四"嗷唤"注（57p0884a—0884b）："上古吊反。顾野王云：'嗷，呼也。'《说文》：'吼也。从口，敫声。'下欢贯反。《考声》云：'唤，呼也。'唤音同。"案："唤音同"不合文义。考慧琳音义"X 音同上"标识凡约 677 例，表示"X"跟所从出之字读音相同（其中"上"表示"X"跟所从出之字，"X"表示所从出之字的某个构件）。如卷第一"蹑霜"注（57p0404b）："女輒反。……《说文》：'蹈也。从足，聂声也。'聂音同上。"卷二"身婴"注（57p0434b）："益盈反。……《说文》：'从女，賏声。'賏从二贝。经从二目从安，非也。縶音知立反。賏音同上也。"卷四"伫立"注（57p0470b）："除吕反。《尔雅》：'伫，久立也。'《考声》云：'伫，持也。'从人、宁。宁音同上。或作竚，并同也。"详文意及文例，知例中字有讹脱，今据改、补作"从口奂声奂音同上"。同卷之"罽宾"注（57p0895b）："居刈反。《汉书》云：'罽宾者，古译讹略也。正梵音羯陛弭罗。北天竺国也'。"案：《汉书》无"古译"类文字（据汉籍全文检索系统）。考慧琳音义凡七释"罽宾"，卷四十"罽宾"注（58p0191b）："上居例反。"卷四十一"罽宾"注（58p0206a）："上居乂反。梵语。西国名也。或名罽湿弥罗，或名个湿蜜，皆古译讹略也。正梵音云羯湿弭罗。北印度境也。"卷五十一"罽宾"注（58p0433a）："几例反。《汉书》曰：'罽宾，西域国名也。'《古今正字》：'从网，𠜾声。'𠜾音几例反。"卷八十"罽宾"注（58p1070a—1070b）："上京例反。梵语。古译讹略不正也。正梵音羯湿弭罗。北天竺也。"卷八十六"罽宾"注（59p0115b）："上居刈反。西域国名也。"卷八十八"罽宾”注（59p0141b）：“居例反。罽宾，国名也。”诸例释文或详或略，据卷五十一“罽宾”注，知例中“古译”前大约脱了“西域国名也或名罽湿弥罗或名个湿蜜皆”十七字，宜据补①。

（五）五种音义随文注音释义，对音材料纷繁复杂，其校勘有时需要采取回溯经文、考索源语的办法，我们称之为溯源法。如玄应音义卷一“劫波育”注（32p0007B—0007C）：“或言劫贝者，讹也。正言迦波罗。高昌名氎，可以为布。罽宾已南大者成树，已北形小，状如土葵。有殼，剖以出花②，如柳絮，可纫以为布也。纫，女珎反。”案：劫波育，梵词 karpāsa，巴利词 kappāsa，玄应以为当译“迦波罗”。然“迦波罗”其实是梵词 kapāla 的对音，义为髑髅。梵音ल्（l）、स्（s）字形相近，使用中容易混淆，劫波育的“正言”宜据改作“迦波娑”。卷二十五“胁尊者”注（32p0338B）：“虚业反。即《付法藏》中波奢比丘，常坐者也。此人曾生胁不着地，因以名焉。”案：生胁不着地，慧琳本作“誓胁不着地”。考《大唐西域记》卷二（T51n2087_p0880b20—c02）：“初尊者之为梵志师也，……因谢时人而自誓曰：‘我若不通三藏理，不断三界欲，得六神通，具八解脱，终不以胁而至于席。’自尔之后唯日不足，经行宴坐住立思惟，昼则研习理教，夜乃静虑凝神。绵历三岁，学通三藏，断三界欲，得三明智。时人敬仰，因号胁尊者焉。”经言“自誓”，表意甚明，知例中“生”字讹，宜据改。

佛典音义文献整理涉及注释学、文献学、版本目录学、校勘学、文字学、音韵学、训诂学、宗教学、文化学等多方面知识，需要根据实际情况具体选用一种或结合多种研究方法。要言之，每种方法各有其宜，或者单独运用，或者综合实施，都以最终解决问题为根本。黄仁瑄（2018、2020、2021）很好地实践了前述整理原则和实施办法，从而为汉语音义学研究打下了比较坚实的材料基础。

“汉语是一种具有高度像似性和内部理据性的语言”（尉迟治平《序》，页8。黄仁瑄2020），从汉语音义学角度来说，其表现就是语音和

---

① 《汉书·西域传上》（页3884）：“罽宾国，王治循鲜城，去长安万二千二百里。不属都护。户口胜兵多，大国也。东北至都护治所六千八百四十里，东至乌秅国二千二百五十里，东北至难兜国九日行，西北与大月氏、西南与乌弋山离接。”

② “花”字原阙，碛藏本作“华”，今据慧琳本补。

语义之间呈现出一定的匹配关系，而发现语音和语义间的匹配关系正是汉语音义学研究的核心内容（岳利民 2017、谭兴富 2019）[①]，佛典音义文献整理成果（徐时仪 2012，黄仁瑄 2018、2020、2021 等）可以为此种发现提供材料保障。

如何匹配外语语音，是基于佛典音义的汉语音义学研究需要解决的问题，这就大大拓展了汉语音义学研究的领域，而正确匹配外语语音的前提更是有赖于富有成效的佛典音义文献整理（参见黄仁瑄 2018、2020、2021）。例如：

5.480 昵阇　　女乙反，下力居反。（黄仁瑄 2018：236）

案："昵阇"之阇，原作"闾"，《阿弥陁鼓音声王陁罗尼经》（碛砂藏本第 199 册，页 86 上）作"阇"。考"昵阇［多祢昵茂邸］"是梵咒 nirjaute nirugate 的对音，其中"阇"对译梵音 j。玄应音系一般以禅纽字对译梵音 j（黄仁瑄 2011：262—265），阇读禅纽，正合此例，知原文"闾"字讹，宜据改。大正藏本（T12n0370_p0352c15）亦作"阇"。"昵阇"是匹配的依据。

8.111 呼娄　　芳流反。（黄仁瑄 2018：325）

案："呼娄"之娄，原作"患"。考"［毘私］呼娄［阇腻］"是梵音 bispūrjana 的对音，梵音 r 玄应音系一般以来纽字对译（黄仁瑄 2011：266—267），"娄"读来纽，正合此例，知原文"患"字讹（"患"读匣纽），宜据改。大正藏本亦作"娄"。"呼娄"是匹配的依据。

23.277 遏湿摩揭婆　　亦名阿输摩竭婆。是赤色宝也。（黄仁瑄 2018：917）

案："阿输摩竭婆"之输、婆，慧琳本（58p0424b）、碛砂藏本

① 参见黄仁瑄《〈慧琳一切经音义〉音义匹配例证》，"2019 年汉语史研究国际学术研讨会暨第一届华中语言学高级论坛"（中国·常德，2019.07.12—14）会议论文。

（461p028a）同，原作“轮、娑”。考“遏湿摩揭婆”等是梵词 aśmagarbha 的对音，梵音 ś 玄应音系一般以书纽字对译（黄仁瑄 2011：262—263），梵音 bh 一般以并纽字对译（黄仁瑄 2011：268—269），“湿、输”读书纽，“婆”读并纽，正合此例，原文“轮、娑”讹，宜据改。“阿输摩竭婆”是匹配的依据。

汉语音义学跟文字学、音韵学、训诂学、语法学、文献学等学科都有非常密切的关系，极具中国特色，是典型的交叉学科（参见黄仁瑄《汉语音义学材料系统述略》）。中华书局率先推出“音义文献丛刊”，丛刊的开局之作就是《大唐众经音义校注》（黄仁瑄 2018），其后又陆续出版《新译大方广佛华严经音义校注》（黄仁瑄 2020）、《续一切经音义校注》（黄仁瑄 2021）和《群经音辨》（万献初 2020）、《文选音义校释》（李华斌 2020）等，这些努力十分有助于“切实加强中国特色哲学社会科学学科体系、学术体系、话语体系建设”和“发展具有重要文化价值和传承意义的绝学、冷门学科”，无疑是推动、促进汉语音义学研究的极富建设性的战略举措。

【附记】本文曾在“首届汉语音义学研究国际学术研讨会暨第四届佛经音义研究国际学术研讨会”（中国淮北，2021 年 10 月 22—25 日）宣读；部分文字曾以“谈佛典音义文献的整理与利用”为题在《古籍整理出版情况简报》（2021 年第 12 期）内部交流。

参考文献

1. （清）郝懿行、王念孙、钱绎、王先谦等：《尔雅 广雅 方言 释名（清疏四种合刊·附索引）》，上海古籍出版社 1989 年版。

2. 黄仁瑄：《唐五代佛典音义》，中华书局 2011 年版。

3. 黄仁瑄：《大唐众经音义校注》，中华书局 2018 年版。

4. 黄仁瑄：《新译大方广佛华严经音义校注》，中华书局 2020 年版。

5. 黄仁瑄：《续一切经音义校注》，中华书局 2021 年版。

6. （宋）贾昌朝：《群经音辨》，万献初点校，中华书局 2020 年版。

7. 蒋礼鸿：《蒋礼鸿集》（第三卷），方一新整理、黄金贵审校，浙江教育出版社 2001 年版。

8. （唐）陆德明：《经典释文》，上海古籍出版社 1985 年版。

9. 王国维：《重辑仓颉篇》，李朝远主编《王国维全集》（第 6 卷），浙江教育出版社 2009 年版。

10. 李华斌：《文选音义校释》，中华书局 2020 年版。

11. 林光明编修：《新编大藏全咒》，嘉丰出版社 2001 年版。

12. （清）阮元校刻：《十三经注疏》，中华书局 1980 年版。

13. ［日］水谷真成：《佛典音义书目》，《大谷学报》1948 年第 28 卷第 2 号。

14. 谭兴富：2019《〈可洪音义〉音义匹配研究》，博士学位论文，华中科技大学，2019 年。

15. 田光烈：佛典音义，《中国佛教》（第四辑），东方出版中心 1989 年版。

16. （清）王念孙：《广雅疏证（附索引）》，第 2 版，钟宇讯点校，中华书局 2004 年版。

17. （清）谢启昆：《小学考》，李文泽、霞绍晖、刘芳池校点，四川大学出版社 2015 年版。

18. 徐时仪：《一切经音义三种校本合刊》，上海古籍出版社 2012 年版。

19. 阳海清、褚佩瑜、兰秀英：《文字音韵训诂知见书目》，湖北人民出版社 2002 年版。

20. 于亭：《玄应一切经音义研究》，中国社会科学出版社 2009 年版。

21. 岳利民：《〈经典释文〉音切的音义匹配研究》，巴蜀书社 2017 年版。

22. 张涌泉：《敦煌经部文献合集》（第十册），中华书局 2008 年版。

23. 张涌泉：《敦煌经部文献合集》（第十一册），中华书局 2008 年版。

（黄仁瑄，男，苗族，1969 年生，贵州思南人，博士，教授，研究方向是历史语言学、佛经语言学、汉语音义学。）

汉简“日书”类文献词语释读三题*

刘建民　张学城

（南通大学文学院）

摘　要：孔家坡汉简《日书》“□稼”章的“田嚣”，整理者怀疑应读作“田槁”。实际上此处的“嚣”，表示的是一个常用的描写田地情状的词汇，应读为“硗”，用来形容土地贫瘠。“司岁”章的两处“百资”，疑均应读作“百粢”，指各种谷物粮食。“百资不食”“百资不成”，应该都是说粮食的收成不好。胡家草场汉简《诘咎》“校人室”“校于人之宫”的“校”，应读为“挠”。“挠人室”是说人或动物不在他们应该所处地方，而跑到别人家里干扰他人的正常生活，属于睡虎地秦简《日书》中所说的“妄行”。

关键词：日书；田嚣；百资；校人室

日书是古代供人们查询行事时日、教人趋吉避凶的具有实用性质的书籍。这类综合性数术文献，往往具有程式化和格式化特点，与后世民间流行的“皇历”“宪书”等性质相近。到目前为止，出土的楚、秦、汉简牍“日书”类材料，已经有十几种之多。2000 年 3 月，湖北省随州市考古队在随州市孔家坡砖瓦厂 8 号汉墓（西汉景帝时）中发现了简牍 700 多枚。这批简牍已经完整公布，包括《日书》《历日》《告地书》，其中篇幅最大、内容最丰富的要数《日书》部分。孔家坡汉简的《日书》与睡虎地秦简、放马滩秦简《日书》内容有许多相同之处，但也有一些前所未见的内容。2019 年在胡家草场西汉早期墓葬 M12 出土的大批简牍中，也发

* 国家社科基金一般项目“出土西汉简帛疑难字词整理与研究”（项目编号：20BYY181）。匿名审稿专家对本文提出多条有价值的修改意见，使本文避免了一些失误。刘洪涛先生曾审阅本文初稿，也提出了一些很好的意见。在此一并表示感谢！

现了丰富的“日书”类文献。其中有单独成卷的《诘咎》一篇，与之前发现的睡虎地秦简《日书》甲种《诘》的关系密切，很多内容互相重复，二者可以进行对比研究。笔者在阅读上述几种文献的过程中，对其中几处词语释读有些新的意见。现将这些意见写出，向方家请教。

一 田嚣

孔家坡汉简《日书》的“□稼”章有如下文字：

> □稼：正月甲乙雨=（雨，雨）青；丙丁雨，田嚣；戊己雨，禾饶；庚辛雨，田多蒿；壬癸雨，禾消。（湖北省文物考古研究所、随州市考古队《随州孔家坡汉墓简牍》第179页）

整理者已经指出这段文字是以十干“日”为据，占断正月各雨日给禾稼带来的影响。紧接其后的两章文字，也多少与占测年岁收成有关。简398的“嚣”字，湖北省文物考古研究所、随州市考古队（2006：179）怀疑应读作“槁”，是干枯的意思。

按，在先秦两汉文献中，“槁”多用来指草木的干枯，偶尔也可以用来描述土壤。“夫蚓上食槁壤，下饮黄泉。”（《孟子正义·滕文公下》：465）但《孟子》的“槁壤”只是指地面上表层的干土，与土壤质量和对收成的影响并无关系。陈炫玮（2008：193）则引用《广雅·释训》“嚣嚣，虚也”为证，认为竹简此处的“嚣”是不足之意，“田嚣”则是指田地生产不足。陈先生用联绵词“嚣嚣”的训释来解释此处的“嚣”，很明显是不妥当的。

我们认为竹简中的“嚣”，表示的是一个常用的描写田地情状的词汇，应读为“硗”。“嚣”为晓母宵部字，而“硗”为溪母宵部字，二字古音很近。“硗”字在文献中除了有替换义符的异体“墝”，还有替换声符的“塙”“墽”等不同写法，而“嚣”也与一些从“高”得声之字（歊、藃）同音。“嚣”在出土资料中多用为“敖”声之字，如银雀山竹简《君臣问答》中的孙叔敖之“敖”均写作“嚣”，马王堆帛书《五十二病方》中表示干煎的“熬”写作从火嚣声之字，武威汉简《仪礼·泰射》最末简中的乐曲名《骜》写作“嚣”。而从敖得声的“磝”也有与

“硗”互为异文的情况。“多小石，磝。”（《尔雅今注·释山》：237）“磝”字或作“硗”。（《经典释文》：422）以上情况，都说明“嚣”“硗”二字音近可通。

“硗（墝）”常常用来指田地的土质坚硬瘠薄，与土地肥沃相反。这种用法，在传世文献中很常见。

（1）相高下，视肥墝，观地宜，明诏期前后，农夫以时均修焉，使五谷桑麻皆安其处，由田之事也。（《管子校注·立政第四》第73页）

（2）国之广狭、壤之肥墝有数，终岁食余有数，彼守国者，守谷而已矣。（《管子校注·山至数第七十六》第1330页）

（3）今夫麰麦，播种而耰之，其地同，树之时又同，浡然而生，至于日至之时，皆熟矣。虽有不同，则地有肥硗，雨露之养，人事之不齐也。（《孟子正义·告子上》第761页）

（4）相高下，视墝肥，序五种，君子不如农人。（《荀子集解·儒效篇第八》第122页）

（5）是故其耨也，长其兄而去其弟。树肥无使扶疏，树墝不欲专生而族居。肥而扶疏则多秕，墝而专居则多死。（《吕氏春秋集释·辩土》第695页）

（6）昔舜耕于历山，期年而田者争处墝埆，以封壤肥饶相让。（《淮南子集释·原道》第46页）

（7）地之硗者，虽有善种，不能生焉。颜师古注：“硗，埆，瘠薄也。”（《汉书补注·贾邹枚路传第二十一》第3789页）

（8）故丰膏不独乐，硗确不独苦。虽遭凶年饥岁，禹、汤之水旱，而民无冻饿之色。（《新译韩诗外传》第149页）

从上面的引文中，我们可以看到先秦、秦汉文献中用“硗（墝）”来形容土地贫瘠或是表示贫瘠的土地时使用频率很高，其中有些还是出现在专门讨论农业生产的章节。上引文字中，“硗（墝）”常与“肥”对言，但《淮南子·原道》中与“墝埆”对言的是“肥饶”，而孔家坡汉简《日书》中“嚣（硗）”与“饶”在一句中先后使用；上引最末《韩诗外传》中的“硗确”与“丰膏”对言，而《日书》中“膏”“硗”也先后使用，这些都可相互对照。

二　百资

孔家坡汉简《日书》的“司岁”章有如下文字：

卯朔，大亡小为司岁，百资不食，兵起，民盈街谷。（湖北省文物考古研究所、随州市考古队《随州孔家坡汉墓简牍》第181页）

【午朔】□□司岁，百资不成，三种。（湖北省文物考古研究所、随州市考古队《随州孔家坡汉墓简牍》第181页）

“吾子淹久于敝邑，唯是脯、资、饩、牵竭矣。”杜预注：“资，粮也。”（《春秋左传集解·僖公三十三年》：407）湖北省文物考古研究所、随州市考古队（2006：182）引此文献来解释竹简“百资”的“资”。我们认为整理者在此处引用这个训解不够准确。“粮，谷食也。”（《说文解字系传》：145）粮是指谷物制成的食物，很多时候专门是指在旅途中吃的提前制备好的食物。“凡邦有会同师役之事，则治其粮与其食。”郑玄注：“行道曰粮，谓糒也。止居曰食，谓米也。”（《周礼正义·地官·廪人》：1474）如果将竹简中的“百资”之“资”，解释为粮（谷物制成的食物），“百资不食”是可以讲通的，但“百资不成”就解释不通了。

实际上晋人杜预用粮来训解《左传》的“资”是有疑问的。清人沈钦韩就认为此处的“资”，表示的还是其常见意义——财用。（《春秋左氏传补注》：168）“师老矣，若出于东方而遇敌，惧不可用也。若出于陈、郑之间，共其资粮屝屦，其可也。”（《春秋左传集解·僖公四年》：246）其中的“资粮屝屦”与《僖公三十三年》“脯资饩牵”，表述上比较类似。与“粮”连言的“资”，孔颖达疏云：“然则诸所费用之物皆为资也。”（《春秋左传正义·僖公四年》：381）总之，将竹简中的“资”解释为粮（谷物制成的食物）是不合适的。

我们认为竹简的“资”，应读为“粢”。二字都从“次”得声，读音相同，可以通用。“粢”可以是各种谷物的总称。“辨六齍之名物与其用，使六宫之人共奉之。”郑玄注：“齍，读为粢。六粢，谓六谷：黍、稷、稻、粱、麦、苽。”（《周礼正义·春官·小宗伯》：1440）“粢”也可特指祭祀所用的各种谷物。“天子禘郊之事，必自射其牲，王后必自舂其粢。”韦昭注：“器实曰粢。”（《国语·楚语下》：383）竹简“百资（粢）不成”中的“成”，指丰熟。“其禀而不材，是谷不成也。”韦昭注：“不成，谓秕也。”（《国语·晋语七》：288）百资（粢）不成，即各种谷物都没有好的收获，也就是说年成会不好。与这种“成”意义相近的有“登（升）”“孰（熟）”等。文献中常见的“百谷不成”“百谷不孰（熟）”“五谷不登（升）”等讲法，都可与竹简的“百资（粢）不成”对照。

（1）若乃奢淫骄慢，则土失其性。亡水旱之灾而草木百谷不孰，是为稼穑不成。（《汉书补注·五行志》第1928页）

（2）自王莽末，天下旱霜连年，百谷不成。（《东观汉记校注》第9页）

（3）于是降之灾；水旱臻焉，霜雪大满，甘露不降，百草蔫黄，五谷不升，民多夭疾，六畜痒胔，此太上之不论不议也。（《大戴礼记汇校集注·用兵第七十五》第1212页）

（4）当尧之时，天下犹未平，洪水横流，泛滥于天下，草木畅茂，禽兽繁殖，五谷不登，禽兽偪人，兽蹄鸟迹之道交于中国。（《孟子正义·滕文公上》第374页）

（5）五谷不成，草木不实，兵革且作，六畜瘠，民多不祥，刑、政乱。（湖北省文物考古研究所、随州市考古队《随州孔家坡汉墓简牍》第185页）

“鼎耳革，其行塞，雉膏不食。”王弼注曰：“虽有雉膏，而终不能食也。”（《周易正义·鼎》：243）《周易》的“不食”与竹简的“不食”表达方式相同。“百资不食”的“资”，如果也读为“粢”的话，那么“百资（粢）不食”是说人或鬼神吃不到各种粮食，言下之意似乎也是说谷物收成不好。但是我们在文献中，未能找到与“百资（粢）不食”相同或相似的讲法，故此读法还可讨论。

三 校人室

胡家草场汉简《诘咎》“校人室”条有如下文字：

校人室：凡人若鸟兽、六畜恒校于人之官，不可去也，是谓上神相好而下相乐。乃令男女未入官者击鼓、铙、铫以噪之，则不敢来矣。[①]（李天虹、华楠、李志芳《胡家草场汉简〈诘咎〉篇与睡虎地秦简日书·诘对读》第56页）

睡虎地秦简《日书·诘》与上述简文相应的文字作：

人若鸟兽及六畜恒行人官，是上神相好下［相］乐，入〈令〉男女未入官者击鼓奋铎噪之，则不来矣。[②]（李天虹、华楠、李志芳《胡家草场汉简〈诘咎〉篇与睡虎地秦简〈日书·诘〉对读》第57页）

李天虹、华楠、李志芳（2020：57）认为：

“校人室”“校于人之官”的“校”，疑当读为“交”，指交配，与“未入官”相对。《诘》篇与“校”相应之字作“行”。古书中的“行”有出嫁义，简文“行”的用法是否与此有关，还有待斟酌。

按，睡虎地秦简《诘》与胡家草场汉简《诘咎》“校”相应的“行”，表示应该还是一般的行走义。马王堆汉墓帛书《五十二病方》第454行“魃”条，说魃这种鬼“以奚蠡为车，以敝箕为舆，乘人黑猪，行人室家”。（《长沙马王堆汉墓简帛集成（伍）》：296）其中的“行人室

① 其中的“铫”字，李天虹、华楠、李志芳（2020）释为“鉶”，并怀疑此字当读为“柷”。刘乐贤先生将此字改为“铫”，并认为此字或可读为“鼗”。此处我们从刘先生的意见。

② 李天虹、华楠、李志芳（2020：57）怀疑“乐”字之前脱去了“相”字，“入”则是“令”字的讹误，今暂从之。

家”与睡虎地秦简《诘》此处的“行人宫”意思基本一样。

具体到《诘》的上下文语境，“恒行人宫”应该是《诘》开头所说的“鬼害民罔（妄）行”的一种“罔（妄）行”。妄行是不守规则的随便行动，不遵法度的胡乱作为。“人若鸟兽及六畜”不在他们应该所处或本来出没的地方，而是跑到别人家里，干扰人的正常生活，就是一种“妄行”。睡虎地秦简《诘》中的多个条目都是记载鬼或鸟兽无故干扰人的情形。如“人无故鬼攻之不已（27 背壹/140 反壹）”“人无故而鬼惑之（33 背壹/134 反壹）”“犬恒夜入人室，执丈夫，戏女子（47 背壹/120 反壹）”“鬼恒夜鼓人门，以歌若哭（29 背贰/138 反贰）”“鬼恒从人游，不可以辞（46 背贰/121 反贰）”“鬼恒裸入人宫（50 背贰/117 反贰）”“鸟兽恒鸣人之室（47 背叁/120 反叁）”“鸟兽虫豸甚众，独入一人室（49 背叁/118 反叁）”等等。（《睡虎地秦墓竹简》：181—227）

至于胡家草场汉简《诘咎》“校人室”“校于人之宫”的“校”，我们认为应读为“挠”。“交”属见母宵部，“尧”为疑母宵部字，这两个声旁的读音接近。“外有以为环璧珠玉以聘挠四邻，诸侯之冤不兴矣。”毕沅校注“挠与交同音”，并提到“曹本挠作交”。（张纯一《墨子集解·天志》：180）西汉竹书《妄稽》简 3 说士人周春此人“勇若孟贲，未尝色校”，其中的“校”就用为“挠”。（《北京大学藏西汉竹书（肆）》：59）“挠”在表示上述屈从、屈服义时亦可写作“桡”，在传世的先秦秦汉文献中也很常见。① “重死持义而不桡，是士君子之勇也。”（《荀子集解·荣辱》：56）“挠（桡）”不但都可表示屈从、屈服义，还都可表示搅乱、扰动义。“外内相间，下挠其民，民无所附，三苗以亡。”（《逸周书汇校集注》：1016）“使叶落者风摇之，使水浊者鱼挠之。”（《淮南子集释》：1195）

胡家草场汉简《诘咎》的“校（挠）人室”“校（挠）于人之宫”，前一处是“校（挠）+宾语”，② 上举文献中多是此种表达方式。后一处

① 在上述两种出土西汉材料中，“校”都是用为“挠（桡）”。这种“校”字，似乎可以看作是“桡”字替换声符的异体字。

② 刘洪涛先生在审阅本文初稿时指出，此处的“校（挠）人室”虽然看上去是“校（挠）”之后直接跟着宾语，但进一步分析的话，很可能是其后省略了介词“于”，与后文的“校（挠）于人之宫”的表述形式其实是一样的。刘洪涛先生的这个意见非常有道理。

是“校（桡）+于+宾语”，这种表达也见于传世文献。“若贪主暴君，挠于其下，侵渔其民，以适无穷之欲，则百姓无以被天和而履地德矣。”（《淮南子集释》：685）

上文我们已经举出《诘》中多例鬼或鸟兽搅扰人的情形，所以从文意方面考虑，将“校”读为“挠”表示搅扰的意思，也是很合适的。

参考文献

1. 北京大学出土文献研究所：《北京大学藏西汉竹书（肆）》，上海古籍出版社 2015 年版。

2. 陈炫玮：《孔家坡汉简日书研究》，硕士学位论文，中国台北清华大学，2008 年。

3. （晋）杜预：《春秋左传集解》，上海古籍出版社 1997 年版。

4. （清）焦循、沈钦韩：《春秋左传补疏 春秋左氏传补注》，上海古籍出版社 2016 年版。

5. （清）焦循：《孟子正义》，中华书局 2018 年版。

6. 何宁：《淮南子集释》，中华书局 2018 年版。

7. 黄怀信、张懋镕、田旭东：《逸周书汇校集注》，上海古籍出版社 1995 年版。

8. 湖北省文物考古研究所、随州市考古队：《随州孔家坡汉墓简牍》，文物出版社 2006 年版。

9. 黄怀信、孔德立、周海生：《大戴礼记汇校集注》，三秦出版社 2005 年版。

10. （唐）孔颖达：《春秋左传正义》，北京大学出版社 2000 年版。

11. （唐）孔颖达：《周易正义》，北京大学出版社 2000 年版。

12. 李天虹、华楠、李志芳：《胡家草场汉简〈诘咎〉篇与睡虎地秦简〈日书·诘〉对读》，《文物》2020 年第 8 期。

13. 黎翔凤：《管子校注》，中华书局 2000 年版。

14. （汉）刘珍：《东观汉记校注》，中华书局 2008 年版。

15. （唐）陆德明《经典释文》，中华书局 1983 年版。

16. 裘锡圭：《长沙马王堆汉墓简帛集成》，中华书局 2014 年版。

17. 睡虎地秦墓竹简整理小组：《睡虎地秦墓竹简》，文物出版社

1990年版。

18. 孙立尧：《新译韩诗外传》，三民书局2012年版。

19. （清）孙诒让：《周礼正义》，中华书局2015年版。

20. （清）王先谦：《汉书补注》，上海古籍出版社2012年版。

21. （清）王先谦：《荀子集解》，中华书局2018年版。

22. （南唐）徐锴：《说文解字系传》，中华书局1987年版。

23. 许维遹：《吕氏春秋集释》，中华书局2009年版。

24. 徐朝华：《尔雅今注》，南开大学出版社1987年版。

26. 张纯一：《墨子集解》，成都古籍书店1988年版。

27. 曾振宇、傅永聚：《春秋繁露新注》，商务印书馆2010年版。

28. （战国）左丘明著，（三国）韦昭注：《国语》，上海古籍出版社2015年版。

（刘建民，男，副教授，博士，从事出土文献的整理与研究；张学城，男，教授，博士，从事传世字书古文资料的整理与研究。通信地址：江苏省南通市啬园路南通大学十号教学楼604室。邮编：226019。电子邮箱：liujianmin0124@126.com。）

“天气”“天时”的语义演变与历时替换*

——兼论“天时”在南方方言中的存留

洪晓婷

（华侨大学）

摘　要：普通话中用“天气”表达“一定区域、时间内大气中发生的各种气象变化”的概念，该义位萌芽于南北朝后期。而在东汉魏晋南北朝，表达这一概念的主导词是“天时”。“天时”的出现及广泛使用比“天气”更早。在唐代后期，“天时”才最终被“天气”取代，在官话中失去了主导地位，但现在在不少南方方言中仍使用“天时”。

关键词：天气；天时；替换；南方方言

引言

普通话中表达“一定区域、一定时间内大气中发生的各种气象变化，如温度、湿度、气压、降水、风、云等的情况”这一概念用“天气”。而闽南方言中，表达这一概念则用“天时”，如“今仔日天时无好（今天天气不好）”。这个“天时”从何而来？实际上，在汉语史上，通语中表达这一概念，“天时”比“天气”出现得更早，通用得更早，后来才为“天气”所替换。本文探讨“天时”“天气”语义的历时演变与两者的替换过

* 本文系福建省社会科学基金项目“汉语情态和否定的互动研究”“中古词汇在闽语中的存留与变异研究”（FJ2020B128、FJ2021B101）、泉州市社会科学规划项目“中古汉语语法在闽南语中的存留与变异研究”（2021E12）、2021年国际中文教育研究课题一般项目“留学生学位论文写作线上课程建设研究”资助（21YH58C）、华侨大学华文学院学术研究类重点课题“基于语料库的琉球官话课本词汇研究”（HW201703）的研究成果。

程及在南方方言中的存留。

一 “天时”的语义演变

“天时”是定中结构复合词，相当于“天之时”，本义当是自然的时间、时序，如：

（1）恐天时之代序兮，耀灵晔而西征。（《楚辞·远游》第170页）

引申指“上天、自然运行的规律”，该义位先秦已见，如：

（2）先天而天弗违，后天而奉天时。（《易·乾》第9页）

（3）文王问太公曰：“天下熙熙，一盈一虚，一治一乱，所以然者何也？其君贤不肖不等乎？其天时变化自然乎？”（《六韬·盈虚第二》第17页）

由此引申指“宜于做某事的自然气候条件”，这是“天时”一词的基本义位，常与“地形”“地利”“地宜”等对举，如：

（4）天时不顺可击，地形未得可击。（《六韬·武锋第五十二》第310页）

（5）天时不如地利，地利不如人和。（《孟子·公孙丑下》第78页）

“天时”如何从“自然的时间”“上天、自然运行的规律”“有利于进行某事的自然气候条件”，到引申指“一定时间、地区内的自然气象情况”，相当于普通话的“天气”呢？自然气象受自然规律的控制，不同的时间、节令，大自然呈现出不同的自然气象，如中国传统的“二十四节令”，不同的节令有着不同的气象、物候特点。中国历史上主要是农业社会，传统农业受自然节令影响极大。因此，“顺天时，行农事”是农业发展的重要原则。所谓“顺天时”，其本质就是遵循与利用自然节令的气象特点。因此，“天时”所包含的“自然时间”“自然规律”“自然气候条件”义，均与自然气象密切相关，故可转指一定时间、地区内的自然气象情况。

《汉语大词典》将“天时”的该义位解释为“气候”，首引宋代杨万里《夏日杂兴》诗：“金陵六月晓犹寒，近北天时较少暄。”（《汉语大词典》第3173页）引证滞后，且释义为“气候”并不准确。“气候”和“天气”是有区别的。“气候”一般指一定区域里经过多年观察所得到的概括性的气象情况。而“天气”更多指特定时间内的一定区域的气象情况，比如某天的气象情况，或几天内的气象情况。“天时”义当同后者。“天时”的这一义位在东汉就已出现，通用于东汉魏晋南北朝时期。

(6) 伏见陛下以天时小旱，忧念元元，降避正殿，躬自克责。而比日密云，遂无大润，岂政有未得应天心者邪？（《全后汉文》卷二十七钟离意《谏起北宫疏》第266页）

(7) 晨夜兼行，蒙犯霜雪，天时寒，面皆破裂。（《后汉书·光武帝上》第12页）

(8) 臣前启可与师友文学观书论道，今又天时清适，正是讲诵之日。（《全晋文》卷一百〇一陆云《王即位未见宾客群臣又未讲启》第1033页）

例(6)亦见于《后汉书·钟离意传》，前文为“永平三年夏旱，而大起北宫，意诣阙免冠上疏曰”。说的是永平三年夏天旱灾，而汉明帝却大建北宫，钟离意因此对皇帝进行劝谏。钟离意劝谏时，先肯定皇帝先前正确的行为，“伏见陛下以天时小旱，忧念元元，降避正殿，躬自克责”，接着指出该行为并没有取得理想的效果，只是“比日密云，遂无大润”，进而引导皇帝思考背后的原因，以达到劝谏的目的。这里的“陛下以天时小旱”，是讲述皇帝之前的事情，不是讲述当下的事情，也不是过去某一特定时刻进行的事情，“时”不是“正”之意，并非天气正有些干旱，而是天气有些干旱。例(7)“天时寒”，天气寒冷，而非天正寒冷。例(8)“天时清适”的“时”不是副词“正”义，后面“正是”的“正”方是副词，“天时清适”明显为“天气清适”之义，而非“天正清适”。

“天时”的这一义位多见于中古史书，而且不少见于口语对话中。如：

（9）天时大热，移床在庭前树下，乃至鸡向晨，然后出。（《三国志·魏书·管辂传》裴松之注引《管辂别传》第819页）

（10）垣庆延、祇祖、沈颙等曰："今天时旱热，台军远来疲困，引之使至，以逸待劳，可一战而克也。"（《宋书·建平宣简王宏传》第1862—1863页）

（11）钟于时脚疾，不能行，龄石乃诣钟谋曰："今天时盛热。而贼严兵固险，攻之未必可拔，只增疲困。……"（《宋书·刘钟传》第1439页）

（12）种好树美竹，天时盛暑，未及经日，便就萎枯。（《南齐书·东昏侯本纪》第104页）

例（9）"天时大热"，天气很热。例（10）"今天时旱热"，现在天气干旱炎热。例（11）"今天时盛热"，现在天气很热。例（12）"天时盛暑"，盛夏天气。不独史书，口语性更强的语料《世说新语》、佛经中也用"天时"表示天气，如：

（13）虞家富春，近海，谓帝望其意气，对曰："天时尚暖，鱀鱼虾鲑未可致，寻当有所上献。"（《世说新语·纰漏7》第1046页）

（14）天时亢旱，时世饥馑，谷米勇贵，人民饥饿，互相食耳。（后汉《大方便佛报恩经》卷第二，T03/132b19）

例（13）"天时尚暖"，天气还暖和，而不是天气正还暖和。例（14）"天时亢旱"，天气大旱。"天时"亦见于北朝语料，为当时南北方通用，如：

（15）办行道具，涉险而去，行已经久，身羸力弊，天时盛暑，到热沙道，唇干渴乏。（北魏慧觉等《贤愚经》卷第三，T04/366b13）

（16）尔朱荣以天时炎热，欲还师，天穆苦执不可，荣乃从之。

（《魏书·高凉王孤传附上党王天穆》第356页）

例（15）“天时盛暑”同例（12）。例（16）“天时炎热”，天气炎热。而当时语料中的“天气”基本指的是天之气，天空中的各种气体，如：

（17）今年九月天气郁冒，五位四候连失正气，此互相明也。（《后汉书·朱晖传附孙穆》第1462页）

（18）天者，正万物之始，王者，正万事之始，失中则害天气，类相动也。（《南齐书·五行志》第385页）

唐初仍沿用“天时”。庄子《逍遥游》：“朝菌不知晦朔”，成玄英注疏：“朝菌者，谓天时滞雨，于粪堆之上热蒸而生，阴湿则生，见日便死，亦谓之大芝，生于朝而死于暮，故曰朝菌。”（《庄子集释》第12—13页）“天时滞雨”，天气久雨。成玄英为隋末唐初时人，他的注释语言依然用“天时”，而未用“天气”，可见当时口语中尚用“天时”。

虽然，“天时”的“一定时间和地域内的自然气象情况”义在东汉魏晋南北文献中的出现频率不高，多见于史书，但不少出现在对话中，且《世说新语》、佛经、注疏语言等口语性更强的语料中亦可见，而此时文献中的“天气”仍基本是“天之气”义。由此可见，东汉魏晋南北朝直至唐初，表达“一定时间和地域内的自然气象情况”这一概念，口语中用“天时”，而不是“天气”。

此外，“天时”的“时候”义，《大词典》首引清代小说《二十年目睹之怪现状》，实际上该义位至晚在明代已经出现，多见于南方人小说中，如：“且莫说天时已晚，赶不到村店；此去途中，尚有可虑。”“此时天时已晚，路上难保无虞。”（均出自明代冯梦龙《醒世恒言》第二十二卷第470页）

二 “天气”的语义演变

“天气”也是定中结构复合词，意为“天之气”，与“地气”相对。《汉语大词典》中“天气”的第一义项是“古人指轻清之气”，引《逸周书·时训》："小雪之日，虹藏不见。又五日，天气上腾，地气下降。"（《汉语大词典》第3174页）虽然古代文献多说"天气"轻清而上扬，"地气"浑浊而下沉，但"天气"并非都是轻清的，如"地比震动，天气溷浊，日光浸夺。"（《全汉文》卷四十四翼奉《上书请徙都洛阳》第658页）"天气"实际上泛指天空中的各种气体。这是"天气"在先秦直至南北朝时期的基本义位，如：

（19）天气下，地不应曰雺。地气发，天不应曰雾。（《尔雅·释天》第50页）

（20）地气上为云，天气下为雨；雨出地气，云出天气。（《黄帝内经·素问》第55页）

例（19）天空的水蒸气下降，但无法充分扩散，就会灰蒙蒙的、晦暗，地面水蒸气向上扩散，但无法充分扩散出去，就成为雾。例（20）地面的水蒸气上升成为云，天上的水蒸气下降成为雨，雨从云下，云是由地面的水蒸气上升到天空形成，所以说"雨出地气，云出天气"。

古人认为寒暑水旱雷雨等自然气象主要受天之气的影响，信奉天人感应，认为人的言行上天会有感应。如：

（21）赏罚杀生，各应其时，则阴阳和，四时调，风雨时，五谷升。今则不然，长吏多不奉行时令，为政举事，干逆天气，上不恤下，下不忠上，百姓困乏，而不恤哀。众怨郁积，故阴阳不和，风雨不时，灾害缘类。（《全后汉文》卷四十九养奋《贤良方正对策》第469页）

（22）方春生养，万物莩甲，宜助萌阳，以育时物。其令有司，罪非殊死，且勿案验，乃吏人条书相告，不得听受，冀以息事宁人，敬奉天气。（《全后汉文》卷五章帝《诏三公》第48页）

古人认为行政顺应"天时""天气"，则"天气和"，阴阳和，风调雨顺。反之，为政不当，"干逆天气"，则"天气不和"，风雨不时，灾祸频发。因此，为政举事要奉行时令，"敬奉天气"，以求得好的自然气象。各种自然气象来自天之气，因而，"天气"亦可转指"一定时间、地区内的自然气象"。

魏晋南北朝语料中有些例子看起来非常接近今天普通话里的"天气"。《汉语大词典》今"天气"义即首引三国曹丕的例子。如：

(23) 秋风萧瑟天气凉，草木摇落露为霜。(曹丕《燕歌行》第686页)

(24) 又天气和暖似春，故曰"小春"。(宗懔《荆楚岁时记》第219页)

(25) 巨伦乃曰："五月五日时，天气已大热。狗便呀欲死，牛复吐出舌。"(《魏书·崔辩传》第1251页)

(26) 是时八月，天气已冷，北风驱雁，飞雪千里。(杨衒之《洛阳伽蓝记》卷五第179页)

单从例句中看，似乎与普通话的"天气"并无差别。但放到同时期的代表性语料中进行整体的比较，便可看出这些例子还不完全是"一定时间、区域内的自然气象"之义，还是倾向指空中的气体。对比下面四例：

(27) 风者，天气有寒暖，地形有险易，水泉有美恶，草木有刚柔也。(应劭《风俗通义·序》第8页)

(28) 冬至而极低，而天运近南，故日去人远，而斗去人近，北天气至，故冰寒也。夏至极起，而天运近北，而斗去人远，日去人近，南天气至，故炎热也。(《宋书·天文一》第680页)

(29) 辛丑正月五日，天气澄和，风物闲美，与二三邻曲，同游斜川。(《全晋文》卷一百十一陶潜《游斜川诗序》第1135页)

(30) 戊午午时，天气清明，有彩雾映覆郡邑，甘露又自云降。(《宋书·符瑞志中》第821页)

例(27)"天气有寒暖"并非指自然气象有寒暖之别，而是空中之气有寒暖之别。例(28)"北天气至，故冰寒也"，北方气流到，所以寒冷；"南天气至，故炎热也"，南方气流到，所以炎热。同理，例(26)"天气已冷"也非普通话所说的天气已经冷。例(29)"天气澄和"、例

(30)“天气清明”与“天气溷浊”相反，指的是空中气体、气流的干净、清明、澄澈。此外，还有“天气肃清”“天气清静”“天气和清”“天气和暖”“天气和平”“天气赤黄”等短语皆类此。可以看出此时的“天气”的词语组合看似与普通话差不多，但实际上语义并不等同于今天所说的“天气”，还是与“地气”“人气”相对而言的“天之气”，说的是天之气的寒暖、清浊、颜色等情况。

不过，由此可以看出，“天气”与“一定时间、区域内的自然气象”之间存在密切的语义关联，“天气”正是在这样的语义关联和语境中，从“天空之气体”逐渐引申指“一定时间、区域内的自然气象”。“天气”这个义位萌芽于南北朝后期，但未成熟稳定，也并非表达这一概念的主导词。

到唐代，“天气”的这一义位才真正成熟稳定下来，常见于笔记小说、诗歌等口语性强的语料中，词语组合也更加多样，不仅限于寒暖、清浊之类，与普通话中的用法已差不多：

(31) 寻小径东行，凡数十里，天气昏惨，如冬凝阴。(张鷟《朝野佥载》卷六第76页)

(32) 自虚语及夜来之见，叟倚篲惊讶曰：“极差，极差！昨晚天气风雪，庄家先有一病橐驼，虑其为所毙，遂覆之佛宇之北，念佛社屋下。……”(王洙《东阳夜怪录》第262页)

(33) 廿八日，立夏，天气阴沉。(圆仁《入唐求法巡礼行记》卷第二第83页)

(34) 空阔远江山，晴明好天气。(《全唐诗》白居易《郡中即事》第4770页)

(35) 流水歌声共不回，去年天气旧亭台。(《全唐诗》郑谷《和知己秋日伤怀》第7815页)

(36) 三春已尽洛阳宫，天气初晴景象中。(《全唐诗》卢真《七老会诗》第5295页)

日本僧人圆仁的《入唐求法巡礼行记》相当于日记，每每记录日期及当日的天气情况，如“十九日平明，天晴，北风吹”“廿五日，风吹不定，雾气未晴”，例(33)“天气阴沉”无疑已是今日常见之义。

此外，"天气"的"天命"义，《大词典》首引唐代许敬宗《尉迟恭碑》，而"天气"的"时候"义首引《水浒传》，均滞后。"天命"义，至晚在东汉已见："大夫种曰：'未可。国始贫耳，忠臣尚在，天气未见，须俟其时。'"（《吴越春秋·勾践阴谋外传第九》第239页）"入见，敕曰：'今日鹰隼始击，当顺天气取奸恶，以成严霜之诛，掾部渠有其人乎？'"（《汉书·孙宝传》第3259页）"时候"义至晚元代已见："（梅香云）姐姐，天气还早哩，一发散心要一会。"（《全元杂剧》无名氏《赵匡义智娶符金锭》第一折第135页）"（贴旦云）才五更天气，你敢风魔九伯，引的我那里去？（正末云）东庄里姑娘家有喜庆勾当，用着这个时辰。我和你行动些！大嫂，你先行。"（《全元杂剧》关汉卿《包待制智斩鲁斋郎》第二折第366页）

三 "天气"对"天时"的替换

早在甲骨文时期，就有了"风、雨、雷、雪、云、虹、雹"等表示具体的自然气象的名词。人们非常注意观测天气，甚至预测天气，如：

（37）四日甲子允雨，雷。（《甲骨文合集》01086反第90页）

（38）甲辰卜，雪。（《甲骨文合集》21023第1043页）

（39）癸酉卜，自今至丁丑其雨不？（《甲骨文合集》21052第1045页）

而这些具体自然气象的概括性上位概念"一定时间和地域内的自然气象情况"却成词较晚，东汉以前是隐含在时间或"天"中的，未用专门的词来指称，通常直接描述特定时间或地域的自然气象情况。如：

（40）夏暑雨，小民惟曰怨咨；冬祁寒，小民亦惟曰怨咨。（《尚书·君牙》第487—488页）

（41）子曰："岁寒，然后知松柏之后凋也。"（《论语·子罕》第94页）

（42）故内省而不穷于道，临难而不失其德，天寒既至，霜雪既降，吾是以知松柏之茂也。（《庄子·让王》第497页）

例（40）“夏暑雨”，夏天热、下雨，“冬祁寒”，冬天很冷。例（41）“岁寒”、例（42）“天寒”，天冷。在描述特定时间的自然气象情况时，可用季节如“夏”“冬”加自然气象情况，也可用“岁”“天”加自然气象，尤以“天”加自然气象情况最为常见。普通话里仍有这样类似的表达，“天冷多穿衣”“夏天热，冬天冷”。直到西汉仍是如此。如：

（43）会冬大寒雨雪，卒之堕指者十二三，于是冒顿详败走，诱汉兵。（《史记·匈奴列传》第2894页）

（44）四月寒冻，有死者。（《史记·秦始皇本纪》第227页）

（45）天寒大雨，士卒冻饥。（《史记·项羽本纪》第305页）

而到中古时期，这一概念的表达逐渐从隐含转向呈现，出现了专门的名词来指称它。天气寒冷，《史记》作“天寒”，《后汉书》则作“天时寒”。《论语·先进》：“莫春者，春服既成”，南朝梁皇侃作疏：“春服成者，天时暖而衣服单袷者成也。”注疏语言的口语性较强，而且更能反映出注疏者与所注原典不同时代的不同语言特点。《论语》的原句未提及天气情况，而南朝的注疏者却详细地补充说明了暮春的天气情况“天时暖”，天气暖和。从这一对比中，可看出中古时期表达“一定时间和地域内的自然气象情况”这一概念主要用“天时”。而从前文所引隋末唐初成玄英为《逍遥游》“朝菌不知晦朔”作疏的例子“天时滞雨”，也可见直至初唐，口语中仍用“天时”。

但“天气”后来居上，在唐代中后期取代了“天时”。从下面典型语料中“天气”和“天时”的出现情况比较，可以明显地看出这点。表示“一定时间和地域内的自然气象情况”这一义位，“天时”“天气”在中古、近代汉语时期代表性的语料出现的次数、比例见表1：

表1

	后汉书	宋书	南齐书	全唐诗	全宋词	全元南戏	全元散曲	全元杂剧
天时	3	2	1	2	4	0	2	1
百分比	100%	100%	100%	5%	1%	0	6%	2%
天气	0	0	0	41	298	27	30	60
百分比	0	0	0	95%	99%	100%	94%	98%

表 1 中，“天时”从中古汉语时期的 100%，到近代汉语时期的不到 10%，而“天气”则反之，从 0 到 94% 以上。由此可见，表达“一定时间和地域内的自然气象情况”义时，中古汉语用“天时”，近代汉语用“天气”。

由于中古文献中“天时”“天气”两词的出现频率均不高，故而选择了该义位出现次数较多的史书语料。《后汉书》《宋书》《南齐书》中表达该义位时均用“天时”，而非“天气”。“天气”一词在三书中也可见，但均表示“天之气”。

而从《全唐诗》中的比较，可以看出唐代“天气”已经取代“天时”的地位。“天气”41 例，占 95%。而“天时”仅 2 例，占 5%，而且同出一人笔下，均见于白居易诗：

(46) 后有开阖堂，寒温变天时。(《全唐诗》白居易《裴侍中晋公以集贤林亭即事诗三十六韵见赠猥蒙征和才拙词繁辄广为五百言以伸酬献》第 5139 页)

(47) 天时方得所，不寒复不热。(《全唐诗》白居易《洛阳有愚叟》第 5145 页)

《全宋词》中表示这一概念，“天时”仅 4 例，占 1%，“天气”298 例，占 99%，亦可见宋代通语中用的是“天气”。

(48) 嘉景清明渐近，时节轻寒乍暖，天气才晴又雨。(《全宋词》柳永《西平乐·尽日凭高目》第 24 页)

(49) 庆曰：“夜来天气大段寒了，未知中原如何？”履曰：“东都尚未挟纩。”庆曰：“南北天气如此之异。”(《三朝北盟会编》卷第五十五第 410 页上)

例 (49) 的“南北天气”与前文例 (28) 中古时期的“南天气”“北天气”，意思明显不同了，已不是南北的气流，而是南北方的天气。

元代延续宋代的情况，“天气”仍是主导，在《全元南戏》《全元散曲》《全元杂剧》的占比分别是 100%、94%、98%。

（50）（正末云）出门时好好的天气，如今下着濛濛的细雨儿。哎呀！跌杀贫僧也。（《全元戏曲》第二卷李寿卿《月明和尚度柳翠》第一折第443页）

（51）时遇冬天，纷纷扬扬下着大雪，天气好生寒冷。（《全元戏曲》第一卷高文秀《好酒赵元遇上皇》第二折第685页）

例（50）、例（51）中，“天气”的意义和用法已与今天普通话中的“天气”无异。从表2可明显看出不同时期天气寒冷这一语义表达的不同：

表2

上古汉语	中古汉语	近代汉语
《论语》《史记》	《后汉书》	《全元杂剧》
岁寒、天寒	天时寒	天气寒冷、天气甚寒、天气好生寒冷、天气有些寒冷

可见，“一定时间和地域内的自然气象情况”这一概念，西汉以前隐含在时间或“天”中；东汉成词，东汉魏晋南北朝至唐初主要用“天时”，南北朝后期“天气”也开始引申出此义，但中古时期这个概念还不是十分常用；而到唐代中后期，“天气”替换了“天时”，同时也逐渐成了通语中比较常用的词语。

四 “天气”替换“天时”的原因

“天时”被“天气”替换，与该义位始终未成为“天时”的基本义及该词的使用整体呈现衰减趋势有关。“天时”的“一定时间和地域内的自然气象情况”义虽然比“天气”出现得早，但通过语料中该义位的使用次数与“天时”一词总次数的比较（表4中分别标注为“$天时_1$”“$天时_{总}$”），可见，该义位在“天时”一词使用中的占比，始终没有超过40%，始终未能成为“天时”的基本义。详见表3：

表3

	后汉书	宋书	南齐书	全唐诗	全宋词	全元南戏	全元散曲	全元杂剧
$天时_1$	3	2	1	2	4	0	2	1

续表

	后汉书	宋书	南齐书	全唐诗	全宋词	全元南戏	全元散曲	全元杂剧
天时$_{总}$	13	16	6	17	10	1	7	11
百分比	23%	13%	17%	12%	40%	0	29%	9%

而自唐代以来，“天气”一词的出现总次数则明显剧增，且其“一定时间和地域内的自然气象情况”义（表4中分别标注为“天气$_{总}$”“天气$_1$”），超过50%，成为该词的基本义，详见表4：

表4

	后汉书	宋书	南齐书	全唐诗	全宋词	全元南戏	全元散曲	全元杂剧
天气$_1$	0	0	0	41	298	27	30	60
天气$_{总}$	9	7	3	80	298	27	30	63
百分比	0	0	0	51%	100%	100%	100%	95%

与之相比，“天时”一词在近代汉语语料中的出现次数，非但没明显增加，反而减少，整体呈现衰减之势，其“一定时间和地域内的自然气象情况”义也始终未成为该词的基本义。

此外，通过历史文献的考察，可见“天时”“天气”两词的义位与引申路径多有重合之处，存在类同引申现象，且同义的义位使用的时期也相对接近，详见表5：

表5

<table>
<tr><th>a</th><th colspan="2">先秦</th><th>东汉</th><th>东汉/魏晋南北朝</th><th>明/元</th></tr>
<tr><td>天时</td><td>天道运行的规律</td><td>宜于做某事的自然气候条件</td><td>天命</td><td>一定时间、地域内的自然气象情况</td><td>时候</td></tr>
<tr><td>天气</td><td colspan="2">天之气</td><td>天命</td><td>一定时间、地域内的自然气象情况</td><td>时候</td></tr>
</table>

注：a表示“天时”“天气”各义位首见的时期，其中“一定时间、地域内的自然气象情况”义，“天时”首见于东汉，“天气”首见于南北朝，“时候”义，“天时”首见于明代，“天气”首见于元代。

从表5可以看出，“天时”与“天气”的“天命”义、“一定时间、地域内的自然气象情况”义、“时候”义，三者同义，受到语言的经济性的制约，势必存在竞争、分化。根据词汇演变的内部规律，成为语义场主导词的，通常是语义比较明确、又相对单一的词。“天时”的义位数更多，语义负担更重，其基本义“宜于做某事的自然气候条件”一直很稳定，从未被“一定时间、地域内的自然气象情况”义超过。而“天气”的语义负担相对轻，其“一定时间、地域内的自然气象情况”义后起，也比较符合语言使用者的求新求异的心理，且该义位自唐以来成为“天气”的基本义后一直很稳定。因此，“天气”比“天时”更有竞争力，最终替换了后者。

五 “天时”在南方方言中的存留

但上文提到的这个替换过程，主要发生在官话中，“天时”在南方方言中一直有所存留，从一个通语词逐渐变为一个方言词。近代汉语文献中仍使用“天时”表示天气的，除个别袭用古语的，主要是受方言影响。如宋代语料中仍用“天时”的，作者大多是南方人或长期在南方生活：

（52）半雨半晴模样，乍寒乍热天时。（《全宋词》刘过《临江仙·四景》第2156页）

（53）楚乡易得天时恶，风雨长如约。（《全宋词》杨无咎《醉花阴·楚乡易得天时恶》第1192页）

（54）不寒不暖，裁衣按曲，天时正好。（《全宋词》晏殊《连理枝·绿树莺声老》第108页）

（55）无酒无诗情绪，欲梅欲雪天时。（《全宋词》周晋《清平乐·图书一室》第2776页）

（56）杨大芳尝为明州高亭盐场，场在海中，或天时晴霁，时见如匹练横天，其色淡白。（周密《癸辛杂识续集上·短蓬》第139页）

刘过、杨无咎、晏殊均为江西人。周晋和周密祖籍济南，但长期寓居吴兴（今浙江湖州）。明清时期，“天时”所见用例亦多出自南方文人笔下：

（57）霄汉无云丽日垂，一春才见好天时。（［明］黎淳《黎文僖公集》卷三《金台送别为邵性》，四库全书本第 10 页）

（58）真为濠濮想，恰恰好天时。（［明］凌义渠《凌忠介集》卷一诗《过临淮》第 23 页）

（59）青轩红丽蕊，第一好天时。（［明］袁宏道《袁中郎全集》卷三十六《花朝日呈伯修其二》第 106 页）

（60）四月将已近，天时早炎热。（［清］吴伟业《梅村集》卷三《廿五日携穆苑先孙浣心叶予闻允文游石公山盘龙石梁寂光归云诸胜》第 104—105 页）

（61）赧此好天时，邻畴语交缅。（［清］李邺嗣《杲堂诗文钞》卷三《次陶公怀古田舍二章》，丛书集成续编第一百五十三册第 611 页上）

（62）芸曰：“幸天时已暖，前途可无阻雪之虑，愿君速去速回，勿以病人为念。君或体有不安，妾罪更重矣。”（［清］沈复《浮生六记》卷三第 74 页）

黎淳，湖广华容人。凌义渠，浙江湖州人。袁宏道，湖广公安人。吴伟业，江苏太仓人。李邺嗣，浙江鄞县人。沈复，江苏苏州人。可见，清代南方方言中仍保留着“天时”。

明代闽南语戏文中亦主要用“天时”，而鲜用“天气”。《荔镜记》中“天时”有 7 例，而“天气”仅 1 例：

（63）（旦、贴）元宵景，好天时，人物好打扮，金钗十二。（明嘉靖本《荔镜记》第六出第 24 页）

（64）（旦）六月天时困迍春，卜返去越自心闷。（明嘉靖本《荔镜记》第二十出第 132 页）

《金花女》中“天时”2 例，没有“天气”：

（65）（旦）春风和气好天时，莺声燕语挫人耳；行出厅堂看景致，小心近前到嫂边。（《金花女·姑嫂赏花》第 17 页）

（66）（丑）阿爹天时透风，无物卖。（《金花女·借银往京》第

28 页）

清代闽南戏文仍用“天时”：

（67）（旦丑合唱）春光明媚好天时，桃李争光锁南枝；月上海棠子规啼，一蓢梅花今都结子。（清乾隆刊《同窗琴书记戏文·英台赏花》第21页）

（68）劝郎莫做风流子，天时寒冷到更残。（《清道光咸丰闽南歌仔册·潘必正陈妙常诗》第14页）

不仅闽南语，闽东语也是如此。清代琉球华人学习汉语官话的课本亦用“天时”。琉球华人多为闽人后裔，且不少对话的语境即发生在福州，所以虽是官话，但掺杂了一些福州话语词。琉球官话课本《官话问答便语》中6例全用“天气”；《白姓官话》中“天时”5例，“天气”4例；《学官话》中“天时”1例，“天气”5例。

（69）今日天时清凉，你们大家出去走走玩玩，解解闷，好不好呢？（《白姓官话》第147页）

（70）如今天时冷了，国王差官来问你们有冬衣没有，好做些来送你们穿。（同上第176页）

（71）天时热，请升冠，衣服请宽一宽，盘桓了去。（《学官话》第69页）

可见，清代官话中用的是“天气”，当时的福州话中则仍常用“天时”。

至今闽南方言厦漳泉片、潮汕片、雷琼片都仍以“天时”为主。“好天时（好天气）”。雷州话“天时无正”，指天气反常，“耶气仔天时无正，失里寒，失里热，病侬多（这阵子天气反常，忽冷忽热，病人多）。”电白的雷话和哎话（客话的一种）也都用“天时”。海口话“今年天时好，粙丰收（今年天气好，稻子丰收）”，“近来天时无好，细囝会生病（近来天气不好，小孩会生病）”。

而台湾地区的闽南语则改用“天气”。《中国台湾闽南语辞典》中

"天气变化情况"只收录了"天气"一词，没有"天时"。《中国台湾闽南语常用词辞典（网络试用版）》"天时"的释义是"自然有利的时机"，而词目"天气"释义为"天候。在一定的区域和时间内的气温、湿度、气压、风向和雨量等状况。"例："今仔日天气无好，你出门的时爱会记得扎雨幔。(今天天气不好，你出门的时候要记得带雨衣。)"可见，中国台湾话中的"天时"已被"天气"替代了。

除了闽南方言，不少南方方言至今也仍存留"天时"。根据《汉语方言大词典》，在西南官话区的重庆奉节、贵州赫章，吴语区的浙江温州苍南金乡，客话区的福建长汀、永定下洋，广东惠州、东莞清溪等地，粤语区的广东广州、佛山、珠海等地，闽语区的福州、建瓯、莆田、仙游、厦门、广东汕头、潮州等地，也仍用"天时"。现代吴语的主要方言点中已经消失了该词。《福州方言词典》"天时"只写了"年成、年景"义，也可见福州话中的"天时"逐渐消亡了。广州话中则"天时""天气"并用。但整体而言，粤语和闽语地区还是较多保留"天时"。

结　语

综上，"一定时间和地域内的自然气象情况"这一概念，先秦至西汉尚未成词，东汉时期"天时"用于表达"一定时间和地域内的自然气象情况"这一概念，通行于南北方，直至唐初。"天气"表达这一概念萌芽于南北朝后期，到唐代稳定成熟，且该义位成为基本义。受到语言经济原则的制约，后起的"天气"语义负担较轻，语义相对明确，在唐代中后期替换了"天时"，并逐渐成为比较常用的词，盛行于近代汉语时期，并沿用至今。而不少南方方言没有发生这一替换过程，仍保存了"天时"。至今不少闽、粤语区仍用"天时"，但台湾、福州等地区受普通话的影响已渐改用"天气"。

参考文献

1.（汉）班固：《汉书》，中华书局1962年版。
2. 陈鸿迈：《海口方言词典》，江苏教育出版社1996年版。
3.（晋）陈寿撰；（南朝宋）裴松之注：《三国志》，中华书局1982

年版。

4. 陈曦译注：《六韬》，中华书局 2016 年版。

5. 陈泽平校注：《琉球官话课本三种校注与研究》，福建人民出版社 2021 年版。

6. 崔冶译注：《吴越春秋》，中华书局 2019 年版。

7. 戴由武、戴汉辉：《电白方言志》，中山大学出版社 1994 年版。

8. 董忠司：《中国台湾闽南语辞典》，五南图书出版公司 2001 年版。

9. 《大正新修大藏经》，佛陀教育基金会出版部 1992 年版。

10.《尔雅》，中华书局 2016 年版。

11.（南朝宋）范晔撰，（唐）李贤等注，《后汉书》，中华书局 2012 年版。

12. 方勇译注：《庄子》，中华书局 2015 年版。

13. 冯梦龙编著，顾学颉校注：《醒世恒言》，人民文学出版社 1956 年版。

14. （宋）郭茂倩编：《乐府诗集》，中华书局 2017 年版。

15. （清）郭庆藩撰，王孝鱼点校：《庄子集释》，中华书局 2013 年版。

16. 胡厚宣主编：《甲骨文合集释文一》，中国社会科学出版社 1999 年版。

17. （明）黎淳：《黎文僖公集》，顾廷龙主编《续修四库全书·1330·子部》，上海古籍出版社 2002 年版。

18. 李如龙等：《福州方言词典》，福建人民出版社 1996 年版。

19. （清）李邺嗣：《杲堂诗文钞》，《丛书集成续编》第一百五十三册，上海书店出版社 2014 年版。

20. 林家骊译注：《楚辞》，中华书局 2015 年版。

21. （明）凌义渠：《凌忠介集》，《四库全书·1297·集部》影印本，上海古籍出版社 1987 年版。

22. （南朝宋）刘义庆著，（南朝梁）刘孝标注，董志翘、冯青笺注：《世说新语笺注》，江苏人民出版社 2019 年版。

23. 罗竹风等：《汉语大词典（第二卷）》，上海辞书出版社 1986 年版。

24. （清）彭定求等编，中华书局编辑部点校：《全唐诗（增订本）》，中华书局 1999 年版。

25. （清）沈复等著：《浮生六记：外三种》，上海古籍出版社 2000 年版。

26. （南朝梁）沈约：《宋书》，中华书局 1974 年版。

27. （汉）司马迁：《史记》，中华书局 1959 年版。

28. 唐圭璋编：《全宋词》，中华书局 1965 年版。

29. 汪维辉：《东汉-隋常用词演变研究（修订本）》，商务印书馆 2017 年版。

30. 王季思主编：《全元戏曲》，人民文学出版社 1999 年版。

31. 王世舜，王翠叶译注：《尚书》，中华书局 2012 年版。

32. 王毓荣：《荆楚岁时记校注》，文津出版社 1988 年版。

33. （唐）王洙：《东阳夜怪录》，鲁迅辑录，程小铭等译注《唐宋传奇集全译》，贵州人民出版社 2008 年版。

34. （北齐）魏收：《魏书》，中华书局 1974 年版。

35. 吴守礼：《明万历刊金花女戏文校理》，从宜工作室 2002 年版。

36. 吴守礼：《清乾隆刊同窗琴书记戏文校理》，从宜工作室 2003 年版。

37. 吴守礼：《闽南歌仔册选注（清道光咸丰年间）》，从宜工作室 2005 年版。

38. （清）吴伟业：《梅村集》，国家图书馆出版社 2014 年版。

39. （南朝梁）萧子显：《南齐书》，中华书局 1972 年版。

40. （宋）徐梦莘：《三朝北盟会编》，上海古籍出版社 2019 年版。

41. 许宝华、宫田一郎：《汉语方言大词典》，中华书局 1999 年版。

42. （清）严可均编，陈延嘉等校点，《全上古秦汉三国六朝文》，河北教育出版社 1997 年版。

43. 杨伯峻：《论语译注》，中华书局 1958 年版。

44. 杨伯峻：《孟子译注》，中华书局 1960 年版。

45. （北魏）杨衒之撰，周祖谟校释：《洛阳伽蓝记校释》，中华书局 2010 年版。

46. 姚春鹏译注：《黄帝内经》，中华书局 2010 年版。

47. （汉）应劭撰，王利器校注：《风俗通义校注》，中华书局 2010 年版。

48.（明）袁宏道：《袁中郎全集》，伟文图书出版社有限公司 1976 年版。

49. 张永言、汪维辉：《关于汉语词汇史研究的一点思考》，《中国语文》1995 年第 6 期。

50. 张振兴、蔡叶青：《雷州方言词典》，江苏教育出版社 1998 年版。

51.（唐）张鷟撰，恒鹤校点：《朝野佥载》，《唐五代笔记小说大观》，上海古籍出版社 2000 年版。

52. 赵山林、赵婷婷校注：《荔镜记》，三民书局 2014 年版。

53. 周长楫：《闽南方言大词典》，福建人民出版社 2006 年版。

54.（宋）周密撰，吴企明点校：《癸辛杂识》，中华书局 1988 年版。

55. 周振甫：《周易译注》，中华书局 1991 年版。

（洪晓婷，女，华侨大学华文学院讲师，博士，从事汉语史和华文教育研究。通信地址：福建省厦门市集美大道滨水小区 1 里 1 号楼。邮编：361021。电子邮箱：hongxiaoting2016@qq. com。）

信息分布原则与训诂格式中的语序排列*

曹亚敏[1]　匡鹏飞[2]

（1. 战略支援部队信息工程大学洛阳校区；

2. 华中师范大学语言与语言教育研究中心）

摘　要：古代常见的训诂格式，从被释语词与训释用语语序排列的角度，可以分为两大类。第一类的被释语词在前，训释用语在后，如“A，B也”“A犹B也”“A谓B”等。第二类与第一类恰好相反，训释用语在前，被释语词在后，如“B谓之A”“B曰A”“B为A”等。两类格式语序排列的差异，可以运用现代语言学关于句子信息分布原则的理论进行分析。第一类格式重在依名论实。被释语词代表“名”，是已经知晓的语言符号形式，属于旧信息；训释用语代表“实”，是需要通过解释行为告知说明的语义内容，属于新信息。其语序排列符合“旧信息+新信息”的句子组织原则。第二类格式重在据实揭名。训释用语指出某个客观存在的“实”，是旧信息；被释语词揭晓相应的语言符号“名”，是新信息。其语序排列同样符合“旧信息+新信息”的句子组织原则。两类格式都遵循“时间顺序原则”，其语言编码都是对讲解顺序的临摹。由于讲解模式的不同，临摹的结果反映为语言编码形式，就造成了语序排列的差异。在实际训诂材料中，还有两类格式结合使用的情况，以便从不同角度对被释语词进行解释。

关键词：被释语词；训释用语；语序排列；信息分布；时间顺序原则

---

* 基金项目：国家社科基金重大项目“中西交流背景下汉语词汇学的构建与理论创新研究”（21&ZD310）。匿名审稿专家和编辑部提出了宝贵的修改意见，特致谢忱。文中尚存谬误，概由作者负责。

一　引言

古代以释义为主的各种训诂格式，从被释语词（一般是词，但也可能是短语或句子，姑且称为“被释语词”，以下用A来表示）和训释用语（可能是词，也可能是句子，以下用B来表示）语序排列的角度，可以分为两大类。

第一类的代表性格式主要有：A，B也；A犹B也；A谓B（A，B之谓）；A，言B；A之（为）言B也。各举一例如下：

（1）宵，夜也。（《尔雅·释言》）
（2）劳犹功也。（《诗经·大雅·民劳》郑笺）
（3）天谓父也。（《诗经·鄘风·柏舟》毛传）
（4）大君之宜，行中之谓。（《周易·临卦》象传）
（5）何有者，言不难。（《论语·里仁》何晏集解）
（6）鬼之为言归也。（《尔雅·释训》）

这一类的共同特点是被释语词在前，训释用语在后，以下将其简称为“A前B后式”。除了本文重点研究的释义为主的格式之外，注音或破假借性质的“A音/读若/读如/读为/读曰B”等也与此类相同。

第二类的代表性格式主要有：B谓之A；B曰A；B为A。各举一例如下：

（7）大琴谓之离。（《尔雅·释乐》）
（8）汉南曰荆州。（《尔雅·释地》）
（9）潜行为泳。（《诗经·周南·汉广》毛传）

这一类的共同特点是训释用语在前，被释语词在后，以下将其简称为“B前A后式”。

两类格式的差异，在阅读训诂材料时，不易被初学者掌握。尤其是对于“宫谓之室，室谓之宫”（《尔雅·释宫》。《十三经注疏》：2597）之类A、B都是单音词且两者互训的特殊情况，更难区分清楚到底何为被释语词、何为训释用语。前人早已注意到上述两类格式之间的差异，如周大璞（1984：127）曾指出“从用法来说，‘某谓某’，用以解释的词语在其所解释的词语的后边，与‘某为某’、‘某曰某’的次序相反”。但是，都是对语词进行解释，为什么会存在这两类语序截然相反的训诂格式？两类格式语序排列的原因和规律是什么？就管见所及，尚未有学者针对上述问题进行全面研究。本文尝试对此进行探讨。

二 A前B后式：依名论实

当代学者在研究句子的语序时，非常重视从语用学的角度，运用信息分布原则的理论来对其进行观察。一般认为，汉语句子的语序遵循“已知信息+未知信息”的顺序（张斌主编 2010：986）。“已知信息”和“未知信息”也可称作“旧信息”和“新信息”。上述两类训诂格式语序排列的差异，可以从句子信息分布原则的角度进行合理的解释，而两类格式句子信息结构的成因，还可以从多个方面予以探讨。本部分首先讨论“A前B后式”。

（一）解释行为与信息结构

“A前B后式”包含的具体句式较多，而且被释语词A与训释用语B之间的解释关系也都不太相同。

“A，B也”一般是用人们较为熟悉的语词B来解释相对较陌生的语词A，这是最常规的解释生词或疑难词语的训诂格式。如上述例（1），用“夜”解释生词“宵”。

“A犹B也”中“犹”主要用来“说明词在上下文中的特定意义”（赵振铎 2003：65），其用法虽较为复杂，但大致可概括为用意义较为明确的语词B来确定语词A在特定语境中的意义。如上述例（2），用“功”来解释“劳”在“无弃尔劳”这句话中的意义。

“A谓B（A，B之谓）”与“A犹B也”具有相通之处，“一般是用词义比较具体的词来解释含义比较宽泛的词”（吴庆峰 2020：133），也就是解释语词在特定语境中的具体意义。如上述例（3），用“父”来解释“天”，解释者认为在“母也天只”这句诗中“天”的具体意义是“父”。

“A，言B”则是侧重于“诠释词语的言外之意”（吴庆峰2020：133）。如上述例（5），字面上是“何有”，其真正的言语意义是“（以礼让为国）不难做到”。在“A谓B（A，B之谓）”和“A，言B”格式中，A有时不是词而是短语或句子，那么解释具体意义或解释言外之意，就变成一般所说的串讲文意。如上述例（4），“行中”并非直接解释“大君之宜”的字面含义，而是表达解释者对这一条爻辞深层寓意的理解并予以讲解。

“A之为言B也”则稍微特殊，它不是义训而是声训，同样是通过B来解释A，但B所解释的并非A的概念义而是词源义，如例（6）中用“归”来解释“鬼”的音义来源。

可见，“A前B后式”中，被释语词A，有的是解释者认为一般人不太懂的生词，有的虽是常见词，但被解释的是其具体语境义、言外义或词源义，有的则不是词而是短语或句子。不过，无论是哪种情况，在解释者看来，大多数阅读者对于被释语词A，可能是见其形、知其音却不明其义，于是用人们相对熟悉的或意义较为明确的B对A的意义进行解释。这样，就形成了“A前B后式”训诂格式。

训诂的本质是“用语言解释语言”（黄侃1935：1），是一种解释行为，解释行为由解释者实施，同时一定还包括被解释者①。解释者和被解释者实际上就是语用学中的说话人和听话人的关系。“A前B后式”所形成的每一个具体句子，与其他句子一样，也是言语交际的单位，具有传递信息的功能。句子的信息结构一般由旧信息和新信息组成，旧信息是“说话人认定或假定在他说话时已经存在于听话人大脑中的信息”，新信息指“说话人在说话时想要输送到听话人大脑中去的信息”（陈昌来2000：29）。在“A前B后式”中，被释语词A的语言形式（即书写形式或语音形式）是较为明确的，因此是已经存在于被解释者大脑中的信息，属于旧信息；A的意义则不太明确，解释者通过与之同义的B来对

---

① 作为解释行为，书面训诂来源于口头训诂，后者是一种包括听说双方在内的解释性话语行为。一般认为先秦时期以训诂形式出现的文献正文，即“正文训诂”（孟琢2021：106），是中国训诂学的萌芽。正文训诂所记载的解释活动，基本都是现场性对话，解释者和被解释者都很明确。训诂学正式产生后的书面训诂材料，或者是长期口耳传授式训诂内容的记录，或者存在潜在的被解释者，即广大文献典籍学习者。

其进行解释，所以，B是要输送到被解释者大脑中去的信息，属于新信息。可见，“A，B也”之类句子中，A在句首，B在句末，其语序排列正好符合“旧信息+新信息”的句子组织原则。

同理，注音或破假借性质的“A音/读若/读如/读为/读曰B”也是如此，限于文章主旨，不再展开分析。

（二）随文释义与训释语境

上一部分指出，在“A前B后式”中，除了常规格式“A，B也”之外，其他几种如“A犹B也”“A谓B”“A，言B”等都是侧重解释词语在特定语境中的意义。正因如此，“A前B后式”多出现于随文释义式的传注类训诂，较少出现在辞书性质的训诂著作中。比如，已有研究指出，“A犹B也”往往用于古书注释，即传注类训诂，而“辞书直接解说字义，一般不用‘犹’字”（赵振铎2003：65）。在传注类训诂中，被解释语句与训诂语句形成了一个完整的上下文语境。被释语词已出现在要解释的语句即“上文”中，所以是旧信息；其意义是训释者假设典籍学习者不太能理解的内容，所以是训诂语句中的新信息。例如：

(10)《楚辞·橘颂》：“受命不迁，生南国兮。”王逸注：“南国，谓江南也。”

此例中，“南国”在上文的正文文本中出现，注释随即对其进行解释，“南国”和“江南”形成了明显的“旧信息”和“新信息”关系。

当然，在训诂专著中，也常使用“A，B也”格式，主要是因为，这种体例中，A是被作为字头或词条来看待的。如例（1）“宵，夜也”出自《尔雅》，也见于《说文解字》，其中“宵”具有词条和字头的性质。

（三）话题特征与句首位置

“A前B后式”中，被释语词A常常具有话题的特点，尤其是以“谓”和“言”等言说动词作为术语的格式“A谓B（A，B之谓）”“A，言B”“A之为言B也”等，其意义大致相当于现代汉语的“（所谓）A，说的是B的意思”。李胜梅（2017：81）指出，现代汉语中句首的“所谓”是“承接篇章上句、启引下句解释的话题标记词”。与之相似，在“A 前 B 后式”中，A 具有明显的话题特征，可看作训诂语句的话题，是被述说和解释的对象，B 则是对话题 A 进行具体解释说明的述题，A 和 B 形成了一种“话题—述题”结构。因此，A 位于句首，B 位于话题之后。话题一般是旧信息，述题则是新信息。如上述例（10）“南国谓江南”，可以理解为“所谓南国，指的是江南”。“南国”和“江南”形成了明显的“话题—述题”结构，于是出现了“南国”处在句首位置、“江南”居于其后的语序格局。

（四）讲解模式与语序理据

语言符号是形式和内容的统一体，中国古人一般将其形式称为“名”，将其内容称为“实”，即《墨子》所说的“所以谓，名也；所谓，实也”（《墨子·经说上》。《墨子间诂》：350）。值得一提的是，“所以谓”和“所谓”与西方语言学中直到 20 世纪初期才由索绪尔提出的“能指”和“所指”这对概念的说法几乎一致。

作为一种解释行为，训诂在很大程度上就是讲解名实之间的对应关系。“A 前 B 后式”所反映的讲解模式是：先指出语言中存在一个“名”，再告知其所对应的“实”。我们把这一讲解模式概括为“依名论实”。A 代表名，是已经存在的语言符号形式，所以是旧信息；B 代表实，是需要通过讲解予以告知说明的，所以是新信息。这种讲解模式所形成的“A 前 B 后式”训诂语句，从认知层面来看，其语序排列符合语言象似性中的“时间顺序原则”（戴浩一 1988：10）。即，A 在前 B 在后的语序临摹了“依名论实”的讲解顺序。如上述例（1）“宵，夜也”，其讲解模式表现为：先指出语言符号“宵”，再告知其对应的语义内容为“夜”。指出“名”在前，论说“实”在后。因此，“A 前 B 后式”的语序排列，其语言编码形式的深层动因在于它对于经验认知的临摹，与“依名论实”的讲解过程相一致，从认知的角度来说，这是语言象似性的一种体现。

三 B 前 A 后式：据实揭名

（一）新旧概念与信息结构

在“B 前 A 后式”中，A 和 B 的形式和内容都不太对等。

从形式上来说，A是词语，B则多是短语或句子。从内容上来说，A是一个较为陌生的概念，B往往包含了若干人们相对熟悉的概念，常采取“属概念+种差”的结构模式[①]，即赵振铎（2003：54）所说的“属中求别，在共名之前加修饰语来区别，都常常使用这种格式”。属概念是人们相对熟悉的上位概念，多属于基本层次范畴；种差是隶属同一上位概念的不同成员之间的区别性特征，一般来说也是用相对熟悉、较为常用的词来表示。通过这种方式，解释一个较为陌生的概念。比如上述例（7）“大琴谓之离”，“离”是A，“大琴”是B，“大琴”中“琴”是属概念，“大”是种差，两者都是人们相对熟悉的概念，“离”则是较为陌生的概念，是被解释的对象。

所以，从解释行为的角度，“B前A后式”的特点在于，通过熟悉的概念来引入对新概念的解释。熟悉的概念是解释者认为已经存在于被解释者大脑中的信息，属于旧信息；新概念是解释者要输送到被解释者大脑中的信息，属于新信息。因此，“B前A后式”的语序排列同样符合“旧信息+新信息”的句子组织原则。

从训诂方法来看，“B前A后式”大多是义训中的义界，即下定义，义界的典型表达方式就是“属概念+种差”。当然，B也可以不采取义界而采取直训的形式，即以词解词。这时，B一定是比A更常用、更为人们所熟悉的词语形式。比如：

（11）父为考，母为妣。（《尔雅·释亲》）

此例中，“父”和“母”都是相对更常用、人们较为熟悉的词语，用它们来解释相对陌生的词语“考”和“妣”。这种关系在互训的情况下，可以进行主观性转换。比如：

① “B前A后式”解释名词的情况相对较多，“属概念+种差”的结构模式主要用于解释名词。有时，B似乎并非“属概念+种差”的结构形式，但实际上是省略所致。如“水草交谓之麋”（《诗经·小雅·巧言》毛传。《十三经注疏》：454）中“水草交”当是“水草交之地”的省略。当然，若是解释其他词类，视解释对象的意义特点，也可以是其他结构形式，如下文例（26）中的“治骨”为动宾结构。

（12）宫谓之室，室谓之宫。（《尔雅·释宫》）

此例“室”“宫”互训。在“宫谓之室”中，“室”被视作相对陌生、需要解释的词语，是新信息，“宫”被主观认为是一个相对更熟悉的词语，因此是旧信息，用来解释“室”；而在“室谓之宫”中，两者的关系则被主观性反转了。

此外，“B前A后式”中，B具有话题性质，B和A形成一种“话题—述题”结构。这一点与“A前B后式”中A和B形成“话题—述题”结构一样，限于篇幅，不再赘述。

（二）随文释义与训诂专著

“B前A后式”既常出现于随文释义式传注类训诂中，也出现于专著类的训诂材料中。

在传注类训诂中，解释者使用这类格式，是暂时将经典原文置于一边，而专门将其中的生词即陌生的概念挑出来进行解释，重在用包含了熟悉概念的B解释陌生的概念A。实际上，早期的很多传注都是脱离经典文本而单独流传的，这在一定程度上削弱了被解释语句与训诂语句之间的语境联系，使此类训诂格式的语序排列更具有可解释性。如上述例（9）“潜行为泳”，《毛传》在汉代与《诗》各自为书，此例《毛传》虽针对《汉广》“不可泳思”之句解释其中的“泳”，但《毛传》有自身的相对独立性，此条训释重在用义界的方法、用相对熟悉的概念“潜”“行”来解释陌生的概念“泳”。

《尔雅》中较多出现“B前A后式”，这比该格式用于传注类训诂更好理解。《尔雅》作为专著性质的训诂资料，不存在上下文语境，因此被释语词并非已知的，反而是一个相对陌生的新概念。使用“B前A后式”，也是重在用包含了熟悉概念的B解释陌生的概念A。当然，专著训诂中的材料有时摘录于前代的随文释义，但训诂语句出现于专著，已去除了上下文语境，且一般经过了编纂者的重新加工，与传注类训诂还是有一定差别。如《尔雅》中对“泳”的解释有两处，一处与《毛传》完全相同，即“潜行为泳”（《尔雅·释水》。《十三经注疏》：2619），另一处则采取了“A，B也”格式，即“泳，游也”（《尔雅·释言》。《十三经注疏》：2582）。前者用“B前A后式”，虽与《毛传》相同，但比《毛传》

更不具有语境性，A 完全是陌生概念的身份；后者用“A 前 B 后式”，这时“泳”具有词条性质。

（三）动词语义与格式功能

“B 前 A 后式”中，“B 谓之 A”和“B 曰 A”中的“谓之”和“曰”是“称它”“叫作”之义；“B 为 A”的“为”相当于“是”，在格式中也可以理解为“叫作”。它们在格式中的功能都是引出一个相对陌生的概念或名称。具体来说，又可细分为两种情况。

第一种是对陌生的概念进行解释，如例（7）中的“离”、例（9）中的“泳”等。

第二种是同一个概念存在若干名称，或者是用最常见的名称解释相对陌生的名称，如例（11）用“父”解释“考”、用“母”解释“妣”；或者不涉及解释，在包含若干个“B 前 A 后式”的语段中，处于后续句的“B 前 A 后式”通过添加“又”“亦”“或”等成分，以“（B）又谓之 A”之类形式引出同一概念的其他相对陌生的名称，这时，B 一般都承前省略了。例如：

（13）狱，确也，言实确人情伪也。又谓之牢，……又谓之圜土，……又谓之囹圄，……（《释名·释宫室》）

（14）五家为伍，以五为名也。又谓之邻，……又曰比，……（《释名·释州国》）

以上两例，由于第一句的性质有所不同，所以分别代表两种不同情况。例（13），整个语段为一个话题链结构，第一句为“A 前 B 后式”，第一句的 A 即“狱”是整个语段的共同话题，后续“B 前 A 后式”通过“又谓之”连续引出“狱”的其他名称“牢”“圜土”“囹圄”，它们的 B 都是“狱”，因此承前省略了。例（14），整个语段也是一个话题链结构，但第一句是“B 前 A 后式”，与后续“B 前 A 后式”结构一致，第一句的 B 即“五家”与后续句的 B 相同，也是整个语段的共同话题，后续“B 前 A 后式”通过“又谓之”“又曰”连续引出“五家”这一概念的其他名称“邻”和“比”，它们的 B 也都承前省略了。这种情况下，“（B）又谓之 A”“（B）亦曰 A”等不涉及解释词义，只是引出其他名称，其他名称都是相对陌生的名称，然后再通过其后语句（即例中省略的部分）对其进行解释。

“B 前 A 后式”的三种具体格式中，“B 曰 A”和“B 为 A”的结构形式较为相似，结构关系也相对较简单；“B 谓之 A”则相对较复杂，关于其结构关系及结构来源，详见下文的相关讨论。

（四）讲解模式与语序理据

为什么在“A 前 B 后式”和“B 前 A 后式”中，被释语词 A 都是相对陌生的语言形式，训释用语 B 都是相对熟悉的语言形式，但在前一类格式中，A 是旧信息，B 是新信息；在后一类格式中，却是 B 为旧信息、A 为新信息呢？对于这个问题，必须从两类格式讲解模式的差异来寻找答案。

从讲解“名”“实”之间对应关系的角度来看，前一部分已指出，“A 前 B 后式”的讲解模式是“依名论实”，A 作为“名”虽陌生却是已然存在的，所以是旧信息；B 作为 A 对应的“实”，虽熟悉却是通过解释行为才被知晓的，所以是新信息。

“B 前 A 后式”的讲解模式则恰好相反，可以概括为“据实揭名”，即：先指出客观世界所存在的某个“实”，再揭晓其对应的语言符号“名”。B 所代表的“实”不仅熟悉而且已经告知，所以是旧信息；A 作为 B 对应的“名”，是陌生且通过解释行为才予以揭示的，所以是新信息。例如上述例（8）“汉南曰荆州”，其讲解模式表现为：先指出客观存在的地理区域“汉水之南”，再告知这一地域在行政区划中的名称是“荆州”。指出“实”在前，揭晓“名”在后。由此可见，“B 前 A 后式”语序排列的认知动因，也是对讲解顺序的临摹，也遵循了语言象似性中的“时间顺序原则”。

因此，由于两类格式讲解模式的差异，在“依名论实”中，作为“名”的 A 是旧信息，作为“实”的 B 是新信息；在“据实揭名”中，作为“实”的 B 是旧信息，作为“名”的 A 是新信息，这就造成了两类格式中 A 和 B 新旧信息的性质正好相反。但是，两类格式都受“旧信息+新信息”的句子信息分布原则的制约，同时，句子编码形式还依据“时间顺序原则”对讲解顺序进行临摹，于是就出现了两类格式中 A 和 B 语序排列截然相反的现象。

四　结语

本文的主要结论，可以概括如下。

汉语句子的语序反映了句子的信息分布，句子的信息结构一般表现为“旧信息+新信息”的顺序模式，据此，可以对古代释义性训诂格式存在两类相反语序类型的现象进行合理的解释。“A前B后式”中，被释语词A是旧信息，训释用语B是新信息；“B前A后式”中，训释用语B是旧信息，被释语词A是新信息。因此，两类格式的语序排列恰好相反。两类格式中，A和B的信息新旧性质相反，由多种原因造成。其一，从新旧信息的定义来看。“A前B后式”中，A是已经存在于被解释者大脑中的信息，因此属于旧信息，B是要输送到被解释者大脑中去的信息，所以属于新信息。“B前A后式”中，情况与之完全相反。其二，从话题特征来看。“A前B后式”中，A具有话题性质，A和B形成“话题—述题”结构，话题A是旧信息，述题B是新信息。“B前A后式”则是由B和A形成“话题—述题”结构，话题B是旧信息，述题A是新信息。其三，从语境联系来看。“A前B后式”多出现于随文释义式的传注类训诂，被解释语句与训诂语句往往形成一个完整的上下文语境，A已出现在“上文”中，B是通过解释才得以明确的，所以A是旧信息，B是新信息。“B前A后式”既常出现于随文释义式传注类训诂中，也出现于专著类的训诂材料中，其共同特点是淡化或去除语境性，重在用包含了熟悉概念的B解释陌生概念A，所以B是旧信息，A是新信息。其四，从讲解模式来看。“A前B后式”是“依名论实”，A是已然存在的“名”，B是需要解释的“实”，所以A是旧信息，B是新信息。“B前A后式”是“据实揭名”，B是已经告知的“实”，A是将要揭示的“名”，所以B是旧信息，A是新信息。

此外，在认知层面，从语言象似性的角度，受“时间顺序原则”的制约，句子编码形式分别临摹了互为反向的不同讲解顺序，两类格式所生成的句子因此就呈现出截然相反的语序排列格局。这与从句子信息分布原则的角度所作的解释，不仅结果一致，而且可以互相补充和发明。

五　余论

以下几个与本文密切相关的问题，还需要进一步说明或讨论。

（一）关于不同格式中的“谓”

“A 前 B 后式”中“A 谓 B（A，B 之谓）”的“谓”，与“B 前 A 后式”中“B 谓之 A”的“谓”，意义不太相同。对此，已有的训诂学著作中多有说明。比如新近出版的苏建洲《新训诂学》：

> “曰”“为”“谓之”大致相当于现代汉语中的“叫”“叫作”和“称作”。(苏建洲 2020：84)
>
> “谓”与“谓之”不同……“谓”字相当于现代汉语中的“是指”“是说”或“指的是”“说的是”。(苏建洲 2020：86)①

从句子结构上看，“A 谓 B”和“B 谓之 A”完全不同。“A 谓 B”是一个主谓宾式单句结构，A 是主语，“谓”是谓语，B 是宾语。“B 谓之 A”则是一个省略式主谓谓语句，而且是双宾结构，B 是句子大主语，小主语常被省略，“谓”是谓语，“之”是间接宾语，复指 B，A 是直接宾语。被省略的小主语是“称作”言语行为的话语主体，若没有特别说明，默认为全体语言社团成员。在对方言词进行解释时，由于该词所使用

① 训诂学著作在介绍训诂术语时，常将“之谓”与“谓之”等同，或将它与“曰”“为”“谓之”列为同一类，如周大璞（1984：128）、苏建洲（2020：84）等。实际上，“之谓”有两种用法。第一种用法确实与“谓之”相似，其格式为“B 之谓 A”，如“生之谓性”（《孟子·告子上》。《十三经注疏》：2748）。何乐士（1982：107）指出该句式表示“B 才（或‘就’等）算 A’一类意思”，而且，它“一般只出现于典籍正文，训诂专书中极少见到”（白兆麟 2005：98）。所以，这种用法并不是严格意义上的释义。第二种用法与“谓之”不同，其格式为“A，B 之谓”，如前文所举例（4）。这一用法是“A 谓 B”格式的宾语 B 前置式，因此属于“A 谓 B”的变体。这种用法正如吴庆峰（2020：133）所说，是用“之”把宾语提到“谓”之前，“‘谓’和‘之谓’只是形式上的不同，作用是一样的”。与第一种用法不同的是，B 的位置只是提到“谓”之前，但仍在 A 之后而并非在 A 之前。因此，前一种用法属于本文论述的“B 前 A 后式”，后一种用法则属于“A 前 B 后式”。可见，笼统地将“之谓”与“曰”“为”“谓之”视为同一类是不准确的。

的特定方言区是需要特别指出的，所以小主语一般必须出现，例如：

（15）镌，琢也。晋赵谓之镌。（《方言》卷二）

此例中，“晋赵”为小主语，用地域名称代表该方言区的语言社团，不过，大主语“琢”却承前省略了。

大小主语都出现的完整形式，例如：

（16）蝉，楚谓之蜩。（《方言》卷十一）

训诂格式“B 谓之 A”来源于古代汉语中表一般性称谓或称名的双宾结构“某谓之某”。何乐士（1982：106）认为，古代汉语中“那些没有出现施事主语的‘谓之’句，也多隐含着这类表泛指的主语”。这一看法极有见地。表一般性称谓或称名的“某谓之某”，其常规用法，“谓之”前也经常省略小主语，但如有必要，也有出现小主语的情况，例如：

（17）吾有大树，人谓之樗。（《庄子·逍遥游》）

一般性用法与训诂格式一样，大主语都是旧信息，“谓之”后的直接宾语都是新信息。

“某谓之某”是间接宾语用“之”复指上文的用法大量出现后抽象化而成的句式。实际上，间接宾语也可以不是“之”的复指形式而是一个普通名词，句子也就成为单纯的双宾句，这应该是一般性“某谓之某”句式更为初始的形式。例如：

（18）楚人谓乳穀，谓虎於菟。（《左传·宣公四年》）

此例稍加变换，如前半句，就能变为“乳，楚人谓之穀”的一般性“某谓之某”句式。

训诂格式“B 谓之 A”继续发展，出现了两种特殊用法。一是由具体名词取代“之”，“谓”与“曰”或“为”形成连动句式“话语主体主语+谓+宾$_1$+曰/为+宾$_2$”。例如：

（19）少妇谓长妇曰姒，言其先来，己所当法似也。（《释名·释亲属》）

（20）俗谓随行曰跟。（张自烈《正字通·足部》“跟”字注）

（21）南楚谓颐为颔。（慧琳《一切经音义》卷第六十二）

在这种句式中，“曰/为”是临时添加在双宾句式两个宾语之间的插入性成分，以使两个宾语能有效地区分开，使句子表义更加明晰。实际上，“曰”或“为”也可以不必添加进去，就成为与例（18）一样的双宾句式。比如，在《春秋公羊传》《春秋谷梁传》《毛传》等传注中都出现过的“妇人谓嫁曰归”（《春秋公羊传·隐公二年》。《十三经注疏》：2203；《春秋谷梁传·隐公二年》。《十三经注疏》：2367；《诗经·周南·葛覃》毛传。《十三经注疏》：277），赵振铎（2003：58）根据《经典释文》、孔颖达正义以及阮元《毛诗注疏校勘记》等材料，认为此句中“曰”字是后人加的。后人既然可以添加，说明这种用法中添加“曰”是较为后起的用法，且可以自由隐现。实际上，除了赵先生举的材料之外，清代段玉裁在为《说文解字》“归”字作注引用此句时，也没有用“曰”，即：

（22）《公羊传》《毛传》皆云“妇人谓嫁归”。（段玉裁《说文解字注》二篇上）

二是前一句只有大主语、后一句只有小主语的用法。例如：

（23）首坐谓之客，唐谓之坐头。（《通雅》卷十九）

《通雅》是明代方以智的著作，此例中，前一句“首坐”为句子大主语，小主语省略，后一句“唐”为小主语，义为“唐代人”，大主语则承前省略。

此外，在“B 前 A 后式”中，除了“谓之”，言说动词“曰”所引领的训诂格式同样也有出现小主语的用法。例如：

（24）佥、胥，皆也。自山而东五国之郊曰佥，东齐曰胥。（《方言·卷七》）

（二）多项并举与词义辨析

已有论著已指出，“B前A后式”常用来辨析同义词或近义词（白兆麟2005：98，苏建洲2020：85，吴庆峰2020：131，等）。实际上，所比较区分的对象，除了同义词或近义词，还包括类义词和反义词。这种情况下，若干个训释语句并列在一起，就形成了一种特殊的多项并举的形式。多项并举时，B作为相对熟悉的概念，无论是否采取“属概念+种差”的结构模式，都重在凸显被释语词之间的区别性语义特征。例如：

（25）木豆谓之豆，竹豆谓之笾，瓦豆谓之登。（《尔雅·释器》）

（26）治骨曰切，象曰磋，玉曰琢，石曰磨。（《诗经·卫风·淇奥》毛传）

（27）古者苍颉之作书也，自环者谓之私，背私谓之公。（《韩非子·五蠹》）

上述三例，被释语词“豆”“笾”“登”是类义关系，“切”“磋”“琢”“磨”是近义关系，“私”和“公”是反义关系。其中例（27）稍特殊，不是义训而是形训，且出自典籍正文。在多项并举形式中，训诂语句既有自然焦点，即位于句末、作为句子新信息的被释语词A；而训释用语B中反映不同词项之间的区别性语义特征，又成为对比焦点，比如例（25）的“木”“竹”和“瓦”。有时，除了首句是完整形式外，后续句的B都采取省略形式，省略的是不同词语词义成分中相同的部分，保留的则是体现对比焦点的区别性语义特征，如例（26）的“象”“玉”“石”。再如：

（28）男子先生为兄，后生为弟。（《尔雅·释亲》）

这样的训释方法，非常接近现代语义学中的义素分析法。贾彦德

（1999：134）曾指出“义素分析就是分析矛盾”，“不管一个义位包含多少义素，这些义素总是分成两个方面，即与概念里的种概念相应表共性的方面和与属差相应表个性的方面”。“B 前 A 后式”的多项并举的形式，在对一组有近义、类义或反义关系的词语进行释义时，训释用语虽然都很简短，但基本包含了该组词语“表共性的义素”和各词语“表个性的义素”，与用义素分析法得出的结论基本一致。义素分析法于 20 世纪 50 年代以后才在西方产生，而中国先秦两汉时期的训诂实践中所使用的释义形式就有与之相似之处，实属难能可贵。

（三）两类格式的结合使用形式

对于同一个被释语词的解释，还可以采取“A 前 B 后式”和“B 前 A 后式”结合使用的形式，以便从不同角度对它进行解释。这种情况下，语句排序一般为：“B 前 A 后式”在前，“A 前 B 后式”在后。因为 A 是同一个被释语词，所以前后句中 A 相同；但不同语句中 B 分别是不同的解释，所以两个 B 的内容有所不同。这种结合使用形式可表示为：B_1 前 A 后式+ A 前 B_2 后式。例如：

（29）广平曰原，原，元也，如元气广大也。（《释名·释地》）

（30）道之显者谓之文，盖礼乐制度之谓。（朱熹《四书集注·论语·子罕》）

以上两例，都是先用“B_1 前 A 后式”对陌生概念进行解释并引出 A 这一陌生概念，再用“A 前 B_2 后式”对其意义进一步解释。具体来说，例（29），先用“广平”解释“原”，并引出这个陌生概念，再用声训的方式揭示其音义来源“元”；例（30），先用下定义的方式“道之显者”解释“文”，并引出这一陌生概念，再用“礼乐制度”解释它在语境中的具体义。第一句中，A 被假设为一个陌生的概念，是新信息，所以采取了“B_1 前 A 后式”；第二句紧承第一句，A 已成为旧信息并承前省略了，于是变为“A 前 B_2 后式”。这种排序方式，也进一步体现了句子信息分布原则。

参考文献

1. （清）阮元校刻：《十三经注疏》，中华书局1980年版。

2. （清）孙诒让：《墨子间诂》，中华书局2001年版。

3. 白兆麟：《新著训诂学引论》，上海辞书出版社2005年版。

4. 陈昌来：《现代汉语语法分析》，华东师范大学出版社2000年版。

5. 戴浩一：《时间顺序和汉语的语序》，黄河译，《国外语言学》1988年第1期。

6. 何乐士：《论"谓之"句和"之谓"句》，载《古汉语研究论文集》，北京出版社1982年版。

7. 黄侃讲、潘重规记：《训诂述略》，《制言》第7期，文新印书馆1935年版。

8. 贾彦德：《汉语语义学（第2版）》，北京大学出版社1999年版。

9. 李胜梅：《句首"所谓"、句尾"所谓"及相应句式》，《当代修辞学》2017年第5期。

10. 孟琢：《由解释到训诂：先秦文献正文训诂与中国训诂学的发生》，《北京师范大学学报》（社会科学版）2022年第1期。

11. 苏建洲：《新训诂学》，上海古籍出版社2020年版。

12. 吴庆峰：《训诂学新篇》，中华书局2020年版。

13. 张斌：《现代汉语描写语法》，商务印书馆2010年版。

14. 赵振铎：《训诂学纲要（修订本）》，巴蜀书社2003年版。

15. 周大璞：《训诂学要略》，湖北人民出版社1984年第2版。

（曹亚敏，女，讲师，博士，主要从事汉语词汇和语法研究。通信地址：河南省洛阳市涧西区广文路2号院战略支援部队信息工程大学洛阳校区。邮编：471003。电子邮箱：cyamin@163. com。匡鹏飞，男，教授，博士生导师，主要从事汉语史及现代汉语语法研究。通信地址：武汉市珞喻路152号华中师范大学语言与语言教育研究中心。邮编：430079。电子邮箱：kuangpf@ccnu. edu. cn。）

早期北京话介词“起”的多功能用法及其来源*

张　渊

（河北地质大学）

摘　要：早期北京话介词“起”主要有4个语义功能，即引介处所、空间源点、空间经由、时间源点。经考察，介词“起”的具体语义演变路径为：“开始>空间源点”“空间源点>处所”“空间源点>空间经由”“空间源点>时间源点”。介词“起”的语义演变路径在汉语史和世界语言范围内都能找到平行演变的实例。

关键词：早期北京话；起；多功能语素；来源

关于早期北京话介词“起”的用法不少学者都进行过讨论。赵元任（1952：37）指出“从、打、解、起、自从”是北京话表示处所和时间意义的常用介词。孙锡信（1997：151）发现清末的北京话教材《官话指南》中只用“解、起”来表达“从、由”义。杨杏红（2014：117—119）系统整理了清末介词“起”在日本明治时期北京话课本中的使用情况。上述学者主要是对介词“起”的语义功能进行描写，并未详细讨论介词“起”的演变过程。鉴于此，本文拟在前贤研究的基础上进一步刻画早期北京话介词“起”的多功能模式，并尝试探索不同语义功能之间的语义演变过程。

* 基金项目：2021年度教育部人文社会科学研究一般项目“基于近代汉语语料库的分层级反预期构式研究”（项目编号：21YJE740001）；2022年度河北省高等学校人文社会科学研究项目资助“早期北京话中虚词的使用情况及历时演变研究”（项目编号：YWZX2022014）。

一 早期北京话介词“起”的多功能用法

《现代汉语词典》（2016：1029）中提到“起”作为介词有三种用法，即引介空间源点，如“您起哪儿来”；引介时间源点，如“起前天开始计算”；引介空间经由，如“看见一个人起窗户外面走过去”。早期北京话中介词“起”的使用情况与普通话中有所不同。笔者对北京大学中国语言学研究中心研究成果《早期北京话珍稀文献集成》中所涵盖的全部文献，以及《红楼梦》《刘公案》《儿女英雄传》《龙图耳录》《红楼梦影》《永庆升平全传》《益世报》等重要的早期北京话材料进行穷尽考察后，发现早期北京话的介词“起”除了上述三种用法，还可以引介处所。下面我们拟对早期北京话中介词“起”的多功能模式进行详细阐述。

（一）引介处所

介词“起”可以用来引介动作发生的地点，一定程度上与介词“在”相当。但介词“起”较之介词“在”而言使用环境较为有限。介词“在”可以指动作发生或事物存在的处所，也可以指出生、发生、产生、居留的处所。而介词“起”一般只能用来引介动作发生的处所。“起+NP”一般出现于谓语动词之前作状语。例如：

（1）好些看热闹的人围着，正要把纷的阿思往十字架上抽，他起人群儿里就喊著说：“我来了。”（《亚细亚言语集》第252页）

（2）这必是你又起别处谋害了一个人，讹诈王生去了。（《今古奇观》第208页）

（二）引介空间源点

“起”引介空间源点的用法是介词“起”的主要语义功能之一。介词“起+NP”可以放在谓语动词之前，标记位移的起始位置。介词结构“起NP”一般与“来、回来”等搭配使用，有时也与引介目的地的“到NP”同现。例如：

(3) 这么着，我就叫他们那几个伙计把棉花包**起**栈房里又都搬到院子来。(《官话指南》第 87 页)

(4) 当初包掌柜的**起**山西到京里来，就在偺们这城外头晋益账局子里当伙计。(《华言问答》第 201 页)

介词“起”还可以用来引介抽象的空间源点，即表示某个界限的起始位置。例如：

(5) 你先拿根绳子，**起**这根柱子拴到那棵树上去。(《官话指南》第 114 页)

(6) 比如上年纪的人，腰疼、腿疼、四肢麻木、腰酸，腰脊骨，**起**脖颈起，直到尻骨那儿止，常常的酸疼。(《四声联珠》第 136 页)

(三) 引介空间经由

介词“起”可以引介客体移动过程中所经过的处所。经常与谓语成分“过、走过、路过”等同现。与“起”空间源点义用法类似，介词结构“起 NP”一般也是位于主语之后，位于动词之前。例如：

(7) 那个姑娘刚才**起**这儿过，也不知是谁家的，长得很标致，又稳重。(《官话指南》第 27 页)

(8) 是我们小孩子，拿着小弓儿、小箭儿，在院子里射家雀来着，所以**起**窗户里飞进来了。(《四声联珠》第 65 页)

(四) 引介时间源点

介词“起”可以用来引介行为动作或状态变化的时间起点。除了直接引介时间成分，如例 (9)；“起”还可以和“起、之后”等搭配使用，意思跟“从……以后、从……以来”相同，如例 (10)；有时，“起”还可以和“到”搭配使用，分别引介时间的起讫点，如例 (11)。

（9）我**起**去年就听见说他要被参，我还不相信，如今果然真被参了。（《官话指南》第 71 页）

（10）**起**过门之后，我们两口子很和睦，从来没打过架拌过嘴。（《华言问答》第 243 页）

（11）虽然**起**一落草儿到现在一百天，这百日之内，也很难将养。（《北京事情》第 133 页）

以上我们对介词“起”的不同语义功能进行了举例说明。为了进一步展现出介词“起”这四种语义功能的发展情况，我们对其进行了定量分析。如表 1 所示。

表 1　早期北京话语料介词“起”不同功能的占比情况①

文献＼功能		处所		空间源点		空间经由		时间源点	
		次数	比率%	次数	比率%	次数	比率%	次数	比率%
18 世纪	红楼梦	0	0	0	0	0	0	0	0
	刘公案	0		0		0		0	
19 世纪	儿女英雄传	0		1		0		2	
	龙图耳录	0		0		1		0	
	官话指南	1	3.2	13	45.2	3	16.1	9	35.5
	永庆升平全传	0		0		0		0	
	红楼梦影	0		0		1		0	
20 世纪上半叶	北京纪闻	0		1		3		1	
	春阿氏	1		0		0		1	
	官话标准	0	12.5	1	25.0	0	37.5	0	25.0
	华英文义津逮	0		0		0		0	
	益世报	0		0		0		0	

通过表 1，我们可以发现，介词“起”引介空间源点和时间源点的用法应该是介词“起”最主要的两种用法。介词“起”的空间源点义在 19

① 笔者先将早期北京话文献分为 18 世纪、19 世纪和 20 世纪上半叶三类，又从这三类语料中各选取了一些文献来对介词“起”不同语义功能的占比情况进行统计。关于占比情况，我们以 19 世纪“起”的处所义为例进行说明。19 世纪“起”的处所义占比率 = 19 世纪“起”处所义出现的次数/19 世纪“起”所有功能出现次数的总和，即 1/31。

世纪北京话语料中约占总数的 45.2%，在 20 世纪上半叶北京话语料中约占总数的 25%。介词“起”的时间源点义在 19 世纪北京话语料中约占总数的 35.5%，在 20 世纪上半叶北京话语料中约占总数的 25%。整体而言，介词“起”在 18 世纪文献中出现的频率较低，这很可能与 18 世纪早期北京话材料偏少有关。

为了解释介词“起”的来源问题，我们还调查了其他 22 个方言点中介词“起”的多功能模式。如表 2 所示。

表 2　　汉语 22 个方言点中介词“起”的多功能模式

方言区	方言点	介词				资料来源
		处所	空间源点	空间经由	时间源点	
北京官话	北京	+	+	+	+	陈刚（1985：222）；董树人（2010：365）；笔者调查
中原官话	安徽利辛		+		+	翟占国（2015：16—17）
中原官话	安徽蒙城		+		+	代灿灿（2018：15—22）
中原官话	河南商丘		+		+	谢易延（2018：15—16）
中原官话	河南中牟		+			鲁冰（2010：14）
东北官话	黑龙江哈尔滨				+	尹宝玉（2018：18—19）
西南官话	湖北鹤峰		+		+	汪次云（2013：74）
西南官话	湖北长阳		+			宗丽（2012：46—47）
中原官话	江苏沛县		+	+	+	董晴晴（2015：13—14）
冀鲁/中原官话	山东运河流域		+	+	+	张琳琳（2013：58）
中原官话	山东微山		+	+	+	殷相印（2006：121）
西南官话	湖北武汉		+		+	朱建颂（1995：26）
晋语	山西忻州				+	温端政，张光明（1995：23）
中原官话	江苏徐州		+	+		苏晓青，吕永卫（1996：34）
西南官话	云南昆明				+	张华文，毛玉玲（2013：412）
中原官话	江苏宿豫				+	力量，张进（2011：53）
冀鲁官话	天津		+		+	谭汝为（2014：193）
冀鲁官话	山东王村		+			王浩（2007：43—44）

通过表 2，我们可以清晰地看到介词“起”在其他方言中的使用情况。这种共时的多功能模式往往是其历史演变的产物。通过分析不同功能

之间的蕴含关系，我们可以推知直接关联的两个功能之间的演变方向。比如，介词“起”可以引介空间经由的方言，都可以引介空间源点。反之，在介词“起”可以引介空间源点的方言里，介词“起”不一定可以引介空间经由。因此，介词“起”空间源点和空间经由之间的演变方向一定是“空间源点>空间经由”。在缺乏历时语料支撑的情况下，这种跨方言的考察，对分析特定语素的演变路径具有重要意义。

二 早期北京话“起”的语义演变

通过上述考察，我们发现介词“起”主要存在四种语义功能：引介处所、空间源点、空间经由、时间源点。那介词“起”究竟是如何演变而来的？哪种用法是最先产生的？下面我们拟对这些问题做出回答。

（一）开始>空间源点>时间源点

介词“起”的用法及来源问题，吴福祥（2010：107—108）、魏红（2012：130—131）、翟赟（2014：256—266）等学者都做过一些讨论。较为一致的观点是，源点介词“起”应该来源于动词“起”的“开始”义。但是这些研究并未详细刻画与分析介词“起”出现的时间和产生的过程。杨杏红（2014：113—117）对介词“起”的语法化过程做了相对细致的描写。杨文提到介词“起”在先秦文献中就已经可以出现在处所成分之前，引介空间的起始点。例如：

（12）百步一栊枞，起地高五丈。（《墨子·备城门》）

但是杨文所举的这个例子并不恰当。首先，“起地高五丈”的意思是“距离地面五丈高”。“起”是表示距离的动词，不是引介空间起始点的介词。其次，《墨子·备城门》的真伪性，历来是有争论的。孙诒让在《墨子间诂·序》中就对《备城门》的真实性提出过质疑。朱希祖（1982：271）也指出：“《备城门》以下十二篇，实为汉人伪托，殆无疑者。”因此杨文所说的介词“起”在先秦文献中已经出现的说法不可信。

下面我们拟重新梳理和分析介词“起”的语法化过程。

“起”，本义是立的意思，指由躺而坐或由坐而立。例如：

（13）孔子推琴而起，曰：“其圣人与？”（《庄子·渔父》）

在不同的语境中，“起”又进一步引申出出发、发生、建造、开始等义。例如：

（14）子墨子闻之，起于齐，行十日十夜而至于郢。（《墨子·公输》）

（15）若是，则上失天性，下失地利，中失人和，故百事废，财物诎而祸乱起。（《荀子·正论》）

（16）上自幸河东之明年正月，凤凰集祋祤，于所集处得玉宝，起步寿宫，乃下诏赦天下。（《汉书·郊祀志》）

（17）明法度，定律令，皆以始皇起。（《史记·李斯列传》）

例（14）“起于齐”就是指“从齐国出发”。例（15）“祸乱起”就是指祸乱的发生。例（16）“起步寿宫”中“起”是“建造”的意思。例（17）中的“起”就是“开始”义。毫无疑问，动词“起”的“开始”义相较于其他引申义而言，语义更为泛化，且与起点介词“起”的语义关系最为紧密。因此起点介词“起”很有可能来源于动词“起”的“开始”义。

动词“起”在完成语法化后并没有消失，早期北京话中依然有它的身影。例如：

（18）姑爷多礼，姑爷请起。这可实在的难为你！（《儿女英雄传》第37回）

（19）果见有三间小房，后檐临街，东向一个拐角，随墙起了一个小门。（《北京》第53页）

（20）这些道书机锋，最能移性的，明儿认真说起这些疯话，存了这个念头，岂不是从我这一支曲子起？（《红楼梦》第22回）

但是并不是所有表示“开始”义的动词“起”都有可能发生语法化。换言之，我们认为“开始”义动词“起”根据其所处句法环境的不同可以分为“起$_1$”和“起$_2$”两种，只有“起$_2$”才具备演变为介词的可能性。

“起$_1$”所处的句法环境是“介词+NP+起”，例如：

（21）于是塞南越，祷祠泰一、后土，始用乐舞。益召歌儿，作二十五弦及坎侯瑟自此起。（《汉书·郊祀志》）

（22）自郑国渠起，至元鼎六年，百三十六岁，而兒宽为左内史，奏请穿凿六辅渠。（《汉书·沟洫志》）

例（21）、例（22）中“起$_1$”都出现在“自+NP+起$_1$”的格式中。其中，“起$_1$”是表示“开始”义的谓语动词。“自+NP+起$_1$”表示从某个时候开始。

“起$_2$”所处的句法环境是“起$_2$+（于）+NP”，例如：

（23）有形之类，大必起于小；行久之物，族必起于少。（《韩非子·喻老》）

（24）七月甲戌，暴风，大雨雹，起自汾州，经并、相、司、兖，至徐州而止，广十里，所过草木无遗。（《魏书·灵征志上》）

例（23）、例（24）中，“起$_2$”出现的格式都是“起$_2$+（于）+NP”。其中，NP既可以是时间成分，也可以是处所成分。“起$_2$+（于）+NP”表示开始于某个时间或某个处所。

“起$_1$”和“起$_2$”都是表示“开始”义的动词，语义上没有区别。但句法环境的不同使它们经历了不同的演化过程。第一类句法环境中，“自……起$_1$”这样的格式，一般不能用于连动结构。所以在第一类句法环境中，“起$_1$”只能是动词，不具备语法化为介词的可能性。时至今日，汉语方言中也依然可以见到“介词+NP+起$_1$”这样的格式。其中，“起$_1$”都是表示开始义的动词。如下所示。

（25）河南中牟方言：押后儿个起，他家开始种谷子。从后天开始，他家开始种稻谷。（鲁冰 2010：14）

（26）湖北鹤峰方言：打明儿起，我要好□搞学习哒。从明天开始，我要好好学习了。（汪次云 2013：72）

与第一类句法环境不同，第二类“起$_2$+于/自+处所成分/时间成分”中的动词“起$_2$”具有演变为介词“起”的可能性。理由如下：

“起$_2$+于/自+处所成分/时间成分”中的“于/自”可以省略。省略“于、自”之后的“起$_2$NP”从形式看，与介词“起”所处的句法环境已经十分相似。例如：

（27）胜故涓人将军吕臣为苍头军，起新阳，攻陈下之，杀庄贾，复以陈为楚。（《汉书·陈胜项籍传》）

在这样的情况下，当“起+NP”后面出现其他的谓语动词时，“起$_2$+NP+VP”就会构成连动式。由于连动式中前面的动词性成分常常是旧信息或已知信息，所以更容易发生语法化。

中古汉语早期，介词“起”出现了引介空间源点的用法。

（28）输将起海上而来，一钱之赋耳，十钱之费弗轻能致也。（《新书·属远》）

（29）有大星，头如箕，长五六丈，起西方流东，行至地。（萧绎《金楼子·说蕃篇》）

例（28）选自贾谊《新书·属远》。此段文字描写了从极远之地输送货物到秦廷而带来的危害。“输将起海上而来”的意思就是“运送贡赋的人从极远之地而来”。这句话中的“起”不再具有理解为动词“开始”的可能。从语义上看，“起海上”是对“来”的修饰，“起海上”只是句子的次要信息。“起”的意义与“从”相当。“起”引介的是货物移动的起始点。例（29）出自梁代萧绎《金楼子》。“起西方流东”中，“流东”表示“向东流”，是句子的谓语核心。而“起西方”是状语成分，表示“大星”移动的起始位置。此外，下文中有“有流星若箕，自东北西南行至地”。将这句话与例（29）放在一起比较，我们可以发现语义相近的两句话中一个用了“起”，一个用了“自”。这表示空间源点义的“起”在梁代应该已经发展成熟，且其地位在一定程度上与“自”相当。

介词“起”在唐五代时期又出现了引介时间源点的用法。例如：

（30）起今年五月一日已后，一切并停。（唐穆宗《停淄青兖郓等道榷盐诏》）

（31）起今已后，其被驳选人，若已依期限经废置详断不成，自谓有屈，任经中书门下陈状。（唐文宗《量放驳选人滥行陈诉诏》）

从“起”空间源点和时间源点出现的时间早晚来看，“起”引介时间源点的语义功能很可能来自空间源点。

实际上，空间概念和时间概念的联系本就十分紧密。Lyons（1977：475）很早就发现人类认知中很多抽象概念都是从空间概念演变而来的。其中，空间域到时间域的投射是最常见的演变路径之一。汉语方言中一个语素兼表空间概念和时间概念的现象就很常见。例如：

（32）山西万荣方言“赶”

a. 赶这块往南走。从这里往南走。［空间源点］（吴云霞 2002：100）

b. 赶这搭我就开始好好学起啦。从这时，我就开始好好学起来啦。［时间源点］（吴云霞 2002：100）

此外，汉语史上，介词“即”引介“在某一时刻”的用法就来自“即”的处所义。介词“从”也是先获得空间源点的用法，才获得了时间源点的用法。例如：

（33）高帝闻之大怒，乃使陈平载绛侯代将，而即军中斩哙。（《史记·樊郦滕灌列传》）［处所］（马贝加 2014：120—122）

（34）上暴崩，即其夜于大行前拜受丞相博山侯印绶。（《汉书·匡张孔马传》）［时间］（马贝加 2014：120—122）

（35）公从外来，而有不乐之色，何也？（《韩非子·十过》）［空间源点］（马贝加 2002：24—109）

（36）三十二年春，宣王伐鲁，立孝公，诸侯从是而不睦。（《国

语·周语上》）［时间源点］（马贝加 2002：24—109）

综上，“起”存在“开始>空间源点>时间源点”的演变路径。

（二）空间源点>处所

我们未能在汉语史中发现介词“起”引介处所的用法。这可能是我们语料考察范围不够大，也有可能是介词“起”引介处所的用法本就出现得晚。但无论如何，19 世纪北京话中已经有了介词“起”引介处所的用法。这种用法一定程度上相当于普通话的“在”。

由于介词“起”之前已经产生了引介空间源点的用法。而处所和空间源点都处于空间域之中，所以我们推测两者之间可能具有直接关联。

另外，Wang（2012：148）在充分发掘处所介词多功能模式的基础上，参考类型学共性及 Heine et al.（1991：156—158）所确立的七条语义演变参数，绘制了世界语言空间域动态化的语义地图（图 1）。从这个语义地图中，我们可以发现空间源点和处所是紧密联系的（两者之间有直接连线）。但是如图 1 所示，空间源点和处所之间是双向演变关系。因此想要确定介词“起”空间源点和处所这两个语义功能之间的演变方向，还需要考虑跨方言的蕴含关系。经考察，汉语方言中介词“起”有处所语义功能的都有空间源点语义功能，但有空间源点语义功能的不一定有处所这一语义功能（表 2）。所以尽管空间源点和处所之间是双向演变关系，但基于跨方言比较得出的蕴含关系，介词“起”应该存在“空间源点>处

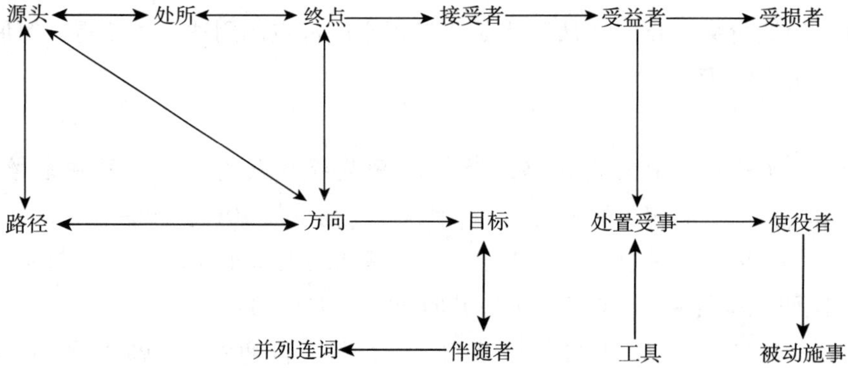

图 1　Wang（2012：148）世界语言空间域动态化的语义地图

所”的语义演变路径。

汉语方言中也有不少语素可以兼表处所和空间源点。例如：

（37）湖南平江方言“落”

a. 我**落**咯边过来咯。我从那边过来的。［空间源点］（王众兴2008：26—27）

b. 我**落**街上做事。我在街上做事。［处所］（王众兴2008：26—27）

（38）四川资中方言“过”

a. 我**过**我爸妈屋头拿了点香肠回来。我从我爸妈家拿了点香肠回来。［空间源点］（林华勇，肖棱丹2015：301）

b. 这件衣服是我**过**成都耍的时候买的。这件衣服是我在成都玩的时候买的。［处所］（林华勇，肖棱丹2015：301）

（三）空间源点>空间经由

汉语史上介词“起”引介空间经由的用法较少，我们暂未能找到典型的用例。但介词“起”可以引介空间经由也是很好理解的。因为介词“起”之前已经产生了引介空间源点和处所的用法，而介词“起”空间源点、处所和空间经由用法的句法环境是一致的，都是“起+NP+V”。唯一的不同就在于空间源点凸显的是位移的起始点。处所凸显的是某个固定的地点。而空间经由凸显的是位移过程中经过的地点。因此，三者之间存在明显的转喻关联。

Wang（2012：148）所勾勒出的语义地图（图1）也表明空间经由和空间源点之间具有直接关联。此外，介词“起”跨方言的考察（表2）显示介词“起”空间经由的存在先设空间源点的语义功能。换言之，介词“起”应该存在“空间源点>空间经由”的语义演变路径。

汉语方言以及少数民族语言中，不少语素都兼有空间源点和空间经由的语义功能。例如：

（39）山东微山方言“漫”

a. 俺老家是**漫**山东搬来的。我老家是从山东搬来的。［空间源点］

（殷相印 2006：123）

b. 家的钥匙叫我擩丢了，我只好叫俺兄子弟弟漫窗户爬进去，才把门打开。家里的钥匙被我弄丢了，我只好叫我弟弟从窗户爬进去，才把门打开。［空间经由］（殷相印 2006：123）

（40）海南屯昌方言“趁”

a. 趁海口去广州，总欠坐一日一冥船有。从海口到广州，还要坐一天一夜的船呢。［空间源点］（钱奠香 2002：119）

b. 一枪趁妚肚屎拍过。一枪从肚子打穿过去。［空间经由］（钱奠香 2002：119）

三　结语

经过上述考察，我们初步构拟了介词“起”的语义演变路径。如图 2 所示。

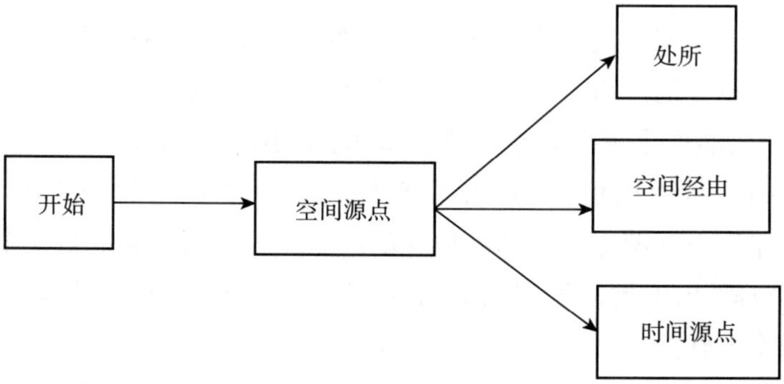

图 2　早期北京话介词“起”的语义演变路径

本文对介词“起”演变路径的总结，在汉语史和世界语言范围内都能找到各种平行演变的实例。汉语史上，“从”引介处所的用法来自空间源点的用法（马贝加 2014：235）。罗城壮语“tso⁵（放）”的空间经由义来自于空间源点义（王全华 2019：79）。俄语中“s”时间源点义来自于空间源点义（Haspelmath 1997：2）。如下所示。

（41）上客从赵来，赵事如何？（《战国策・秦策 5》）［空间源

点］（马贝加 2014：235）

（42）王长史为中书郎，往敬和许。尔时积雪，长史从门外下车，步入尚书，著公服。敬和遥望，叹曰：“此不复似世中人!”（《世说新语·容止》）［处所］（马贝加 2014：235）

（43）罗城壮语“tso5”

a. te1 tso5 lɯ1 θaːn2 taŋ2 hjo6 hjaːu4 au1 waːi3 paːk7 vun1 ni4.

他 从 里 家 到 学校 要 过 口 路 这

他从家里到学校要经过这个路口。［空间源点］（王全华 2019：79）

b. te1 tso1 lan1 paːk7kʰau3 ni4 hau3 lɯ1 pin2 pai1.

他 从 个 口 这 进 里 瓶 去

他从这个口进瓶。［空间经由］（王全华 2019：79）

（44）俄语“s”

a. Ona snjala sljapus golouy.

She took her hat off from her head. ［LOCATIVE SOURCE］（Haspelmath 1997：2）

b. Ona zdet s pervogo dekabrja.

She has been waiting since December first. ［TEMPORAL SOURCE］（Haspelmath 1997：2）

参考文献

1. 陈刚：《北京方言词典》，商务印书馆 1985 年版。

2. 代灿灿：《蒙城方言空间介词研究》，硕士学位论文，阜阳师范学院，2018 年。

3. 董晴晴：《江苏沛县中原官话介词研究》，硕士学位论文，上海大学，2015 年。

4. 董树人：《新编北京方言词典》，商务印书馆 2010 年版。

5. 力量、张进：《宿豫方言研究》，河海大学出版社 2011 年版。

6. 林华勇、肖棱丹：《四川资中方言“过”的多功能性及其语法化》，载《语言研究集刊》第 14 辑，上海辞书出版社 2015 年版。

7. 鲁冰：《中牟方言介词研究》，硕士学位论文，河南大学，2010 年。

8. 马贝加：《汉语动词语法化》，中华书局 2014 年版。

9. 马贝加：《近代汉语介词》，中华书局 2002 年版。

10. 钱奠香：《海南屯昌闽语语法研究》，云南大学出版社 2002 年版。

11. 苏晓青、吕永卫：《徐州方言词典》，江苏教育出版社 1996 年版。

12. 孙锡信：《汉语历史语法丛稿》，汉语大词典出版社 1997 年版。

13. 谭汝为：《天津方言词典》，天津人民出版社 2014 年版。

14. 汪次云：《湖北鹤峰方言虚词调查研究》，硕士学位论文，云南师范大学，2013 年。

15. 王浩：《王村方言语法研究》，硕士学位论文，山东大学，2007 年。

16. 王全华：《壮侗语位移动词“来”“放”的语法化研究》，硕士学位论文，广西大学，2019 年。

17. 王众兴：《平江城关方言的介词研究》，硕士学位论文，湖南师范大学，2008 年。

18. 魏红：《明清山东方言特殊语法词研究》，齐鲁书社 2012 年版。

19. 温端政、张光明：《忻州方言词典》，江苏教育出版社 1995 年版。

20. 吴福祥：《汉语方所词语“前”的语义演变》，载《历史语言学研究》第 3 辑，商务印书馆 2010 年版。

21. 吴云霞：《万荣方言语法研究》，博士学位论文，厦门大学，2002 年。

22. 谢易延：《河南商丘方言介词研究》，硕士学位论文，湖南师范大学，2018 年。

23. 杨杏红：《日本明治时期北京官话课本中的前置起始义介词——兼谈共同语形成过程中的包容性》，《安徽农业大学学报》2014 年第 2 期。

24. 殷相印：《微山方言语法研究》，黑龙江人民出版社 2006 年版。

25. 尹宝玉：《哈尔滨方言介词研究》，硕士学位论文，辽宁师范大学，2018 年。

26. 翟赟：《从起点介词看南北官话的对立》，载《语言历史论丛》第 7 辑，巴蜀书社 2014 年版。

27. 翟占国：《安徽利辛方言介词语法化研究》，硕士学位论文，浙江财经大学，2015 年。

28. 张华文、毛玉玲：《昆明方言词典》，云南教育出版社 2013 年版。

29. 张琳琳：《山东运河流域方言语法研究》，硕士学位论文，山东大学，2013 年。

30. 赵元任：《北京口语语法》，开明书店 1952 年版。

31. 中国社会科学院语言研究所词典编辑室：《现代汉语词典》，商务印书馆 2016 年版。

32. 宗丽：《长阳方言语法研究》，博士学位论文，华中科技大学，2012 年。

33. 朱建颂：《武汉方言词典》，江苏教育出版社 1995 年版。

34. 朱希祖：《墨子备城门以下二十篇系汉人伪书说》，载《古史辨》（四），上海古籍出版社 1982 年版。

35. Haspelmath，Martin（1997）. *From space to time*：*Temporal adverbials in the world's languages.* München-Newcastle：LINCOM EUROPA.

36. Heine，Bernd.，Claudi，Ulrike.，& Hünnemeyer，Friederike（1997）. *Grammaticalization*：*a conceptual framework.* Chicago/London：The University of Chicago Press.

37. Lyons，John（1997）. *Semantics.* London：Cambridge University Press.

38. Wang，Wei（1997）. The semantic map of the spatial motion domain and related functions. PhD diss.，The Hong Kong University of Science and Technology.

（张渊，女，讲师，博士，从事汉语历史语法与语义研究。通信地址：河北省石家庄市裕华区槐安东路 136 号河北地质大学。邮编：050031。邮箱：zhnagyuanpc@163. com。）

论汉字形源研究的几个理论问题*

陈正正

（河南大学黄河文明与可持续发展研究中心）

摘　要：汉字形源研究有一些理论问题需要专门讨论：汉字字源学（形源学）的任务是描写汉字形体自发生到定形阶段的形体变化，梳理形体与形体之间的关系，与追求汉语音义之源的汉语词源学并不相同；形源研究应该称为“汉字形体描写学”，不应该过分追求形体所象之物，其重点应客观如实地描写形体之变，避免过分追求理据，陷入误区；形源研究要注意相关术语的科学使用，如“初文”“本字”；传统小学的新证研究，应该及时吸收形源研究等古文字学界研究成果。

关键词：形源；理据；术语；汉字说解

一　区分形源与词源

汉语多是一字形、一音节、一词语的统一模式。如徐通锵先生（1999：181）说：“汉语的结构基础，简单地说，就是‘一个音节·一个概念’的一一对应。”但是汉字的本体是形体，每个字形记录的音和义是来源于记录的这个单音节词。单音词产生远比字形本身早，在汉字造字之前语言已经有了悠久的发展历史。我们认为，字源学（形源学）应该与词源学不同。描述汉字形体的来源，分析字形的构形理据，归纳形与形的

* 基金项目：国家社科基金重大招标项目“基于数据库的古籍计算机辅助版本校勘和编撰系统研究”（项目编号：15ZDB104），河南省高校人文社会科学研究一般项目“《说文》形源整理与研究”（项目编号：2022-ZZJH-531），开封市哲学社会科学规划项目“黄河学视野下《说文》形源整理与研究”（项目编号：ZXSKGH-2022-1854）。本文为该项目的阶段性成果。

同源关系，应该属于字源（形源）范畴（王宁 2015：5）；而讨论词的构词理据，讨论词的音义来源，系联词与词的同源关系，则应该属于词源范畴。

形源研究大部分是针对商周有形体来源的字形。商周时期的汉字分化以及后来的形声分化，是形源研究的主要任务。我们以前对汉字分化的理解相对狭隘，大多关注形声分化。其实形声分化应该是更后起的大规模汉字造字手段。早期汉字主要的分化模式是在商周时期通过改变文字形体的个别笔画与追加区别符号产生的分化。我们有必要区分字源（字族）与词源（词族）两个研究范畴，形源研究，应该客观地描述形体来源与形体变化，如实说解；而词源研究，应该在系联同源词的基础上，再追踪音义之源。

我们针对一些前人的研究成果，讨论一下形源研究的不足与缺陷，进一步讨论形源研究应该注意的相关问题。

> (1) 高鸿缙按：象口含食物。复有匙引物而食之形。由文口生意。故讬以寄太甚（口食不止之意）。副词。（古文字诂林编纂委员会 2000：774）
>
> 杨树达：《说文》五篇上《甘部》云：“甚，尤安乐也，从甘，从匹，匹，耦也。”按十二篇下《女部》云：“媅，乐也，从女，甚声。”寻二字异同，实一字也。异者：甚为会意字，媅加义旁女耳。甚从甘匹，与好从女从子者意同，造字之意甚显。别如女旁，则与义为赘矣。抑男女互相谓之匹，甘匹则所从言之者不问男女也。别加女旁，则与义又偏而不全矣。许君不了此，故析为二字。后世二字音读殊异，甚字为尤甚义所专，益无知其当为一字者矣。（古文字诂林编纂委员会 2000：774—775）

按：上文“甚”字的形源认识不充分，混淆了形源与词源。形源上看，“甚”构形不明，周代字形上为甘，下为“乚”，构意不明。周代晚期其下部与上“甘”最后一横共享一横画，中间又加入“八”之短画形。如（晋侯对盨·西周晚期·新收 626 页）①。战国下部加两点变为“匹”字，口或者移入下部“”之中，与上部“八”位置互换，如（包 158）②、（包 198）。秦系简帛将上部“口”字另加一横，并将横画拉长，为“甘”字（或加一竖笔成交叉形），（睡为二贰）、（关简 325）③。后为许慎解释为从甘从匹。词源上看，太甚之义，当是因为从“甚”之字多有深义，如“湛”之深入义，“黮”为深黑色，“媅”为沉溺沉陷，“戡”为刺入之深，“醴”为嗜酒之深（殷寄明 2018：456）。

此外，追溯形源必须合理解释形体与形体的关系，客观如实地陈述同源关系。不能见到形体有相似之处，就简单地评价为同源关系。

> （2）“白”字的甲骨文和“日”字的甲骨文很相似，而且它们的篆文也很相像。由此笔者猜想“白”和“日”这两个字之间是存在一定联系的。“白”字的甲骨文形状较像太阳升起时的景象。的上半部分像是太阳、光源，而下半部分则象征了大地，那整个字就象征太阳在天际线将要升起，阳光出现的景象，所以“白”的甲骨文上半部分又比“日”的甲骨文要尖，而这时候的天色也就是我们平常说的“鱼肚白”。“白”字的本义可能就代表日光的颜色。（曹舒瑶 2019：92）

按：商代字形“日”写作：（合 20079 师）、（合 20091 师）、（合 11209 宾）④。“白”字构形不明，一说象拇指形。战国文字上加一撇，（随县 46）⑤、（包 219），到小篆变为一竖，（《说文》）。在甲骨文的“白”字上添一横笔，中间再加入“∧”形，就分化出“百”字。“白”“百”为同源字，“白”与“日”无关。形体的接近无法推测出同源关系。文中认为白字象日初升之形，也无根据，其上尖形为撇

① 刘钊：《新金文编》，福建人民出版社 2014 年版。下同。

② 李守奎：《包山楚墓文字全编》，上海古籍出版社 2012 年版。下同。

③ 方勇：《秦简牍文字编》，福建人民出版社 2012 年版。下同。

④ 王蕴智：《甲骨文可释字形总表》，河南美术出版社 2018 年版。下同。

⑤ 李守奎：《楚文字编》，华东师范大学出版社 2003 年版。下同。

形所变。字与字的联系，一定是有形体来源与演化关系，属于字形系统问题。

二 避免过分追求理据

我们都知道，汉字是据义构形的文字。字形与其记录的词义之间有理据性说明关系。一方面，可以根据汉字的形体，探求构形理据，因形求义；另一方面，可以根据汉语词义，来分析汉字形体，据义析形。但不是每一个汉字形体都是可以找出物体所象，表意所指的。大量的字形，造字年代杳渺，其理据颇有不可确知者。大量字源考释并无用例之证，既不能证实也不能证伪，强行探索价值不大。我们不能过分追求物体所象，而应该如实描写形体之真。应尊重汉字形体符号变化特点，将字形的演变放置在整个构形系统当中深入考察，如实客观地描写字形发展沿革轨迹，不过分地追求理据。

(3) 无论是构成“仁”的“亻”，还是构成“𡰥”的“尸”，其实都是“人”在某个阶段的象形形态，区别在于前者的形象如同一个立着的人形，而后者则是坐着的人形。(白奚 2000：97—98)

按：“尸”字说解不确。商代字形为（合 14952 宾）、（合 20612 师）、（合 830 宾）、（合 831 宾），象人屈身侧卧之形。“尸”字产生的时代，尚未有坐具。

(4) 異，甲骨文中的字形为，像一个双手高高举起、具有大大的怪异头部的人。

甲骨文中“鬼”字字形如下：字形下方人的姿势不同，有的站姿，有的跪姿，有的加了“示”字旁，而上面的头部跟“異”字是一样的。所以，只要弄清楚“鬼”字头部的含义，“異”字的含义也就迎刃而解了。

在众多关于“鬼头”的讨论中，鬼头是祭祀时由人戴的面具之说更为合理。甲骨文中“鬼”的另一字形加有（示）形，是摆供品的祭台，正突出了祭祀含义。需要补充的是，这个戴面具的人不只有主祭者巫祝，还有代理受祭者。——祭祀时装扮成“鬼”的“尸”。他们在祭祀时都要进行头部化妆，装扮成鬼神模样。所以，“鬼”有时也可指其他头部化妆的人。（李颖 2015：70）

按：“鬼”象首部作“”形的侧面之人，商代字形为（合 137 宾）、（合 8593 宾）。卜辞惯用作方国名。战国文字于人形尾部追加装饰笔画，又有追加“示”之鬼形，表示与祭祀神明有关。《说文》释为“甶”，象征鬼头，其说未必。战国有从“示”之鬼形，表示与祭祀神明有关。

“異”像人手持一物向人头上戴之形，“異”“戴”为一字，后来分化为形、音、义不同的二字。后简化为“异”。“异”未见古文字形体与用法。至于因为“鬼”“異”上面形体相似，就做出类比，认为鬼头是祭祀时由人戴的面具之说，我们认为尚为不妥。第一，“鬼”的形体之后有一个发展变异的过程，至西周中期上改为尖形，（鬼作父丙壶·西周中期·15.9584），战国则更为明显，如（陈肪簋盖·战国早期·08.4190），小篆出头作“”。“甶”字应为鬼头之形截取，表示鬼头之义。而“異”字基本没有变化，商代作（合 4417 宾）、（合 31000 何），周代作（作册大方鼎·西周早期·05.2760）、（大盂鼎·西周早期·05.2837）、战国作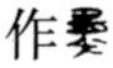（包 116）、（包 117）；第二，从字际关系上看，“異”“戴”关系更为密切，“戴”为“異”后加声符“弋”（后讹变成“戈”，《段注》：“弋声、𢦏声同在一部。盖非从戈也。”）而新造的异体字，“戴”是一种装饰修饰之物。最合理的描写就是客观描写“鬼”上部形状，或许与鬼怪活动装饰物有关，而不去过分解读。

（5）笔者认为，从左右结构变为上下结构，不仅反映了造字者对“委”字所承载意义的认识的深化：字义从表面的“弯曲”向内在的“女子与禾的关系”的方向扩大，而且字形结构的变化也从侧面反映了随着父氏社会的发展，女性的地位越发低下的情况。（潘雅

雯 2019：69）

按："委"字从女，从禾。商代字形（合 7076 宾）、（合 7076 宾），晚周以后习作上禾下女结构。构件位置调整，代表女性地位低下的说法，完全是求之过深。汉字的构件位置，没有统一的标准与明确的规则。有些从上下结构调整为左右结构，还有一些从左右结构调整为上下结构。比如"如"，商代为（怀 1527 师）、（合 32227 师历）、（南 2672 午），为左右结构；但是到了战国时代（郭·缁 19）、（郭·五 45）、（郭·五 45）、（信一·零四）又成了上下结构；又比如"奴"，商代为（合 8251 正宾），战国为（四年咎奴𦯬令戈·战国晚期·17.11341）、（郭·老甲·9）、（上博简四·采 4·15），也从左右结构调整为上下结构，难道如、奴的形体变化代表女性地位提高？肯定不然，这是汉字系统本身的调整。构件的位置，很多是不体现构造意图的。

> （6）"兒"字当为"齯"的初文，其本义为"像人牙齿稀疏之貌"，"兒"之"小儿"义与"婴"之"小儿"义同为后起义，是从摹声联绵词"婴兒"理据分析而来，其动因是汉语对多音节词构词理据的追求。（胡海宝 2016：62）
>
> 郭沫若认为是皃之古文，象小儿有总角之形。（古文字诂林编纂委员会 2000：734）

按："兒"的商代字形为（合 20534 师）、（合 20592 师）、（合 3397 宾）、（合 14681 宾）。象人上为"ㄩ"状之侧面人形，人首顶戴臼形物不识，后上部变为"臼"形。大量卜辞用于人名、地名及方国名，如《合集》7893："庚申卜，鼎（贞）：兒人……"，又如《合集》19183："戊辰……■取……兒……"。胡文的一个推理是："另一个疑窦是'兒'字下方的构件'𠁼（儿）'（胡海宝 2016：62）。此形在甲骨文中与跪跽形的构件'' 有时组字功能相近，两者都不与'小儿'义发生关联。”“儿”的本义未必就是小儿，《说文》的说解某种程度是为了强调形义关系而作的理据重构。与人相关的字形，如“勹”“尸”“匕”“身”都是在“人”形基础上变异而来，至于“兒”上部究竟为何，我们认为是构形不明，不去过分地猜测。其他类似的字形也有上部构形所指不清楚的，如“允”，象首部作“”状的侧面人形；又如“兑”，象首部作“”的人形，其上面形状具体所指我们并不得而知，只能客观如实描述。《说文》“小儿”义完全可能是后起之义。若认为是“齯”之初文，缺乏相关的依据，理由不充分。《段注》：“大齿落尽。更生细者，如小儿齿也。”这里说得已经很清楚，“如小儿齿”，并非真是“儿齿”。至于“老年人齿落后，一般情况不会再长出新牙。”是按照现代科学的一种推测，与古人的真实生活并不完全一致。其说未必，现代真实生活报道，也会有一些奇异现象，就是老人长出新牙。①

三　要注意术语的使用

“本字”“初文”是古文字最常用的用语。它经常用来描述某一个字的形体来源，追溯某一个字形的形体源头；或者认为某字是另一字形的早期书写形式。但是很多“本字”是先预定了某个字有某个意义，然后再去探寻“本字”；还有“本义”，因文献散佚等原因，很多已经很难寻觅，我们也只能归纳其常用意义。有一些相关研究，在形源追溯方面，理由并不充足；在探求本义方面，材料也不充分，甚至都成了猜测。比如：

> (7) 那么，“方”的本义是什么呢？有鉴于它与“旁”“傍”的密切关系，或许可以推测——它可能是以这种具有两个尖端（一个在另一个旁边，互相倚傍）的农具形象来表示抽象意义“旁边”或“倚傍”，是“旁”或“傍”的本字。正如“高”以高大的建筑表示抽象意义的“高”，“交”以交叉的人形表示抽象意义的交叉等。但是相对于“高”“交”用具体事物表示抽象事物的方式，“方”表示“旁”或“傍”又显得不是很直接。所以，本文还是将农具看作

① https：//www. 99. com. cn/laoren/lrqw/77601. htm.

“方”的本义。这又不得不面临一个问题——在出土文献和传世文献中“方”都没有指农具的用例。不过，这也不是孤例，如《说文·木部》解释“权”的本义为黄华木，学界基本同意此说，目前同样没有文献证明。(李冬鸽 2012：48)

(8) 余疑口字象东南西北四方之形，乃四方或方圆之方本字。今作方者，方为併船，乃同音借字，非本字也。口或作匚，则四方省为三方之省形字也。(杨树达 1954：42)

按：“方”，甲骨文字形为（合 19777 师）、（合 20608 师）、（合 6729 师宾）构形不明。商代文字上有加一饰笔横画，又有将“”中间的横笔类化，以平衡、美饰文字结构，如帝、市、帚等字。甲金文习用表方国（如羌方、土方、鬼方）或方位字。在没有足够的文献例证情况下，基本辞例不足，我们仅能得出“方”的构形理据不明这一结论，无法强行探求其本义，更无法与“舫”等字联系起来。汉字的分化没有必然统一的轨迹，“它”为“蛇”的本字，“止”为“趾”之本字，完全推不出“方”是“舫”的本字。裘锡圭（2012：63）也有一种观点，是认为“方”和“芒”关系密切，他说“所以古人完全有可能假借锋芒之‘芒’的表意字来表示方圆的‘方’。”这种说法，也只是找到了字形相关的证据，与字音接近的证明，仍然没有辞例通用的依据，还是具有某种猜测性。杨树达先生也是一样，口、匚、方三者的关系，更多只是读音和形体的关系，并无辞例通用证据。汉字当中形近音近的例证很多，不能由此就推出某是某的本字。所以，现有的材料得出结论，仍然是“方”字构形不明，用法为方国名，《说文》“併船也”为假借义，其他字际关系尚待考证。

(9) 其实，“女”应是“奴”的本字，像一跽跪之人两手被缚于胸前之形。证之于中外古代史，奴隶的来源多为战俘，而战俘被擒获时要用绳索捆绑，为了防止其反抗，通常是捆绑其双手，然后带回，用为奴隶，往往女俘虏变为奴隶者居多，所以“女”又引申为男女之“女”。在商代甲骨文中，“女”字多用其引申义，即用为男女之“女”字，而用为奴隶者作反缚跽跪之人形，这应是殷人有意使之相区别。证之“奚”字，“奚”有奴隶义，甲骨文中奚字下从大，从人，也从“女”，而“女”为双手被缚之形。再者，魏三体石经古文“怒”字上从女，且“女”亦为反缚之形，也可说明“女”即“奴”。(谢荣娥 2006：105—106)

按：“女”字商代文字（合 19961 师）、（合 27600 何）、（合 27601 何）。象上肢交错于胸前之跽踞之形，或上加一横饰笔。至周代，写作（京姜鬲・西周中期・03. 641）、（五祀衛鼎・西周中期・05. 2832）、（曶壶盖・西周中期・15. 972）、（走簋・西周晚期・08. 4244）。蜷曲的下肢多省略，脱离象形意味。春秋战国时期，双手相交处弯折更为突出。文章字形说解并不准确，“女”只是跪坐之状，与俘虏无关，俘虏也并非只针对女性。奴隶义与女性义，并没有同类的词义引申轨迹可循[1]。“女”也绝非其引申义。构件“人”“女”换用，在古文字中非常普遍，包括“奴”也有一个异体形体，为“仅”，《段注》：“男女皆在焉。故从女又。所以持事也。”

“女”只是“奴”的一个表意构件。“奴”在古代是男女统称，《周礼》曰：“其奴，男子入于辠隶，女子入于舂藁。”“女”和“奴”之间并无分化关系，没有记录过同一个音义。“同源字是从同一母体分化出来的一组字，而后者（指事字）则纯属造字的需要，不具分化的意义。……其次，在文字的使用上，指事字是一种独立的记词符号，与原来的象形符号不发生记词上的音义联系；借形变体字在未脱胎之前，往往与母体存在一个同形异用的过渡阶段。”（王蕴智 2004：195）会意字也是一样，是构件一次性拼合而成，并没有一个先后共用记录同一个音义的过渡阶段。因此，会意字的构件与整字之间不能认为是同源关系。

四　重视对传统小学著作的校订工作

我们找到较早的字形来源，梳理形体的发展变化轨迹，就可以更深入

① 词义引申或有故训的依据证明，或者有平行的词义引申证据证明，没有的话无法被认可，难以确证，只能待考。

地鉴定前人的研究论证的得失。很多形源研究，或可以为传统小学研究提供一些例证，或纠正前人的一些说法。以前有“《说文》新证”“《广雅》新证”，但是缺少其他小学著作“《段注》新证”等古文字新证研究。传世小学文献的整理必须重视相关出土材料的考证作用。

(10)《段注》“音”字：“‘丶’各本作‘否’。非。今正。‘杏’，韵书皆入侯部。或字从豆声。豆与丶同部。《周易》‘蔀’‘斗’‘主’为韵。‘蔀’正杏声也。天口切。四部。其形隶作音。”

按：《说文》原本为“从丶从否，否亦声。”段注改为“从丶，从否。丶亦声。”校改不确，音与否关系密切，为同源关系。音为否字之变。否，战国写作（清华简芮良夫03）①，上加一饰笔。音、否读音接近。音为旁纽侯部，否为帮纽之部。声纽相近，韵部为旁转。音与丶同音，是一种偶合，不能改定形体结构，认为丶声。②

(11)《段注》“中”字：“按中字会意之恉，必当从口，音围。卫宏说：‘用字从卜中。’则中之不从口明矣。俗皆从口。失之。云下上通者，谓中直或引而上或引而下皆入其内也。”

按：《段注》改动正篆字形由“”改为“”，符合构形事实，“中”字确实并不从“口”。但是删去一个古文“中”（），认为“此字可疑。岂浅人误以屈中之虫入此欤”，却可不必。该字形确有古文字来源。“中”有两个形体来源，一个是记录游旗义的“中”，标有游旗形状，如“”（合6448宾）、“”（合29789），如《合集》6449：“鼎（貞）：（勿）立中。”还有一个是记录伯仲的“仲”，无游旗形状，如“”（合1504宾）、“”（合13216宾），如《合集》1504：“辰卜：于中（仲）丁。”两类“中”，需要加以区别。

① 马继：《清华大学藏战国竹简（1—8）文字编》，硕士学位论文，华东师范大学2019年。

② 事实上，“丶”并非独立字形，不应有明确音义。在古代是断句符号，以供识别。下同。

（12）《段注》“聿”字：“各本作一声。今正。此从聿而象所书之牍也。”

按：段玉裁校订《说文》结构，认为“一”并非声符，此之为确。但是“一”也并非表意构件，为饰笔。“聿”为笔之初文，商代文字为（合 32791 历）、（合 22063 午）、（殷 5099－1 妇聿卣）象手执笔形。笔形或省作一竖笔，或另加繁写，遂因繁简之别而分化出聿、尹、隶三字，后世追加竹旁，则别出筆（笔）字。春秋战国文字下有饰点，如（上博简三·周七·13）① 后改为一横之饰笔。

（13）《段注》“画”字：“‘介’各本作‘畍’。此不识字义者所改。今正。《八部》曰：‘介，画也。从八从人。’人各有介。”

按：《说文》之“畍”字，是战国汉代为分化“介”边界义所造，秦汉文献例证颇多。如北大藏汉简《老子》198.04：“大制無畍。”字形作“”，玺印文字作“”（《汉印文字征》卷十三），睡虎地秦简也有“”（睡答一八六），又 8－649 正“县中”，里耶秦简 8－657 正“县中”②。可知“畍”已经是秦汉时期常用字形，段注为臆改，判定并无版本依据，原文无错。

我们参考古文字的相关成果，尤其是汉字字源（形源）学的研究结果，可以对一些小学研究著作展开深层次考辨。这样一方面可以继承传统小学的优秀成果，另一方面可以深化传统小学著作的利用价值。

五　结语

近百余年来，甲骨、金文的不断出土，简牍帛书的发掘大大丰富了汉字探源的相关资料，它们或可以为追溯汉字字源提供材料，或可以填补汉字发展史缺失的某些环节。同时，计算机处理技术日渐成熟，这些都在客

① 李守奎等：《上海博物馆藏战国楚竹书文字编》，作家出版社 2007 年版。下同。

② 蒋伟男：《里耶秦简文字编》，学苑出版社 2018 年版。

观上为开展全方位的新汉字形源研究奠定了良好的基础。

形源研究成果如专书编纂研究：以《说文》字形为出发点，探索汉字发展演变谱系，董莲池（2005，2007）《说文解字考正》《说文部首形义新证》、黄德宽（2007）《古文字谱系疏证》、曾宪通、林志强（2011）《汉字源流》、刘志基（2011）《中国汉字文物大系》、李学勤等（2012）《字源》、季旭升（2014）《说文新证》、张亚初（2014）《商周文字源流疏证》。

个别条目的札记：考释《说文》字形源头，文字释读的文章或者札记有：唐兰（1981）《古文字学导论》考释出了一系列从斤的字，如新、斧等；于省吾（2010）《甲骨文字释林》对三百多个甲骨文字形进行释读，不少是针对《说文》字形追溯源头，如屯、訾、气、勹等，对学界影响深远；裘锡圭（2012）《释"柲"》《释"戈"》《释"求"》《甲骨文中的"见"与"视"》等考据精审，立论严谨，纠正了《说文》不少错误；李家浩（2013）《〈说文〉篆文有汉代小学家篡改和虚造的字形》论证了《说文》不少篆文字形被篡改，甚至是根据隶书虚造的。还有其他诸多学者的散见文章，兹不赘举。

以上一些专书整理论著或收集字形不全，或相当一部分文字的摹写及释读还不甚精确，或观点结论缺乏对最新的古文字考释成果的吸收与采纳。另外，考证札记又散见在各个论文集，需要专门搜集整理，统一加以抉择。这些都需要我们对已有研究成果进行整合。

汉字形源的研究，应该如汉语词汇、汉语语音、汉语语法研究一样，展开细腻的描写工作。汉语词汇，已有词汇系统和语义系统描写；语音，有了汉语语音系统的描写；语法，有了共时语法与历时语法的关系描写。要认识到汉字形体的独立性，认识到汉字形体是汉字的本体，描写形体本身是一门重要的学问。对每一个字都要梳理它的"基因谱""户口本"，对常用构件的形体来源，笔画的形成与变异，字与字之间的同源关系都需要我们花大力气去梳理清楚。两千年前的《说文解字》许慎已经做了初步的工作，他对 9353 个汉字，逐一做了形体说解，进行了构形分析，是我们研究汉字形源绕不开的材料宝库。但是，许慎的说解一是受制于阴阳五行与当时历史文化观念等学说影响，并非纯粹的字形解释[①]；二是来源于小篆字系的限制，已经不是最早的形源。这些都需要我们利用新理论与新材料来重新说解。

我们应该重视常用字的形体梳理工作。汉字发展史理应探讨常用字的演变特点与变化规律。形源描写就是如实客观地描写字形的来源与发展变化，形源阐释就是从汉字形义学、汉字构形学、汉字形态学等角度出发，解释其形体变化的动因。我们应该尊重汉字形体的客观事实，一切从保真字形出发，用字典式语言，形成话语体系与话语风格，简洁如实描写形体变化。

汉字形源研究应当是汉字发展史、汉字形义学、汉字构形学的基础。整体的汉字形源说解，要在占据更多第一手出土文献资料基础上，在严肃的学术研究理念的指导下，立足于汉字本身的理据性与符号性的立场上，既认识到汉字据义构形的表意性特点，准确地解释汉字与记录语词音义之间的理据关系；也要认识到汉字符号性的本质，将汉字的形体变异放置在汉字构形的系统演变背景下去考察，不过分强求形体理据，描写形体结构演变过程。

参考文献

1. 白奚：《“仁”字古文考辨》，《中国哲学史》2000 年第 3 期。

2. 曹舒瑶：《“白”字字源微探》，《汉字文化》2019 年第 13 期。

3. 段玉裁：《说文解字注》，上海古籍出版社 1981 年版。

4. 古文字诂林编纂委员会：《古文字诂林》，上海教育出版社 2000 年版。

5. 胡海宝：《“儿”字本义商兑》，《语文研究》2016 年第 4 期。

6. 李冬鸽：《“方”为“舫”之本字考——兼论“方”“舫”的古文》，《语文研究》2012 年第 3 期。

7. 李学勤：《字源》，天津古籍出版社 2012 年版。

8. 李颖：《“穿”“戴”字源考辨》，《北方论丛》2015 年第 2 期。

① 陈双新：《试论〈说文解字〉的历时与共时研究》，《河北科技大学学报》2006 年第 12 期。

9. 潘雅雯：《“委”字形义探源》，《汉字文化》2019 年第 6 期。

10. 裘锡圭：《释“无芒”》，载《裘锡圭学术文集》，复旦大学出版社 2012 年版。

11. 裘锡圭：《文字学概要》，商务印书馆 2013 年版。

12. 王宁：《汉字构形学导论》，商务印书馆 2015 年版。

13. 王蕴智：《字学论集》，河南美术出版社 2004 年版。

14. 谢荣娥：《汉字字形民俗解说的误区》，《长江大学学报》（社会科学版）2006 年第 6 期。

15. 徐通锵：《语法研究入门》，商务印书馆 1999 年版。

16. 杨树达：《积微居甲文说》，上海古籍出版社 2007 年版。

17. 殷寄明：《汉语同源词大典》，复旦大学出版社 2018 年版。

（陈正正，男，讲师，博士，从事汉语言文字学研究。通信地址：河南省开封市明伦街河南大学黄河文明与可持续发展研究中心。邮编：454000。电子邮箱：czzsyz2005@163. com。）

20 世纪初英国人编写的北婆罗洲《客家方言教程》*

钟蔚苹[1]　庄初升[2]

（1. 北京师范大学文学院；2. 浙江大学汉语史研究中心）

摘　要：客家人移居马来西亚的历史悠久，是马来西亚华人重要的组成部分，尤其是在东马沙巴州（旧称北婆罗洲）一带占了相当大的比重。20 世纪初，英国圣公会传教士默瑟出于跟当地人交际的需要，编印了一本记录北婆罗洲新安腔客家方言的文献 *Hakka-Chinese Lessons*（《客家方言教程》）。该文献口语化程度高，对于今天的客家方言研究而言具有重要的学术价值。

关键词：《客家方言教程》；北婆罗洲；新安腔客家方言

位于东南亚的加里曼丹岛是世界第三大岛，南临爪哇海，北临中国南海。今日岛上分布着印度尼西亚、马来西亚和文莱三个国家。而在中国的史籍中，该岛又被称为“婆罗洲”（Borneo）。“北婆罗洲”（North Borneo）即位于加里曼丹岛北部，相当于今天马来西亚的沙巴州地区。

19 世纪末 20 世纪中叶，北婆罗洲成为英国的殖民地。为发展经济，英国政府在巴色会的引荐下，从中国招募大量华工，其中以广东客家人居多。为方便传教，英国圣公会传教士默瑟（Bernard Arthur Mervyn Mercer）于 20 世纪初编写了一本当地客家方言教程 *Hakka-Chinese Lessons*。全书共 190 页，没有出现汉字，亦没有中文标题，暂译作《客家方言教程》，以下简称《教程》。第一版于 1917 年出版，1930 年又出修

* 本文是国家社科基金重大项目“明清民国珍稀时音韵书韵图整理集成与研究”（项目编号：19ZDA308）、“海内外客家方言的语料库建设和综合比较研究”（项目编号：14ZDB103）的阶段性成果。

订版，由英国伦敦谢尔顿出版社（Sheldon Press）出版。本文拟从编印背景、文献概况及学术价值等方面对该教程进行介绍。

一 编印背景

北婆罗洲原为婆罗乃（Brunei，今译作文莱）苏丹属地，18 世纪深受海盗的侵袭，至 19 世纪初，北婆罗洲西北部陷入混乱状态。19 世纪三四十年代，英国政府为发展海上贸易，派布洛克（James Brooke）前往北婆罗洲协助婆罗乃苏丹肃清海盗。1846 年，婆罗乃苏丹将纳闽岛割让给英国，英国政府在北婆罗洲得到了发展殖民事业的根据地。1881 年，英国人登特（Alfred Dent）成立英属北婆罗洲临时协会有限公司（British North Borneo Provisional Association Ltd.）。1882 年，正式成立英属北婆罗洲渣打公司（British North Borneo Chartered Company），总部设在古达（Kudat）。1883 年，英属北婆罗洲公司又把首府迁往山打根（Sandakan，又译作仙那港），一直到 1945 年。

自 1882 年至 1946 年，英属北婆罗洲政府欲开发北婆罗洲，于是先后到中国各地招募华工前来开发此地。在移民的华人中，以广东的客家人占多数。在这一过程中，巴色会发挥了重要的媒介作用。根据庄初升、黄婷婷（2014：12），巴色会（The Basel Missionary Society）又称“巴色差会”或“巴色传道会”，是“福音教驻巴色的差会”（The Evangelical Missionary Society at Basle）的简称，属于基督教新教之信义宗，其总部位于瑞士北部的巴色城（今译为巴塞尔）。1846 年，巴色会派遣瑞典人韩山明牧师（Theodore Hamberg）和德国人黎力基牧师（Rudolph Lechler）前来中国传教。1860 年后，陆续来华的巴色会传教士以香港作为基地，逐渐深入广东的新安、东莞、归善（今惠阳）、长乐（今五华）、龙川、兴宁等广大客家地区。

1882 年，英属北婆罗洲第一任总督特查（William Hood Treacher）委派麦哈斯特（Walter Henry Medhurst）到香港和黎力基牧师商议招募劳工之事。之后，黎力基牧师到五华、龙川、紫金、宝安等地招募愿意去海外工作的巴色会信徒。1883 年 4 月 4 日，第一批劳工约 90 余人（均为龙川人），在黎力基牧师的率领下抵达古达。当时客家人被称为“般鸟”或“班鸟”。他们在古达垦殖开荒，种植稻米、蔬菜、橡胶和椰子等作物，为之后客家人在北婆罗洲的发展打下了一个良好的基础。1886 年，罗泰丰（第一批劳工中的一位）在所属山地建了一所礼拜堂，此乃巴色会在北婆罗洲建立教会的开始（李志刚 1994：241—252）。

自 1886 年巴色会北婆罗洲教会成立之后，北婆罗洲教会与香港教会应殖民政府的请求，不断招募广东客家人移入北婆罗洲，至 20 世纪初已有好几批客家人到该地进行垦殖开发。根据饶尚东（1994：72），这一时期广东客家人进入北婆罗洲的情况可归纳为表 1：

表 1　　19 世纪末 20 世纪初广东客家人移民北婆罗洲情况

移民时间	人数①	移民抵达地
1886—1889 年	40 家	古达
1896 年	81 人	山打根
1906 年	190 人	古达
1913—1914 年	63 家共 244 人（大部分是客家人）	古达

另据马来西亚历史学家黄子坚的研究，“1903 年前大约 2000 位华人移民到沙巴，其中 991 位是客家人……1908 年沙巴在农场工作的华人是 6166 名，其中大部分也是客家人。”（转引自河合洋尚 2013：137）

由于客家人移民到北婆罗洲与巴色会的引荐有密切关系，因此绝大部分客家移民的祖籍地也正是巴色会的传教范围，多来自当时的新安、东莞、龙川、紫金、五华一带。客家人到达北婆罗洲时一般是先到古达、山打根或亚庇一带垦殖，然后再扩散到其他地方（饶尚东 1994：72）。这几批为数不少的客家人的移入，不仅使北婆罗洲的经济社会得到快速发展，也使得当地巴色会组织不断壮大。

西方传教士进入当地传教，首要解决的就是语言不通的问题，为此他们一般都要先学会说当地的方言口语，再着手编写和出版方言圣经译本、方言字典词典、方言启蒙课本和其他方言学著作，供当地教徒和其他传教士使用。这本北婆罗洲《客家方言教程》正是在上述历史背景下诞生的。

① 移民的祖籍如非特别说明，均为客家人。

二　文献概况

（一）编者简介

该书的编者默瑟（Bernard Arthur Mervyn Mercer，1876—1962）是英国圣公会的传教士，在 1913—1945 年这三十多年间，他一直在北婆罗洲一带从事传教活动。

默瑟 1876 年出生于英国伦敦。1913 年，他被英国圣公会派往北婆罗洲的首府古达传教，主要是在圣詹姆斯教堂（Church of St. James）工作。后来由于古达受海盗侵扰，教堂遂迁往山打根（Sandakan），默瑟也转而到山打根继续传教工作，并于 1926—1939 年接任山打根圣米迦勒与诸天使教堂（Church of St. Michael）的会吏长。

由于长期与当地的客家人打交道，默瑟逐渐熟悉当地客家方言。在古达工作期间，他将基督教的祷告文翻译成客家方言，并标注上相应的罗马字拼音。为了使其他传教士能更加熟悉当地的风土人情，更好地开展传教活动，默瑟搜集了当地客家方言中的常用词句，编写成《客家方言教程》，第一版于 1917 年问世，1930 年再出修订版。从《教程》的内容编排及语言点分析中，可以看出默瑟对当地客家方言非常熟悉，同时也具有较高的语言学专业素养。

（二）文献的体例及内容

全书包括前言、正文和练习答案三部分。

前言部分，编者首先交代该书采用的是纪多纳（Donald MacIve）《英客词典》（*An English-Chinese Dictionary in the Vernacular of the Hakka People in the Canton Province*）的罗马字拼音方案，也即英国长老会的拼音方案。接着，对新安腔客家方言的声母、韵母（包括辅音韵尾）、声调从发音部位、发音方法等方面进行细致的描写，还通过与英语发音的比较来对声母、韵母的音值进行描述，例如将韵母“a”的读音作如下描写：“‘a’ is sounded as ‘a’ in ‘father’”。这一做法有助于其他传教士直观地获知声、韵的读音，也有利于我们了解当时北婆罗洲客家方言的具体音值。和纪多纳的罗马字拼音方案有所不同，《教程》所反映的客家方言中，

（1）声母没有 w-，但多了 v-；（2）韵母没有 ien、iet 和 iat。以下对照庄初升、李惠萍（2017）所归纳的英国长老会拼音方案，将《教程》所记录的客家方言的声、韵、调列举如下：

1. 声母（24 个，包括零声母）

表 2 **《教程》的声母**

长老会方案	p	ph	m	f	v	t	th	n	l	ny	ts	tsh
声母（IPA）	p	p^h	m	f	v	t	t^h	n	l	ɲ	ts	ts^h
长老会方案	s	ch	chh	sh	k	kh	ng	h	kw	khw	y	
声母（IPA）	s	tʃ	$tʃ^h$	ʃ	k	k^h	ŋ	h	kw	k^hw	j	∅

注：1.《教程》提到：k-、p-、t-、ch-比较接近英语的 g-、b-、d-、j-，而 kh-、ph-、th-、chh-则像把英语的 k-、p-、t-、ch-发成强送气音。可见，《教程》的编者大概能认识到上面两组辅音在客家方言中是不送气与送气的差别。

2.《教程》中认为：tsh-是一个复辅音（“consonantal diphthong”），分为 ts 和 h 两部分，其音值接近于英语中快速念“i（t's h）er book”这句话中括号内的读音。

2. 韵母（51 个）

表 3 **《教程》的韵母**

长老会方案	a	e	i	o	u	ü				
韵母（IPA）	a	ɛ	i	ɔ	u	ɿ				
长老会方案	ai	au	eu	oi	ui	ia	io	iu	iau	ioi	
韵母（IPA）	ai	au	ɛu	ɔi	ui	ia	iɔ	iu	iau	iɔi	
长老会方案	am	em	im	iam	an	en	in	on	un	ion	iun
韵母（IPA）	am	ɛm	im	iam	an	ɛn	in	ɔn	un	iɔn	iun
长老会方案	ang	ong	ung	iang	iong	iung					
韵母（IPA）	aŋ	ɔŋ	uŋ	iaŋ	iɔŋ	iuŋ					
长老会方案	ap	ep	ip	iap	at	et	it	ot	ut	iut	
韵母（IPA）	ap	ɛp	ip	iap	at	ɛt	it	ɔt	ut	iut	
长老会方案	ak	ok	uk	iak	iok	iuk	m	ng			

续表

韵母（IPA）	ak	ɔk	uk	iak	iɔk	iuk	m̩	ŋ̍			

注：1. 长老会方案为舌尖前韵母［ɿ］设计了符号 ü，《教程》指出：ü 音值接近英语“sir”的“i”，但并不完全相同。

2.《教程》提到：在当地新安腔客家方言中，-ien、-iet 基本已合并到-en、-et 中，但在声母 h-后，合并可能还未完成。①

3.《教程》提到：韵尾-k、-p、-t 发音比英语的短，而且没有发生爆破。

3. 声调（6 个）

表 4　　《教程》的声调

长老会调类	上平	下平	上声	去声	上入	下入
长老会方案	pa	pâ	pá	pà	pàk	pak
调类	阴平	阳平	上声	去声	阳入	阴入

注：1.《教程》对各声调调型的描述如下：上平是一个平调，② 结合其对应的是音乐中的“doh（F）”，所以应该是中平调；下平是一个低平调，③ 对应的是“soh（C below the F）”；上声是一个低升调，④ 对应的是“lah（D below F）”；去声是一个高降调，⑤ 对应的是“ray（G above the F）”；上入是一个高的短促调，⑥ 与去声同音高，区别只是上入带韵尾-p、-t、-k；下入是一个低的带韵尾的短促调，和上声（或上平）的音高相同。⑦

2.《教程》指出：去声调值有两种情况：作为单字或处于末字位置时，为高降调；而处于前字位置时，则为高平调。从这一描述中，可推测该客家方言中去声有可能存在连读变调。⑧

---

① 原文为“In Sin-on Hakka（the commonest dialect spoken in North Borneo）*i* before *e* is often silent，so that words ending in *ien* and *iet*（rhyming ‘yen’ and ‘yet’）are generally pronounced as if they ended in *en* and *et* respectively，e. g. *lien* is generally *len*，and *liet*，*let*. Possible exceptions are *hien* and *hiet*（pronounced in some dialects as *shen* and *shet*）”。

② 原文为“The First Tone is sung or drawled rather than pronounced on the upper level of the voice，and has an absolutely even tone”。

③ 原文为“The Second Tone is also sung or drawled on the lower level of the voice”。

④ 原文为“The Third Tone is spoken on the lower level of the voice in a rising，abrupt，and somewhat dictatorial manner，something like a tone of reproof”。

⑤ 原文为“The Fourth Tone is spoken on the high level of the voice，but directly the high note is struck，the voice seems to fall away”。

⑥ 原文为“The Fifth Tone has the same pitch as the Fourth Tone and the same mark or accent，but is very short and sharp，and ends with a sort of click caused by the t，k，or p with which it ends”。

⑦ 原文为“The Sixth Tone has the same pitch as the Third Tone，but it always ends in a click，with the non-explosive t，k，or p”。

⑧ 原文为“At least，this is what happens when it is the last tone in a phrase，or stands alone. At the beginning，or in the middle of a phrase，the drop in the voice gets left out，as there is no time to use it”。

由表 4 可以看出，《教程》的声调符号标于主要元音上面，阴平和阴入不标调，但通过韵尾可得以区分。值得一提的是，《教程》除了用“平（even）”“高（high）”“低（low）”“升（rise）”“降（fall）”等特征来描写声调的调型外，还借用了音乐中音阶的各个音级来对应各声调的音高，并指出声调的音高是相对音高，这一认识在当时来说无疑是非常科学先进的。

除了对声、韵、调进行描写外，《教程》的前言部分还加入了编者对客家方言乃至汉语的一些发现和思考，比如：（1）指出汉语单音节居多的特点，认为书写上使用汉字能将声韵皆同的音节区分开来，口语方面则是通过声调、量词及同义语素并用组成双音复合词等手段以示区别；（2）指出声调具有重要的辨义作用，使汉语具有音乐性。此外，编者一再强调：罗马字拼音方案是利用西方的字母系统对汉语的发音进行描写的一种手段，虽然有用，但也只是大致近似，真正地道的发音还需向汉语老师学习。

《教程》正文部分共分为 24 课，包括量词、数词、形容词、介词、连词、代词（指示代词、人称代词等）、助词及疑问句、否定句、被动句等语言点的讲解介绍，中间列举大量地道口语化的例子，均附有罗马字标音及相应的英语释义。每一课还有专门一部分讲授客家方言的常用语汇，偶尔也加入一些中国传统文化的介绍。此外，每一课还会根据讲解的知识点，有针对性地设计客家方言和英语互译的练习，答案附于《教程》最后一部分。练习部分也均是日常口语的句子，同样是非常珍贵的语料。

与其他传教士文献相比，《教程》的内容及编排有以下几个特点：

第一，通过和英语的比较，来分析客家方言的用法。例如对领属结构的讲解如下：

英语的关系从句是用如下结构表达：

1	2	3	4
The book	(that)①	I	bought

但在汉语客家方言中，上述顺序会发生如下变化：

① 括号表示在口语中有时“that”可以省略。

3	4	2	1
I	bought	’s	book
Ngâi	mai	kaì	shu
（涯）	（买）	（个）	（书）

第二，在每一课的客家方言常用语汇部分均包括英译汉和汉译英两部分，英译汉部分的单词若是名词时都会加一栏标注与其搭配的量词。因为英语中没有量词，编者应该是意识到这是学习汉语的一大难点和重点，所以对量词的标注十分重视。

第三，专门设立一课介绍进入当地客家方言中的马来语借词和英语借词，通过这些借词的罗马字标音，我们可观察当地客家方言对外来借词语音的对应或折合方式。

（三）所记录方言的归属地

首先，在《教程》扉页有一段说明文字，开宗明义交代了该书记录的是新安腔的客家方言。① 此处的新安，指的是明清时期广东的新安县，大致相当于今天的深圳、香港一带。

《教程》之所以记录的是新安腔客家方言，很可能因为“这是当时北婆罗洲最常听到的口音”。② 据河合洋尚（2013：136）对今天东马沙巴州的调查，“客家人在华人族群中人口最多，不管属于什么民系，沙巴的绝大部分华人会说客家话。……但是沙巴的‘标准客家话’与梅县的客家话稍微不同，与香港、深圳、东莞一带的客家话比较接近”，而且这种“标准客家话”的形成已有相当长一段时间，20 世纪 30 年代北婆罗洲的丹南地区已普及“标准客家话”，尽管其客家移民的祖籍地多来自龙川和紫金。河合洋尚（2013）还认为：“标准客家话”之所以是新安腔，可能和巴色会在香港以及沙巴传教时用的是新安腔客家方言有关。

除了《教程》扉页的说明可以作为判定的线索外，我们最好能从语言

① 原文为“These elementary lessons in the Sin-on dialect of Hakka-Chinese were issued in a type-written edition dated 1917, and are now printed after having been carefully revised”。

② 这一点在《教程》的引言部分亦有所提及，原文为“Sin-on Hakka（the commonest dialect spoken in North Borneo）”。

事实出发，在《教程》中寻找能反映其方言归属地的特征。曹茜蕾、柯理思（Chappell & Lamarre 2005：26—27）在探讨巴色会传教士文献中的客家方言的归属地问题时，就已关注到《教程》所反映的客家方言与香港新界一带的比较接近，和梅县客家方言则有不少差异。本文拟将《教程》所反映的方言特点与北婆罗洲客家移民的几个主要祖籍地——广东的新安、东莞、龙川、五华的客家方言作比较，进一步确定其方言归属地问题。

在有关研究（刘镇发 1999，张双庆、庄初升 2001、2003，庄初升、黄婷婷 2014，石佩璇 2016，庄初升、大岛广美 2021）的基础上，我们结合各方言点的田野调查材料，确立了以下五个判定标准：（1）否定词“唔”的调类，（2）近指代词，（3）表“害怕”义的用词，（4）主要的小称后缀，（5）差比句。根据这五个标准，基本可判定《教程》的方言归属地。具体分两步进行：首先将《教程》中这几个特征的表现和另外两本差不多同时期的传教士文献作比较，一本是记录 20 世纪初五华一带粤东客家方言的《客话读本》（以下简称《读本》），[①] 一本是反映 19 世纪末香港新界及深圳一带客家方言的《启蒙浅学》（以下简称《启蒙》），[②] 这一步比较基本可以看出《教程》记录的是和《启蒙》同一片区域的新安客家方言，详见表 5。为使论证更充分，我们在表 6 中进一步列出这几个特征在上述提及的几个移民来源地的表现，具体比较结果如下：[③]

表 5　　三本传教士文献的比较[④]

	《教程》	《启蒙》	《读本》
“唔”的声调	阴平	阴平	阳平
近指代词	□[⑤]nya^{3}	□nya^{3}	□le^{4}

① 根据石佩璇（2016），《读本》系列课本一共有 6 种，既有汉字本，也有罗马字本，既有识字启蒙课本，也有医学专业课本及配套词典，出版时间集中在 20 世纪二三十年代。

② 《启蒙》的罗马字拼音本和汉字本分别于 1879 年和 1880 年出版。

③ 《启蒙》的语料来自庄初升、黄婷婷（2014），《读本》的语料由石佩璇博士提供，各客家方言点的语料由庄初升教授主持的国家社科基金重大项目“海内外客家方言的语料库建设和综合比较研究”提供，深圳龙岗的语料来自中国语言资源保护工程采录展示平台，在此对提供语料的师友表示衷心感谢。

④ 为方便比较，传教士文献中的调类标记统一转换为阿拉伯数字 1—6，依次表示阴平、阳平、上声、去声、阴入和阳入。

⑤ 对于有音无字或本字未明的情况，本文用“□”表示，以下同理。

续表

	《教程》	《启蒙》	《读本》
“害怕”义用词	狂	狂/惊	惊
主要的小称后缀	仔 $tsai^3$①	仔 $tsai^3$	子、哩
差比句②	A 过式	A 过式	双标式差比句，比 A 式③

表 6　《教程》和北婆罗洲客家移民的主要祖籍地的方言特点比较

	《教程》	香港新界	深圳龙岗	深圳大浪	东莞大岭山	东莞樟木头	五华	龙川
“唔”的声调	阴平	阴平	阴平	阴平	阴平	阴平	阳平	阳平
近指代词	□nya^3	□$ȵia^3$	□$^{ŋ}gia^3$	□gia^3	□gia^3	□$giaŋ^3$	□$lɛ^3$	□li^3
“害怕”义用词	狂	狂	狂	狂	狂/惊	狂/惊	惊/畏	惊
主要的小称后缀	仔 $tsai^3$	仔 $tsai^3$④	仔 $tsae^3$	仔 $ʦai^3$	仔 $ʦai^3$	仔 $ʦai^3$	哩 $li^3$⑤	子 $ʦi^3$
差比句	A 过式	A 过式	A 过式，双标式差比句	A 过式	A 过式，比 A 式	A 过式	双标式差比句，⑥比 A 式，A 过式	双标式差比句，比 A 式

通过以上比较发现：在上述几个特征的表现上，《教程》和《启蒙》及今天香港新界、深圳、东莞一带的客家方言较一致。其中，这几个客家方言的小称后缀“仔”从音义关系来看可断定来自粤方言，⑦“A 过式”

① 《教程》第 12 页中明确提到：该方言使用“tsai̍（仔）”作为小称后缀（“diminutive suffix added to nouns”），而且根据《教程》收录的词条来看“仔”是最主要的小称后缀。

② 根据石佩璇（2016），汉语常见的差比句类型主要有两种：一是“比 A 式”，结构为“X+比+Y+A”，如“我比你高”；二是“A 过式”，结构为“X+A+过 Y”，如“我高过你”。某些客家方言采用有别于以上两种类型的双标式差比句，结构为“X+比+Y+过+A”，如“比佢等过好”（比他们好）。

③ 表 5 和表 6 中差比句的不同句式按其在各方言中的常用度由高到低排序。

④ 在《启蒙》及今天香港新界、深圳、东莞一带的客家方言中，也有带“子”缀的名词，但占少数，可能属于残存成分，绝大多数情况下采用的小称后缀是“仔”。

⑤ 五华和龙川也有带“仔”缀的名词，但数量很少。

⑥ 五华的双标式差比句有两种结构：“X+比+Y+过+A”和“X+比+Y+较+A”。

⑦ 根据庄初升（2020），虽然上述客家方言借入的粤方言的“仔”其实就是古之韵的“子”，但与客家方言固有的“子”不属于同一个历史层次。

差比句也是与粤方言接触后产生的（石佩璇 2016），这两个特征的表现主要与这几个方言和周边粤方言有较长期且深入的接触有关。

此外，《教程》所记录的客家方言还有以下特征：（1）“听”字为去声而非平声；（2）表“给予”义的“分”读“pin^{1}”而非“pun^{1}”；（3）持续体标记用“紧 kin^{3}”；（4）完成体标记用“开 hoi^{1}”；（5）能性述补结构用“唔 V 得”。这些表现也和《启蒙》及今天香港新界、深圳一带的客家方言一致。① 综上可以判定：《教程》所记录的是今天深圳及香港新界一带的客家方言。

三　学术价值

目前，利用传教士文献进行汉语方言研究是语言学界方兴未艾的新领域。其中，文献的口语化程度、记录的方言点是否明确及其对语言现象描写的精准度等均是判断文献价值的重要标准。依照这三个标准来看，《教程》对于客家方言研究而言具有相当重要的学术价值，主要体现在以下三个方面：

第一，口语化程度高。

由于《教程》编写的目的就是方便学习者用客家方言进行日常交际，所以其中的用词及例句十分自然地道，能够反映实际口语的使用情况。

第二，记录的方言点较明确。

如上面所述，《教程》记录的北婆罗洲新安腔客家方言，这一点在扉页处有所交代，通过上述比较分析也的确如此。这一点有利于和今天相应区域的客家方言进行历时比较。

第三，对方言的描写分析较准确。

19 世纪西方的历史比较语言学蓬勃发展，方言研究尤其是语音研究取得长足进步。从《教程》对方言现象的描写分析可看出编者具有较先进的语言学研究理念，而且采用罗马字标音，能较精准地记录方言语音，方便我们了解当时的音值。

---

① 由于特征（2）、（3）、（4）在《读本》中也有体现，（5）在今天的龙川客家方言中也存在，因此具备这几个特征并不能直接证明《教程》一定记录的是新安腔客家方言，但可作为旁证补充证明。

具体而言，利用《教程》可以展开两条主线的历时比较：一方面，《教程》反映了 19 世纪末至 20 世纪初北婆罗洲新安腔客家方言的基本面貌，因此可以和今天马来西亚沙巴州的“标准客家方言”作比较，从而观察其一百年来发生的演变。另一方面，由于《教程》编印的时间距新安客家人离开祖籍地不久，所以也可大致反映当时广东新安客家方言的特点，可以跟今天深圳或香港新界一带的客家方言作比较，考察这一带客家方言一百多年来的演变。通过这两条主线的比较，还可以比较新安客家方言在祖籍地（广东新安县）和迁移地（北婆罗洲）演变进程的异同。

英国长老会传教士佩顿（W. Bernard Paton）也曾在客家地区传教。他在《伦敦大学亚非学院学报》（*Bulletin of the School of Oriental and African Studies*）1930 年第 6 卷第 1 期发表了一篇对《教程》进行介绍评述的文章，该文对《教程》给予很高的评价，认为：《教程》编写的内容十分地道口语化，对方言难点的解释也深入浅出且便于记忆，具有很强的实用性；其语料是编者经过长时间积累所得，并且在与当地人的不断交流中得到检验，所以是非常可靠的。①

综上所述，*Hakka-Chinese Lessons*（《客家方言教程》）问世于 19 世纪末 20 世纪初广东客家人大规模移民到北婆罗洲的历史背景之下，其内容大多记录当地日常口语，而且描写细致准确，对方言现象的分析深入浅出，例证丰富全面，是一本质量较高的传教士编著的海外客家方言文献，为我们研究一百年前北婆罗洲新安腔客家方言提供了重要语料。不过稍显遗憾的是，目前为止方言学界对这本文献的关注较少，其学术价值尚待充分挖掘。本文从成书背景、编者概况及文献内容、价值等方面对《教程》作简要介绍，后续希望能对其中的语料作进一步的整理研究。

参考文献

1. 陈乃新：《觉醒中的英属婆罗洲》，《世界知识》1962 年第 9 期。

① 原文为：“It is the only work of its kind in existence and is a most useful book to put into the hands of anyone desiring to obtain a workable everyday knowledge of the Hakka dialect of the Chinese language.” “Difficult and rather abstruse points are explained in simple, lucid, easily-remembered terms. Idiomatic phrases in daily use are set forth clearly and fully.” “The work is the result of a gradual process, covering many years, and tested by personal intercourse with the people.”。

2. 河合洋尚：《马来西亚沙巴州的客家人——关于移民、认同感、文化标志的初步报告》，《客家研究辑刊》2013 年第 1 期。

3. 华侨志编纂委员会编：《砂劳越、婆罗乃、北婆罗洲华侨志》，华侨志编纂委员会 1963 年版。

4. 冷剑波：《巴色会与广东客家人下南洋关系考略》，《汕头大学学报》（人文社会科学版）2014 年第 6 期。

5. 李志刚：《香港客家教会（巴色会）之设立及其在广东与北婆罗洲之传播》，谢剑、郑赤琰编《国际客家学研讨会论文集》，香港中文大学 1994 年版。

6. 林易蓉：《客家人在近代深圳华侨移居史上的地位》，《客家文博》2011 年第 2 期。

7. 刘镇发：《香港客粤方言比较研究》，暨南大学出版社 2001 年版。

8. 饶尚东：《东马客家移民史略》，谢剑、郑赤琰编《国际客家学研讨会论文集》，香港中文大学 1994 年版。

9. 石佩璇：《〈客话读本〉系列教材与巴色会客话文献的地域差别》，《文化遗产》2016 年第 2 期。

10. 张双庆、庄初升：《从巴色会出版物看一百多年前新界客家话的否定词和否定句》，《语言研究》2001 年第 4 期。

11. 张双庆、庄初升：《香港新界方言》，香港商务印书馆 2003 年版。

12. 庄初升、刘镇发：《巴色会传教士与客家方言研究》，《韶关学院学报》（社会科学版）2002 年第 7 期。

13. 庄初升：《一百多年前新界客家方言的体标记“开”和“里”》，《暨南学报》（哲学社会科学版）2007 年第 3 期。

14. 庄初升：《清末民初西洋人编写的客家方言文献》，《语言研究》2010 年第 1 期。

15. 庄初升、陈英纳：《早期荷兰人编印的两种印尼客家方言文献》，《文化遗产》2013 年第 2 期。

16. 庄初升、黄婷婷：《19 世纪香港新界的客家方言》，广东人民出版社 2014 年版。

17. 庄初升、李惠萍：《19 世纪以来客家方言的罗马字拼音方案》，《中国方言学报》2017 年第 7 期。

18. 庄初升：《客家方言名词后缀“子”“崽”的类型及其演变》，

《中国语文》2020 年第 1 期。

19. 庄初升、大岛广美：《早期天主教客家方言文献的方言归属地问题》，Bulletin of Chinese Linguistics（《中国语言学集刊》），Volume 14，No. 2，Leiden：Brill Academic Publishers，2021.

20. Chappell，Hilary and Christine Lamarre：*A Grammar and Lexicon of Hakka*，*Historical Materials from the Basel Mission Library*（《客家话的语法和词汇：瑞士巴色会馆所藏晚清文献》）. Paris：Centre de Recherches Linguistiques sur 1' Asie Orientale，École des Hautes Études en Sciences Sociales，2005.

（钟蔚苹，女，讲师，博士，从事汉语方言研究。通信地址：北京市海淀区新街口外大街 19 号北京师范大学文学院。邮编：100875。电子邮箱：zwping1359@bnu.edu.cn；庄初升，男，教授，博士，从事汉语方言研究。通信地址：浙江省杭州市余杭塘路 866 号浙江大学汉语史研究中心。邮编：310012。电子邮箱：zhchsh@zju.edu.cn。）

《西蜀方言》的音系性质辨析*

周　岷　周及徐

（四川师范大学巴蜀文化研究中心/四川师范大学文学院）

摘　要：英国传教士钟秀芝的《西蜀方言》所记100多年前的成都话，与今天的成都话音系相比较有较大的差异。而同一时代的另一些传教士所记成都话，则与今成都话基本一致。那么百年前成都话语音究竟如何？学界几十年来一直争论不休。通过对原书及其同类著作的分析，我们破解了这一谜团：钟氏所记成都话音受当时流行的《五方元音》等韵书的影响而形成一些语音假象，现代成都话与百年前并无大的差异。又，方言调查表明成都地区并无一套与本地方言不同的"雅言读书音系统"。今存的成渝地区两大方音系统——南路话和湖广话：前者来自明代以前四川本地方言的传承，后者来自明清湖广移民。

关键词：《西蜀方言》；《五方元音》；记音模式；南路话；湖广话

一

由于汉字记录语言的特殊方式，汉语方言在某一特定阶段的语音成为汉语语音史研究的难题 。甚至于探讨仅仅百年前的官话方言成都话的语音也成为难事。而百余年前来到中国的西方传教士用罗马字母记写汉语方

---

* 项目基金：国家社会科学基金后期资助项目"嘉陵江流域方音字汇——20世纪四川方音大系之二"（项目编号：20FYYB039）、四川省高水平研究团队"四川方言与地域文化研究"成果。

言音，看起来近于记录音位，颇合现代语言学的法眼，被奉为考察近现代方言语音史的珍宝。百年前英国传教士钟秀芝（Adam Grainger）的《西蜀方言》就记录当时的成都话。可是一看钟氏所记，我们却傻了眼，竟然与今天的成都话①很不相同。零碎的不算，仅从大的特点说，钟氏记成都话音就有尖团分音、平翘舌分音和入声调，而这三者在当代成都话都是没有的。

于是从20世纪80年代末开始，很多学者就《西蜀方言》展开了讨论。综合有关研究，可将其观点分为四大类：

第一，一部分学者认为《西蜀方言》所记为一百多年前成都话音系，如甄尚灵（1988：209—218），周赛华（2013：155—160，170），范常喜等（2016：55—62），袁雪梅等（2020：167—174）等，当代成都话音系和《西蜀方言》所记音系为历时演变关系。

第二，一部分研究对《西蜀方言》所记是否为一百年前的成都话音系持保留态度。例如日本学者千叶谦悟，他认为“钟秀芝没有明确说明《西蜀（方言）》是关于成都方言的字典……而且《西蜀（方言）》的标题是‘Western Mandarin’，所以不能臆断为纯粹的成都话”。（千叶谦悟2008：433）

第三，一些学者发现《西蜀方言》所记音系不同于当代成都话音系，其中有学者认为这种差别是由于其所记音系为成都及其周边多种方言混合而成的。持这种观点的有：彭金祥（2008：70—73），黄灵燕（2010：402—415）等。

第四，还有一部分学者认为“清代末期成都话很可能并行雅、俗两套口语音系，《西蜀方言》反映文雅口语音……”（曾晓渝2018：263），当代成都话音系是对当时通俗口语的保留，而口语雅音则随着科举制度的取消和新文化运动兴起等一系列历史事件而消失。

以上后三种观点都是不认同“《西蜀方言》所记为一百多年前成都话音系”而另寻解释。其原因是基于一个很明显的事实：《西蜀方言》所记音系具有入声独立、声母分平翘、分尖团等特点，而根据20世纪40年代

① 当代成都话音系参见杨时逢（1984：11—26）、周岷（2017）、周及徐等（2019：13—14）。

的调查[1]，成都话入声混入阳平、不分平翘、不分尖团，与当代成都话一致。难道从1900—1940年前后不到四十年的时间内成都话音系就能发生如此巨大的变化？

二

如前所述，20世纪初的成都话不可能在不到四十年的时间内发生音系上巨大的变化，这不仅是理论上的推想，也有实际的语言调查（参见后文第四节）。《西蜀方言》所记成都话音系与实际成都话音不同，主要是由当时的记音模式所致。本节通过整理《西蜀方言》所记音系的声母系统和声调系统，对该书的记音模式做全面分析，并解释其所记音系与当代成都话音系的真实关系。

通过观察《西蜀方言》的声母记音模式，“虽然作者未作说明，但是通过分析全书的拼写系统发现，部分罗马字代表了两套不同的声母”（周岷2017：137）：《西蜀方言》用罗马字母Ch记［tʂ-］和［tɕ-］两个声母，用Ch’记［tʂʰ-］和［tɕʰ-］两个声母，用Sh记［ʂ-］和［ɕ-］两个声母。因为［tʂ-］组只和开口呼和合口呼相拼，［tɕ-］组只和齐齿呼和撮口呼相拼，故能将二者合并为一类符号。根据《西蜀方言》的音节索引，参照甄尚灵（1988：212）、千叶谦悟（2008：444）、周岷（2017：137）等人的结论，我们构拟出《西蜀方言》音系中所包含的声母共23个（含零声母），如表1所示：

表1　《西蜀方言》声母表（罗马字记音，国际音标及例字）

P［p］巴败八	P’［pʰ］攀爬撇	M［m］吗面麦	F［f］方虎法	
T［t］打待特	T’［tʰ］他停踢	L［l］来脑		
Ts［ts］灾责摘，尖即	Ts’［tsʰ］猜促愁，秦七		S［s］萨俗，西夕	
Ch［tʂ］渣站捉	Ch’［tʂʰ］叉闯出		Sh［ʂ］沙尚舌	R［ʐ］然锐，儿
Ch［tɕ］家儿脚	Ch’［tɕʰ］期讲曲	N［ȵ］泥严	Sh［ɕ］希许学	
K［k］干跪国	K’［kʰ］看苦葵	Ng［ŋ］熬挨，宜	H［x］哈鞋或	
Ø 阿哎依娃雨月				

注：表中逗号后的例字为声母读法与今成都话不同的字。

[1] 40年代成都话语音调查记录参见杨时逢（1984：11—26）。

表1所显示出的《西蜀方言》声母系统有以下特点：第一，《西蜀方言》对古精组字声母记音为Ts，Ts’，S，如“灾Tsai，猜Ts’ai，萨Sa”等；对古知系字声母记音多为Ch，Ch’，Sh，如“渣Cha，叉Ch’a，沙Sha”等。表现出记音分平翘舌。第二，《西蜀方言》古精组细音字声母仍记为Ts，Ts’，S，如“即Tsi，秦Ts’in，西Si”等；而古见组细音声母则记为Ch，Ch’，Sh，如“几Chi，期Ch’i，希Shi”等，与大多古知系字声母共用，如“Ch渣，Ch’叉，Sh沙”等。从这套记录来看，精组洪音字与细音字用了一套符号，与见组细音字不同。于是很多学者解读为该音系分尖团。但是，见组洪音字与见组细音字则用了两套符号，说明见组细音字很可能已经腭化了，这和现代成都话一致。而见组细音字声母与知系字声母在现代成都话中则是完全不同的，在当时的语音中也不大可能相同，而钟氏却用了相同符号（Ch）记音。那么，精组细音字用了与精组洪音字相同的符号（Ts），有没有可能，与知系、见系细音字用同一套符号（Ch）一样，使用同一套符号（Ts）的精组洪音字和细音字实际上也是两种不同的读音呢？第三，《西蜀方言》对古疑母细音字，如“宜、仪、蚁”等声母记为软腭鼻音Ng［ŋ］，这是依从古声类，现代成都话疑母细音字与泥母细音字同读［ȵ］，与之明显不同。第四，对古止摄日母字，如“儿、二、耳”等声母记音为R［ʐ］，这也是依从古声类，这些字在现代成都话中读零声母，与大多数官话方言一样。

对比同时期其他传教士所记音系，艾约瑟（Joseph Edkins）在1864年出版的《官话口语语法》（*Edkins* 1864）所记以成都话为代表的西部官话声母系统也分平翘舌，如“色”记为“se”，“舌”记为“she”。然而，该书明确指出成都话不分尖团：

> In *Western Mandarin*, taking C ‘heng-tu-fu the capital of Sï-c ‘hwen as the standard…The same law exists for the initials *h* and *k*, as in northern mandarin. Before the vowels *i*, ü, they coalesce with *s* and *ts*. （Edkins1864：9）
>
> （在西部官话成都府话中……如同在北方官话中一样，同样的规则存在于声母h和k，如果在元音i，ü之前，它们与s、ts合并了。）

这是“百年前成都话不分尖团派”的证据。

启尔德（Omar Kilborn）在1917年出版的《华西初级汉语课程》（Kilborn 1917）所记音系的声母特点和《西蜀方言》基本一致，也分平翘舌，如“坐”记作“DZO^4”，“张”记作“DJANG^1”。也分尖团，如“进”记作“DZIN^4”，“今”记作“GIN^1”，古精组和古见系细音字用不同符号记录其声母。这又是“百年前成都话分尖团派”的证据。钟氏、启氏与艾氏，二比一。我们将上述三位传教士所记音系的声母特点对比如下：

表2　　三位传教士所记音系声母特点对比

特征＼记音人	艾约瑟（1864）	钟秀芝（1900）	启尔德（1917）
是否分平翘	+	+	+
是否分尖团	−	+	+

需要指出的是，虽然钟秀芝和启尔德对尖团音的处理方式有区别，但是其所记实为同一套系统：即古精组细音字与见组细音字区别。启尔德用DZ记录［ts］，用G记录［k］，古精母细音字如“进”记作“DZIN^4”，古见母细音字如“今”记作“GIN^1”，让人觉得这两组字均未腭化。但是其对溪母细音字的记音又用了记录［tʂ^h］声母的符号CH，如“去CH-”，并没有用记录［k^h］的符号K；对晓匣母细音字的记音又用了Hs，如“兴Hs-”，也没有用记录［x］的符号H。当时的成都话不会有见系细音字尚不腭化的现象（艾氏钟氏都不反映），为何启尔德记“今”音为“GIN^1”呢？由此可见，启尔德所记声母所体现出的尖团音分化情况也可能是依从古声母分类。

通过对比，我们提出一个问题：艾约瑟的《官话口语语法》成书于1864年，但是其书中所记成都话音系声母已经尖团合流，而此后钟秀芝和启尔德所记音系声母却分尖团，20世纪40年代《四川方言调查报告》所记成都话音系又不分尖团，为什么？

有的学者也曾发现过类似问题，如庄初升等就曾指出，“像古见、晓组细音字的声母《华西官话汉法词典》（1893）记录为k，k’，h，与洪音字的声母不分，但是相隔不到10年，《西蜀方言》（1900）记录的细音字的声母为ch，ch’，sh，洪音字的声母维持k，k’，h，到底是实际语音发

生了演变，还是拼音方案因循守旧所导致?”（庄初升，阳蓉 2014：126）

20 世纪初西方传教士的记音真能反映当时成都话的实际音值吗？从明朝的传教士利玛窦（Matteo Ricci）、金尼阁（Nicolas Trigault）开始，到威妥玛式、邮政式、EFEO（法国远东学院汉语记音）等，再到国语罗马字、北方拉丁化新文字等，一直到 1958 年汉语拼音方案的颁布，不管是西方传教士还是国内语言工作者先后为汉语制订过几十套注音方案。仔细观察并对比这些方案对“尖团音”的处理，我们可以将这些方案分两类。

第一类：记音方案能体现出尖团音的区别。属于这类记音方案的包括《西儒耳目资》（1626，1957）、邮政式、EFEO、国语罗马字新方案、北方拉丁化新文字等。值得注意的是，根据赵元任的回忆①，其在 20 世纪 20 年代曾制定过两套国音（kuo-yin）系统。其中第一套系统保留有尖团音和入声调的分别，以包括更多的汉语方言的特点，使全国各地、无论南北地区的人都易于通用。第二套系统才采用了没有尖团音区别和入声调的北京（当时称北平）语音系统。后来的国语罗马字新方案以及北方拉丁化新文字等虽然都是对第二套系统（北京语音）的注音，却都体现了尖团音的区别及入声声调。由此可见，上述方案的特点是不论口语中尖团合流与否，统统按照汉语历史音韵类别，将古精组细音字和古见系细音字用两套声母分别记录。

第二类：记音方案不体现出尖团音和入声调的历史区别而按实际语音记音。属于这类记音方案的如第二套国音系统（1921 年制定，1928 年颁布）和汉语拼音方案（1958 年颁布）。这类方案的特点是按实际语音（北京音）的音位记音，既然所记音系已经发生了尖团合流，就按照实际发音将古精组细音字和古见系细音字用同一套声母记录。这是彻底地贯彻了现代语言学记音方法。

如果说成都话在 1864 年以后走了回头路，再把已经相混的见组和精组细音字，以及并入阳平的古入声字重新分出来，这在方言的实际发展上是不可能的。因此，我们分析，艾约瑟与钟秀芝和启尔德的记音在尖团音问题上的差异，应是由其记音模式的不同造成的：钟秀芝、启尔德等人采用了上述第一类方案，而艾约瑟采用了按语音实际记音（上述第二类方案）。依艾约瑟的记音，精组细音字与见组细音字在当时已经成为一类（已发生腭化成为龈腭音），钟秀芝和启尔德却从中分出已经腭化了的精

① 参见 Rosemary Levenson（2009：86—92）。

组细音字，他们是如何做到的？

这个今人看来的难题，在当时并不难。这就是参照当时流行的中国韵书。

三

清代以来有一部影响全中国的韵书《五方元音》（1653，1710），其作者是河北邢台隆尧县的樊腾凤（1601—1664 年）。樊氏书有别于古音韵诸书，创造性的改用十二个韵母和二十个声母来拼写当时的汉字音。樊氏的家乡在今北方方言区冀鲁官话次方言区的石济片，《五方元音》的音系不仅有入声，还区分尖团音。樊书用音序查字，比旧韵书易于查阅，今人用起来很方便。此书清顺治十年（1653）初版，后来受到康熙皇帝的赞赏而天下皆知。约 1680 年后，书商在上海石印翻印。此书自清初首发到民国三百年间，国内图书行业都争相印刷，发行国内外。当时因此流行“有字无音查《字汇》，有音无字查《五方元音》”的俗语。《五方元音》在清代和民国初期盛行全国，当然也影响了早期来华的传教士，他们学习汉语、编写汉语字典和汉语教科书，此书都是重要的参考。所以，传教士们要查询汉语方言中已合并的更早阶段的语音系统，例如尖团音字的区别、入声字的区别等，参阅《五方元音》之类的书是很方便的。我们常惊异外国传教士学习汉语的天才能力，原来这里也有汉语近代韵书的功劳。

据清代年希尧刻《重校增补五方元音全书》（1710），《五方元音》的二十个声母是：（国际音标为本文作者所加）

梆［p-］、匏［p^h-］、木［m-］、风［f-］；

斗［t-］、土［t^h-］、鸟［n-］、雷［l-］；

竹［tʂ-］、虫［$tʂ^h$-］、石［ʂ-］、日［ʐ-］；

剪［ts-］、鹊［ts^h-］、系（丝）［s-］、云［0-］（云下例字：因言氲元）；

金［k-］、桥［k^h-］、火［x-］、蛙［0-］（蛙下例字：文晚恩安）

按：原书每个声母下有二至四个代表字。“剪”下有例字“精尖尊钻”，故可以定为声母［ts-］。“系（丝）”下有例字“新先孙宣”，故可以定为声母［s-］。“金”下有例字“京坚根千（干）”，故可以定为声母

［k-］。“火”下有例字“兴轩昏欢”，故可以定为声母［x-］。其余字母皆可类推。由于本文论题，我们只讨论“剪”“金”两系，即精见两系。

很显然，《五方元音》所记音系是分尖团的，因有“剪鹊系（丝）”“金桥火”，即精见二系。但是请注意见系细音字，早在十三世纪的北方方言中它们就已经腭化了，十七世纪的冀鲁官话中“金京坚”的声母怎么可能还是与“根干”一样的［k-］呢？毋庸置疑，樊氏不是百分之百的记写当时的一方之音的，他既在大北方官话的基础上归纳今音，又兼顾了古音系统。中国传统的音韵学经常是古今八方兼容，不然算不上“天下通语”，所以叫“五方元（原）音”。同样的理由，“剪鹊系（丝）”的细音是［ts-］、［ts^h-］、［s-］，也已经腭化了。樊氏可能是兼顾到“剪鹊（丝）”与古声母与“尊村孙”同类而归为同一类的。这样，既通古音又无碍今音。樊氏的这个广泛概括官话音系特点方法，被后来的一些初涉汉语的洋人传教士如钟秀芝、启尔德之类奉为圭臬。不然，传教士刚到中国数年，汉语尚不熟悉，更遑论尖团平翘、入声归派，就能写出中规中矩、古今音皆通的汉语语音字表？所以，钟秀芝、启尔德在成都话记音中表现出来的分尖团现象，应是依循古音分类造成的假象。当时的成都话中，不但见系细音字早已腭化，精组细音字也已经腭化了。（见后文的方言实际材料）

艾约瑟的《官话语法》（1864）引《五方元音》并作了构拟，如下：

16 ***Five tone mandarin initials.*** **Another *system* extensively known is that of the dictionary *Wu-fang-yuen-yin*, by a native of Yau-shan, or what is now called T‘ang-shan, in the southern extremity of Peh-chĭ-li, the metropolitan province. It consists of the following characters 20 in number, read from right to left.**

金 ,kin,	剪 ’tsien,	竹 chuh,	斗 ’teu,	梆 ,pang,
橋 .k‘iau,	鵲 t‘sioh (,c‘hiau),	虫 ,c‘hung,	土 ’t‘u,	匏 p‘au‘,
火 ’ho,	系 hi‘ (s),	石 shĭh,	鳥 ’niau,	木 muh,
蛙 ,wa,	雲 .yün,	日 jĭh,	雷 .lui,	風 ,fung.

图 1　《官话语法》截图一《五方元音》声母（Edkins1864：38）

艾氏除《五方元音》之外，又引用了记录当时北京话音的《李氏音鉴》（李汝珍 1810）。下面是艾氏所引：

15 ***Peking Initials.*** **There are several systems of initials for the mandarin language formed by Chinese authors. In the work called *Li-shï-yin-kien*, by a native of Peking, many of these are given. The author's own consists of 33 characters, viz.**

箇 ko‘,	對 tui‘,	博 po‘,	松 ,sung,	醉 tsui‘,	鑾 .lwan,
空 ,k‘ung,	陶 .t‘au,	盤 .p‘an,	仙 ,sien,	翠 t‘sui‘,	漣 .lieu,
鷗 ,ngeu,	嫩 nun‘,	滿 ’man,	水 ’shui,	酒 ’tsieu,	堯 .yau,
驚 ,king,	蝶 tiéh,	便 pien‘,	然 .jan,	清 ,t‘sing,	粉 ’fen,
溪 ,k‘i,	天 ,t‘ien,	飄 ,p‘iau,	中 ,chung,		紅 .hung.
	鳥 ’niau,	眠 .mien,	春 ,c‘hun,		翾 .hiuen.

图 2　《官话语法》截图二《李氏音鉴》声母（Edkins1864：37）

北京人李汝珍的《李氏音鉴》的音系是分尖团、分平翘舌、有入声的。作者当然知道当时的北京话尖团音和入声调已经消失了，但是为了“兼列南北方音”以包揽更广泛的汉语方音，作者有意这样做。作者在书中“南北方音论”说：“北音不分香厢、姜将、羌枪六母。”据此李氏的 33 声母可以简化为 20 个声母。这个系统比今天的普通话多一个声母“鸥”［ŋ-］。① 如果我们看这个音系表，也会被误导为分尖团的音系。

甚至，艾氏自己的官话音系声母系统也是如此：

該 ,kai, *ought.*	開 ,k‘ai, *to open.*	哀 ,ngai, *to grieve.*
底 ’ti, *bottom.*	體 ’t‘i, *body.*	你 ’ni, *you.*
步 pu‘, *step.*	普 ’p‘u, *the whole.*	墓 mu‘, *a grave.*
方 ,fang, *square.*	荒 ,hwang, *desolate.*	秀 ,sieu, *elegant.*
收 ,sheu, *gather in.*	然 .jan, *thus.*	走 ’tseu, *to walk.*
秋 ,t‘sieu, *autumn,*	周 ,cheu, *all round.*	抽 ,c‘heu, *draw out.*
樓 .leu, *upper room.*	兒 .rï, *son.*	彎 ,wan, *to bend.*
憂 ,yeu, *sad.*		

图 3　《官话语法》截图三“北方官话音系声母系统”（Edkins1864：1）

① 普通话另有［tɕ-］［tɕʰ-］［ɕ-］3 个声母，加零声母共 22 个声母。

艾氏的22个声母，几乎与李氏简化后的音系一样（只多了两个声母“儿弯”），也分尖团。但是艾氏在论述“西部官话，四川省标准语成都府话”时明确地说：“……在北方官话中，有相同的规则存在：h和k在元音i和y前，与s和ts合并为一类。”（Edkins1864：9）

通过对比分析艾约瑟、钟秀芝以及启尔德在尖团音问题上的记音分歧，钟秀芝和启尔德应是采用了与《五方元音》类似的记音法，而艾约瑟则根据当时成都话口语的实际语音特征做出了说明。三者在他们的著作中的音系表和字表上看起来，都是分尖团的。

另外，还有声母分平翘舌的问题。三位传教士所记音系都体现出平翘舌的区别，这与20世纪40年代《四川方言调查报告》对成都话的调查和现在成都话的情况不一致，二者中古知系字都读平舌音。我们认为钟秀芝在记音时也采用了与《五方元音》类似的记音法，从古音系统的知系字分出了翘舌音，这与从古音系统中分出尖团音和入声调的做法相一致。(《西蜀方言》以古音分声类的更多证据，见本文第四节末)。或者，钟秀芝得到精通韵书的中国人的帮助，形成了与汉语古音系兼容的“成都话音系”。但我们目前没有这方面的证据材料。

四

《西蜀方言》的正文和音节索引部分每个字后有罗马字注音，汉字右上角的数字表示声调，如：

Ma. 吗^1 麻^2 马^3 骂^4 抹^5

由此可见，右上角的数字表示调类，《西蜀方言》所记音系共包含5个调类，分别对应阴平、阳平、上声、去声以及入声。而40年代《四川方言调查报告》中记录的成都话只有4个声调，入归阳平。钟秀芝在《西蜀方言》的前言部分有这样一段描述：

> The 5th tone is sometimes difficult to distinguish from the 2nd, being less abrupt than the 5th tone in Southern Mandarin. Still, it is a distinct tone and is not confounded with the other four tones as in Northern Mandarin.（Grainger1900：Introduction ii）
>
> （第五声有时难于与第二声分辨，它不像“南方官话”第五声那

样短促，但毕竟自成一个声调，不像“北方官话”已混入另外四个声调之中。)

这段文字告诉人：钟氏此前已知其他“南方官话”中的入声调系统，并极力要在成都话中去落实，但是“有时难于与第二声分辨”。这里的“第二声”即是指成都话阳平调，入声并入阳平调这是现代成都话和大部分西南官话的特征，可见当时已经存在了。而钟氏却要力图把它分辨出来，以合古音。几乎同时，启尔德在《华西初级汉语课程》中记录成都话却只有四个声调，并且在前言部分有这样一段论述：

West China is supposed to have five tones; and for many parts this is quite true. Other places — including Chengtu and Chungking have only four, for the second and fifth are synonymous. A Chengtu man finds great difficulty in distinguishing a fifth tone. I have therefore ventured to follow the language of Chengtu and Chungking by indicating four tones only, doing away with the fifth, and placing all these under the second. (Kilborn 1917: Introduction VI)

(中国的西部方言应该有五个声调；很多地方的情况确实也是如此。其他地方，包括成都和重庆，只有四个声调：因为第二调和第五调非常相似。成都人很难分辨出第五调。因此我们姑且认为成都话和重庆话只有四个声调：忽略第五调，将其全部列入第二调。)

“成都人很难分辨出第五调”，这是对当时成都话调位情况的实际描述。

在这之前，艾约瑟在《官话口语语法》中记录成都话也只有四个声调，入声字读阳平。艾约瑟对成都话声调的记述如下：

In Western Mandarin, taking C‘heng-tu-fu the capital of Si-c‘hwen as the standard, there are four tone-classes; they are the first, second, third and fifth. Words originally in the fourth or short tone-class, are here found to be all in the fifth… (Edkins1864: 9)

(成都作为四川首府，成都府话在西部官话中被当作标准语，有四个声调类，它们是第一、第二、第三和第五调，原在第四调或短调类中的词进入了第五调①)。

我们将三位传教士所记音系的声调情况列表对比：

表 3　　三位传教士所记音系声调对比

记音人 声调特征	艾约瑟（1864）	钟秀芝（1900）	启尔德（1917）
调类数	4	5	4
有无入声	无	有	无

与前面的尖团合并又重分的情况相似，我们很难用语音的历时演变来解释：为什么 1864 年的记录成都话已经没有入声，到了 1900 年又出现了入声，而仅 17 年过后入声又再次消失？这些操印欧语的外国人学习汉语，因他们自己的母语无声调而辨调能力有限，连成都本地人尚不能分辨的阳平调中间包含的入声字，他们是如何分出来的呢？

钟秀芝记录的“成都话入声调”也是《五方元音》模式作用的结果。《五方元音》代表了十七世纪中叶的北方方言语音系统（陆志韦 1948：1—13，龙庄伟 1989：77—81，李清桓 2008），该书对明清时期来华传教士编纂汉语词典产生过重要影响（汪银峰 2020：429—435）。十七世纪北方方言语音系统中的入声已经消失，但是该书所记音系中却整齐地保留了入声。龙庄伟认为“《五方元音》的入声是作者泥古的反映。《五方元音》上平、下平、上、去、入 5 个调类，不是当时语音的真实记录，《五方元音》音系中入声已经消失。”（龙庄伟 1989：81）

所以，从上面引用的前言可以看出，无论是钟秀芝还是启尔德在描写西部官话的声调之前都已经预设其“应该有五个声调”，不同的是：钟秀芝按古音系统从成都话中分出入声字；而启尔德却忠实于成都和重庆的方言事实入声与阳平为一类。综上，我们可知三位传教士所记音系其实均无入声，在艾约瑟记音之前，成都话和川北、川中和重庆等地方言中，入声就已和阳平是一类，有众多的资料可证。可以看出，启尔德在成都话的声

① 按：艾氏的第五调指成都话的阳平调，第四调指成都话的入声调。

调处理上是纪实的，而钟氏在《五方元音》模式和其他“南方官话”的语音系统影响下先入为主，使成都话有了入声。

综上所述，无论是声母系统还是声调系统，钟秀芝都采用了以《五方元音》为代表的“依古音分类法”，或许这种记写汉语音系的方法在当时教会中流行。这导致《西蜀方言》音系和几十年后的成都话有明显区别，造成了成都话语音在短短几十年内发生了巨大变化并且走回头路的假象。

我们还可以在《西蜀方言》中找到“依从古音分类”的同类的线索。在《西蜀方言》的音节表中，“儿、而、耳、二、贰、日”等字的读音都被记为Rï。若根据《西蜀》的记音符号与国际音标的对应，这几个字的读音都应为［ʐʅ］，这与成都话实际读音（除“日”字外均为零声母）相差甚远。但《西蜀方言》的这个记音，符合于汉语历史语音的声母分类，这些字都属于“日母”（与《五方元音》同），也符合于一些汉语方言中这些字为同一音类的格局，例如吴语。作为一个外国传教士，钟秀芝是难以了解汉语方言之间的这种语音对应关系的，他可能从《五方元音》或同类的韵书间接地得到这方面的材料，从而得出北方方言中区别甚大的这两类音“而”（零声母）“日”（ʐ 声母）是一类音，与一些南方方言相同。又如，《西蜀方言》对“宜、仪、蚁”等声母记为软腭鼻音 Ng［ŋ］，这些字都是古疑母细音字，这样记音同样符合于汉语历史语音的声母分类，但是与成都话实际读音不一致。再如，甄尚灵曾提到，《西蜀方言》音节表中的例字“有三项照顾古音音类的分合”（甄尚灵 1988：211）：第一，古来母和古泥（娘）母字分列，而古来母和泥母洪音字在成都话中是合并为［n］的；第二，古疑母和古泥母分列，而古疑母和泥母细音字在成都话中是合并为［ȵ］的；第三，en［ən］、in［in］、üin［yn］三韵先列古［-n，-m］尾例字，再列古［-ŋ］尾例字。而古韵中［-en］与［-eŋ］、［-in］与［-iŋ］相混为［-en］［-in］，这些是四川地区方言（包括成都话）的普遍现象。所有这些钟氏竟能分开，其实都是依从前一阶段的古韵类做到的，并不是实际记音。

这些证据提供了更多的证明，说明《西蜀方言》所使用的记音系并不是对当时成都话的纯粹的平面音位描写，而是参照了近代的古音系统分类，从而在尖团音、泥来母、入声调等问题上造成了音位分立的假象。

五

我们近十余年的方言调查（周及徐等 2019）表明，除了少量的文白读音字外，成都地区并无一套与本地方言不同的“雅言读书音系统”。今存的成渝地区两大方音系统——南路话和湖广话：前者来自四川本地方言的传承，后者来自明清湖北移民（周及徐 2012a：94—101，2012b：65—77，2013：52—59）。

（一）“文雅口语音”的问题

本文第一节提到，一些研究者对《西蜀方言》所记音系与现在成都话音系不同的情况，提出各种解释。其中，曾晓渝提出清末的成都口语存在“文雅口语音”现象，并指出，“……就各地官话口语音而言，一直存在文雅音与通俗音的双重性。成都历史悠久，传统文化积淀深厚……社会生活中以雅音读书、交流，既为文人所推崇，也为老百姓认同……”（曾晓渝 2018：272）

笔者一家四代是都成都人。笔者之一的祖母（1900—1995）终身生活于成都，一口地道的成都话（湖广话），没有尖团、平翘舌和入声调。老祖母就一种口语，不知有“读书音”。母亲（1927—1990），也是一口同样的湖广话。她于 20 世纪三四十年代就读于成都师范附属小学（今成师附小）和四川省立女子中学（今成都七中），学校教书用成都话（即湖广话），不能分辨平翘舌字和入声字，更不用说尖团音，也没有过什么“雅言读书音系统”。笔者之一 20 世纪六七十年代就读于成都市中心的小学（“一师附小”）和中学（“成都十中”）。当时有的老师不熟悉普通话，用成都话讲课，学生也接受无碍。20 世纪八九十年代，位于成都的四川师范大学的校园内通行的不是普通话，而是成都话。一年级入校的学生不管他们来自何方，四年后毕业，操一口地道的成都话。成都话口语与官话系统高度沟通，不用像一些南方言一样，在实际交流中需要一套文读系统来辅助，这是成都话中的文白读区别大大少于一些南方方言的根本原因。我们是 21 世纪的成都人，是相信我们自己亲历的语言事实，还是相信百年前外国传教士留下来的不确切材料？这些本地方音的实际经历和记忆，完全不同于《西蜀方言》所记的分尖团、分平翘、有入声的“成都话音系”。而为之作解说成都话“口语分雅俗两套”的说法，是一种并不存在的理论上的推想。或者说，这种“雅言系统”只存在于纸上，如《西蜀方言》，不存在于实际的口语。《西蜀方言》的语音系统的一部分是据古音推导出来的，因而是虚假的，不符于20世纪初的成都话音。但由于上述的种种原因，它给予我们很大的误导。

曾晓渝（2018：272）认为，清末西方来华传教士所学应为当地方言的“雅音”层次，“《西蜀方言》的语音受中国文人传统‘正音’观念影响……专门教授钟秀芝四川官话的老师是谁不得而知，但肯定是位四川知识分子……所以，《西蜀方言》不以成都通俗口语音为标准。”不知名的“四川知识分子”用雅音教授传教士，这一共就有好几层推想，难以作为语言考察立论的依据。

所谓“文雅口语音”到底是什么呢？“文雅口语音类似大邑、蒲江话，即入声调独立，声母分平翘、分尖团音，《西蜀方言》倾向于记录文雅口语音……”（曾晓渝 2018：270）理由是保留入声，声母分平翘、分尖团的口语更接近中古音系，当时社会的上层和知识分子为了写文作诗需要，讲的都是这套口语；而社会下层和普通老百姓讲的是入归阳平、不分平翘和尖团音的“通俗口语”。首先，成都地区方言的情况是方言以地域而分，成都市区人只讲一种方言（无入声的湖广话），大邑、蒲江、崇州、都江堰等地居民也只讲一种方言（有入声南路话）。今大邑、蒲江话保留入声，但是并不分平翘和尖团①。其次，这与当代成都及周边的居民对这两种话所谓“雅俗”的认定恰好相反。一直以来，成都市区与周边的大邑、蒲江、崇州、都江堰等地居民很清楚他们的方言与成都话之间的语音差异（这是一种地域差异，见图4），并认为存在于大邑、蒲江等地的话显得土俗，都以成都湖广话为一方雅言。这些地方的居民来成都学习和生活都要学习更高雅的成都话，以免被人笑话为“乡巴佬”。难道短短几十年人们对“雅俗音”的认定就发生了颠覆性的变化？而事实上，所谓“通俗口语”当代成都话（即湖广话）在成都的远郊及周边地区，如邛崃、崇州、大邑、都江堰、蒲江等地，从来也不曾存在过。这些地方自明清以来一直只讲一种与成都话迥然不同的带有入声调和入声韵的方言，这就是川西民间广泛存在的“南路话”。

---

① 大邑、蒲江等地音系特点参见周及徐等（2019：26—27，32—33）。

（二）所谓“雅俗口语”的区别实际上是地域方言的差别

现代成都话与“成都的远郊及周边地区”（实际上是成都西南面，见图 4）的方言语音差异到底是什么原因造成的呢？

根据周及徐（2012a：94—101，b：65—77，2013：52—59），周颖异等（2013：171—224），杨波等（2015：328—343），周岷等（2016a：23—26，b：166—172），周及徐等（2017：62—69，2019：54—58），大量田野调查事实和研究结果表明：当代四川和重庆地区的存在两种分布区域和音系特征都不同的方言——湖广话和南路话。湖广话具有入归阳平、大多数不分尖团、不分平翘等特点，主要分布于岷江以东以北的广大的四川重庆地区。南路话具有入声独立（部分地区入归阴平或去声）、不分尖团和一部分地区分平翘等特点，主要分布在岷江以西以南的四川大部分区域和重庆南部地区以及贵州省北部地区。二者的地域分布泾渭分明。就音系特征而言，湖广话和南路话属于两个不同的历史层次。湖广话是明清“湖广填四川”移民带入四川地区的，南路话则是元末之前就存在于四川地区的土著方言。从历史上看，南路话在四川的历史比湖广话要长远得多，且多主要分布在川西南农村。这是湖广移民潮主要波及川中东部地区，较少波及川西南地区形成的。把“文雅口语”与偏处乡村的南路话相关联（因为假设它接近于钟氏的音系），而把“白话口语”与行于四川、重庆的大中城市的湖广话相联系，把两种分属不同地域、在地理分布上有明显界限的方言叠合起来作为一种“口语”的文雅两派，把不同的地域方言混同于同一地区的社会方言，这是不符合四川重庆地区的语言事实的。

所谓的两套“雅俗口语”实际上并不存在于同一地区，而是分布于不同的地区两套方言系统。这就是湖广话和南路话——成渝地区的两大方音系统。下图（图 4）根据实地方言调查数据画出：成都地区位于湖广话和南路话的分界处，正好能看清两种方言的地域分界。

《西蜀方言》所记音系特点不符于当代成都话，用“文雅口语音”为其另找一出路，落实到南路话上。于是，南路话为文雅口语，成都湖广话为白话口语，把地域分布和历史层次混淆了。西南官话成渝片地区的居民主要讲湖广话，西南官话灌赤片地区的居民主要讲南路话[①]。这两种方言并不同时出现在同一个地区[②]。人们要么讲南路话，要么讲湖广话，并以此区分人的来源地——“南路人”和“湖广人”。这怎么会是同一个成都话的“文雅口语”和“白话口语”之分？

六

我们认为，《西蜀方言》所记成都话音系与当代成都话的不同，在很大程度上是它的记音模式造成的，并不是百年前成都话音系与当代成都话存在明显差别，成都话也没有在20世纪初的不到四十年的时间里发生如此大的变化。

本研究通过分析《西蜀方言》的声母和声调系统，重点考察了其音系中体现的尖团音分混问题以及入声独立等问题，并与同时期其他传教士对成都话音系的记录作对比，发现钟秀芝对当时成都话音系的记音在很多地方都兼顾了历史音类，不是对当时成都语音的语言学音位描写。传教士的汉语记音规则受清代《五方元音》之类的韵书的依古声韵类别记音的体系的影响，使20世纪初的成都话音系看起来与前后不久的记音都不相同。钟氏的记音让人误认为成都话语音在不到四十年的时间内发生了巨大变化。这不是《西蜀方言》误导了成都近现代方音史，而是我们对它的认识误入歧途。传教士们并不是现代语言学学者，并没有用现代语言学的音位描写法记音（虽然罗马字符号看起来像是）。相反地，他们倒是从中国传统音韵学著作中学到了概括汉语方音的办法。至于有学者又在钟氏记音的基础上推想出成都话中并不存在的“雅俗两套口语并行”，并把存在于另一区域的南路话看作成都话“雅言口语”，把不同的地域方言合并叠置，当作同一地域方言的不同社会方言，这不符合当地方言的事实。

补记：《成都通览》（傅崇矩1909）是成都人写于20世纪初的反映成

① 西南官话“成渝片”和“灌赤片”等方言分区参考《中国语言地图集》（1987：B6）。

② 近年来，南路话地区的青年人学说成都话，那是强势方言的影响，是另一回事。参见周及徐等（2019：13—88）中的“音系说明”。

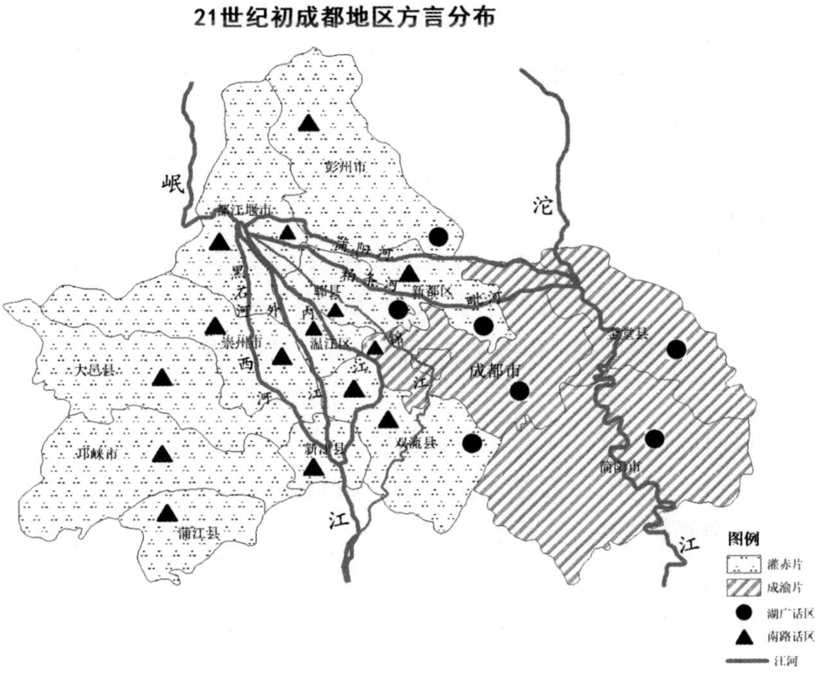

图 4　21 世纪初成都地区方言分布①

都风物的长篇专著，用成都话写成。关于《成都通览》音系的研究表明②，当时的成都话不分尖团音、不分平翘舌音，没有入声调（与阳平相混）。这证实了本文关于 20 世纪初成都话音系的结论。

参考文献

1. 范常喜、刘羽佳：《〈华西初级汉语课程〉音系初探》，《方言》2016 年第 1 期。

2. （明）樊腾凤：《五方元音》，《年希尧雍正五年增补本（照片）》1710 年版。

① 该图利用美国环境系统研究所（ESRI）开发的地理信息系统软件 Arc GIS 10.2，以周及徐等（2019）的数据绘制。

② 何怡雯：百年前的成都话语音——以《成都通览》等文献为语料，硕士论文，四川师范大学，2021 年。

3. 何怡雯：《百年前的成都话语音——以〈成都通览〉等文献为语料》，硕士论文，四川师范大学，2021 年。

4. 黄灵燕：《再论钟秀芝〈西蜀方言〉的入声和基础音系问题》，《语言科学》2010 年第 4 期。

5. （明）金尼阁：《西儒耳目资（1626，上、中、下）》，文字改革出版社 1957 年版。

6. 李清桓：《〈五方元音〉音系研究》，武汉大学出版社 2008 年版。

7. （清）李汝珍：《李氏音鉴》，光绪戊子重修本，1810 年版。

8. 刘振平：《汉语拼音经典方案选评》，北京语言大学出版社 2013 年版。

9. 龙庄伟：《〈五方元音〉音系研究》，《语言研究》1989 年第 2 期。

10. 陆志韦：《记〈五方元音〉》，《燕京学报》1948 年第 3 期。

11. 彭金祥：《略论近代四川方言的语音系》，《四川文理学院学报》（社会科学版）2008 年第 6 期。

12. 千叶谦悟：《〈西蜀方言〉与一百年前的四川方言音系》，《海外汉语探索四百年管窥》，外语教学与研究出版社 2008 年版。

13. 汪银峰：《〈五方元音〉与西洋传教士汉语教科书的编纂》，第二届汉语史研究的材料、方法与学术史观国际学术研讨会暨《汉语史与汉藏语研究》创刊四周年学术讨论会会议论文，2020 年版。

14. （清）威妥玛：《语言自迩集（1867）》，北京大学出版社 2002 年版。

15. 杨波、周及徐：《剑阁县金仙镇方言音系》，《语言历史论丛》第 8 辑，巴蜀书社 2015 年版。

16. 杨时逢：《四川方言调查报告》，“中研院”历史语言研究所 1984 年版。

17. 袁雪梅、邓英树：《〈西蜀方言〉音系性质辨》，《四川师范大学学报》（社会科学版）2020 年第 3 期。

18. 曾晓渝：《〈西蜀方言〉的音系性质》，《方言》2018 年第 3 期。

19. 甄尚灵：《〈西蜀方言〉与成都语音》，《方言》1988 年第 3 期。

20. 中国社会科学院语言研究所 等：《中国语言地图集》，商务印书馆 1987 年版。

21. 周辨明：《八年抗战中国语文国际化的进展：Q. R. 1937—45》，

国立厦门大学文学院 1945 年版。

22. 周及徐 A:《从语音特征看四川重庆“湖广话”的来源——成渝方言与湖北官话代点音系特点比较》,《四川师范大学学报》(社会科学版) 2012 年第 3 期。

23. 周及徐 B:《南路话与湖广话的区别——兼论四川两大方言的历史关系》,《语言研究》2012 年第 3 期。

24. 周及徐:《从移民史和方言分布看四川方言的历史——兼论“南路话”与“湖广话”的区别》,《语言研究》2013 年第 1 期。

25. 周及徐、周岷:《〈蜀语〉与今四川南路话音系——古方言文献与当代田野调查的对应》,《语言研究》2017 年第 2 期。

26. 周及徐等:《岷江流域方音字汇——20 世纪四川方音大系之一》,四川大学出版社 2019 年版。

27. 周及徐、周亚欧:《四川荣县话音系来源考察——明清“湖广填四川”的一项语言学证据》,《语文研究》2019 年第 4 期。

28. 周岷、周及徐 A:《从明代〈蜀语〉词汇看四川方言的变迁》,《语文研究》2016 年第 3 期。

29. 周岷、周及徐 B:《田野调查的新发现:四川巴州话——保存入声调的方言》,《四川师范大学学报》(社会科学版) 2016 年第 6 期。

30. 周岷:《当代成都话音系》,博士学位论文,四川大学,2017 年。

31. 周赛华:《清代几种巴蜀方言韵书述要》,《长江学术》2013 年第 2 期。

32. 周颖异、周及徐:《成都苏坡桥话音系及其在成都地区方言史上的意义》,《语言历史论丛》第 6 辑,巴蜀书社 2013 年版。

33. 周有光:《汉字改革概论》,文字改革出版社 1961 年版。

34. 庄初升、阳蓉:《传教士西南官话文献的罗马字拼音方案》,《文化遗产》2014 年第 2 期。

35. *EFEO Chinese transcription*, https: //en. wikipedia. org/wiki/EFEO _ Chinese_transcription.

36. Environmental Systems Research Institute, Inc. *Arc GIS 10. 2* (computer system), 2013.

37. Edkins, Joseph. *A Grammar of the Chinese Colloquial Language Commonly Called the Mandarin Dialect*, Shanghai: Presbyterian Mission

Press，1864.

38. Grainger，Adam. *Western Mandarin*，*or*，*The Spoken Language of Western China*，Shanghai：American Presbyterian Mission Press，1900.

39. Kilborn，Omar. *Chinese Lessons for First Year Students in West China*，Chengdu：The Union University，1917.

40. Levenson，Rosemary. *Chinese linguist*，*phonologist*，*composer and author*，*Yuen Ren Chao*，Berkeley：The Bancroft Library，University of California，2009.

（周岷，男，副教授，博士，研究方向：语言学及语言比较。通信地址：四川省成都市静安路5号四川师范大学巴蜀文化研究中心，四川师范大学文学院。邮编：610068。电子邮箱：zmin@sicnu. edu. cn；周及徐，男，教授，博士，研究方向：语言学、汉语史。电子邮箱：zhoujixu@sicnu. edu. cn。）

《西蜀方言》的考本字*

倪博洋

（南开大学文学院）

摘　要：《西蜀方言》的实际编者是四川成都底层知识分子，其在树立字头时会涉及"考本字"工作，这类工作表现为两部分，一类是成功找到有文献来源，音义配合整齐的本字或正字，一类是与字书原有字形音义均近而不同的"伪本字"。这两类内容均表现出编者继承前代典籍的传承意识，格外注重形符的考证方法，返本求正、有意避俗的编纂心态，以及用书面语规整口语的最终目的。"本字""伪本字"与"俗字"的根本区别就是作者的这一崇古求正心态。总结《西蜀方言》考本字的原则，对于汉语辞书、方言、俗字研究都具有借鉴作用。

关键词：《西蜀方言》；四川方言；西南官话；考本字；俗字

《西蜀方言》（*Western Mandarin*，*or the Spoken Language of Western China*）是英国传教士钟秀芝（Adam Grainger）于1900年出版的成都话词典。甄尚灵（1988）首次描写了该材料的音系框架，之后学者们主要对其音系展开了考察（如千叶谦悟2008，黄灵燕2010，曾晓渝2018等），而其他方面探讨不多。

已经有学者看到该部字典"词汇收集达到一个新的高度"（邓章应2011：236）①，在收罗这些材料时势必会涉及对相应字头、词条的考辨工作。作为一部方言字典，《西蜀方言》必然要面对如何为口语词选立字头

* 本文为天津市哲学社会科学规划青年项目"明清词、曲韵书编纂思想比较研究"（项目批准号：TJYY21－018）、南开大学文科发展基金项目"基于音类演变的川鄂湘三地西南官话比较研究"（项目批准号：ZB21BZ0329）成果。感谢审稿专家及南开大学孔祥卿教授、重庆师范大学梅强博士的意见，这里一并致谢并自负文责。

① 钟秀芝（1900/2016：引言第1页）自己统计为"共收字头3786个，含112个异体字，191个无字词，用例13484条，含成语401条"。

这一问题。对于大量不见于通语的方言词，作为非母语者的钟秀芝是否具备考证本字、树立字头的学术能力，值得怀疑。表面上看，这部书只是西方传教士编纂的四川口语词典，而实际上如曾晓渝（2018：263）指出，该书反映了成都知识分子的口语雅音。蒋绍愚（2019：10）已看到“上层人士在正式的社交场合说话会有很多文言的成分”。从体例上看，《西蜀方言》的部首完全以《字汇》建立的二百一十四部为序，尤需注意者，是该书虽立“夊”“离”两部，而全无属字。这种有部无字的处理方式体现了对传统字书编纂体例的恪守，显然出自复古心态较浓的传统士人之手。此外一些例词、例句也都体现了士阶层的日常爱好与价值取向。因而可以认为，这部字典实际的编纂者是成都的底层知识分子，钟秀芝本人更像是最后统稿的“主编”。[①] 由此，考察《西蜀方言》的立字头工作，正是能使我们加深对该书编纂体例理解的重要途径。

一 《西蜀方言》考本字例示

从字头上看，这部号称摒弃书面语，尽量收录口语的著作存在不少生僻字，即如“嘌”“刷”“搊”“蜂”“蹵”“镘”等，体现出编者具有一定的文化修养。然而这项工作是否全然准确可信，仍需要进一步考察。

首先要说明的是，“本字”涉及通假字、古今字、区别字、同族词（字）等不同层面的概念辨析。如单从文字学看，裘锡圭先生（1988：179）已指出“文字学上使用‘本字’这个名称的情况，并不是很单纯的。有时候本字指一个字的比较原始的书写形式，……有时候本字指分化字所从出的母字”。故我们这里的“本字”仅指音义都符合，见诸文献，能找到引申路径者；至于其是否是文字学或训诂学意义上的“本字”则暂不讨论。而相对应的考证原则也就是从音义两个方面寻找对应，而不从古文字学角度理清字源；这一原则较为宽松，有时难以厘清本字和“俗字”的纠缠，后文还要专门提及。《西蜀方言》“考本字”的工作主要体

① 除了编纂体例，还可从字典正文与音节索引表释例的矛盾证明编者并非钟秀芝本人，该问题将另文讨论。

现在树立的字头与注音、例句均一一对应。一些成功的实例如:[①]

432 页"腈"tsin1, "腈肉"。[②] "腈",《类篇》"咨盈切,肉之粹者",音义俱合。按,"腈肉"又作"精肉","精"、"菁"(《说文》:"韭华也")、"腈"、"睛"同族。"腈"为后起区别字。

318 页"濽"tsan4"水濽起来了"。《广韵》"水濺","则旰切",音义俱合。

540 页"鑐"sü1"锁鑐"。"鑐",《集韵》"询趋切","锁牡也",即今所谓"锁簧",音义俱合。

184 页"恝"ch'ia5"恝然无情"。此词条无论是字头还是例词都反映了浓厚的书面语色彩,不像是民间口语词的实录。"恝然无情"是典籍中的熟语,如(元)许有壬《圭塘小稿》卷十一"或者视为四海九州之人,恝然无情",又(元)吴海《闻过斋集》卷二"既为记,请予继之,予能恝然无情乎",可以视为读书人中的"雅言成分"。《集韵》"恝""讫黠切","无愁皃"。然而"讫"本为见母字,后代受声符类推影响,变为送气音。而《西蜀方言》中的"恝"恰好也注为送气读法,说明很可能该字字音不存于口语,是读书人折合反切而得,但又忽视了切上字"讫"的不规则音变问题,故随"讫"变读为送气。

545 页"闛"ch'iang1,"闛门,闛 闛门"。按,"闛",《集韵》"曲王切","门周木"也。该字与"框"同小韵,词义亦同。按"匡"《说文》:"饮器,筥也。"因为其器中空,所以"匡"又引申为"边框",如《史记·淮南衡山列传》"涕满匡而横流"即谓"眼眶"。如此来看,"筐""框""眶""闛"都是"匡"的后起区别字。"框"字最常用,故可泛指"边框",如《西蜀方言》"框"下例句"眼镜子的框框"。"闛"别立词头,看似无必要,但实际已提示我们,很可能编者是因"门框"连类而从,有意从传统字书中选择"闛"字立为本字,以与通行之"框"相区别。

---

① 可以认为实质上编者在树立字头与例句的对应后省去了考证工作,而我们则要进行"还原"。

② 《西蜀方言》引文的体例是:原书页码+字头+注音+例句,有些例句过多,仅节引足够说明问题的例词,并以"……"表明节引。原书有对照的英译,这里除随文引用外一律省略。声调不标为角标。

538 页“镲”so5“铁镲桥”。“镲”，《集韵》“昔各切”，“铁绳”。“镲”即“索”后起区别字，《正字通》云：“镲，铁绳，通作‘索’，俗加金。”

229 页“搲”ua3“搲两瓢米出来，搲一桶水”。“搲”，《集韵》“乌瓦切”，“吴俗谓手挖物曰搲”。

463 页“蛸”ts‘ang1“蛸蝇”。“蛸”不载于诸字书，但作为“苍蝇”之异体最迟至明代就已出现，明万历刻本（《四部丛刊》影印本）《法苑珠林》卷三十“俗女部”：“亦如飞蛾，见火投之；亦如蛸蝇，贪乐臭尸。”“蛸”是记音字，从“虫”则是受“蝇”的形旁影响。

由上可以看出《西蜀方言》编者考本字方法论上的一些倾向，姑留待下文总结。

二　考证失误的“伪本字”

考本字需要深厚的学养，洵为不易，也因此《西蜀方言》出现了不少失误。但对今人研究而言，这种误例往往更具价值，请看以下两例：

（1）“譮”ha2，shia2“譮说了的，说譮话”。

按“譮”，《龙龛手鉴》“今呼嫁反，诳譮也”。其字又作“謕”，“謕”《集韵》“虚讶切，诳也”，此字为去声、动词，如《牡丹亭》“遇母”出“他做的是瞒神謕鬼”，与词条注音声韵相近而调不同，可见并非本字。词条例句今通写作“瞎”。“瞎”从“目盲”义引申出“盲目”，“瞎做”既盲目地做，又引申出“胡乱”，“瞎说”即“乱说”，词义引申链非常完整。当代成都官话入声归阳平，“瞎”音正合，当为本字无误。“瞎”，《西蜀方言》只收“shia5”一音，说明在编者心中，“shia5”“shia2”二音有别，故不认可“瞎”是本字。可以认为，该书编者只收了“瞎”的书面音［+腭化，入声调］，而又“引经据典”，为口语之“瞎”［±腭化，阳平调］虚构了一个去声的“伪本字”，这一失误不仅对方言词训诂有影响，还在音系上平白多添了一个去声归阳平的不规则音变。

（2）“筴”chia5“线筴”。（该书拼写法，h 代表不送气）

例词“线筴”，《西蜀方言》整理本注为“盛线用的纸夹”。“夹”字用作盛物之器皿如“皮夹”，引申自“两层”之义，即能两边翻折为两层以便携带，音义俱合，当为本字。“筴”只有溪母一读，声母不同。如果盲信“篋”为本字，则多了一个成都口语中送气音变不送气的例外。

从以上两例可以看出，作者所树立的词头实际并非例句的“本字”，但又不是简单的同义字训读，而是在音义两方面都相近的“伪本字”。作者虽有意考证本字，却又无法得出正确结论，只能用一个音义近似的字暂立字头以作替代。古人虽有“考本字”意识，但由于不具备当代的科学理论，所以庸手很有可能将语音、语义相近者用“叶声”“一音之转”等办法来迂曲拈合。简单来说，这种情况就是“本字”考错了。如果将这一类称为“伪本字”，则其与“本字”“记音字”“训读字”的区别是：

表 1　　“伪本字”“本字”“记音字”“训读字”区别

<table>
<tr><th></th><th>音</th><th>义</th><th>备注</th></tr>
<tr><td>本字</td><td>相同或得到语音史解释</td><td>相同或词义有引申</td><td rowspan="4">伪本字有三种情况：
[音相近，义相同]
[音相同，义相近]
[音相近，义相近]，
音义不会俱同</td></tr>
<tr><td>记音字</td><td>相同</td><td>不同</td></tr>
<tr><td>训读字</td><td>不同</td><td>相同</td></tr>
<tr><td>伪本字</td><td>相近或相同</td><td>相近或相同</td></tr>
</table>

至于如何与“俗字”区分，下文再讨论，姑先将《西蜀方言》的“伪本字”例示如下：

156 页“岩”ngai2，“山岩，岩口岩洞……”。按，“岩”韵尾不合，此显为“崖”字。

279 页“槓”long3“买一百个槓子”。“槓”字诸书多视为“杠”之异体（如《汉语大字典》第二版 1315 页唯此一音义），少数文献如《正音撮要》收入“垄”小韵，释云“衣箱”。今按，此字不见于中古韵书，为后起字。《广韵》《集韵》“董”韵下有“笼”字，释云“竹器”。“衣箱”义近“衣笼”，宋戴侗《六书故》云：“今人不言篋笥，而言箱笼。浅者为箱，深者为笼。”“笼”有平上二读，上声一读多用于动词“笼罩”之“笼”，遂失其名词义，后人于是别造“槓”字以记音。“槓”虽非本字，仍可看出《西蜀方言》对前代辞书的继承。

446 页“苫”，chan1“秧苫”。按，“苫”《广韵》“失廉切”，“草覆屋”；又“舒赡切”，“以草覆屋”，声母皆为擦音，与《西蜀方言》不合。“苫”本指茅屋上的草盖，后泛指为一般草垫，又破读为去声作动词。“秧苫”的英文释义为“a mattress made of young rice”，指禾苗所作垫子。由于是植物所作，故编者误会为指草垫子的“苫”。实际上此本字应为“毡”。“毡”本指毛毡，后来也在前面加表材质的修饰性语素指其他原料的垫子。如“麻毡”，（清）邵之棠辑《皇朝经世文统编》“罪轻者，每早各梳麻若干斤两，或编麻毡若干尺寸”；“草毡”，（宋）白玉蟾《海琼问道集》“茅庐竹舍，草毡松炉，不可以为寒”；“革毡”，（明）邹应龙修、李元阳纂《云南通志》“卧以牛皮，覆用羊革毡衫”等。此处“秧毡”也是同一构词法，指禾秧所作之毡。

364 页“瞨”chang4“眼睛瞨痛，那个东西有些瞨眼睛”。“瞨”，《集韵》“仲良”“丑亮”二切，分别训为“目大也”“望恨也”，显然与“痛”无关，并非本字。其即“胀痛”之“胀”，只不过例词均与眼有关，故编者误以为当从目作“瞨”。

184 页“恈”，chiang4，“决恈，恈拐拐……”。今按，“决恈”即“倔强”，“恈”《集韵》“古巷切”，“恨也”。词义与“倔强”差距较大，很难找到其中的引申关系。“倔强”很早就见于文献，如桓宽《盐铁论》卷九“倔强倨敖，自称老夫”，又江淹《齐太祖诔》“北楚倔强，曾未屈膝”。“倔强”为同义复合词，“倔”与“强”皆谓强直不肯低头（《说文》：“倔，不讯也。”可能“倔强”初指强横不逊，犹言倨傲，后引申为今义）。值得注意的是，这些材料时代较早，“强”是群母阳韵字，“恈”是见母江韵字，中唐或五代之后读音才逐渐合流，故而即使早期文献中的“强”只是记音，其本字也绝不会是声韵均不同的“恈”。《西蜀方言》的编者当然不会从未接触过“倔强”这一词形。故而此处只能认为是编者有意悖俗求异，以矜淹博。

364 页“眸”fong4“眼睛合眸了”。“眸”为后起字，不见于《说文》。《集韵》“敷容切”，“目瞭，或从丰”，“瞭”在《集韵》中有“察”与“斜视”两个义项，都是动词用法，“目瞭”当谓以目查视或斜视。据此，“眸”的义项与声调均与《西蜀方言》不合，其本字明显是“缝”。

469 页“袚”fu4“袚膝”。“袚”《集韵》“分物切”，“蛮夷衣也一曰蔽厀”，通“韍”。按，“韍”一般单用，或与“韠”同义连用，而罕见“韍膝”的说法。此本字应为“护膝”。今成都官话发生音变 x→f/_u#，音正合。“蔽膝”与“护膝”不同，“蔽膝”为搭在下裙前的单条状衣饰，其款式见下图。“护膝”为装在双腿膝盖上的两块垫子。从英文释义“knee-pads made of embroidered silk”看，指的明显是后者。若以“袚”为本字，除了词义扞格难通，语音上也多了一个入声变去声的例外。

韨

图 1 “蔽膝”（汉语大字典编辑委员会 2010：4798）

504 页“蹨”nien4“路蹨得稀烂，把麦子蹨死了”。“蹨”《广韵》“乃殄切”，“践也”，声调不合。蒋宗福（2014：261）认为本字是“躏”，并引高静亭《正音撮要》、章炳麟《岭外三家语》指出有异体作“练”。高、章二书或与北方官话，或与客家话有关，这些方言 n-、l-不混，可见其本字应为来母字，而非泥母的“蹨”。

365 页“瞀”mu4“那个娃娃的眼睛瞀”。“瞀”《集韵》“亡遇切”，“目不明，一曰俯视”，所谓“目不明”，即指双眼昏花，音合。但例句并非指孩子有“瞀病”之类的疾病，而是说“that child is show at learning; lit. , his eyes are dull”，《四川方言词典》（王文虎、张一舟、周家筠 2018：221）以为本字是“矇”，收有词条“矇楚楚”，例句为“我的眼睛看久了就~的了”，当即此词。“矇”与 mu4 读音差距也较大。该书同页收有词条“木楚楚”，释义为：①形容呆板、痴呆无表情；②物体表面不光滑。可认为从义项②“滞涩，不光滑”引申出看东西“有滞碍，不清楚”，而这种看不清东西的表情较为呆板，故又引申出义项①“表情呆板”。故 mu4 之本字应即为“木”，引申路径较为清楚，不必讨源于目部诸字。

356 页“皭”p‘iao4“收拾得皭亮，颜色染得皭亮”。“皭”，《集韵》“弥笑切”，“白色”，音义俱不合。编者以“皭”为本字，或受后字“亮”影响。

172 页“弸”pen1“把衣服弸烂了”。“弸”，《集韵》“披庚切”，“张弦也，或从纟”；又“悲萌切”，“弹也，通作拼”，义俱不合。按，“弸烂”今作“绷烂”，“绷”有异体“綳”，《广韵》“北萌切”，今音正为 peng1。“綳”《说文》“束也”，引申为“束儿衣”（《广韵》），当人身材过胖，衣服尺码过小时则会产生束缚感，故称衣紧为“紧绷”。而超过临界值，则衣服被人撑开，就引申出“绷开”。“束缚”—“衣服束缚人”—“衣服紧”—“衣服因过紧而开裂”这一引申链较为自然，可认为是本字。《西蜀方言》408 页别有“绷”字，例词为“戴个绷绷”，可见在编者心中“绷”并非“绷烂”之本字。又蒋宗福（2014：22）引王筠《说文句读》、姜亮夫《昭通方言疏证》以“幨”为本字，“幨”《集韵》收有“府吻”“父吻”“方问”“符问”“敷勿”五音，折合成今音都是轻唇去声的读法。从区分前后鼻音的方言如北方官话“绷”都读为后鼻音来看，其本字的中古音韵地位也一定不会是前鼻音尾的臻摄字。

441 页“艭”shuang1“艭飞燕的船”。“艭”《广韵》“所江切”，“艂艭，船名”，音合。但“艂艭”为叠韵联绵词，专指中古的某种船。“艭飞燕”不成词，无法解释构词理据，其本字应为“双”。“双飞燕”是近代的船型，（清）刘献廷《广阳杂记》卷四：“汉阳渡船最小，俗名双飞燕。一人而荡两桨，左右相交，力均势等，最捷而稳。”又（清）赵良澍《肖岩诗钞》卷九《汉镇杂诗》：“禹王阁下荡轻舟，直到龟山绝顶游。极目浪花纷出没，双飞燕子剪江流。”诗下注云：“双飞燕，舟名。”又（清）张开东《白莼诗集》卷八《张介夫榜列十三名即席口号》：“唱尽十名始见张，一时姓字满城香。殷勤寄语江头燕，夜半双飞渡汉阳。”诗下注云：“介夫家汉口。双飞燕，江汉小船名。”均以“双”为本字。且从诗文涉及地名看，“双飞燕”为武汉一带的小船，而从“一人而荡两桨，左右相交，力均势等，最捷而稳”的描述中可以认为“双飞燕”一名是喻双桨翻飞迅捷，如两燕对飞，自然与中古的“艂艭”无涉。《西蜀方言》收录该词，可能与湖广填四川时来自武汉的移民带入此船有关。

236页“挞”ta5“提起挞，毛挞儿”。“挞”在诸韵书皆送气一读。“毛挞儿”蒋宗福（2014：283）写作“毛搭儿 毛鞳”，并释云：“‘弯毛搭儿’为袍哥语，指未入袍哥组织的人。亦作‘毛鞳’”。“毛鞳”本指辫子，与《西蜀方言》英释“the Chinese queue”义同，当为一词。由于哥老会（即袍哥）“各乡党互有认记，有以割辫为记号者……棚头欲出头露面，故不割辫”（徐安琨 1999：17），所以借发型特征称代非袍哥者，类似普通百姓称加入太平天国者为“长毛”。而这种秘密语何以得名难以详考，后字本字未必是书面色彩较浓厚的“挞”。

163页“幢”t‘ong2“幢子旛”。“幢”，《广韵》“宅江切”，“旛幢。《释名》曰：‘幢，幢也，其皃幢幢然也。’”音不合。“幢”既有“旛”义，不禁令人好奇为何二字并用，且中间的“子”在构词上也很难说通究竟起什么作用。实际上这里本字应该是“童子幡”，为道教科仪道具之一种，全称为“五方童子幡”，在今天的一些川渝戏曲中仍可见到（胡天成 2008）。其形制一套五把，各书五方童子名号之一。五方童子在道教中负责接引升天，故用于“大洞桥”这一造法桥以助济亡灵的道教丧仪（胡天成 2008，郑志明 2010：218—219）。

581页“髭”tsï3“胡髭”。“髭”只有平声一音，此本字显然为“子”。

581页“茨”ts‘ï4“the same as 刺”，视为“刺”异体，令人费解。“茨”，《集韵》“津私”“才资”二切，一为地名，一为茅茨，与“刺”无涉。从48页“刺”例词看，有“芒刺飞在眼睛里头了”，可能因此认为“刺”与“草”类有关，故立异体“茨”字。

315页“渍”tsie5“痕渍”。“渍”是去声字，不当标为五调（入声）。按，音节表tsie5下有“跡”（《广韵》“资昔切”）字，当为本字。之所以《西蜀方言》作“渍”，是因为503页“跡”下例词“有形跡”“看脚跡”都与“足”相关，而此处是指水干后留下的水迹，故选择从水的“渍”。由此可以看出编者对形符语义一致的坚持要超过语音相符。

从以上所举例证看，这批“伪本字”的特点是：一定有典籍出处，而格外注重形符的对应。至于语音方面，声韵调三部分至少有一个部分（一般是韵母）相同，其他相似，不追求严格对应。《西蜀方言》编者以见于典籍的“正字”为取向，遵循语音、语义近似原则，而其本质还是考本字有误。

三 《西蜀方言》考本字的特点及其意义

前面两节分别从正误两方面例示了《西蜀方言》的考本字工作，而无论考证是否成功，该书都呈现出以下特点：

（一）注重吸收前代著述的成果。从前面的分析来看，《西蜀方言》在建立部首时参考了《字汇》的214部，可见编者对于《字汇》—《正字通》—《康熙字典》这一系字书较为熟悉。就四川方言而论，有些本字在《蜀语》《蜀方言》中已出现，或有传承关系。而有的可能借鉴了其他方言的材料，如551页“馮”ma3“一馮柴，馮起一堆柴”，“馮”《广韵》“莫驾切”，“增益又巧也”，调不合。当为“伪本字”。但该字又见于胡文英《吴下方言考》：“馮音马，扬子《方言》：‘馮，益也。’案，馮，纵横益也。益谓加也，吴中物上加物，恐数不清白，则纵横分别而加曰馮。以灰墨类记数曰号码。”

（二）体现出重视形符与语音，格外重视形符，不重视构词法的考证方法。从上举例子来看，《西蜀方言》编者极其重视文字形符与词义的对应，不少伪本字都是因为形符致误。如“艭飞燕”与“双飞燕”、“幢子旛”与“童子幡”、“朩”与“木”等，特点就是形符与词义一定要整齐对应。其考证方法可推测为，先根据词义从字书中找到相关形符，再在该部所属的字中找到音义相关者，音义两方面都可以只相近而不一定相同，而完全不顾该词自身的构词理据。这种方法对于寻找本字来说有一定作用，但同时也暴露了以下问题：（1）不顾及语音的系统对应，导致很多字头在韵书中的音韵地位与现代读音之间无法用历史音变解释。（2）轻视构词法，对于修饰语素与中心语素没有辨别，出现叠床架屋，无法讲通的情况，如“艭飞燕”。（3）拘泥于形符，导致不少穿凿附会的误例。字义与词义关系复杂，不能以形符一以律之。（4）编者自身小学水平有限，不仅具体手法时有疏误，就连考本字的观念也显得保守陈旧。前面提到编者拘泥于形符，而熟悉中国语言学史的学者不难联想到清代王念孙“因声求义”的伟大发明。颇有成就的乾嘉学者已经将考据的重点从字形转移到语音，甚至完全不再受制于字形的桎梏。由此也可以看出，中上层知识分子的学术思潮与学术取向在传播至下层时，可能会存在时间差。

（三）反映了返本求正、有意避俗的心态。《西蜀方言》编者为不少已有本字的口语词，重新从字书中选用了生僻字，很多伪本字之所以误考，也是源于这种心态。坎贝尔（Campbell，Lyle 2008：368）将这种心态称为“the prejudice in favour of old written tradition”。其于古今中外并不罕见，是士人的一种常见思想取向。辛朵尔（Schendl，Herbert 2003：6）指出：“Language change can be unsettling and a widespread attitude is to see it as a change for the worse. Speakers of different periods and cultures have often tended to think that their own language is inferior to that of their forebears.”在这种语言退化论的思潮下，出于“刊谬正俗”目的的正字法就引起了学者的讨论。如“胡髭”与“胡子”、“袯膝”与“护膝”、“决悻”与“倔强”，很难想象编者从没接触过后一种通俗词形，只能认为是其有意排斥那些民间常用的形体，而选用载诸字书的“正体”“古体”，使用了一些今天看上去炫奇求异的字形。

（四）其根本目的是正字崇古。中国传统士阶层对于正字与俗字较为敏感，故通过对于民间口语词本字的重新考证：一方面炫耀自己的学识；另一方面达到复古崇正，重新规范用字的效果。

以上四点，并非语言学史上的孤例，《西蜀方言》也只是中国“考本字”传统中的普通个案。横向对比其他俗语字书如蒲松龄《日用俗字》，其特点是“正文用字有正字、有俗字，注音用字标注的是方音。其用字特点表现为：注重古意，讲究来历；突出理据，以形示义；沟通正俗，识用两便”（刘中富 2019），所谓“注重古意”“以形示义”云云和《西蜀方言》极其类似。无论是《蜀语》《蜀方言》这种专地方言字书，还是各地的地方志，都能见出这种特点。饶有兴味的是，另一部记载四川方言的传教士词典《华西官话汉法词典》也收入了大量的生僻字。陈伟（2017：40—68）对该书词汇做了细致的分类描写，从其开列的“借字”“训读”两项看，也大致符合本文“伪本字”声义均近似的定义。其中一些字头一致，如“朁”“墶”等，甚至有些例词也一样，如“蛋”“放蛋”（P. 551）“倚老卖蛋”，《西蜀方言》464 页即收“蛋”“倚老撒蛋”。陈伟（2017：5）引《外方传教和东方语言》一书指出“《华西官话汉法词典》由好几名川南传教士集体编写（沙德容主编，合作者是路易·莫洛、爱德华·古尔丹、保罗·施洛尔）”，从词汇看，正文也绝不会是这四个外国传教士亲笔，其著述形式应该也如《西蜀方言》一样，由传教士发动四川下层知识分子共同编纂而成。陈伟（2017：9）指出“因此《词典》记录的语言实际上是一个综合体"，显然和这种著述性质有很密切的关系。①

那么不妨认为，四川本地的考本字是一个传承、发展的过程，前代的成果被后代所吸取，而后代之独见也被吸收到后代之后代的著作中。这样《西蜀方言》《华西官话汉法词典》等著作的本质就是层累式创作的产物。而事实上这一传统不止局限于四川，而是自古以来超方言的求正、求雅、求古的书面语传承。这一点还可以参证蒋宗福（2014）在编写四川方言词典时，还大量引用了《乡言解颐》《通俗编》《恒言录》甚至近代的《新方言》《昭通方言疏证》等非四川方言的著作。那么可以认为，《西蜀方言》的著述目的之一就是用文人历代相承的书面语传统来规范口语。平田昌司指出《新方言》"目的不在于考据，而在于（原文如此，引者注）民间俗语也来自典雅的书面语"②，与《西蜀方言》取径一致，可互相比较。这样《西蜀方言》的"考本字"实际上是"考正字"，和我们今天所谓的"考本字"是两个概念。明确这一点，就令我们进一步思考如下问题：

（一）由于考本字传统的传承，清代之前的一些材料如《蜀语》，其记载的词汇能否用来证明现代四川方言的性质或底层；

（二）对于进一步继承这种书面语统率口语的著作，如上文提到的《新方言》《昭通方言疏证》等，应该用怎样的学术眼光考量，这类著作能否完全代表当地方言特点；

（三）本文是以字书字形为"正"来观察这批本字，而如换个视角来看，也可以认为是方言学者重新分析了构词理据而造出的"俗字"，这就涉及更复杂的字词纠缠层面；

（四）民间俗字产生的重要渠道也是转换偏旁或者增加偏旁，即张涌

---

① 深谢陈伟先生无私提供的博士论文与《华西官话汉法词典》的书影。一切文责，笔者自负。

② 平田先生的观点转引自微信"公众号""梁惠王的云梦之泽"推送文章：史杰鹏（网名"梁惠王"）《又聊到章太炎》，网址 https：//mp. weixin. qq. com/s？ __biz=MzA3NDQ1MTg5Mw==&mid=2657397294&idx=1&sn=3aad9e34a871a6d50c66a5b9ea4f3f0f&chksm=84ef94f4b3981de297aab9e0bea4b3428db7e10fc6c2803961160c83505531e5c9cd6f842793&mpshare = 1&scene = 1&srcid = &sharer_sharetime = 1569243565120&sharer_shareid = ef1cad8a1d00a719bf1442dad70a1c60&pass_ticket=H5PzJFnx75%2F7plFQ1cthXL7EvvLk4DyRKpsGPAFUcmtkrktWfjm%2BohooQu%2BKbI2C#rd。

泉（2010：63）指出的“类化”。这类现象与“考正字”两种心态或有相近之处，彼此区别与联系值得进一步思考。[①]

这些问题所涉甚大，自然需要另文解决，不妨暂时视为《西蜀方言》立字头“考本字”工作留给后人的重要启示。

四　余论：“本字”与“俗字”之辨

最后稍微讨论上一节留下的俗字问题。前文提到的所谓“本字”实则与民间“俗字”的构形理据一致，如“鎍”之于“索”、“蟾”之于“苍”，都是加（换）了形符。从汉字史看，俗字与异体字本是在民间字用过程中产生的夹杂不清的概念，俗字随着日用频繁，被字书收录，逐渐升格为被士大夫承认的异体之一，学界讨论多有，不必细谈。而创造俗字的方法之一就是增加、改换形符。那么本文所谓“本字”“伪本字”又与民间“俗字”有什么区别，是否能区分明晰？

先来看一个实例。324页“煋”sin1“火煋子濽”，“煋”字后起，早期字书如《篆隶万象名义》《集韵》直至《字汇》都只训为“火烈”[②]。“火煋”今通作“火星”，且出现较早，如李白《秋浦歌其十四》“炉火照天地，红星乱紫烟”，“红星”即谓“火星”。后来因为“火星”语义连及，类增了义符“火”，产生新俗字“煋”。其与表示“火烈”的“煋”为同形词，二义之间没有词义引申关系。随着日用愈广，火星之“煋”被收入字书《正字通》之中，甚至被张自烈视为正义：“火光散见四出者，旧注火烈，误。”就词之本义而言，“煋”无疑是我们所谓的“伪本字”；但其本源则是民间“约定俗成”的俗字。学术史上，四川地区恰好有“增声符以为俗字”与“为方言考本字”的两大传统。前者如清代巴蜀地区的手书文献，清代巴县档案、南部档案等；后者如《蜀方言》，其书以字书文献释四川方言俗语，故张永言先生（1987：点校前言第2页）明确称之为“一一考其‘本字’”的著作。在这两大学术思潮

① 本质的区别仍然是：一、是否见于前代典籍；二、“俗字”为词而造，不会出现“音义俱近”的情况。

② 按，《集韵》诸本中扬州使院本、楝亭五种本、顾广圻修补本皆作“火热也”，当为形讹，见赵振铎《校本》（2013），不影响本条论述。

的影响下，“本字”与“俗字”难以完全分清，存在不少交叉情况。

如此一来，区分这两个概念似无必要。但如果从使用者心态而言，“本字”“伪本字”与后起之“俗字”则并不相同。“俗字”的根本特点是行用于民间的通俗性，而《西蜀方言》编者本为传统士阶层，具有“正音”“正字”意识，对于后起于民间之俗字，会抱有一种抵触心态。刊行于1908年的四川骆成骧《四音辨要》明确指出：“故凡属经传子史之文，以及常用必需之字，昔遵《字汇》以摘要焉。其余无关于事业，无益于家务国政者，举皆割爱。”“至于杜撰臆度之字，虽为世俗之所常谈，必为《字汇》之所绝无，又何能上达官府，下传后生？故于书中略存数字，多有阙焉不录者。”以《字汇》为收字标准，而如《字汇》所无，即使是常谈日用，也被视为杜撰臆造。《西蜀方言》编者虽未必狭隘至此，但心态上亦有一致之处：

一是，该书继承了前代考证类字书如《蜀方言》的一些成果，如《蜀方言》：“物朽而断曰蒪。《广韵》：蒪，慈损切。尊上声。玉篇：断也。”这就为“蒪”找出了经典依据，《西蜀方言》也收此字头。又如《蜀方言》引《埤苍》《广雅疏证》考论“劤”字，亦见于《西蜀方言》54页。二是，有些字所处的例词不见于民间口语，而是士大夫雅言，自然不会出现俗字。如前文提到的“恝然无情”，又如“殽，今天喫的甚么殽馔”，“岫，流水下滩本无意，白云出岫本无心”。三是，有些英文翻译隐然暗示了其经典出处，如“骝”下词条为“枣骝马”，英释为“a bay horse with a black mane and tale”。“骝”字《说文》云“赤马黑毛尾也”，段注引《广韵》校“毛”为“髦”，并注云“马鬣曰髦”。可见这条英文翻译的正是《说文》的释义。四是，一些清代巴蜀俗字未见于《西蜀方言》，如《咸丰巴县档案》“情因婊妹主氏”，“婊”为“表”涉女而增义符，但是《西蜀方言》所收例词只有常见的“婊子”；又如《巴县档案》“牛棬乙间”，是“圈”的换旁俗字，而《西蜀方言》不收“棬”，“马圈”“羊圈”用“圈”字。以上种种，难以详论。[①] 我们虽不能认定《西蜀方言》全未收民间俗字，但更应看到其考本字的倾向。亦即，《西蜀方言》字头或有民间俗用与士林经典两大来源，但编者更注重后者。

再来分析“謆”的例子，“謆”之本字为“瞎”，本无可疑。但作者

① 巴蜀档案的两个例子蒙梅强博士见告。

偏要树立一生僻字头。“諕”是否是民间自创的俗字呢，综观张涌泉（2010：44—122）列出的俗字十三种类型，“諕”字均不符合。不难想象，如果作者或民间需要为有音无字的shia2造一个俗字，大可使用方便好认的音符“霞”，而绝不会用难以寻找构词理据的“宰”。[①]《西蜀方言》另有“无字词”部分，就是用“口符+声符”的规则造字，而且特点是声符与所造字读音完全一致，与“伪本字”差异甚大。可见作者认为“諕”确实是本字。其判断依据则是见于前代字书，是被经典承认了的古字，且音义俱近。再如“悻”“睁”都是用僻字记录熟词，而民间显然不乏“强”“缝”的用法。以“强嘴”为关键词检索“中国基本古籍库”，则在清代白话小说文献中出现17次，明代戏曲、小说等俗文学文献中出现24次。而即使不分时代与文献性质，“悻”也从未出现[②]，“睁”则只出现在小学类文献6次。很难想象民间会在明明有常用字的情况下，另创造一个“读半边”都读不出的俗字。

由此可见，俗字最初不被文人认可，但随着使用日广、历时愈久，而逐渐被收入字书之中，成为正字的异体写法，完成“经典化”过程。而“伪本字”则是来源于作者致力于为口语词寻找一个有字书或经典理据的“正字”写法，却判断失误。“俗字”从民间而进入文献，而“伪本字”则是以文献规范民间口语词。两者之区别正在于著者的语言态度与研究理路不同。至于有些“本字”有时与“俗字”相混，如188页“惛”huen1“心惛意乱”，“惛”固然可能是民间为“昏”创造出的忄符后起俗字，但其已见于《广韵》“呼昆切”，释曰“不明”，有经典作为依据，所以被作者视为正字。其分析之两属归根结底是因为作者毕竟只是传统底层知识分子，不能苛求其以科学的文字学眼光对民间俗字进行全面的谱系分析。

限于篇幅，不能详细展开，不过以上论述已经证明，传世字书文献中的考本字与用俗字尽管时有交叉，但仍有区分必要，这对于其他研究也具有参考意义。如从音系研究看，由于“伪本字”特点是有字书依据以及只追求音近，所以韵书中的反切往往与《西蜀方言》的注音不符。当这

① 考虑到其异体“譆”“謣”亦不具同音关系，似可考虑为隶定时的讹变。

② “悻”搜索不出可能是因其字符编码不支持，我们又根据《西蜀方言》的“决悻”词形搜索“决”字，亦无相关用法。

种“伪本字”的数量达到一定比例时，就会形成一个特殊“层次”，如书中滂母共86字（含异读），注音为不送气p者10字，占比11.63%。透母91字，注为不送气t者7字，占比7.69%。但这个次清读不送气的所谓“层次”看似系统，只是因为“伪本字”掺杂其中，影响读音；其既不能看作外来方言的叠置，也不能视为老四川话的古音遗存，不能直接用于语音史研究，由此可看出析分“伪本字”这一概念的意义。

参考文献

1. 陈伟：《〈华西官话汉法词典〉的语言学研究》，中山大学博士学位论文，2017年。

2. 邓章应：《传教士所编〈西蜀方言〉及其在四川方言研究中的价值》，《汉语史研究集刊》2011年第14辑。

3. 汉语大字典编辑委员会：《汉语大字典》（第二版），崇文书局、四川辞书出版社2010年版。

4. 胡天成：《重庆市巴南区接龙镇仪式戏剧述略》，《中华戏曲》2008年第37辑。

5. 黄灵燕：《再论钟秀芝〈西蜀方言〉的入声和基础音系问题》，《语言科学》2010年第4期。

6. 蒋绍愚：《汉语史的研究和汉语史的语料》，《语文研究》2019年第3期。

7. 蒋宗福：《四川方言词源》，巴蜀书社2014年版。

8. 刘中富：《蒲松龄〈日用俗字〉的用字类型和特点》，《中国文字研究》2019年第29辑。

9. 千叶谦悟：《〈西蜀方言〉与一百年前的四川方言音系》，载姚小平主编：《海外汉学探索四百年管窥：西洋汉语研究国际研讨会暨第二届中国语言学史研讨会论文集》，外语教学与研究出版社2008年版。

10. 裘锡圭：《文字学概要》，商务印书馆1988年版。

11. 王文虎、张一舟、周家筠：《四川方言词典》（第三版），四川人民出版社2018年版。

12. 徐安琨：《哥老会的起源及其发展》，中国台湾省立博物馆出版部1999年版。

13. 曾晓渝：《〈西蜀方言〉的音系性质》，《方言》2018 年第 3 期。

14. 赵振铎：《集韵校本》，上海辞书出版社 2013 年版。

15. 张涌泉：《汉语俗字研究》（增订本），商务印书馆 2010 年版。

16. 张永言点校：《续方言新校补 · 方言别录 · 蜀方言》，四川人民出版社 1987 年版。

17. 甄尚灵：《〈西蜀方言〉与成都语音》，《方言》1988 年第 3 期。

18. 郑志明：《中国殡葬礼仪学新论》，东方出版社 2010 年版。

19. ［英］Adam Grainger（钟秀芝）：《西蜀方言》，上海大学出版社 2016 年影印本。

20. ［美］Campbell，Lyle（坎贝尔）：*Historical Linguistics：An Introduction*（《历史语言学导论》）（第二版），世界图书出版公司 2008 年版。

21. ［奥地利］Schendl，Herbert（辛朵尔）：*Historical Linguistics*《历史语言学》，上海外语教育出版社 2003 年版。

（倪博洋，南开大学文学院讲师，主要从事汉语史、古典文献研究。通信地址：天津市南开区卫津路 94 号南开大学文学院。电子邮箱：niboyang@163. com。）

藏语副动词标记的来源类型*

邵明园

（中山大学中文系）

摘　要：藏语古今都存在发达的副动词结构，但之前很多学者误把它归入连动或并列结构中。藏语用于构造副动词结构的标记主要源自格助词、指代词、动词和名物化形式，同时还有一些难以考证词源的形式。由副动词结构组成小句链，是藏语从句并合的重要特点，具有显著的类型学特征。

关键词：藏语；副动词；小句链；限定性；现代藏语

一　绪论

（一）研究对象

藏缅语中有一类非常独特的形态句法结构，迄今未引起学界足够重视。以藏语为例，如下所示：

（1）zla. ba　mang=rgyu　med=**la**，　skyes. pa nad　byung=**nas**
　　月份　多=NOM　没有=CONV　丈夫　病　发生=CONV
　　shi=song=zig.
　　死=AUX=INFR
　　然后，没过多少日子，丈夫就得病死了。（甘肃东纳藏语。邵明园 2018：287）

* 本文受国家社会科学基金 2018 年度重大招标项目“中国民族语言形态句法类型学研究”（项目号 18ZDA298，黄成龙主持）资助。本文藏文转写采用威利（Wylie）罗马字母转写方案。

（2）

mda' mdung=gIs	phog=pa……	thang. chu	bzhu=**la**
箭矛=ERG	击伤=NOM	松胶	融化.FUT=CONV
drotsam=du	bgyis=**ste**	shog~shog=la	sbyar=**nas** //
热 略微=TERM	做.PAST=CONV	纸~RED=ALL	粘=CONV
rma. kha=r	blan=**na**	phano//	
伤口=TERM	蒙盖=CONV	有益.DECL	

如被箭矛等兵器刺伤……融化松胶至微热，趁热抹在每张纸上，蒙到伤口上（拔脓血）即可见效。（S. T. 756，第55—58行。罗秉芬2002：135）

上述标黑成分的功能为何，它所在小句是何种性质，目前尚缺乏基本研究，既有研究也存在不小的争议。上述例（1）原作者把 la 和 nas 标记成了连词。而 DeLancey（1991：3）把藏语上述结构叫“小句链结构”（clause-chain construction），Bisang（1995：173）和 Hill（2010：245—260）称其为“副动词结构”（converb construction）。国内学者如戴庆厦、邱月（2008a：72—82）、戴庆厦、邱月（2008b：2—10）称藏缅语类似结构为“连动结构”（serial-verb construction）。定性的差异，反映了此类结构形态句法的特殊性，也表明对其研究尚有待深化。DeLancey（1991：3）说几乎所有藏缅语都具有上述结构。虽然他未详细论证，可能言过其实，但这类结构在藏缅语中广泛存在却是不争的事实。

（二）理论争议

对于上述结构，目前可以确定的是，它虽然与连动结构有一些句法上的相似点，但本质上它不是连动结构，与连动结构有一系列形态句法上的差异。① 目前最大的争议是，它是小句链结构还是副动词结构。但理论上，小句链和副动词结构的形态句法关系在类型学中迄今也没有一致的意见，争议颇大。Payne（1997：307）基于小句整合的“整合度”原则，

① 如 Aikhenvald（2006：1—2）对连动结构的定义：“连动结构是诸多动词组成的单一谓语，它们之间没有明显的并列、主从或其他句法依附关系。它描述的是单一事件，是单一小句性质，它和单一动词小句一样，只有一个语调，只有一个时、体和极性值。不同动词可以共享也可以不同论元。它不构成单一语法范畴，而包含不同的意义和功能。”仅从语调单一、事件单一和极性单一而讲，副动词结构就与连动不同。更多详细的差异，笔者拟另文介绍。

把小句整合的类型列表如下所示：

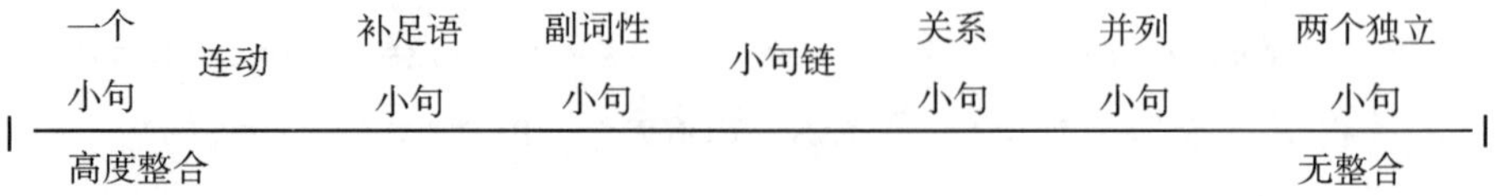

图1　小句整合连续统

从图1可知，小句链和连动结构相距较远，不具有同一性。图中不见副动词结构的地位，不过 Haspelmath（1995：12—17）认为副动词小句是副词性小句的一种，乃非限定性的副词性小句，即在他看来，副动词结构和小句链结构紧密相连。

类型学上，通常把小句链结构（clause-chain construction）界定为两个或更多小句组合在一起而不用连接成分的一种小句类型，它往往只有一个小句（起始或末尾）是限定的，其他小句是非限定或半限定的。非限定或半限定小句叫中间小句（medial clauses），它的谓语动词为"中动词（medial verbs）"，而限定小句叫主句（matrix clause）。[①] 与小句链结构紧密相关的另一个结构是副动词结构（converb construction），Foley & Van Valin（1984：第6章）较早专门区分了副动词小句（converbal clause）和中间小句（medial clause），[②] 认为前者是"嵌入式"的，本质为"从属"（subordinate），而后者是非嵌入式的，本质为"主次"（co-subordinate）。[③] 小句链结构通常被视作"主次结构"的代表性构式（Haspelmath1995：26）。Van Valin（2005：188）把并列、主从和主次关系列表如图2所示：

Haspelmath 从跨语言角度对副动词结构和小句链结构的研究具有代表

① Longacre（1985：263—283）最早提出"小句链语言"（clause-chaining languages）概念，其后 Haiman & Thompson eds.（1988）、Longacre（2007：398—420）和 Dooley（2010：1—20）都是小句链结构研究代表作。

② 此处中间小句实际指其他学者所谓的小句链结构，只是术语差异而已。

③ Olsen（1981）在描写巴布亚新几内亚 Barai 语时首提"主次结构"（cosubordination）概念，强调它既非嵌入式（类似并列），也不是独立的（类似嵌入式从句）一种从句整合。其后这个概念开始运用到语言描写和分析中来，如 Foley & Van Valin（1984，第6章）、Van Valin（2005：188）。cosubordination 一词，乃由主从（subordination）和并列（coordination）复合而来，汉译"主次结构"采用刘丹青（2015：10—11）译法。

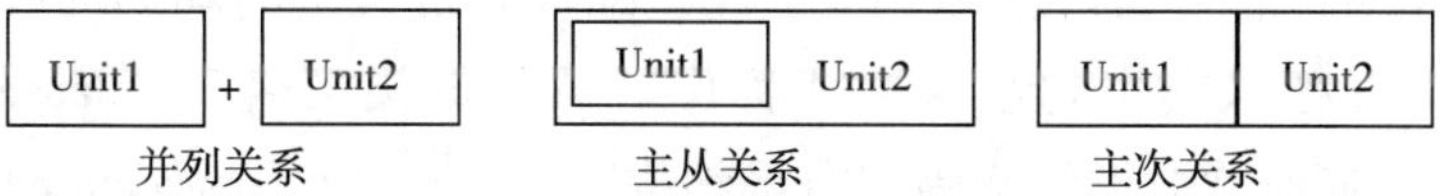

图 2　并列、主从和主次关系

性，他指出副动词（converb）和中动词（medial verb）一直存在术语使用混乱的问题，导致虽术语相同，但有时讨论的是一个问题，有时却是不同的问题（Haspelmath1995：12，23，26—27）。他则试图严格限定中动词和副动词的使用，即小句链的非限定动词为中动词，而副动词结构的非限定动词为副动词。即表 1 所示：

表 1　　中动词和副动词与小句结构的关系

小句并合类型	动词类型
小句链结构	中动词
副动词结构	副动词

他同时定义了主从关系的五个句法特征，并指出典型的中间句都不具备这五个特征（见该书第 5 节）。不过他同时引 Kuno（1973：205—209）的例子指出，小句链和副动词并非不可能同存于一种语言当中，日语就是小句链和副动词并存的例子。

副动词和中动词在概念和实践上的矛盾远不止上述 Haspelmath 所指出的这些，以致关于这类结构内涵和外延的研究极不统一。相关问题可参考 Haspelmath & König（1995）所编论文集。Bickel（1998：395）甚至提出“亚洲副动词”（Asian converb）和“欧洲副动词”（European converb）的概念，试图说明该范畴的地域和句法差异。① 21 世纪以来的诸多研究更是对此问题提出了诸多挑战。比如 Genetti（2005：30，58）基于尼泊尔境内藏缅语 Dolakhā Newar 指出，上述学者所界定的副动词和小句链特征，实际都不足以真正把两者区分开，比如“预指（cataphoric）”和“嵌入（embedded）”这两个被 Haspelmath（1995：12）认为区别小句链和副动词结构的重要诊断手段，实际并不足够有效，副动词和小句链结构在 Newar 语中没有区别，“从属”和“主次”的划分

① 所谓“亚洲副动词”，即句法上兼具副词小句和并列小句双重构式性质的副动词结构。

在分析 Newar 语时也无意义。基于此，她重新定义了副动词的性质和句法表现，并把这类小句组合方式称作“从句链接策略”（clause-linkage strategy），同时称此类结构为“分词结构”（participal construction）。

Coupe（2007，第 11 章）基于藏缅语 Mongsen Ao 的形态句法分析，把它的副动词从宏观上先分为两类。一类是能参与多个小句串联的构造（小句链），且不表示预先设定信息的动词变化形式，此类副动词构成的句子长度不限。二是表达类似英语由词汇性的从属连词（如 if，when，although，since 和 because）所表达的预先设定信息的结构，此时往往只有“从+主”两个小句构成，句子长度受限。两类构造确实既有区别又有某种联系，比如都是非限定性的，具有从属性。该观点拓展了既往副动词的研究视野，最要的意义是启发副动词研究时应有连续统的概念。Genetti et al（2008：29—34）把上述 Coupe 的第一类叫副动词从句（converbal clauses），第二类叫副词性从句（adverbial clauses），并且注意到它们在藏缅语中往往都是非限定性的，他们把这两类句子复合到一起构成的一连串句子构造叫小句链（clause chains）。基于藏语的事实，笔者认为 Coupe 把副动词两分的观点是妥帖的，但小句链的概念则采用 Genetti et al. 的观点，而不限于专指 Coupe 所谓的第一类。通常由副动词构成的小句在句中作状语，充当状语从句。本文侧重研究藏语副动词标记的起源，而对该结构句法语义特点的考察从略。

二 研究综述和目标

相传为公元 7 世纪吐弥桑布扎所著的《三十颂》一书中，① 提到 nas 有离格功能，但并未提及它有其他功能，嘎玛司都（2003：87）特别指出《三十颂》的这点不足，并指出 nas 还有连接功能，实际从他所举例子看，即 nas 构造副动词的功能。② Jäschke（1883：54—56）把传统藏文文法所谓待述词（藏文 lhag. bcas）Te（含 ste、te 和 de 三个变体）视作非

① 藏语为 Sumcupa。藏语传统文法认为该书是藏语最经典和最早的专著，后世藏族文法著作基本都是对此书的注释和疏证。

② 嘎玛司都（1699—1774）著有 Karma Situ'i Sumrtags 'Grechen（汉译《司都文法大疏》）一书，该书被认为藏语传统文法的集大成之作，在藏族语法学界影响深远。

谓语性的“动名词”，较早注意到这类形态的非限定性特点。格桑居冕、格桑央京（2004：530—531）把 nas 作副动词的功能列入“连贯复句”里去，即为并列关系，同时把“待述词”也归并到连贯复句中，没有充分注意到这类结构的形态句法特点。Hill（2010：245—260）明确把古藏文中的 las 视作副动词标记，并对它的形态句法进行了讨论，是分析藏语此类结构较为深入的专题文章。Beer（2019：249—256）对书面藏语文献 Ye. shes. rgyas. pa' i Mdo 中的指称转换进行了讨论，总结了该文献中同指和转指的规律，但笔者不能赞同他把-pa dang 视作副动词标记的观点，同时笔者认为指称转换在古今藏语中都不是句法现象，而受语义语用制约。

现代藏语口语方面，Genetti（1986：387—400）对藏语支语言（Bodic Languages）附置词到从属标记的演化有初步讨论，但他所列的非末尾小句成分（即本文副动词附缀）不管书面语还是方言，不够全面。DeLancey（1991：3）和 Sun（1993：972，脚注 30）较早明确指出藏语中存在小句链结构，但没有对此进行专门论述。王志敬（1994：453—454）和周季文、谢后芳（2003：270—275）都初步讨论了拉萨话中的此类结构，他们叫“连贯复句”，分析了此类句子的构造，包括连词、动词形态和语义，特别重要的是指出了副动词附缀 nas 和 byas 前的小句不能带句尾，且动词要用完成体形式。他们看到了此类结构的非限定性特征，不过整体非常简约，且周季文和谢后芳还把一部分并列结构纳入“连贯复句”当中，而实际拉萨话的并列结构和小句链结构是两类不同的结构。Bartee（2007：441—449）认为云南东旺藏语存在小句链结构，且此类结构性质上不是副动词结构，并对此进行了简单描写。海老原志穗（Ebihara 2008：493—495）对共和藏语中的两个小品词/Ci/和/Ca/进行了初步讨论，她将之视为“接续词”，说它们主要用于“动作连续”和“附带状况”语义的句中，但多限于举例，未做细致讨论。Haller（2009：45—70）讨论了书面语和日喀则藏语方言中的“指称转换”（switch-reference），重点讨论了/-ne/（源自书面正字 nas）和/-pata/（源自书面正字 pa+dang）前后小句的指称转换问题。指称转换是副动词结构的研究专项之一，但不是全部，而且他所讨论的指称转换也不仅限于副动词结构，实际还涵盖了某些并列结构。邵明园（2018：284-288）讨论了甘肃东纳藏语的小句链问题，涉及现实性、指称转换、时体特征和限定性等方面，是大陆藏语学界明确讨论副动词和小句链的文章，但部分观点有待商榷。

Haspelmath（1995：17）基于跨语言的类型学考察，认为副动词标记常源自带附置词或格标记的动名词失去词形变化（paradigm）而变得独立，或是共同谓语（co-predicative）中分词失去主语一致关系后的形式。目前对藏缅语副动词标记的来源研究甚少，Coupe（2017：211—237）的讨论最有代表性，他专题探讨了藏缅语副动词标记的来源，认为通常 SOV 型语序语言从句链接形态多源自动词词干、名物化语素、格标记语素、引述小品词、话题标记、附加性焦点标记和指代词等不同形式的组合。

本文拟对藏语书面语及现代口语中常见的副动词从句标记类型及来源做简要介绍。经由对藏语书面语及现代口语的考察，可知副动词标记明显由语法化而来。藏语历史悠久的文献和丰富的现代方言，为副动词结构及标记语法化的考察提供了绝佳视角，它不仅有助于加深对该结构的认识，也可为探讨其他藏缅语副动词标记的来源提供借鉴。

三　藏语副动词标记的来源

本章基于副动词标记的语法化源头形式，对藏语书面语及现代口语中的副动词标记进行类型划分，侧重考察 Coupe（2007，第 11 章）所界定的第一类副动词及标记，即表达非预设背景信息的副动词标记，其语义往往模糊，需借助语境解释。这一类也是最具藏缅语特色的副动词，不过藏语有的标记存在两类功能重叠的情况，因此 Coupe 所界定的第二类从句标记也有必要适度考察。这一类副动词标记的数量，书面语大概常用的有 5 个，而现代口语，目前已知在 1—5 个，如卫藏方言拉萨话比较多，有约 6 个，而环青海湖安多藏语只有 1 个（区分叙实与否而有不同语音变体）。康巴藏语中，如四川甘孜巴德藏语有 2 个，而云南东旺藏语迄今暂时发现 1 个特别高频。它们的源头，大部分都可考，只有个别目前难以确定。

藏语副动词标记的来源，主要是格助词，在书面藏语和现代口语中都是分布最广、最高频的。其次来自指代词，在卫藏方言和康巴方言中都有发现。个别方言有动词虚化而来的副动词标记。有时名物化标记也可以兼表副动词标记。目前尚有部分副动词标记难以找到书面语的对应形式，有待进一步考察。

（一）源自格助词

格助词语法化为副动词标记，在藏缅语中相当普遍。藏语副动词标记最主要的来源即格助词，主要含离格=nas，夺格=las，向格=la，终止格 Du（含变体 tu、du、ru、su 和-r）、施格 Gis（含 kyis、gyis、gis、yis 和-s 等语音变体）、属格 Gi（含 kyi、gyi、gi、yi 等语音变体）、位格 na 和连同格 dang 等。限于篇幅，本文择要讨论前面五种。

前四种格核心语义明显都是表达方位，施格实际也和方位紧密相关，因为它表达动作的发出点，也是一种空间关系。上述五种格标记虚化为副动词附缀，都源自隐喻和转喻的双重认知作用。它们所经历的语法化过程相似，都是先由空间方位，经隐喻扩展，而附着于表达命题的名物化小句后。名物化小句表达事件关系，目标域显然比空间域更加虚化。名物化小句只是一种临时的语法关系，而且在语义上它仍然可以获得与动词一样很多陈述性的解读（Harris & Campbell 1995：310），故在藏语中，它又发生转喻而进一步虚化，导致或者名物化标记消失，格标记直接附缀于光杆核心动词或助动词后，或者和名物化标记融合而作副动词标记。

1. 源自离格

作为附着于名词或名词短语后的离格 nas，以及由此虚化而来的、附着于动词或动词短语后的 nas，广泛分布于书面语及现代口语中。作为离格助词，它的核心乃用于具体空间移位，表示从某个空间里面而向外的动作趋向。如下所示：

（3） khyed=cag　gnam=**nas**　'ongs=na=ni/　phur=ba='i
2=PL. ABS　天=ELA　来. PAST=CONV=TOP　飞=NOM=GEN
'dab. bshog　myed=la/
翅膀　无=CONV
如果说你们是从天而降呢，可惜没长翅膀（P. T. 126 Ⅱ，第127—128 行。郑炳林、黄维忠 2011b：223）

nas 由上述例（3）附缀于空间方位词之后，经隐喻扩展到附缀于表达命题的名物化小句后。如例（4）所示：

（4）［zhu. tshigs byas=pa=i ma-zhus=pa=**nas**］$_1$ ［mkhyen］$_2$.
恳求$_{名}$ 做 . PAST=NOM=GEN NEG-请求=NOM=ELA 知晓
还未发出恳求，（法王）就知道（他要问什么）。（14 世纪，蔡巴・贡嘎多吉，《红史》，1981：112）

例（4）中小句 1 和 2 的动作发出者不同指，呈现明显的小句并合状态。nas 此时虽然附缀于事件名物化（event nominalization）小句后，和作格助词时的分布一致，具有格助词的功能，表达空间上从 A 到 B，但此时它所依附的小句和后面的小句之间，还可以表达从一个状态到另外一个状态，前者显然更加显著，此时可以说它处于桥梁阶段。进一步，当 nas 直接附缀于动词后时，则此时它就变成比较典型的副动词附缀了，虽然它的源空间义还有一定的保留。如下所示：

（5）khams thag. ring. bo=**nas** yi. ge=la snyun. gsolzhing mchis//
贵庚 远方=ELA 书信=ALL 修养 COOR AUX
yi. ge springs=**nas** bdag=la myi-bde=ba ma-chis/
书信 邮寄 . PAST=CONV 1SG. H=ALL NEG-平安=NOMNEG-有
（您为社稷而奔忙，异常辛苦，）从远方修书问候，我亦安然无恙。（P. T. 1131，第 4—5 行。王尧、陈践 2008：240）

例（5）中第一个 nas 作离格，附着于体词性成分后，而第 2 个 nas 附着于光杆动词后，使它前面所在的小句充当状语，此时已经变为副动词小句。

nas 充当副动词附缀在现代口语中也是十分广泛，很可能是藏语方言中最具泛地理空间分布的副动词标记。如下面巴德话所示：

（6）tə^{31}ɳdʐɛ^{53} zɔ^{31}=**nə^{31}** wu^{31} mɯ^{31}-pəo^{53}=**nə^{31}** tə^{31}ɣɛː^{55} khʉː^{55}
那样 做=CONV 回 NEG-敢=CONV 然后 3SG. ABS
jaː^{31}le^{53} ɳdʐɔ^{31}=**nə^{31}** ʔɐ^{55}mɐ^{53} thɯu^{53}=zi^{53} mɛː^{24}=zɯ^{31}
上面 去=CONV 妈妈 遇见=NOM 非=PERFV. INFR
那样做，不敢回，然后他去了上面，从那以后再没见过妈妈了。（四川甘孜州巴德村藏语，宋晓红调查。私人交流）

例（6）中/nə³¹/所在的小句都是非限定式，而末尾小句则为限定式，受时体和示证范畴限定；篇章上，它们构成一个小句链结构，是藏语中非常有特点的句子并合模式。

2. 源自夺格

夺格和离格在书面上有形式对立，不过这种对立主要出现在书面藏语中，现代方言尚未见到，而通常发生合并。书面上离格 nas 多用于具体空间位移，而夺格 las 多用于抽象或心理位移。但这仅仅是种倾向性，不是必然规律，实际上两者有时可以互换。不过语义上两者有时也会有区别，即离格 nas 侧重“从里到外”，而夺格 las 侧重“从外到里”。如下所示：

（7）sa=**las** 'dzul=te/ 'ong=na=ni byi. ba ma-yin=na/
土地=ABL 钻=CONV 来.NPAST=CONV=TOP 老鼠 NEG-是=CONV
如果说（你们）是从地底下钻出来的，可惜（你们）不是老鼠。（P. T. 126Ⅱ，第 128 行。郑炳林、黄维忠 2011b：223）

（8）yul. ngas. po=**las**/ 'phan. yul=du mying spos=so/
俞埃波=ABL 盘俞=TERM 名字 更改.PAST=DECL
把俞埃波改名为盘俞。（P. T. 1287，P1. 563，第 184—185 行。王尧、陈践 2008：29）

（9）pha. khu dang pha. ma=**las** ma-bsam=ste/ nye. pa=zhig
叔伯 COOR 父母=ABL NEG-想=CONV 过错=INDF
rdul=na// gzhan=la brjod=pa='I myi-rigso//
显露.PRES=CONV 他人=ALL 说=NOM=GEN NEG-智慧.DECL
若犯了过失，未能想到叔伯父母（即告诉他们），而告诉别人，实为不智。（P. T. 1283，第 373—374 行。王尧、陈践 2008：405）

例（7）与上述例（3）来自同一段文献，但前者用 las 而后者用 nas，两者可互换，皆表“从里到外”的语义。例（8）则表“由外向里”义，因为从“盘俞”后附着的终止格 du 亦能看出。例（9）则进一步从“由外向里”义引申为“脱离/排除某个事物”。

（10）myiyongs=kyis bltas-pa=**las** / bya chig khra=s
人全部=ERG 看.PAST=NOM=ABL 鸟 一 鹞鹰=ERG

bkum=ste/

杀死．PAST=CONV

众人往视，见一鸟为鹰隼所食。（P. T. 1287，P1. 559，第 99—100 行。王尧、陈践 2008：26）

（11） byams=pa　　yin-ba=**las** //　　ma-rig=ste/

仁慈=NOM　　是=NOM=ABL　　NEG-智慧=CONV

sdang-ba=r　　bsam=nas　　yang　　nyeso//

憎恨=NOM=TERM　　想=CONV　　也　　过错．DECL

仅行仁慈，亦不明智，心里充满愤怒，也是有错。（P. T. 1283，第 260—261 行。王尧、陈践 2008：402）

（12） lo. ngam. rta. rdzi=s　　kyang　　myI-phod=ces　　gsol=pa=**las**

罗阿木达孜=ERG　　也　　NEG-敢=COM　　启禀=NOM=ABL

ma-gtang=ste/

NEG-做=CONV

罗阿木达孜也说“不敢!”然而，王不应许，（强令与之比武。）（P. T. 1287，P1. 570，第 8—9 行。王尧、陈践 2008：23）

上述三例 las 都附缀在前面表达命题的名物化小句后。语义上，除可以表达空间关系外，例（10）还可以时间先后，例（11）表假设，例（12）表转折。也即此时 las 句法结构上依然保存了夺格的格局，但功能上已经发生拓展，可以表达命题之间的逻辑关系。las 所在的名物化小句，已经不是用来修饰后面一个小句的谓语，而是作为整体修饰后面的小句，因此具备了副动词从句的基本特点。

（13） srId　myed=nas　　phongs=**las** /　　ma. lha. chen. mo=s　　srId

儿子　无=CONV　　匮乏=CONV　　母族大神=ERG　　儿子

byin=ba=’I　　ngo　　yod.

给. PAST=NOM=GEN　　征兆　　有

虽无子息且贫困，但有母族大神赐予子息的征兆。（ITJ. 738，第 76—77 行。郑炳林、黄维忠 2011a：49）

（14） chos　zhus=**las**　　yon=la　　chu　bsgyur=ba　　yin

教法　请求．PAST=CONV　功德=ALL　水　使变．PAST=NOM　是

（地方神）向我请求教法，作为酬答，把河水变小了。（14 世纪，蔡巴·贡嘎多吉，《红史》，1981：112）

上述两例 las 进一步直接附缀于动词词根之后，因此更加具备副动词附缀的功能。不过 las 作副动词附缀与离格 nas 尚有区别，即直接附着在动词后头的情况非常少见，而绝大多数时候附缀于名物化标记 ba/pa 后头。另外，las 作副动词标记在现代口语中尚未见到用例。

Hill（2010）对敦煌文献中 las 作副动词标记的结构和语义有过专门研究，亦可参看。

3. 源自向格

向格 la 在书面藏语中是语义角色和句法功能最复杂的一个格助词。向格 la 的核心语义是动作朝向，而后引申出各类不同语义角色，详细可参考李彩云（2021）。它同样引申出作副动词标记的功能。如下所示：

（15） btsun. mo=**la** pyag. 'tshal=nas/
赞蒙=ALL 施礼=CONV
给赞蒙施礼，……（I. O. 737A，第 245 行。陈践、王尧 1983：166）

（16） btsan. po chab. srid=**la** 'a. zha yul=du gshegs/
赞普.ABS 政治=ALL 吐谷浑 地方=TERM 去
赞普为政务巡视吐谷浑。（I. O. 750，第 78 行。王尧、陈践 2008：13）

例（15）la 标记动作方向，而例（16）标记动作目的，为向格的语义扩展。la 附着于动词后作副动词附缀，同样是先经由隐喻，附着于名物化事件小句后，再经由转喻扩展而来。如下所示：

（17） nan. thur byas-pa=**la** / myi-dga'-ba=r byed-pa
认真 做.PAST-NOM=ALL NEG-[喜爱-NOM=TERM 做.PRES]-NOM
su=zhig yod//
谁=INDF 有
认真行事，谁会不喜欢？（P. T. 1283，第 210 行。王尧、陈践

2008：400）

（18）

khyed. rang	phar	song=**la**	rje=la	dris=**la**
2SG. ABS	那边	去. IMP=CONV	国王=ALL	问. PAST=CONV
de='i	lan	khyer=**la**	shog=dang.	
DEM=GEN	回复	拿=CONV	来. IMP=COMM	

你往回去问国王把他的回答拿来！（约12世纪，佚名，《柱间史》，1990：132）

例（17）la附缀于名物化小句后，构成分词结构，在句中作状语，是la向副动词标记演变的中间阶段，此时它还保留一定程度的格功能，但又作为修饰语而修饰后面整个句子。而例（18）中直接附着于动词后，则只能分析为副动词附缀，不宜再视作格的功能。

安多藏语用于非叙实的副动词附缀Ca，很可能来自向格la，因为它与宿主之间呈现的语音模式，与向格完全一致。此问题还有待进一步考证。

4. 源自终止格

终止格（terminative case）是一类变格，核心意义在于表达空间或时间的终结点，同时还常用来标记动作行为的目标或方向。它在书面藏语中为Du（含变体tu、du、ru、su和-r），现代口语中，绝大部分方言此形式已经消失。

（19）

'jang=gI	rgyal. po	bod-kyi	'bangs=**su**	bzhes=pa=s/
南诏=GEN	国王	藏族=GEN	民众=TERM	收服=NOM=ERG

因南诏王被收归吐蕃为民，……（唐廷政权大为低落）。（P. T. 1287，P1. 569，第346行。王尧、陈践2008：35）

例（19）su附着于“民众”后头，表示动词“收服”的结果，源自空间义“终点”的隐喻扩展。Du的其他形式作副动词标记，除=r需要附着于名词化后缀之后外，其他都可以直接附着于动词词根之后。如下所示：

（20）

'ung=gI	rjes=la'/	pho. nya	mchis=nas/	gsod. bya
来=GEN	后=ALL	使者	到达. PAST=CONV	所杀牲畜

myi-dgos=**pa=r** / sngar sug=las bgyis lagste/

NEG-需要=NOM=TERM 先前 蹄子=ABL 做.PAST AUX. CONV

使者至后，遂不需刑牲备礼，盖此前已有所作为矣。（P. T. 1287，第77—78 行。王尧、陈践 2008：26）

（21）khong spun gnyis yab rgyal. po=’i rgyal. srid=la

3SG. ABS 兄弟 两 父 国王=GEN 江山=ALL

ma-’chams=**pa=r** ’thabs=pa=s

NEG-齐心=NOM=TERM 冲突.PAST=NOM=ERG

兄弟俩后来因争夺王位而失和，（约 12 世纪，佚名，《柱间史》，1990：77）

（22）zhang. snang glo. ba myi-’drIng=**du**=ni ’dring=zhes

尚囊 心肺 NEG-反叛=CONV=TOP 反叛=COM

gsol=to//

敬祈=DECL

（于赞普前，）妄说尚囊心怀二志。（P. T. 1287，第 308 行。王尧、陈践 2008：34）

例（20）和例（21）=r 和名物化标记 pa 一起，开始被重新分析为副动词附缀，所在小句充当整个限定小句的修饰语，开始具有表达不同逻辑关系的语义。而例（22）中，du 附着于动词后，直接作副动词附缀，构造副动词小句作状语。

5. 源自施格

书面藏语施格为 Gis（含 gis、kyis、yis 和-s 等语音变体）。施格虚化作副动词附缀，构造状语从句，在藏语书面中很常见，现代口语也有一些用例。如下所示：

（23）bdag=cag=**gIs** mchId=**kyis** gcad=du myI-gda’=ste/

1=PL=ERG 言辞=ERG 处断=TERM NEG-有=CONV

我们无法决断。（P. T. 1089，第 17 行。王尧、陈践 2008：365）

（24）gur. gum dang lI. kri gang rnyed=pa=**s** bsku/

藏红花 COOR 黄丹 何 找到=NOM=ERG 涂抹.FUT

（若无糖，）用藏红花或黄丹两者任何可以找到的其一配制涂之

亦可。（S. T. 756，第 17—18 行。罗秉芬 2002：132）

例（23）施格兼表施事和工具义，例（24）中，名物化形式 rnyed=pa 和 gang 为同位语关系，句中作“涂抹”的论元。但有时施格-s 置于名物化 pa 后，出现两解情况，既可以视作格助词，也可以视作副动词附缀。如下所示：

（25）a. zha　mo=’i　dpang. rgya　dang　mying. rus　bdag=la
退浑　女子=GEN　文契　COOR 族名　1SG=ALL
myi-gches=**pa=s** /　dral=te　bor=ba=r　gda’/
NEG-珍爱=NOM=ERG　零乱=CONV［丢失 . PAST=NOM=ALL 有］
退浑女人做抵押之文契及族名，因为保存不善而丢失。（P. T. 1077，第 37—38 行。王尧、陈践 2008：191）

（26）stag. gzig=la. stsogs. pa　kha. gdug=**pa=s** /　zIn=nas
虎豹=ENUM　咬伤=NOM=ERG　抓=CONV
skrang　sam　khrag　myI-chod=pa=**la** /　bo. nga
肿. NPAST　COOR　血　NEG-断 . IPM=NOM=CONV　头发
nag=po　bsreg=ste/　khal　bar　gyIs=la
黑=NOM　焚烧 . FUT=CONV　克　把　做 . PAST=CONV
rma=’I　kha=r　gdab/
伤口=GEN　口沿=TERM　做 . PAST
被虎豹等咬伤，或被抓伤致肿胀或血流不止，可将黑乌头烧成灰，用约一把的克量撒到伤口上，……（S. T. 756，第 75—77 行。罗秉芬 2002：136）

例（25）中，-s 既可以视作原因状语从句的连词，表达“因为……”之义，也可以视作顺序义副动词附缀，表达“……然后”之义，连接两个命题。而表时间顺序是藏语副动词的典型环境。广义因果本身即蕴含时间先后，因此这为它向后者的语义演变提供了可能。例（26）此时-s 已经不能再被解释为“因为”义，而只能表达时间顺序义，与下面的副动词标记 la 语境相同。

时间顺序义在英语等很多语言中，都习惯采用并列结构表达，而书面藏语却可以用施格或向格表达，而且它们所在的小句是非限定性的，因此是比较典型的副动词结构。

（二）源自指代词

除了格助词，藏语副动词标记另外一个重要的来源就是指代词。藏族传统文法所谓的“待述词”Te（含 te、de 和 ste 三个语音变体）主要功能即是作副动词附缀。它源自中性指代词 de。传统文法注重语义分析，而未能对它的句法做充分的解释。

Jäschke（1881：54—56）认为 Te 附着于完成或非完成动词后构成动名词（gerund），构造从属小句，Beer（2019）直接把 Te 视作副动词（converb）的形态标记。而瞿霭堂（1996：185）和胡书津（2000：111—119）等则认为 Te 的功能之一是作并列连词，用于连接连贯关系的动词谓语或小句。两种观点都反映了藏语 Te 的部分句法和语义事实。句法上，副动词标记 Te 明显来自指代词 de“那”，其复指功能是它虚化的重要环境。但有的语境下它尚未完全虚化为副动词附缀，还保留一定复指功能。如下所示：

（27）rgya. gar=gi mkhan. po=s **de** su lags=zhes btsan. po=la
印度=GEN 堪布=ERG DEM 谁 是=COM 赞普=ALL
gsol=nas/
祈请=CONV
印度堪布祈问赞普道：“那是谁？”（P. T. 149，第 R7 行。引自 OTDO 数据库）

（28）khyod gshen nam tshong=zhig byed=pa=r
2SG. ABS 婚姻 COOR 生意=INDF 做 . PRES=NOM=COM
bsam=pa=zhig=ste// don sgrub=pa
想=NOM=INDF=CONV 事情 成功=NOM
你想成亲或经商，皆可事成。（P. T. 351，第 60 行。郑炳林、黄维忠 2011a：147）

（29）[myang=gis srid ma-thub]=ste / bkyon phab=nas/
娘氏=ERG 政治 NEG-能够=CONV 责罚 降罪 . PAST=CONV
娘氏不能任政事，获罪遭谴。（P. T. 1287，第 250 行。王尧、

陈践 2008：32）

（30）yongs gyang/ [nyes byed~byed]=**de** legs-pa=ni//
总之 也 错 做.PRES~RED=CONV 善=NOM=TOP
brgya'=la gchigo// [legs byed~byed]=Ø legs. pa=ni//
百=ALL 一.DECL 善 做.PRES~RED=Ø 善=TOP
kun=no//
全部=DECL

无论何时，行恶者，只能得百善之一，而行善者，则尽得善矣。（P. T. 1283，第 77—78 行。王尧、陈践 2008：396）

例（27）de 乃指代词，例（28）de 复指前面的名物化小句，此时 de 开始具有连贯的功能。在此基础上，Te 进一步由转喻而直接附着于动词之后，开始主要作副动词附缀。如例（29）ste 为 de 的语音变体，此处作副动词附缀，所在小句表达原因。例（30）显示在一个对称的语法构式中，前者动词后附加了 de，而后者为零形式。不过该例的独特之处，在于它处于重叠形式之后。而下一小节将会看到，重叠在有些藏缅语中同样作为副动词形态的手段。严格来说，Te 在例（29）和例（30）中，也还保留回指的功能，甚至在后一例中，当宿主动词为重叠形式时还可以省略。①

现代口语中，从江荻（2016：59，第 5 段；61，第 5 段，等等）所编纂卫藏方言拉萨话，及龙从军（2021：195，第 5 段；201，第 2 段，等等）所编纂卫藏方言噶尔话（阿里地区）的语料中，可以明显看到 Te 充当副动词标记的功能。云南迪庆州香格里拉市下辖东旺乡的藏语口语，Te 同样充当副动词附缀。如下东旺藏语所示：

（31）ky^{41} $tɛ^{41}$ t^ho^{41}.
煮 连词 喝
煮着喝。（方式）（次林央珍 2021：248）

（32）tu^{54} $tɛ^{41}$ wa^{54}.
饿 连词 叫

① 有关书面语 Te 的详细句法语义功能，可参考邵明园（2021）。

因饿了才叫。(同上)

作者把/tɛ^{41}/视作连词，不甚准确，它本质上是附缀。其次，作者指出，当表示动作先后、承接关系的，/tɛ^{41}/可加可不加，语义不变，① 但表方式、目的、原因、条件和转折等语义时，必须加连词/tɛ^{41}/。另外，不管是东旺话，还是拉萨话和噶尔话，Te 前的小句都是非限定性的，因此是非常典型的副动词用法。

(三) 源自动词

藏缅语中副动词附缀源自动词并不罕见。② 但藏语中此情形却较罕见，迄今笔者只在拉萨话中见到一例。拉萨话有一个来自“做”义动词的副动词标记=byas。由=byas 语法化为副动词附缀，目前看来是卫藏方言的创新，其他藏语方言尚未见报道。如下所示：

(33) nyes. pa　**byas**　gyang/　gyod　myi-rma=ba=ni//……
过错　做. PAST　也　反悔　NEG-说 . FUT=NOM=TOP
若犯有罪过而不指出的话，……(P. T. 1283，第 229 行。王尧、陈践 2008：401)

(34) ngo=r　blon<ma>thebs=na//　dkog. dpyas
面=TERM　报复<NEG>. PAST=COND 背地讥讽
ma-**byed** =chig/
NEG－做 . PRES=COMM
不能当面报复者，勿背地讥毁。(P. T. 1283，第 176 行。王尧、陈践 2008：399)

上述两例中，byas 都是作所在小句的主要谓语动词，而且有体的变化。但下面两例中，byas 在拉萨话中都虚化为副动词附缀，附着于动词

① 此说笔者认为不甚周密。/tɛ^{41}/附加上后，明显会导致语义理解的变化，既可以兼表时间顺序义也可以表其他语义（如方式义)。

② 如彝语诺苏话已知的两个副动词标记 ta^{33} 和 si^{44} 分别来自“放置”和“拿”义，迄今还有一定的词汇意义滞留。(戴庆厦、胡素华 1998，胡素华 2010)

名物化形式或光杆动词之后，且本身不再有体的形态变化。如下所示：

（35） char. pa　ma-babs＝pa＝**byas**　zhing. ka　kha. shas. la
雨　NEG-降落＝NOM＝CONV　田地　部分
than＝pa　byung＝shag.
干旱＝NOM　发生＝PERFV. SEN
（由于）没下雨，有些地旱了。（拉萨话。周季文、谢后芳 2003：272，例（10））

（36） khong　na＝**byas**　slebs<mi>'dug.
3SG. ABS　生病＝CONV　来<NEG>. PERFV. SEN
他由于生病了，没有来。（拉萨话。周季文、谢后芳 2003：272，例（8））

部分藏缅语还采用动词重叠表达副动词意义，但整体上这类情况较为罕见，藏语古今也未见此情形。以下是独龙语动词重叠作副动词形态的用例：

（37） ti^{31}pəi^{53}　u^{31}dzu^{53}　cɯm^{53}＝le^{31}　dzəŋ^{55}～dzəŋ^{55}-ɕɯ^{31}
梯培　先　家＝ALL　进入～RED-REFL
lɑŋ^{31}meʔ^{55}＝le^{31}　**ə^{31}tɕɑt^{55}～tɕɑt^{55}**　pə^{31}ɟɯ^{55}tsəŋ^{55}　mə^{31}li^{53}＝le^{31}
窗户＝ALL　跳～RED　香肠　野外＝ALL
tɕɑt^{55}＝sɑ^{31},
扔＝NOM
梯培先进入屋子里，跳到窗台上，把香肠扔到外面，……（杨将领 2020：118）

（四）源自名物化标记

名物化的句子充当副动词小句，在有副动词的语言中比较常见。如 Coupe（2017：211—237）专题探讨了藏缅语副动词标记的来源，其中名物化语素即是其中之一，这在境内外的藏缅语中也都可以见到用例。

从（一）小节可知，书面上名物化的小句若作状语，通常后面要加格助词才行，否则难以成立。不过，现代藏语口语中，部分方言的名物化小句形式却可以直接充当状语构造副动词结构。如安多藏语，/no/本为名物化附缀，当小句名物化时，它所在小句可充当副动词小句。如下所示：

（38）a. ［khyod rma. chu dga'=**no**］ shis. gi sra=gi=ya.
2SG. ABS 黄河 爱=NOM 非常 好=SEN=EXCL
你喜欢黄河太好啦！（作补足语小句）

b. ［a. khu bsod. nams=gis byin=**no**］=i dpe. cha 'di
阿克 索南=ERG 给=NOM=GEN 书 这
chi rig red.
什么类 是.FACT
阿克索南给的这书是什么类型的？（作关系小句）

上述两例显示，名物化标记/no/在安多藏语构造的名物化小句，既可以作补足语小句，也可以作关系小句。它同样还可以作状语小句，构造副动词小句。如下所示：

（39）kha. sang nga khyed=cho='i nyal. khang=nga
昨天 1SG. ABS 2=PL=GEN 宿舍=ALL
song=nga ra, khyod ma-rig（-thal）=no/
去.PAST=EGO COOR 2SG. ABS NEG-见-（DIR）=NOM
khyod gang=nga song=nas.
2SG. ABS 何处=ALL 去.PAST=EGO
昨天我去你宿舍了，但没看到你，你去哪里了？

例（39）中，/no/所在的小句，充当其后主句的伴随状语。不过句法上，此时它与/Ca/和/Ci/作副动词附缀只能构造非限定性副动词小句不同，/no/所在的名物化小句充当状语，既可以是限定性的，也可以是非限定性的。如该例名物化小句可以添加示证兼体标记 thal，当然删除同样成立，是自由而非强制的。

林幼菁（2016：57—58）描写的四川卓克基嘉戎语，其副动词标记即是源自名物化标记的/ka-/和/kɐ-/。Jacques（2014：8）描写的茶堡嘉绒语，其中“即刻顺序副动词”（immediate precedence converb）标记/tɯ/源自动作名物化前缀（action nominalization prefix），而目的和分词副动词标记/sɣ/源自旁格名物化前缀。Jacques 认为它们可能经历了“名物化>关系化>副动词”的语法化过程。笔者认为，安多话/no/亦经历了同样语法化过程，限于篇幅不做详论。

（五）存疑待考

现代部分藏语方言的副动词标记尚难以考证词源，很大可能这些都是独立创新的结果。此处仅举两例说明：

（40）χhɐ^{53} khu^{53}=**ʔɛ**^{31} ɳdʐɔ^{31}=**ʔɛ**^{31} teː^{24} ɣa^{31}shɯ̃r^{55}=zi^{53} ʐe^{31}.
肉 背=CONV 走=CONV DEM. ALL 放 去 . PAST=PERFV. FACT
背着肉走，去放在了那里了。（四川甘孜州巴德村口语。宋晓红提供）

（41）phag. los nyin. rgyang. nga las. ka mi-las=**a**
帕洛 . ERG 每天 活儿 NEG-做=CONV
njal~njal=**yas** bsdad=**las**, a sgrol. ma,
睡~RED=CONV 待=CONV 叹词 卓玛
nga'i zhi. mos sdug 'degs=rgyu. red=ya.
1SG. GEN 女儿 . ERG 苦 持拿=FUT. FACT=EXCL
帕洛每天不干活只睡觉，啊，卓玛！我的女儿（你）要吃苦了呀！（青海安多口语，拉丁转写。语料来自《猪头卦师》①）

例（40）的副动词标记/ʔɛ^{31}/尚不能确定词源为何。例（41）安多口语的副动词，可以归为两类：/Ci/$_{\text{叙实}}$和/Ca/$_{\text{非叙实}}$，C 是与宿主韵尾相和谐的形式，如 njal=yas 口语常读作/ndʑaØ= Øi/，而 bsdad=las 常读作/ɦdal=li/。表叙实情态的/Ci/很可能来自离格 nas（>/ni/）。因为环青海湖周边的/Ci/，在甘肃东纳话中全部用/nə/或/ni/（自由变体）。故/Ci/可能是/ni/进一步虚化脱落首辅音的结果。而表非叙实情态的/Ca/可能源自向格 la，因为

① 本语料为《猪头卦师》电视剧语料录音，笔者同时找环青海湖周边藏族母语者核对，确认符合安多口语语感。

在环青海湖周边的安多藏语中，向格 la 的添加法则，与/Ca/完全一致，且 la 本即是书面上常用的副动词附缀。

四　副动词和小句链

如第一章绪论所言，本文不采用如 Haspelmath（1995）等类型学家所界定的中动词和小句链概念，而基于藏语事实，在采纳 Coupe（2007，第 11 章）对副动词两类划分的基础上，基于 Genetti et al.（2008：29—34）对小句链外延的界定，明确把句法上“非限定”且“依附性”的小句界定为副动词小句，把形式上这类小句不断加和而构成类似链条一样的结构，即“小句+小句+小句+小句+……”的构造，叫“小句链结构”。理论上小句链结构可以无限长，但它首先还是个句法现象。不过这类结构在英语和汉语等语言中，很多都体现为篇章构造。这是藏语非常独特的一个语句组合模式，区别于汉语的流水句，及英语主谓结构加和的模式，在整个类型学中独具特色。如下所示：

（42） a. mthon. myi　'bring. po　rgyal. btsan. nu=s　byas=**te** //
吞米　中间的　甲赞奴=ERG　做 . PAST=CONV
b. dku'　ched=po　byas=**nas** //
阴险　大=NOM　做 . PAST=CONV
c. kho. na='i　sring. mo　mthon. myI. za. yar. steng　dug
3SG. M=GEN　妹妹　吞米・萨牙登　毒药
bskur=**te**
携带 . PAST=CONV
d. btang=ba=**las** //
放置 . PAST=NOM=CONV
e. mo. na　dug　'thung=**nas** //
3SG. F. ABS　毒药　喝 . PREST=CONV
f. btsan. nu　bkum=ba　lagso/
赞奴 . ABS　杀 . PAST=NOM　是 . DECL

吞米中子甲赞奴任之，此人异常阴险，对其妹吞米・萨牙登，挟毒以进，妹饮剧毒，遂为赞奴所害。（P. T. 1287，P1. 559，第 68—70。

王尧、陈践 2008：25）

（43）a. wa che～che=zig=ga zhwa=zig=ga ’di. mo=zig gon=**nas**，
狐狸 大～RED-INDF=ALL 帽子-INDF=ALL 这么=INDF 戴=CONV

b. khyi=zig=gis rta=zig khyid=**las**，
狗=INDF=ERG 马=INDF 牵=CONV

c. he. he. he， rta=zig=gis mda’=zig ’khur=**ras**
拟声词 马=INDF=ERG 箭=INDF 背=CONV

d. da bros=song=ni. red=ya.
然后 逃 . PAST=AUX=PERFV. FACT=EXCL

一个大大的狐狸戴着这么个帽子，一个狗牵着一匹马，嘿嘿，马背着箭，逃跑了呀！（青海安多口语，拉丁转写。《猪头卦师》）

例（42）为敦煌古藏文，由 6 个小句构成，类似链条，前 5 个为非限定小句，而最后一个为限定小句，附加了句尾陈述助词。例（43）为现代安多藏语，有 4 个小句组成，前三者为非限定小句，副动词附缀附着于光杆动词后，而最后一个小句为限定形式，受示证和语气限定。关于小句链构造的更多形态句法特征，限于篇幅，本文从略。

五 结语

古今藏语都具有发达的副动词结构，但该结构的形态句法特征，却长期为学者忽略。既有针对藏语副动词结构的相关研究，基本都处于起步阶段，且基本都为境外学者所做，国内对此结构的研究仍处于起步阶段。

本文重点探讨了自公元 7 世纪古藏语迄今的副动词标记来源类型，发现它们主要来自格助词，其次来自指代词，部分方言还有来自动词虚化的副动词标记，以及由名物化兼表的副动词标记。比较不同的藏语方言则发现，副动词标记在各地往往有一定差异，有些标记明显是后世创新而来，部分标记的词源还存在难以考证的问题。

藏语由副动词构成的小句链，就像链条一样，理论上可以无限延展，是藏语古今从句组合的重要策略，是藏语在类型学中独具特色的句法篇章特性之一。

表 2 **术语缩略表**

1	first person	2	second person
3	third person	ABL	ablative
ABS	absolutive	ALL	allative
AUX	auxiliary	COM	complementizer
COMM	command	CONV	converb
COOR	coordinator	DECL	declarative
DEM	demonstrative	DIR	direct evidential
EGO	egophoric evidential	ELA	elative
ENUM	enumerative	ERG	ergative
EXCL	exclamative	FACT	factitive
F	female	FUT	future（verb inflection）
GEN	genitive	H	honorific
IMP	imperative（verb inflection）	INDF	indefinite
INFR	nferential evidential	LOC	locative
NEG	negative	NOM	nominalizer
NPST	nonpast（verb inflection）	PAST	past form（verb inflection）
PERFV	perfective	PL	plural
PRES	present（verb inflection）	PROG	progressive
RED	reduplicate	REFL	reflexive
SEN	sensory evidential	SG	singular
TERM	terminative		

参考文献

1. 蔡巴·贡嘎多吉:《红史》(藏文版),民族出版社 1981 年版。

2. 陈践、王尧:《敦煌本藏文文献》(藏文版),民族出版社 1983 年版。

3. 次林央珍:《东旺藏语参考语法》,博士学位论文,中央民族大学,2021 年。

4. 胡素华:《彝语诺苏话的连动结构》,《民族语文》2010 年第 2 期。

5. 胡书津:《简明藏文文法》,云南民族大学出版社 2000 年版。

6. 戴庆厦、邱月 A：《藏缅语与汉语连动结构比较研究》，《世界汉语教学》2008 年第 2 期。

7. 戴庆厦、邱月 B：《OV 型藏缅语连动结构的类型学特征》，《汉语学报》2008 年第 2 期。

8. 嘎玛司都：《司都文法》（藏文版，第二版）。青海民族出版社 2003 年版。

9. 格桑居冕、格桑央金：《实用藏文文法教程（修订版）》，四川人民出版社 2004 年版。

10. 江荻：《藏语拉萨话语法标注文本》，社会科学文献出版社 2016 年版。

11. 李彩云：《古典藏语 la 类格助词的多功能性》，硕士学位论文，中山大学，2021 年。

12. 林幼菁：《嘉戎语卓克基话语法标注文本》，社会科学文献出版社 2016 年版。

13. 龙从军：《藏语噶尔话语法标注文本》，社会科学文献出版社 2021 年版。

14. 刘丹青：《汉语及亲邻语言连动式的句法地位和显赫度》，《民族语文》2015 年第 3 期。

15. 罗秉芬：《敦煌本吐蕃医学文献精要》，民族出版社 2002 年版。

16. 瞿霭堂：《藏族的语言和文字》，中国藏学出版社 1996 年版。

17. 邵明园：《河西走廊濒危藏语东纳话研究》，中山大学出版社 2018 年版。

18. 邵明园：《藏文“待述词”及语法化》，《语言研究集刊》第 28 辑，上海辞书出版社 2021 年版。

19. 王尧、陈践：《敦煌古藏文文献探索集》，上海古籍出版社 2008 年版。

20. 王志敬：《藏语拉萨口语语法》，民族出版社 1994 年版。

21. 杨将领：《独龙语语法标注文本》，社会科学文献出版社 2020 年版。

22. 佚名：《柱间史》（藏文版），甘肃民族出版社 1990 年版。

23. 周季文、谢后芳：《藏语拉萨话语法》，民族出版社 2003 年版。

24. 郑炳林、黄维忠（主编）A：《敦煌吐蕃文献选集 · 文化卷》，民族出版社 2011 年版。

25. 郑炳林、黄维忠（主编）B：《敦煌吐蕃文献选集·文学卷》，民族出版社 2011 年版。

26. 海老原志穂：《青海省共和県のチベット語アムド方言》，博士学位论文，东京大学，2008 年。

27. Aikhenvald，Alexandra Y. Serial verb constructions in Typological Perspective. In Aikhenvald，Alexandra Y. and R. M. W. Dixon（eds.）*Serial Verb Constructions：A Cross-Linguistic Typology*，1－68. Oxford：Oxford University Press，2006.

28. Bartee，Ellen Lynn. *A grammar of Dongwang Tibetan.* Santa Barbara：University of California dissertation，2007.

29. Beer，Zach. Switch-reference in the Ye shes rgyas pa' i mdo，*Journal of the Royal Asiatic Society of Great Britain & Ireland*，2019，29（2）：249－256.

30. Bickel，Balthasar. Review article：Converbs in cross-linguistic perspective. *Linguistic Typology*，1998，2（3）：381－397.

31. Bisang，Walter. Verb serialization and converbs—differences and similarities. In Haspelmath and König（eds.）*Converbs in cross-linguistic perspective：Structure and meaning of adverbial verb forms*，137－188. Berlin & New York：Mouton de Gruyter，1995.

32. Coupe，Alexander R. *A Grammar of Mongsen Ao.* Berlin & New York：Mouton de Gruyter，2007.

33. Coupe，Alexander R. On the diachronic origins of converbs in Tibeto-Burman and beyond. In Picus Sizhi Ding and Jamin Pelkey（eds.）*Sociohistorical Linguistics in Southeast Asia：New Horizons for Tibeto-Burman Studies in honor of David Bradley*，211－237. Leiden：Brill，2017.

34. DeLancey，Scott. The origins of verb serialization in Modern Tibetan. *Studies in Language* 1991，15（1）：1－23.

35. Denwood，Philip. *Tibetan.* Amsterdam：John Benjamin，1999.

36. Dooley，Robert. *Exploring clause chaining.* SIL Electronic Work Papers，2010－001（February），20 pages. http：//www. sil. org/silewp/2010/silewp2010－001. pdf.

37. Foley, William A and Robert D. Van Valin, Jr. *Functional syntax and universal grammar.* Cambridge: Cambridge University Press, 1984.

38. Genetti, Carol. The Development of Subordinators from Postpositions in Bodic Languages. In *Annual Meeting of the Berkeley Linguistics Society*, 1986, 12: 387-400.

39. Genetti, Carol. The participial construction of Dolakhā Newar: Syntactic implications of an Asian converb. *Studies in Language*, 2005, 29 (1): 35-87.

40. Genetti, Carol, et al. Syntactic aspects of nominalization in five Tibeto-Burman languages of the Himalayan area. *Linguistics of the Tibeto-Burman area*, 2008, 31 (2): 97-143.

41. Haiman, John, and Sandra A. Tompson (eds.). *Clause combining in grammar and discourse.* Amsterdam & Philadelphia: John Benjamins, 1988.

42. Haller, Felix. Switch-reference in Tibetan. *Linguistics of the Tibeto-Burman*, 2009, 32 (2): 45-70.

43. Harris, Alice C. and Lyle Campbell. *Historical syntax in cross-linguistic perspective.* Cambridge: Cambridge University Press, 1995.

44. Haspelmath, Martin. The Converb as a Croll-linguistically valid category. In Martin Haspelmath and Ekkehard König (eds.), *Converbs in cross-linguistic perspective: Structure and meaning of adverbial verb forms*, 1-55. Berlin & New York: Mouton de Gruyter, 1995.

45. Hill, Nathan W. The converb-*las* in Old Tibetan, *Bulletin of SOAS*, 2010, 73 (2): 245-260.

46. Jäschke, Heinrich A. *Tibetan Grammar (2nd edition)*. London: Trübner and co, 1883.

47. Jacques, Guillaume. Clause linking in Japhug. *Linguistics of the Tibeto-Burman Area*, 2014, 37 (2): 264-328.

48. Jendraschek, Gerd and Yongmin Shin. Korean converbs between coordination and subordination. *Linguistics*, 2018, 56 (5): 1099-1139.

49. Kuno, Susumu. *The structure of the Japanese language.* Cambridge, MA: MIT Press, 1973.

50. Longacre, Robert E. Sentences as combinations of clauses. In Timothy Shopen (ed) *Language typology and syntactic description* (*1st edition*), *Vol.* Ⅱ: *Complex constructions*, 235-286. Cambridge: Cambridge University Press, 1985.

51. Longacre, Robert E. Sentences as combinations of clauses. In Timothy Shopen (ed.), *Language Typology and Syntactic Description. Vol. II*: *Complex Constructions*, second edition, 372-420. Cambridge: Cambridge University Press, 2007.

52. Nedjalkov, Vladimir P. and Igor' V Nedjalkov. On the typological characteristics of converbs. In Toomas Help & Sirje Murumets (eds.), *Symposium on language universals*, 75-79. Tallinn: Academy of Sciences of the Estonian SSR, Institute of Language and Literature, 1987.

53. Olsen, Michael. *Barai Clause Junctures*: *Toward a functional theory of interclausal relations.* PhD dissertation, Australian National University, 1981.

54. Payne, Thomas E. *Describing Morphosyntax*: *A Guide for Field Linguists.* Bejing: Beijing World Publishing Corporation, 2011.

55. Sun, Jackson T. -S. Evidentials in Amdo Tibetan. *Bulletin of the Institute of History and Philology*, 1993, 63 (4): 945-1001.

56. Van Valin, Robert D. *Exploring the Syntax-Semantics Interface.* Cambridge: Cambridge University Press, 2005.

（邵明园，男，1983 年生，副教授，博士，从事藏语形态句法研究，以及甘青语言区域研究。通信地址：广州市海珠区新港西路 135 号中山大学中文堂 715 室。邮编：510275。电子邮箱：mytibetan2008@sina.com。）

史兴语的致使结构*

马思敏

（四川大学文学与新闻学院）

摘　要：史兴语的致使结构可分为词汇型致使、形态型致使、分析型致使，还有一类特殊的双重致使。从使用频率和使用范围来看，词汇型致使数量较少，以声母屈折变化的形式表达致使意义的形态型致使处于残存状态，在动词后添加致使标记-xi^{55}的分析型致使较为常用。从语义上看，词汇型致使和形态型致使常用于表达直接致使义，分析型致使则用于表达间接致使义。史兴语致使结构中，致使者一般情况下无标记（强调致使者时要加施事者标记 ʐʅ^{55}），被致使者常带受事标记 sʅ^{55}，加不加格标记与致使者、被致使者的生命度以及致使者的控制性有关。文章推测史兴语的致使标记-xi^{55}由“允让”义动词 xi^{55} 语法化而来。

关键词：史兴语；致使结构类型；语义机制；致使标记来源

一　引文

使动范畴是藏缅语族语言的一个具有普遍性的共同特征（戴庆厦 2001：1）。过去，研究藏缅语动词“态”范畴主要用术语“使动态”或“使动范畴”进行描写，如彝语（陈士林等 1962，陈康 1990）、拉祜语

---

* 本文所用语料为本人 2020 年 7 月和 2021 年 8 月先后两次前往木里县田野调查所收集。发音合作人呷绒次尔，1948 年生，未受过系统学校教育，熟悉本民族文化；年轻时为谋生跟马帮运送货物、当过泥瓦匠等，现在家务农，常年生活在水洛镇平翁村的平翁组，在家主要使用史兴语，外出使用当地汉语（流利），懂普米语（沟通无障碍）。感谢匿名评审专家对本文提出相关修改意见和建议，谨此致谢。

（Matisoff 1976，李春风 2014）、载瓦语（戴庆厦 1981）、藏语（格桑居冕 1982，谭克让 1988，张济川 1989）、景颇语（徐悉艰 1984，戴庆厦 1998）、藏缅语（杜若明 1990，孙宏开 1998，戴庆厦 2001，杨将领 2003、2017）、纳西语（木仕华 1997）、独龙语（杨将领 2001）等。近年来，学界普遍采用“致使”这一术语对藏缅语的致使结构进行解读，如景颇语（彭国珍 2013）、水磨房话（周洋 2021）等。黄成龙（2014、2021）在总结前人研究的基础上，提出了一个比较全面的“致使结构调查研究框架”，学者们以此为研究框架考察了更多的藏缅语族语言，如：藏语安多方言（宗晓哲、普华、三木旦 2021）、德钦藏语（汪岚 2021）、腊罗彝语（卜维美、刘鸿勇 2021）、格西霍尔语（田阡子 2021）、木雅语（黄阳、泽仁卓玛 2021）、贵琼语（饶敏、高扬 2021）、龙溪羌语（郑武曦 2021）等。

在四川省凉山州木里藏族自治县的水洛镇沿水洛河一带，生活着一群自称为 ʂu^{55}hĩ^{55}“书亨”或 ʂʅ^{55}hĩ^{55}“史兴”，他称为“旭米”或“虚米”的藏族居民。当地人称水洛河为 ʂu^{55}dʑɛ^{33}，dʑɛ^{33} 是“水”，ʂu^{55}hĩ^{55} 意思是住在水洛河边的人。目前使用史兴语的人口不到两千人，说史兴语的人主要分布在其拉、东拉、平翁、兰满、两保、严保六个行政村，他们在家庭内部使用史兴语，外出使用普米语或当地汉语。孙宏开（1983、2013、2014）第一个调查后将这一语言命名为“史兴语”，并且在经过对比分析后将史兴语归入汉藏语系藏缅语族羌语支系语言。其后黄布凡（1991）、Chirkova（2007、2009）、徐丹（2009）等对史兴语的语音、语法做了进一步相关研究。学者们注意到，史兴语内部存在土语差异，但不影响彼此交流。这些调查成果使学界对史兴语有了深入地认识，并引起了学界的注意。早前学者们对史兴语的致使表达做了介绍：孙宏开（2013：233）将下游史兴语动词使动态分为动词词根声母屈折变化和后加分析式的 tɕu^{53} 两种；黄布凡、仁增旺姆（1991：191）和 Chirkova（2009：41）都认为上游史兴语的使动态表达中保留少量声母清浊交替的手段，以动词后加致使义的动词 xi^{53} 为主要手段；徐丹（2009：30）分析下游史兴语使役句中表使动意义的 ɕi^{55} 常与受格标记 sʅ^{55} 配合使用，sʅ^{55} 具有单独负载使动意义的功能。目前史兴语致使结构相关的语法研究仍属薄弱，尚未得到深入地探讨。本文在有关学者研究的基础上，以木里县水洛镇平翁村的史兴语为调查语料，参照黄成龙（2014、2021）提出的致使结构调查研究框架，对史兴语的致使结构进行描写和分析。

二 史兴语致使结构类型特征

致使结构一般分为三种形式：词汇型致使结构（1exical causative）、屈折型致使结构（morphological causative）和分析型致使结构（analytic causative）（Comrie 1989：165－184）。黄成龙（2014：5）指出，大多数藏缅语的致使结构都有词汇性致使、形态性致使和分析性致使。史兴语致使结构类型有词汇型致使、形态型致使和分析型致使，其中分析型致使是史兴语致使结构的主要形式类型。

（一）词汇型致使

词汇性致使从形式上看是指一个致使动词无任何附加形态标记表示致使意义，从类型学看，每种语言都会有词汇性致使，只是数量上有差异（黄成龙 2014：5）。这一类型在我国分布的藏缅语中也有所体现，如麻窝羌语（刘光坤 1998）、水磨房话、藏语安多方言、德钦藏语、格西霍尔语、木雅语、贵琼语等。史兴语的词汇型致使的数量不多，主要是利用不同的两个动词表达致使义和非致使义。例如：

表 1

非致使动词		致使动词	
tɕu^{55}	吓	怕	ʑo^{55}
dzɛ^{55}	吃	喂	kɛ̃^{55}
ɕɛ^{55}	死	杀	qha^{55}

（1）ŋa^{55} wu^{55} biɛ^{35} qha^{55}-wɛ^{55}
我 家 猪 杀-将行体
我家要杀猪。

（2）ŋɛ^{55} zɛ^{33}mi^{55}-sɿ^{33} hɑ^{53} kɛ̃^{55}-ji^{55}
我 孩子-受事 饭 喂-进行体
我在给小孩喂饭。

史兴语的少量动词由于本身含有致使意义，可以不需要添加致使标记直接表达致使。如例（1）、例（2）中所示，含有致使义的动词“杀”和“喂”直接表达致使义。当致使者对被致使者“猪”和“孩子”施加“杀”和“喂”的动作，被致使者意志力较弱，完全受具有控制力的致使者所操控。

（二）形态型致使

Dixon（2012：243）根据跨语言的比较提出 9 种形态型致使结构的标记手段，包括内部屈折（internal change）、辅音重复（consonant repetition）、元音加长（vowel lengthening）、声调变化（tone change）、重叠（reduplication）、附加词缀（affixation）（前缀、中缀、后缀、前后缀）等，这些形态手段在不同语言中的分布情况有所差异。黄成龙（2021：9）结合藏缅语的形态致使的情况分为：前缀、清浊交替、送气不送气、声调变化、长短元音、元音松紧六类。在藏缅语族语言中，以屈折形态呈现的致使结构是普遍存在的现象，但是数量较少，如纳西语“声母清浊交替；送气不送气交替”（木仕华 1997：212—214）；景颇语“送气不送气交替；韵母交替；声调交替”（戴庆厦 2012：90—91）；腊罗彝语“声母清浊交替；声母声调不变，韵母交替变化；韵母不变，声母和声调变化”（卜维美、刘鸿勇 2021：56）；木雅语“替换动词趋向前缀的元音；替换动词词根声母”（黄阳、泽仁卓玛 2021：89）等。史兴语的形态型致使结构表现为语音内部屈折，可分为：声母清浊交替、送气与不送气交替两种。例如：

表 2　　清/浊交替

形态过程	自动（非致使）		致使动词	
擦浊-擦清交替	ʁu^{55}	碎	使碎	χu^{55}
	ʁɛ̃^{35}	断（棍子）	使断	χɛ̃^{35}
	βui^{55}	断（绳子）	使断	ɸui^{55}
	ʁɑo^{55}	消失	使消失	χɑo^{55}
	ʁɛ^{35}	垮	使垮	χɛ^{55}
塞浊-塞清交替	bʉ^{55}rɛ^{35}	破	使破	pʉ^{55}rɛ^{35}
	bɛ̃^{35}	倒（墙）	推倒	pɛ̃^{35}

续表

形态过程	自动（非致使）		致使动词	
浊擦-塞擦清交替	qho^{33}ʐũ^{33}	穿孔	使穿孔	qho^{33}tʂhũ^{33}

（3） a. nə̃^{55}gu^{33}　liɛ^{55}-bʉ^{55}rɛ^{35}-ha^{55}dʑã^{55}
衣服　趋向-破-结果体(亲见)
衣服破了。
b. zɛ^{55}mi^{33}-ʐʅ^{55}　nə̃^{55}gu^{33}　liɛ^{55}-pʉ^{55}rɛ^{35}-tɕɛ^{55}dʑã^{33}
孩子-施事　衣服　趋向-破（使）-完成体（亲见）
孩子弄破衣服了。

表 3　送气/不送气交替

形态过程	自动（非致使）		致使动词	
浊塞-塞清送气交替	bʉ^{31}liã^{35}	发霉	使发霉	phʉ^{31}liã^{35}
	bʉ^{55}	散开	使散开	phʉ^{55}
	gu^{55}	弯曲	使弯曲	khu^{55}
塞擦浊-塞擦清送气交替	qə^{55}dʐa^{35}	坏	使坏	qə^{55}tʂha^{55}

（4） a. dʑyɛ^{55}dʑyɛ^{33}　liɛ^{55}-qə^{55}dʐa^{35}-ha^{55}dʑã^{55}
果子　趋向-坏-结果体（亲见）
果子坏了。
b. thi^{53}-ʐʅ^{55}　dʑyɛ^{55}dʑyɛ^{33}　liɛ^{55}-qə^{55}tʂha^{55}-tɕɛ^{55}dʑã^{33}
他-施事　果子　趋向-坏（使）-完成体（亲见）
他把果子弄坏了。

如表2、表3所示，史兴语动词通过声母屈折形式表示致使意义的形式数量很少，仅保留了少数几对，主要表现为：清浊交替对应和送气不送气交替对应，其中浊声母表自动（非致使），清声母表致使；不送气表自动（非致使），送气表致使。戴庆厦（2001：4）认为，用清浊声母交替表示自动、使动是藏缅语使动范畴的一个最重要的变音式，在历史上曾经处于主导地位，后来又进一步演化为多种不同的形式。例（3）的“破”和例（4）的“坏”都是不及物动词，当变成与之对应的致使结构时，

“破”由浊音变清音，“坏”由不送气音变送气音。变为致使结构后，致使者如果是生命度高的人称代词或人名名词，还要添加施事者标记 ʐʅ^{55}。其中，人称代词以主格的形式出现，如例（4）的“thi^{53}-ʐʅ^{55}”。形态型致使结构中的致使动词绝大多数是不及物动词，表示某种变化或状态，句中的受事者往往对致使结果的发生没有自控力，常常与表示动作行为已经进行或状态发生变化的完成体后缀 tɕɛ^{55}、tɕɛ^{55}sʅ^{33} 和 tɕɛ^{55}dʑã^{33} 搭配使用。例（4a）是由不及物动词“坏”参与的句子，在动词“坏”后附加结果体①后缀 ha^{55}dʑã^{55}，表示果子“坏”这个结果是说话人亲眼见到的。例（4b）变为形态型致使结构句后，强调在施事者的动作参与下造成了“果子坏”，这一事实是说话人亲见的，因此用了 tɕɛ^{55}dʑã^{33}。从现有的致使结构研究成果来看，藏缅语族大多数语言中都可以发现以屈折形态出现的少量残存形式。可以推测，由于辅音清浊对立的条件限制，能产性弱，难以满足语言发展的需要，从而使得屈折表致使的形式成为残存的形式，慢慢向分析式继续发展壮大。

（三）分析型致使

现代的藏缅语动词使动态只是一种残存现象，自动和使动的对应只出现在少数词中，已不具备普遍意义，绝大多数动词通过分析形式来表示以前形态手段表示的意义（杜若明 1990：144）。孙宏开（1998：6）指出，藏缅语中的分析形式有两种表达方式，大多数语言动词后面加虚词或虚化动词表示，少数语言动词前面加虚化动词表示。戴庆厦（2001：7）分析，由于屈折式不能广泛适应使动意义表达需要的局限性导致分析式致使结构的产生。史兴语的词汇型致使和形态型致使的动词数量较少，大多数动词依靠加表示致使的后缀-xi^{55} 的方式表示致使义。史兴语的致使标记-

---

① 史兴语的体范畴内部比较复杂，表示事件或行为在不同时间阶段的进程使用不同的体标记。dʑã^{55} 是持续体标记，当与其他体的后缀结合使用时表示对动作行为或事件发生过程或结果的亲知、亲见，如 ha^{55}dʑã^{55}（结果体）、tɕɛ^{55}dʑã^{33}（完成体）。结果体表现为 V＋ha^{55}dʑã^{55}/ha^{55}sʅ^{33}，表示动作行为已经进行并且有了结果，主要是对行为事件的客观描述。ha^{55}dʑã^{55} 用于表示说话人亲见或亲知事件过程的结果，具有主观性特征。完成体表现为 V＋tɕɛ^{55}/tɕɛ^{55}sʅ^{33}/tɕɛ^{55}dʑã^{33}，表示动作已经发生或已经进行，并不强调结果或完结，是一个完整的动态事件，只关注事件是否已发生，而不关注是否有结果，是对已经进行或已经发生的事件已然状态的肯定。tɕɛ^{55} 陈述事件已发生；tɕɛ^{55}sʅ^{33} 表示说话者肯定事件的已发生，tɕɛ^{55}dʑã^{55} 表示亲知、亲见。

xi^{55} 可以附加在大部分及物动词和不及物动词后，将非致使的动词变为致使的动词，构成分析型致使，是目前史兴语最为常见并且使用范围最广的形式。

表 4

基本动词		致使形式	
$li\varepsilon^{53}tshu\varepsilon^{33}$	醒	弄醒	$li\varepsilon^{53}tshu\varepsilon^{33}xi^{55}$
$dz\varepsilon^{55}$	吃	使吃	$dz\varepsilon^{55}xi^{55}$
tha^{55}	戴	使戴	$tha^{55}xi^{55}$
gu^{55}	穿	使穿	$gu^{55}xi^{55}$
$li\varepsilon^{53}z\text{ɿ}^{55}$	睡	使睡	$li\varepsilon^{53}z\text{ɿ}^{55}xi^{55}$

（5）a. $z\varepsilon^{33}mi^{33}$　　$li\varepsilon^{53}$ʐʅ^{55}-dʑã^{55}
孩子　　睡-持续体
孩子睡着了。
b. $a^{55}m\varepsilon^{33}$　　$z\varepsilon^{33}mi^{33}$-sɿ^{55}　　$li\varepsilon^{53}$ʐʅ^{55}-xi^{55}-tɕε^{55}
妈妈　　孩子–受事　　睡–致使–完成体
妈妈把孩子弄睡了。

（6）a. $z\varepsilon^{55}mi^{33}$　　phɜ^{33}lyε^{35}　　gu^{55}-ji^{55}
孩子　　裤子　　穿–进行体
孩子在穿裤子。
b. $z\varepsilon^{55}mi^{33}$-sɿ^{55}　　phɜ^{33}lyε^{35}　　gu^{55}-xi^{55}-tɕε^{55}
孩子–受事　　裤子　　穿–致使–完成体
（妈妈）让孩子穿裤子了。

史兴语的分析型致使结构适用于大部分动词，普遍表现为在动词后添加致使标记 xi^{55} 表示致使意义，如表 4 所示。例（5）和例（6）中的动词“睡” $li\varepsilon^{53}$ʐʅ^{55} 和动词“穿” gu^{55} 都是通过在动词后添加致使标记-xi^{55} 表达致使义。与形态型致使不同的是，分析型致使句中致使者通过直接或间接参与的方式，促使被致使者进行某种动作行为，被致使者有一定的自主性。如例（5b），被致使者“孩子”是在致使者“妈妈”的有意识控制下“睡”了。分析型致使结构中，除了动词后添加致使标记，还要在受事论元后添加格标记。由于致使者未参与到致使事件中，直接参与者是被致使者，因此常常要用受事者标记 sɿ55 对相关论元进行标记，如例（6b）的致使者没有出现，被致使者“孩子”使用了受事者标记 sɿ55。

（四）双重致使

杜若明（1990：146）指出，在藏缅语族相当数量的语言中，存在一种二重使动现象，使动范畴的屈折形式与表使动意义的分析形式结合起来表示一种新的意义。我国境内分布的一些藏缅语族语言中，也存在着一种形态型和分析型并用的双重致使现象，如纳西语（木仕华 1997）、书面藏语和嘉绒语（孙宏开 1998）、景颇语（彭国珍 2013）、拉祜语（李春风 2014）、木雅语、德钦藏语等。双重致使结构可以理解为简单致使结构的叠加形式，史兴语采取形态型致使与分析型致使标记 xi55 共现的手段构成双重致使结构。这一点，孙宏开（2014：134）在讨论史兴语动词的“态”时已经注意到了。

（7）a. ha55　qha33lu55　mã31ɡu55-ha55dʑã55
这　棍子　弯–结果体（亲见）
这棍子弯了。
b. qha33lu55　liɛ31-khu55-ha55dʑã55
棍子　趋向–弯（使）–结果体（亲见）
（有人）把棍子弄弯了。
c. thi53-zɿ55　qha33lu55　liɛ31-khu55-xi55-tɕɛ55dʑã33
他–施事　棍子　趋向–弯–致使–完成体（亲见）
他把棍子弄弯了。

（8）a. thi53　zɛ55mi33-sɿ55　ha53　kɛ̃55-ji55
他　孩子–受事　饭　喂–进行体
他在给孩子喂饭。
b. thi53　zɛ55mi33-sɿ55　ha53　kɛ̃55-xi55-tɕɛ55
他　孩子–受事　饭　喂–致使–完成体
让他给孩子喂饭。

史兴语有少量动词和致使动词可以通过语音交替的形式进行区分，不送气的浊音表示自动语义；送气的清音表示致使意义。这类以屈折形式表致使义的动词往往可以单独使用表达致使关系。但是从现有调查语料看，也出现了不少屈折形态表致使的动词需要添加致使标记 xi^{55} 的双重致使现象。如例（7a）“弯” gu^{55} 是非致使动词，（7b）动词“弯”通过屈折形态变为致使的 khu^{55} “弄弯”，（7c）以屈折变化后的致使动词“弄弯”再附加致使标记 xi^{55} 的双重致使手段表达致使语义。与 b 句相比，c 句引入了施事者“他”，指明“棍子弯”是在“他”的参与下致使“棍子”产生的结果。从语义上看，两个例句的意义是相同的，都表示“有人把棍子弄弯”，但是形态型的致使并不能完全满足施事者和受事者同时出现表达致使意义的需要，因此需要借助致使标记 xi^{55} 强化致使义。还有一种情况，是词汇型致使和分析型致使结合强调致使义。如例（8），“喂”是与“吃”相对的致使动词，自身含有“使吃”的意思，因此（8a）可以用于表达致使义，致使动词与进行体后缀结合表示这个致使事件正在进行中。在致使句中的受事者“孩子”是被动接受施事者“他”的操控完成“喂饭”这一动作行为。而（8b）在词汇型致使动词“喂”后添加了致使标记，“喂”这个动作本身表致使的功能较弱，需要在 xi^{55} 的协助下构成致使，强调施事者“他”和受事者“孩子”之间的致使关系。由于词汇型致使和形态型致使的数量很少，它们表达致使意义的功能逐渐减弱，已属残存形式，致使意义的表达更多的由分析型致使来承载，因此出现了词汇型致使和形态型致使动词后加致使标记-xi^{55} 表示致使功能的双重致使现象。这说明史兴语正经历着词汇型致使和形态致使到分析致使的过渡阶段，致使功能主要由致使标记-xi^{55} 来承载。

三　史兴语致使结构的形态句法特征与语义机制

（一）形态句法特征

1. 动词的及物性

及物性（transitivity）是指在影响致使结构的机制只适用于不及物动词，或者是同时适用于不及物动词和单及物动词，或者是每一种动词，包括不及物动词、单及物动词和双及物动词（Dixon 2000：63）。郑武曦（2021：113）分析龙溪羌语的致使结构适用于每一种动词。史兴语也有这样的特征，在不及物动词或及物动词致使结构中，动词在添加致使标记后，还能增加一个新的论元。其中，施事者带施事者标记 ʐʅ^{55}，受事者要带受事者标记 sʅ^{55}，通常会选择只带一个标记，带标记与否主要跟参与致使表达的施事者和受事者的生命度有关。

（9） a. zɛ^{55}mi^{33} liɛ^{53}tshuɛ^{33}-ha^{55}sʅ^{33}
孩子 醒–结果体
孩子醒了。
b. thi^{53} zɛ^{55}mi^{33}-sʅ^{33} liɛ^{53}tshuɛ^{33}-xi^{55}-tɕɛ^{55}
他 孩子–受事 醒–致使–完成体
他把孩子弄醒了。

不及物动词增加致使标记-xi^{55} 后，一方面将不及物动词变为致使不及物动词，另一方面改变了动词的论元。例（9）中，a 句中的“醒”是不及物动词。b 句由原来不及物动词句变为致使结构，原本没有致使义的动词变为致使义动词，如“醒”通过后加-xi^{55} 表示“使醒”的意义。在增加了一个新的致使者论元“他”，新的致使结构中“孩子”变为了被致使者，因此添加了受事者标记 sʅ^{55} 标记受事者角色。

及物动词添加致使标记 xi^{55} 将及物动词变为致使动词，论元由原来的两个变为三个，新增加了一个致使者论元，原施事者变为致使及物动词的被致使者，被致使者同时还是原来的施事者。为凸显施事者和受事者关系，常用 ʐʅ^{55} 标记施事者，sʅ^{55} 标记受事者。

（10） a. zɛ^{55}mi^{33} phɜ^{33}lyɛ^{35} gu^{55}-ji^{55}
孩子 裤子 穿–进行体
孩子在穿裤子。
b. a^{55}ma^{33}-ʐʅ^{55} zɛ^{55}mi^{33}-sʅ^{55} phɜ^{33}lyɛ^{35} gu^{55}-xi^{55}-tɕɛ^{55}
妈妈–施事 孩子–受事 裤子 穿–致使–完成体
妈妈让孩子穿裤子。

例（10）中的“穿”gu^{55} 添加致使标记 xi^{55} 后由及物动词变为致使的及物动词“使穿”gu^{55}-xi^{55}。原有的两个论元变为三个论元，增加了新的致使者论元“妈妈”，原有的施事者“孩子”变为致使动词“使穿”gu^{55}-xi^{55} 的被致使者，同时还是受致使者“妈妈”支配的受事者，因此都带了相应的格标记。当施事者和受事者都是有生命的，多数情况下只选择用一个标记，通常要带受事者标记 sɿ^{55} 以强调受事者身份，而施事者多选择省略不说。

2. 格标记

Dixon（2000：78）指出，及物动词的致使结构可能有 5 种形态标记：1）在致使结构里被致使者有特定标记；2）致使者和原来的施事者（被致使者）都标记为施事者；3）原来的施事者和原来的受事者都标记为受事者（宾格）；4）原来的施事者标记为新的受事者（宾格），原来的受事者带非核心标记；5）原来的受事者仍保留宾格，原来的施事者带旁格标记。黄成龙（2014：8）分析，这 5 种致使类型中，3）出现频率最高，1）和 2）出现频率较低，4）、5）的出现频率处于 1）、2）、3）之间。史兴语的致使结构中，致使者和被致使者之间的语序为：致使者在前，被致使者在后。当致使者或被致使者是生命度等级高的人时，往往要添加施事者标记 ʐɿ^{55} 或受事者标 sɿ^{55}，其中施事者标记和受事者标记多只出现一个。

受事者标记 sɿ^{55}

（11）thi^{53}　ŋa^{55}-sɿ^{55}　liɛ^{53}tshuɛ^{33}-xi^{55}-tɕɛ^{55}
他　我-受事　醒-致使-完成体
他把我弄醒了。

在致使句中，若 sɿ^{55} 标记人称代词，则人称代词要使用宾格①形式如例（11），若标记表人的名词则直接加 sɿ^{55} 即可，如例（10）的

① 史兴语的人称代词单数区分主格、宾格、领格，但在实际的使用中并不严格，主格、宾格、领格出现了混用的现象，甚至于慢慢趋同。其中，人称代词主格形式为“ŋa^{55}/ȵi^{55}/thi^{53}”，人称代词宾格形式为“ŋa^{55}/ȵi^{55}/thɛ^{55}”，人称代词领格形式为“ŋɛ^{55}/ȵi^{55}/thɛ^{55}”。在及物动词和不及物动词的致使结构中，常常会在致使者和被致使者后添加施事者标记和受事者标记。当涉及的对象是人称代词主格时，表现为：“ŋa^{55}/ȵi^{55}/thi^{53}”+施事者标记 ʐɿ^{55}；当涉及的对象是人称代词宾格时，表现为“ŋa^{55}/ȵi^{55}/thɛ^{55}”+受事者标记 sɿ^{55}。

“zɛ^{55}mi^{33}-sɿ^{55}”。致使结构中，若出现一个致使者和一个被致使者，受“施受”关系的语序①影响，前面的施事者可以不带标记，后面的被致使者往往要带受事者标记 sɿ^{55}，致使标记常常与受事标记 sɿ^{55} 配合共同表示致使意义。如例（11）用 sɿ^{55} 标记了受事者“我”，致使标记-xi^{55} 将非致使动词“醒” liɛ^{53}tshuɛ^{33} 变为致使动词“使醒” liɛ^{53}tshuɛ^{33}-xi^{55}。

施事者标记 ʐʅ^{55}

如果致使结构中被致使者是无生命的，致使者要添加施事者标记，如果语义中强调施事者时，施事者标记 ʐʅ^{55} 要出现；当致使结构中增添了新的论元时，新的致使者往往要带施事者标记，原施事者无标记，原受事者仍然带受事者标记。

（12） zɛ^{55}mi^{33}-ʐʅ^{55}　nə̃^{55}gu^{33}　liɛ^{55}-pʉ^{31}rɛ^{35}-tɕɛ^{55}dʑã^{33}
孩子-施事　衣服　趋向-破-完成体（亲见）
孩子把衣服弄破了。

例（12）的受事对象“衣服”由于无生命因此没有标记，施事者“孩子”用 ʐʅ^{55} 标记，致使事件的核心是受事者“衣服”处于被致使者“孩子”弄“破”的结果，动词后紧跟完成体后缀 tɕɛ^{55}dʑã^{33} 强调动作行为是说话人亲知或亲见的。致使者之后添加施事者标记 ʐʅ^{55} 用于强调致使者对被致使者具有较强的意图性和控制性。

（13） thi^{53}-ʐʅ^{55}　ŋa^{55}-sɿ^{55}　tʂa^{55}ʂʅ^{55}　dzi^{31}-xi^{55}-tɕɛ^{55}dʑã^{33}
他-施事　我-受事　扎西　打-致使-完成体（亲见）
他让扎西打我。

史兴语致使结构中，致使者一般情况下无标记（强调致使者时要加施事者标记），被致使者带受事标记，原受事论元仍然带受事标记。要注意的是，若原受事者无生命时无标记，有生命时仍保留原来的受事标记。

① 我们发现史兴语表达施受关系时，可以通过 sɿ^{55} 或 la^{55} 来标记受事者，ʐʅ^{55} 来标记施事者，但大多通过受格标记来标记受事者显示受事关系，也可以通过语序表达，具体情况还有待进一步考察。

一般情况下，表达简单的致使关系时，史兴语多选用受事者标记，当受事者非人时则选择标记施事者。有的致使句中，添加了新的论元，原本施受关系明了的句子增加了新的施事者后，为区别施事者和受事者，格标记都要出现。如例（13）增加了致使者“他”这一论元，原来的施事者“扎西”虽然具有施事功能，仍然保持原来的形式不带施事格标记。由于致使者始终是施事论元，原先的施事或受事作为论元的句法功能被重新指派（Dixon 2000：30—31）。原来的施事者“扎西”作为论元在致使结构中的句法功能被重新分配，主语位置被新的致使者“他”所占据，这时添加施事者标记 $ʐʅ^{55}$ 强调施事者“他”，“被打”这个动作的承受者“我”保留原来的受事者标记。

（二）语义机制

跨语言研究表明，很多语言的致使结构形式和意义密切相关，词汇型、形态型致使多表达直接致使义，分析型致使多表达间接致使义。Comrie（1989：171—174）指出许多语言运用不同形式来区分直接致使义和间接致使义，并且各语言都是从分析型、屈折型到词汇型的形式连续统对应了从间接致使义到直接致使义的意义连续统。Haiman（1983：783—788）在分析多种语言致使结构的例子后提出，语言中的致使结构形式和语义之间符合象似性原则，即简单紧凑的致使结构表示直接致使义，比较复杂的致使结构则表示间接致使义。史兴语致使结构中，词汇型致使和形态型致使用于表达直接致使义，分析型致使用于表达间接致使义。具体表现为：直接致使性越强的，被致使者受控制程度越强，反之，直接致使性越弱的，被致使者受控制性越弱。

1. 直接致使

语言形式的紧凑性和致使意义的直接性有关，直接致使义总是用更紧凑的语言形式表达，而间接致使义总是用不太紧凑的语言形式表达（Dixon 2000：77）。史兴语直接致使结构中，表示被致使者由于某种原因导致出现某种状态或结果，多与不及物动词或作谓语的形容词有关。可以理解为：致使者做了某事导致被致使者有了某种结果。参与致使事件的致使者是生命度等级高的人，被致使者等级往往低于致使者。这里的致使者是直接操控或者是直接控制着被致使者，直接致使性强，对被致使者施加动作，直接导致其发生变化。史兴语的词汇型致使和形态型致使，以及不及物动词后加致使标记-xi^{55} 的致使结构属直接致使。

（14）ŋa^{55}　wu^{55}　biɛ^{35}　qha^{55}-wɛ^{55}
我　家　猪　杀-将行体
我家要杀猪。

（15）thi^{53}　rɛ̃^{35}　liɛ^{55}-ɸui^{33}- tɕɛ^{55}dʑɑ̃^{33}
他　绳子　趋向-断-完成体（亲见）
他把绳子弄断了。

在表达直接致使语义的句子中，被致使者往往不具备意愿性，完全受致使者支配，致使事件的完成在致使者的掌控下。例（14）是史兴语的词汇型致使形式，致使者直接物理作用于被致使者，表示致使义。致使动词“杀”qha^{55} 本身含有“被人宰杀”义，被致使者“猪”是致使者“我家”的受事，“宰杀”这一事件的完成依赖于致使者“我家”的控制力。词汇型致使结构中致使者和被致使者紧密联系，使得原因事件与结果事件相融合在一起。例（15）采用形态型致使表达直接致使义，致使者直接作用到被致使者身上。施事者“他”作用到“绳子”上，致使结果是“断”，这里的非致使动词以声母屈折的致使形式变为致使动词，并且黏附完成体后缀 tɕɛ^{55}dʑɑ̃^{33} 表明被致使者“绳子”已经处于“断”的状态。从被致使者的角度看，“猪”是有生命的，但对“被杀死”是没有自控能力的，“绳子”是无生命的同样对“断”这一结果没有控制力，只能接受致使者的控制。

2. 间接致使

从致使结构与象似性原则的关系来看，词汇型和形态型致使由于结构简单再加上原因和结果之间的概念距离相近，动词本身或通过屈折变化就能承担致使义的表达，因此直接表达致使义。间接致使结构中，致使者与被致使者之间是致使者致使被致使者动，由于致使者做了某事造成被致使者产生了某种致使结果，原因和结果之间的概念距离较远，需要在动词后添加致使标记-xi^{55} 来表达间接致使义。这一动作行为是由致使者导致的，致使者可以看作因，而被致使者因为致使者而产生动作行为，被致使者可以看作果。

（16） $ɑ^{55}ba^{33}$-$ʐʅ^{55}$　$thɛ^{55}$-$sɿ^{55}$　$rõ^{55}$　$zɛ^{55}$-xi^{55}-$tɕɛ^{55}$
我父亲-施事　他-受事　马　骑-致使-完成体
我父亲让他骑马。

（17） $zɛ^{55}mi^{33}$-$sɿ^{55}$　$phɜ^{33}lyɛ^{35}$　gu^{55}-xi^{55}-$tɕɛ^{55}$
孩子-受事　裤子　穿-致使-完成体
（妈妈）让孩子穿裤子。

在表达间接致使意义的句子中，被致使者受控制的程度相对较低，有一定的自主性，致使者不参与动作行为的过程。致使者支配被致使者进行某一动作，可以说被致使者的动作行为是在致使者的命令、要求下去做的，但整个过程中致使者不参与其中。如例（16）和例（17），都是表示致使关系的句子，及物动词“骑”和“穿”添加致使标记 xi^{55} 变为表致使的“使骑”“使穿”。例（16）的致使者和受事者都出现了，分别添加了施事者标记 $ʐʅ^{55}$ 和受事者标记 $sɿ^{55}$。例（17）的致使者未出现，标记了受事者“孩子”，两句都表示致使者为被致使者的动作开展创造条件，而致使者不参与这一动作行为。跟直接致使相比，间接致使的结构相对复杂，直接致使是致使者对被致使者直接进行物理控制，间接致使是致使者对被致使者发出命令或要求，不直接参与，而被致使者可以自由决定是否愿意做，可以看出致使者对被致使者的控制性较弱。

四　史兴语致使标记的来源

Matisoff（1976）较早注意到拉祜语和一些东南亚语言的致使标记源自动词。LaPolla（1994：10）分析藏缅语言的致使标记主要来自“派（send on an errand，entrust with a commission）”义、“使（make）”义或“给（give）”义动词。黄成龙（2014：12）将致使标记的来源归纳总结为：做义动词“做”、给予义动词“给”义、持拿义动词“拿、抓住”、允让义动词“让、使”、支使义动词“派遣、支使”、言说义动词“说、喊”等六大类。Heine & Kuteva（2002：2—3）认为，语法化是指由某一词汇项转化为语法形式，并且进一步发展成为具有凸显语法特征的过程，并将语法化分为去语义化（desemanticization）、功能扩展（extension）、去范畴化（decategorialization）、语音弱化（erosion）等 4 种语法机制。史兴语致使标记-xi^{55}的语法化过程也体现了上述语法机制。Chirkova（2009：41）分析史兴语的致使后缀-xi 由表示“扔、让、释放”等义的动词 khi 辅音弱化而来。我们推测史兴语表“允让”义的动词 xi^{55} 可能是经历了语音弱化、语义虚化等语法化过程，成为致使标记-xi^{55}。

（18）thi^{53} ŋa^{55}-sɿ^{55} khuɛ^{55}ȵi^{33} ɕo^{55} dzɛ^{55} tha^{55} xi^{55}
他 我-受事 狗 肉 吃 禁止 让
他不让我吃狗肉。

（19）ȵi^{55} thɑ^{55}pu^{55}，thɛ^{55}-sɿ^{55} pu^{55} xi^{55}
你 禁止 说 他-受事 说 让
你别说，让他说。

（20）thi^{53}-ʐʅ^{55} zɛ^{55}mi^{33} quɛ̃^{35}-xi^{55}-tɕɛ^{55}
他-施事 孩子 哭-致使-完成体
他把孩子弄哭了。

冯英、曾晓渝（2004：162）指出，藏缅语虚词或虚化动词和前、后动词的关系比较密切。史兴语动词 xi^{55} 表“允让”义，如例（18）的“不让吃”dzɛ^{55}tha^{55}xi^{55}。“允让”义动词 xi^{55} 虚化为动词后缀-xi^{55}，可用于史兴语祈使句和致使句中。我们注意到，史兴语表示说话人要求第三方去做某事的祈使句是在动词后加 xi^{55} 来表示，如例（19）。例（20）是史兴语典型的分析型致使句，同样是在动词后加 xi^{55} 来表示。史兴语祈使义与致使义有时是重合的，但是多数情况下要依靠语境来区别。这类祈使义与致使义的重合现象并非偶然，还见于部分藏缅语族羌语支部分语言中，如尔苏语的祈使式和使动态都是在动词后加-ʂu^{55}（孙宏开 2013：118）；纳木兹语表达祈使义时要在动词后添加使役意义格助词 ʂi^{31}（尹蔚彬 2016：23）等。表“允让”的动词 xi^{55} 虚化为致使标记-xi^{55}，直接加在非致使动词后面将非致使动词变为致使动词，如例（20）的“哭”quɛ̃^{35} 和“使哭”quɛ̃^{35}-xi^{55}，使得原来没有致使义的动词有了致使义。史兴语属藏缅语族 SOV 型语言，以“动居句尾”为特征，“允让”义动词 xi^{55} 虚化为致使标记-xi^{55}，成为承担表达致使意义的功能的致使标记。

Comrie（1989：158－159）认为，一个宏观场景由 A 和 B 两个微观事件组成“A 导致了 B 的出现”或者“A 使 B 产生”这两个事件之间的关系就是致使关系。如例（20）致使者是“他”，被致使者是“孩子”，致使者造成了被致使者产生“哭”这一动作行为，“哭”的致使义是在quɛ̃^{35}后添加致使标记xi^{55}构成了分析型致使表达“使哭”quɛ̃^{35}-xi^{55}。当然，史兴语致使标记的语法化并非个例，实际上“允让”类动词虚化为致使标记见于诸多语言，如载瓦语na_ŋ^{55}“让、派”，独龙语dʑɯ^{55}或sə^{31}dʑɯɹ^{55}“让、派”（杨将领2001），纳西语“使、让、给”tʂɚ^{11}/ho^{55}（王一君2020：117），木雅语的tɕhɐ^{33}/tɕhy^{33}/tɕhə^{33}等都是由“允让”义而来。

五 结论

本文主要对史兴语致使结构的结构类型、形态句法特征、语义机制以及致使标记的来源做了描写和分析。史兴语的致使结构有词汇型、形态型、分析型三种形式，此外还有一类特殊的双重致使。从使用频率和使用范围来看，词汇型致使数量极少；形态型以声母屈折变化的形式进行表达，目前处于残存状态；较为常用的是在动词后添加致使标记xi^{55}表达致使意义的分析型致使。在及物动词或不及物动词的致使结构中，若致使者和被致使者是有生命的，则要添加相应的施事者标记ʐʅ^{55}或受事者标记sʅ^{55}，在不强调施事者的控制性或意图性时多选择用受事者标记sʅ^{55}。是否添加格标记与致使者、被致使者的生命度以及致使者的控制性密切相关。从语义上看，史兴语的致使结构可分为直接致使和间接致使两大类，其中词汇型致使和形态型致使的动词本身或通过屈折变化表达直接致使义，分析型致使由于原因和结果之间的概念距离较远，因此需要通过添加致使标记-xi^{55}来表达间接致使义。我们推测史兴语致使标记-xi^{55}源自“允让”义动词xi^{55}。

参考文献

1. ［英］伯纳德·科姆里：《语言共性和语言类型》（第二版），沈家煊、罗天华译，北京大学出版社2010年版。

2. 卜维美、刘鸿勇：《腊罗彝语的致使结构》，《中国民族语言学报》第3辑，商务印书馆2021年版。

3. 陈康：《彝语自动词与使动词的形态标志及其由来》，《民族语文》

1990 年第 2 期。

4. 陈士林、边仕明、李秀清、罗洪瓦苦：《凉山彝语的使动范畴》，《中国语文》1962 年 8、9 月号。

5. 戴庆厦：《载瓦语使动范畴的形态变化》，《民族语文》1981 年第 4 期。

6. 戴庆厦：《景颇语使动范畴的结构系统和历史演变》，载《藏缅语族语言研究》（二），云南民族出版社 1998 年版。

7. 戴庆厦：《藏缅语族语言使动范畴的历史演变》，*Journal of Chinese Linguistics* 29，2001 年第 1 期。

8. 戴庆厦：《景颇语参考语法》，中国社会科学出版社 2012 年版。

9. 杜若明：《藏缅语动词使动范畴的历史演变》，《语言研究》1990 年第 1 期。

10. 冯英、曾晓渝：《汉语藏缅语"致使"义表达方式的历史层次及类型学意义》，《西南师范大学学报》（人文社会科学版）2004 年第 1 期。

11. 格桑居冕：《藏语动词的使动范畴》，《民族语文》1982 年第 5 期。

12. 黄布凡、仁增旺姆：《史兴语》，载戴庆厦主编《藏缅语十五种》，北京燕山出版社 1991 年版。

13. 黄成龙：《类型学视野中的致使结构》，《民族语文》2014 年第 5 期。

14. 黄成龙：《致使结构调查研究框架》，《中国民族语言学报》第 3 辑，商务印书馆 2021 年版。

15. 黄阳、泽仁卓玛：《木雅语的致使结构》，《中国民族语言学报》第 3 辑，商务印书馆 2021 年版。

16. 李春风：《拉祜语动词使动态探析》，《民族语文》2014 年第 3 期。

17. 刘光坤：《麻窝羌语研究》，四川民族出版社 1998 年版。

18. 木仕华：《论纳西语动词的使动范畴》，载《中国民族语言论丛》，云南民族出版社 1997 年版。

19. 彭国珍：《景颇语致使结构的类型学考察》，《中国语文》2013 年第 6 期。

20. 齐卡佳：《在重音与声调的连续体上看史兴语》，《东方语言学》

2007 年第 1 期。

21. 饶敏、高扬：《贵琼语致使结构的类型学研究》，《中国民族语言学报》第 3 辑，商务印书馆 2021 年版。

22. 孙宏开：《六江流域的民族语言及其系属分类》，《民族学报》1983 年第 3 期。

23. 孙宏开：《论藏缅语动词的使动语法范畴》，《民族语文》1998 年第 6 期。

24. 孙宏开：《八江流域的藏缅语》，商务印书馆 2013 年版。

25. 孙宏开、徐丹、刘光坤、鲁绒多丁：《史兴语研究》，民族出版社 2014 年版。

26. 谭克让：《藏语动词的自动态与使动态》，《民族语文》1988 年第 6 期。

27. 田阡子：《格西霍尔语的致使结构》，《中国民族语言学报》第 3 辑，商务印书馆 2021 年版。

28. 汪岚：《德钦藏语的致使结构》，《中国民族语言学报》第 3 辑，商务印书馆 2021 年版。

29. 王一君：《片丁纳西语动词研究》，中国社会科学出版社 2020 年版。

30. 徐丹：《下游史兴语的某些特点》，《民族语文》2009 年第 1 期。

31. 徐悉艰：《景颇语的使动范畴》，《民族语文》1984 年第 1 期。

32. 杨将领：《独龙语动词的使动范畴》，《民族语文》2001 年第 4 期。

33. 杨将领：《藏缅语使动范畴的分析形式》，《民族语文》2003 年第 3 期。

34. 杨将领：《藏缅语族语言使动范畴研究》，博士学位论文，上海师范大学，2017 年。

35. 尹蔚彬：《纳木兹语语法标注文本》，社会科学文献出版社 2016 年版。

36. 张济川：《藏语的使动、时式、自主范畴》，《民族语文》1989 年第 2 期。

37. 郑武曦：《龙溪羌语的致使结构》，《中国民族语言学报》第 3 辑，商务印书馆 2021 年版。

38. 宗晓哲、普华、三木旦：《藏语安多方言的致使结构》，《中国民族语言学报》第3辑，商务印书馆2021年版。

39. 周洋：《水磨房话的致使结构》，《语言研究集刊》2021年第1期。

40. Chirkova, Katia. Shǐxīng, A Sino-Tibetan Language of South-West China: A Grammatical Sketch with Two Appended Texts. *Linguistics of the Tibeto-Burman Area* 32(1), 2009: 1 – 89.

41. Comrie, Bernard. *Language Universals and Linguistic Typology* (*2nd Ed*). Chicago: University of Chicago Press, 1989: 161 – 184.

42. Dixon, R. M. W. A Typology of Causatives: Form, Syntax and Meaning. In Dixon & Aikhenvald (eds), *Changing Valency: Case Studies in Transitivity*. Cambridge: Cambridge University Press, 2000: 30 – 83.

43. Dixon, R. M. W. *Basic Linguistic Theory* (*Vol. 3: Further Grammatical Topics*). Oxford: Oxford University Press, 2012: 239 – 293.

44. Haiman, John. Iconic and Economic Motivation. *Language* 59 (4), 1983: 781 – 819.

45. Heine, Bernd & Kuteva, Tania. *World Lexicon of Grammaticalization*. Cambridge: Cambridge University Press, 2002.

46. LaPolla, Randy J. Parallel Grammaticalizations in Tibeto-Burman Languages: Evidence of Sapir's 'Drift'. *Linguistics of the Tibeto-Burman Area* 17 (1), 1994: 61 – 80.

47. Matisoff, James A. *Lahu Causative Constructions: Case Hierarchies and the Morphology /Syntax Cycle in a Tibeto-Burman Perspective*. In Masayoshi Shibatani (ed.), 1976: 413 – 442.

（马思敏，女，博士，研究方向为川西民族小语种。通信地址：四川省成都市双流区四川大学江安校区研究生公寓。邮编：610068。电子邮箱：297404682@qq.com。）

清抄本《广西镇安土司译语》壮汉基础方言研究*

梁晓兰

（华东师范大学中国语言文学系）

摘　要：本文基于故宫博物院藏清代乾隆年间抄本《广西镇安府土司译语》中71条壮汉对音材料，以词义为核心，将该抄本中各个方块壮字所含汉字借音声旁、所用注音汉字与现代壮语及官话、粤语、平话等相关汉语方言做全面比较后，发现《镇安译语》在选择注音汉字来对译壮语时，是以当地的官话读音为标准，而非粤语或平话。另外，在选择汉字借音声旁来造该译语所见的方块壮字时，多以当地平话的读音为标准，而非官话或粤语。

关键词：镇安译语；方块壮字；壮语；官话；粤语；平话

一　引言

《广西镇安土司译语》（简称"《镇安译语》"），现藏于北京故宫博物院，是清代乾隆年间在广西镇安府（今德保县、那坡县）采集、记录语料后编纂而成的壮汉对音材料，成书时间在乾隆十五年（1750）前后（杨玉良 1985：69，故宫博物院 A2018：23—31）。全书分天文、地理、人物、身体、宫室、器用、饮食、衣服、鸟兽、草木、通用十一门，共收71条词语，方块壮字73个，注音汉字72个。每个词条分三部分，竖排

* 感谢导师郑伟教授在论文写作过程中给予的指导和帮助。本文受国家社科基金重大项目"西南各民族及'一带一路'邻国语言文字中汉字音的数字化整理与研究"（项目编号：18ZDA296），华东师范大学2019年优秀博士研究生学术能力提升项目"借音古壮字的语音层次及其基础方言研究"（项目编号：YBNLTS2019－063）资助。

书写，从上到下分别为：方块壮字、汉语词义、注音汉字，如第一条〔䨺〕（天）［怕］①，〔䨺〕为方块壮字，（天）是该壮字的汉语词义，［怕］为该壮字所代表的壮语读音的注音汉字。

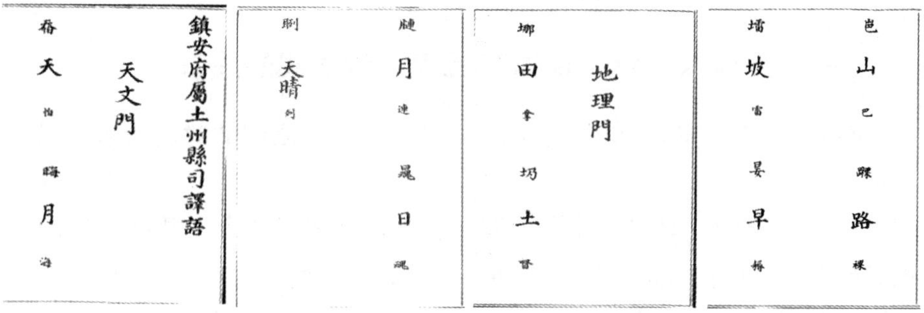

图 1　《广西镇安土司译语》部分书影

广西镇安府始建置于宋皇祐五年（1053），称镇安峒（治今那坡城厢镇北侧感驮岩）。明洪武元年（1368）改为镇安土府，次年（1369）府治移建于废冻州（治今德保县），此后府治一直设在德保县，今那坡则被称为小镇安。今那坡县、德保县曾长期作为镇安府统治的中心区域，这一带的语言被称为镇安土语。

据我们所见，目前学界尚缺乏对《镇安译语》的专门研究，只有一些简单介绍和零星论述，如闻宥（1936：497—552）、覃晓航（2007：40—44）在考察清抄本《太平译语》时，都提到了一些亦见于《镇安译语》的词条。冯蒸（1981：66）、西田龍雄（1984：96—99）、Chung-pui Tai and Hanbo Liao（2022）也有述及。而对《镇安译语》包含的壮汉对音、壮字及其所含汉字借音声旁等具体问题还缺乏专门探讨。

本文拟穷尽考察《镇安译语》包含的方块壮字（汉字借音声旁）及对应的各个词条所用的对音汉字，兼及其他译语及方块壮字文献资料，通过将二者与相关的壮语（即德保及其周边方言）和汉语（当地官话、粤语及平话等方言）的比较，主要探讨两方面的问题：一、清抄本《镇安译语》所见早期壮语的基础方言如何确定？二、《镇安译语》所见方块壮

---

① 为了便于区分，我们给《镇安译语》的词条加了标识符号，以〔䨺〕（天）［怕］为例，〔〕内为方块壮字，（）内为该壮字的词义，［］内为注音汉字，下文皆沿用这一体例。

字的汉字借音声旁所代表的汉语基础方言如何确定？①

二　清抄本《镇安译语》与现代德保壮语的关系

（一）清抄本《镇安译语》壮汉对音之间的关系

《镇安译语》里方块壮字、词义以及注音汉字之间的对应关系有以下三种：

1. 完全对译。即方块壮字、词义、注音汉字三者音义基本对应同一词义概念，例如：〔晦〕（月）［海］，〔妛〕（上）［女］，〔龏〕（下）［龍］，这种对应关系总共有66例，占总数72词的91.6%。

2. 不完全对译。即用类属代替部分或个体的译法，共4例。例如：词条〔搼〕（手）［牽］，根据方块壮字及其注音汉字，可知其对应现代德保壮语的读音应为［kʰeːn²］，词义应为“手臂”。原镇安地区经诗抄本《顿造忙》（潘其旭、韦如柱 2019：356）中就有〔搼〕［kʰeːn¹］②（臂）③。“手”在壮语方言里主要有三种形式：德靖土语读作［muŋ²］，其壮字一般写作〔擝、擵、掹〕$_{335}$④；北部壮语一般读［fɯŋ²］，壮字一般写作〔㩼、撻、逢、夆、玫〕$_{164}$；邕南土语和左江土语一般读［mɯ²］，壮字写作〔攠、摩、龲〕$_{338}$。这些与《镇安译语》“手”的壮字和读音都不相符。“手臂”壮语各方言读音比较一致，读作［kʰeːn²］或［keːn¹］，

---

① 本文所涉《镇安译语》《广西太平土司译语》（简称“《太平译语》”）等材料均来自故宫博物院编B（2018）；壮语材料引自张均如等（1999）。方块壮字材料引自广西壮族自治区少数民族古籍整理出版规划领导小组办公室（2012）、张声震（2004：2891—2939）、潘其旭和韦如柱（2019）。其中所引张声震（2004）部分，为那坡县抄本《正一幺事巫书鲜五楼川送鸦到共集》（下文简称“《麽经》”）。那坡官话引自吕嵩崧（2009A，2009B），柳州、桂林官话引自陈章太、李行健主编（1996），邕州官话引自周本良等（2006）；百色粤语和那毕平话材料引自余瑾（2009）。其他材料来源则随文附注。

② 《顿造忙》送气符号用“‘”表示，为统一行文，引文中将送气符号改为用上标的“h”表示。

③ 〔搼〕［kʰeːn¹］（臂）中〔〕内为方块壮字，［］内为该壮字的壮语读音，（）内为该壮字的词义，下文皆沿用这一体例。

④ “〔擝、擵、掹〕$_{335}$”中下标数字“$_{335}$”表示这些壮字见于广西壮族自治区少数民族古籍整理出版规划领导小组办公室主编《古壮字字典》，广西民族出版社2012年版，第335页，下同。

壮字一般写作〔掮、現、揵、擥、挳、攏〕$_{185—187}$。可见《镇安译语》〔擗〕的准确词义应为“手臂”。词条〔鵃〕（雀）［挪］，从壮字及注音汉字来看皆与壮语“鸟”［nɔːk^{8}］相切合，应该是用鸟类的总称来对译的，词义应为“鸟”，而非“雀”。此词条《太平译语》写作〔鵃〕（雀）［諾］。闻宥（1936：530）认为〔鵃〕字“实为鸟类之共名。注作雀者，以常语鸟雀合称，不甚别义，非专指依人小鸟言也”。同理，词条〔鰙〕（鹤）［諾］，其词义也理应为“鸟”，而非“鹤”。壮语的“雀”一般读作［lai^{3}］，壮字一般写作〔鸝、䳘、鵣、鸍〕$_{268}$，或用汉借词“雀”读作［tsoːk^{7}］。壮语的“鹤”一般使用汉借词表示，读［haːk^{8}］。词条〔芐〕（草）［下］，从壮字和注音汉字来看，“草”应是指茅草，壮语的“草”一般读作［jɯ^{3}］或［ȵɯ^{3}］，壮字写作〔芋、艾、揮、蕓、茸、軒〕$_{399}$，“茅草”壮语一般读作［ha^{2}］，壮字写作〔苀、䒕、蕸、菏、蕳〕$_{247}$。

3. 使用的个别壮字虽与通行汉字无关，却是当地的常用壮字，共2例。《镇安译语》的壮字〔坊〕［tum^{1}］（土）、〔乃〕［tɔːm^{5}］（矮），〔乃〕在原镇安地区经诗抄本《顿造忙》（潘其旭、韦如柱2019：165—344）中也出现多次，如〔沥〕［t^{h}um^{3}］（淹没），〔乃〕［tum^{3}］（炖、煮），〔乃〕［tum^{5}］（垮），〔乃〕［tum^{1}］（土）。壮字（或壮字声旁）〔乃〕不管词义，声调如何变化，其始终对应［tum］一类读音，而〔沥、坊〕则是在〔乃〕基础上增加形旁造的形声字。《顿造忙》（潘其旭、韦如柱2019：24）的编者认为这是在汉字“乃”的基础上增添笔画而成的壮字。汉字“乃”［nai］和壮字〔乃〕［tum］读音相差甚远，不符合壮字造字时所用汉字声旁须与壮语音同或音近的原则，因此，壮字〔乃〕［tum］不是在汉字“乃”的基础上增笔而成的，而是由其他字讹变而来，但具体是什么汉字，目前尚不清楚。在目前已出版的古壮字抄本中，〔乃〕［tum］只见于德靖地区抄本，不见于其他地区，如张声震《壮族麽经布洛陀影印译注》（张声震2004：10—3070）中百色市右江区、田阳、田东、那坡和河池市巴马、东兰、大化及云南省西畴等29个抄本，上林县委主编的《壮族四大悲歌（译注）》（2015：4—561），笔者在柳江、隆安的壮字调查中均没有出现〔乃〕［tum］壮字（或壮字声旁）。

此外，《镇安译语》有3个壮字疑似误抄：天文门的（月）壮字写作〔晦〕，用的是“日”字旁，而同为天文门的词条〔眒〕（天晴）［列］的

〔⿰目列〕却是“目”字旁，疑为〔⿰日列〕误抄，其正确写法应是〔⿰日列〕。身体门的（耳）壮字为〔⿰目求〕，用的是“目”字旁，而同为身体门的词条〔⿰目他〕（眼）［他］的〔⿰日他〕却是“日”字旁，疑为〔⿰目他〕的误抄，其正确写法应是〔⿰目他〕。这两个词条是没有注意区别“目”字旁和“日”字旁引起的误抄。词条〔⿱内女〕（肉）［女］中的〔⿱内女〕应为〔⿱肉女〕的误抄，现存原镇安地区经诗抄本《麽经》（张声震 2004：2912）、《顿造忙》（潘其旭、韦如柱 2019：63）中“肉”皆写作〔⿱肉女〕。〔⿱内女〕词义为“肉”，其形旁也应为“肉”，而非“内”。

（二）清抄本《镇安译语》与现代德保壮语的关系

清抄本《镇安译语》卷端上题为“镇安府属土州县司译语”，广西镇安府自明代 1369 年起府治一直设在今德保县内，清代乾隆年间在镇安府收集采录编纂的译语，其收集采录的语言如无特殊说明，一般认为是州府所在地的语言，清代镇安府所用的语言现今民间仍称为“镇安土语”，清代镇安土语是现代德保壮语的前身。

从语音和词汇来看，《镇安译语》词语的读音与现今德靖土语一致性最高。这主要体现在一些特殊词的对应上。壮语“女人”多读作［bɯk^{7}］、［ja^{2}］或［me^{6}］，其中未婚少女多读作［ɬaːu^{1}］。《镇安译语》词条〔傀仍〕（婢）［餽盈］。〔傀仍〕直译“奴女”，即女奴称为婢。“女”注音汉字为［盈］，壮语中“女”读［盈］的有德保［ȵiːŋ^{2}］，靖西［ȵəŋ^{2}］，广南、砚山的侬话，文马土话［ȵiŋ^{2}］。“耳”在壮语里一般读作［lɯ^{2}］或［hu^{1}］一类读音，《镇安译语》词条〔⿰目求、耳、求〕，“耳”注音汉字为［求］，“耳”读［求］的壮语有宁明［k^{h}jəu^{1}］，德保［k^{h}jou^{2}］，靖西［k^{h}jou^{1}］，广南和砚山的侬语［tɕ^{h}u^{1}］，文马土语［k^{h}u^{2}］。因而从特殊词的读音来看《镇安译语》译写的壮语有可能是德靖土语，宁明壮语，广南、砚山的侬语或文马土语。但“鹅”在《镇安译语》里注音汉字为［罕］，“鹅”壮语德保读［haːn^{6}］，靖西读［haːn^{5}］，宁明读［pɯn^{6}］。“石”在《镇安译语》注音汉字为［吞］，“石”壮语德保读［t^{h}ən^{2}］、靖西读［t^{h}ən^{1}］，宁明读［hɯn^{1}］。“大”在《镇安译语》注音汉字为［隆］，“大”壮语德保、靖西读［luːŋ^{1}］，广南、砚山侬语读［tɯ^{4}］，文马土语读［du^{4}］。“叔”一词《镇安译语》

注音汉字为［奥］，“叔”壮语德保读［ʔaːu⁶］，广南、砚山侬语读［je²］，文马土语读［ji³］。从这些特殊词的读音来看，《镇安译语》与德保、靖西壮语的一致性最高，因而其译语的民族语言既不是宁明壮语，也不是广南、砚山的侬语或者文马土语，而是德靖土语。

从壮字来看，《镇安译语》所记录的壮字与现存原镇安府地区的经诗抄本的壮字一致，如〔䄙〕［θy³］（衣服），《镇安译语》《麽经》《顿造忙》中“衣服”的壮字皆写作〔䄙〕。壮字汉字借音声旁“自”属于中古从母字，一般读塞擦音，“自”读擦音是镇安地区的读音特点，“衣服”在其他壮语方言壮字一般写作〔衵、裇、襂、褪〕$_{459/472}$，不会出现中古从母字作借音声旁的情况。《镇安译语》出现了与《顿造忙》一致的德靖地区通行壮字〔乃〕［tum］，该字如上文所述，在目前出版的壮字抄本中仅在原镇安地区的抄本中出现，说明《镇安译语》编译的少数民族语言是镇安土语。今德保、那坡一带是清代镇安府统治的核心区域，这里的语言现称为德靖土语，由此可知镇安土语是现代德靖土语的前身，德保作为镇安府府治所在地，德保壮语应为《镇安译语》编译的首选语言。

综上，清抄本《镇安译语》采译的语言应该为清代镇安土语，镇安土语是现代德靖土语的前身，采译的具体语言应为德保壮语，即镇安府府治所在地的语言。

三 《镇安译语》所反映的汉语方言

现今德靖土语区是壮族人口高度密集的区域，壮族人口占总人口的90%以上，因壮族人口比例高，德靖土语内部语音基本一致，当地无论是城镇还是农村使用的语言皆以壮语为主。今德保及周边通用的汉语方言主要有粤语、平话和官话。学界一般认为平话是唐宋时期在广西本土形成的汉语方言，在广西历史悠久（梁敏、张均如 1999：26）。西南官话是明代进入广西，后借助官府及文教系统占领了广西各通都大邑，并成为少数民族聚居地区通用的汉语方言。据《百色市志》（1993：9），康熙五十九年（1720），粤东会馆建成，百色已经成为右江流域最大的商埠，广府粤语在明末清初通过商业进入百色以后，很快取得了优势地位，取代了平话，成为当地的强势汉语方言。现今粤语主要在百色市右江区通行，百色市郊及农村地区、田阳区以及田东县主要通行平话，德保、靖西、那坡等民族聚居区域通用的汉语方言是西南官话（桂柳片）。

（一）注音汉字所映的汉语方言

《镇安译语》是清代官府编纂的辞书，因此在为译语选择注音汉字时，自然是以官话读音为准。因《镇安译语》是在镇安地区采集编纂之后才呈送会同四译馆审定的，因而我们认为《镇安译语》注音汉字的选择是以当地官话读音为准的。

从韵母看，清代时官话中古音的［-m］已合并到［-n］，入声韵尾消失，与阴声韵合并。粤语和平话直到现在仍然保留阳声韵尾［-m、-n、-ŋ］和入声韵尾［-p、-t、-k］的对应，这是官话与粤语、平话最显著的区别。《镇安译语》中壮语读［-m］韵尾的词共出现 5 例，如表 1 所示。

表 1　《镇安译语》注音汉字［-m］和［-n］分混情况

壮字	词义	注音汉字	德保壮语	注音汉字中古韵摄
坊	土	督	tum^1	通摄沃韵
呈	晚	呷	jam^6	咸摄狎韵
吣	酸	心	$θɔːm^3$	深摄侵韵
嗽	苦	欽	$k^hɔːm^2$	深摄侵韵
乃	矮	屯	$tɔːm^5$	臻摄魂韵、谆韵
呻	喫	今	$kjən^1$	深摄侵韵

《镇安译语》中壮语读［-m］的 5 个注音汉字中有两例是古入声韵字，另一例是臻摄魂韵或谆韵字。同时出现了用中古深摄侵韵字“今”给壮语读［-n］的词作注音汉字的现象。可见，当时作注音汉字的汉语方言［-m］已经合并到［-n］了，而粤语和平话现在仍保留［-m］读音不混，这体现了注音汉字的选择以官话读音为准。

《镇安译语》注音汉字中还出现了用中古入声韵字给壮语读开尾的词注音，用阴声韵字给壮语读塞音韵尾的词注音，以及汉语入声韵字韵尾与壮语读塞音韵尾词不对应的情况，如表 2 所示。

表 2　《镇安译语》注音汉字阴声韵和入声韵的分混情况

壮字	词义	注音汉字	德保壮语	注音汉字中古韵摄
花	菜	撇	p^hjak^7	山摄屑韵

续表

壮字	词义	注音汉字	德保壮语	注音汉字中古韵摄
鳵	雀（鸟）	挪	nɔːk⁸	果摄歌韵
鵏	鶴（鸟）	諾	nɔːk⁸	宕摄铎韵
狘	羊	滅	be³	山摄薛韵

“滅”属中古山摄薛韵字，在百色粤话、那毕平话中读［mit⁸］，还保留入声韵尾，而那坡官话入声已经舒化，变成了阴声韵［me²］，和德保壮语的［be³］① 主元音相同。“撇”属中古山摄屑韵字，在百色粤语和那毕平话中读［pʰit⁷］，而壮语“菜”读［pʰjak⁷］，韵尾不对应且主元音读音差别较大，可见其注音汉字读音的选择不是以粤语或平话为准。壮语的“鸟［nɔːk］”在粤语和平话中有相匹配的入声字，如“諾”，百色粤语读［nɔk⁷］，那毕平话读［nɐk⁸］。“諾”和“挪”因当时的官话方言入声已经舒化，在官话中同音，都读［no］，因而对使用官话的人来说用这两个字注音是一样的，而“挪”在百色粤语读［nɔ²］，那毕平话读［no²］，“諾、挪”两字在粤语和平话中读音差别较大，一般不会混用，这说明了注音汉字的选择是以官话读音为准的。

声母上，粤语、平话中古疑母字基本保留鼻音声母，而那坡官话中疑母字多读零声母。注音汉字［吾］和［厓］，在《镇安译语》中都是给壮语读零声母的词［wu²］和［jaːi²］注音，这两个字属中古疑母字，在粤语和平话中仍保留鼻音［ŋ-］或［ȵ-］的读法，而那坡官话已读作零声母［w-］或［j-］，和德保壮语一致。

汉语方言“自”在镇安土语中多和擦音［θ-］或［s-］对应。“自”读擦音反映在当地方块壮字所含汉字借音声旁中，如《麽经》（张声震 2004：2897—2936）“自”对壮语擦音［s-］：〔自〕［søy⁵］（雌）、〔䒤〕［søi⁶］（直条）、〔䞁〕［sɯ⁴］（买）、〔袓〕［sɯ³］（衣）。“自”中古音属从母字，一般读塞擦音，桂林官话、柳州官话及邕州官话皆读塞擦音

① 壮语里的［b/d］为内爆音，国际音标为［ɓ/ɗ］，国内民族语学者一般记作［ʔb/ʔd］或［b/d］，汉语官话方言一般无内爆音，因内部爆音听感上与带音相似，一般用汉语官话方言同部位响音对应，这与［ɓ/ɗ］在今壮语各方言的演变相一致（覃晓航 2005：102—106），同时也存在用同部位塞音对应的情况，只是用例较少。

［ʦ-］，而“自”在那坡官话读擦音［ɬ-］。《镇安译语》中“衣”［θy³］，注音汉字为“自”，因此，可以推测《镇安译语》在给壮语读音选择注音汉字时，是以当地官话的读音为标准的。

（二）壮字所含汉字借音声旁反映的汉语方言

方块壮字所含汉字借音声旁是指用与壮字壮语读音相同或相近的汉字（或汉字偏旁）作方块壮字声旁表示其壮语读音。因方块壮字所含汉字借音声旁既能反映其造字时壮语的读音，也能反映汉语的读音，属于广义的对音范畴。《镇安译语》73个方块壮字皆为形声字或记音字，其中壮字形声字的声旁来自汉语的有68个，用整个汉字记录壮语读音的3个，与汉语读音相关的共计71个，占总数的97%。

方块壮字是壮族民间通用的通俗文字，属于民间自发创造使用的文字，在历史上从未作过官方通行文字，没有进行过规范化处理。不同的时间、不同的地域创造的壮字，会反映在壮字借音声旁上，因此壮字能够反映出造字的时间及造字时的汉语方言读音情况。

壮字反映造字的时间。如《镇安译语》的〔⿱天怕〕［fa⁴］（天），《太平译语》作〔⿱天巴〕，用中古帮、滂母字“巴、怕”作壮语［f-］的声旁，而《麽经》（张声震2004：2892）写作〔⿱天法〕，表明〔⿱天怕、⿱天巴〕造字时间较早，当时壮语的重唇音还没有分化出轻唇音，壮语的“天”还读［pa⁴］，还未变成［fa⁴］，而〔⿱天法〕的造字时间相对较晚，应该是在官话进入本地区以后造的字。《镇安译语》的〔⿰石吾〕［wu²］（茶酒杯）、〔⿰革涯〕［jaːi²］（鞋）汉字借音声旁“吾”和“涯”皆属中古疑母字，在粤话和平话中仍保留鼻音［ŋ-］或［ȵ-］的读法，而官话已读作零声母，与德保壮语一致，可见，这两个字的造字时间较晚，是官话进入本地区以后才创造的字。

壮字反映造字时的汉语方言。方块壮字是民间自发创造的，在造声旁借自汉字的形声方块壮字时，造字者会根据自己熟知的汉语方言，选择与当地壮语读音相同或相近的汉字作为方块壮字的声旁，因而根据方块壮字所含汉字借音声旁在壮语里的对应读音能反映出造字时借源汉语方言的读音特点。如《镇安译语》的〔⿱微火〕［fai²］（火），在《顿造忙》中亦写作〔⿱微火〕（潘其旭、韦如柱2019：29），微母读［f-］的还有〔文〕［fan²］（齿）（潘其旭、韦如柱2019：16）、〔文〕［fan²］（种子）（潘其旭、韦如柱 2019：25)、〔校〕［fɯn^{2}］（柴）（潘其旭、韦如柱 2019：273)，〔文〕［fan^{2}］（种畜）（张声震 2004：2896)。“微”在现今官话中多读零声母，粤语多读［m-]，平话读［f-]，如“微”在宾阳复兴、王灵、新桥平话读［fəi^{2}］（余瑾 2009：116)，“文”在宾阳复兴、王灵、新桥平话读［fɐn^{2}］（余瑾 2009：271)。由此可知，《镇安译语》中古微母读［f］的壮字汉字借音声旁读音来自平话。

《镇安译语》中多数壮字的汉字借音声旁跟平话、粤语对应整齐。因而我们猜测这些壮字造字时，选择汉字借音声旁是以粤语或平话的读音为准。粤语、平话与官话最大的差别是唇鼻音韵尾和入声韵尾的有无，前文论述的注音汉字鼻音韵尾、入声韵尾与壮语读音的不对应现象，这些壮字所含汉字借音声旁却与粤语、平话读音对应严整，如“壬”平话读［ȵam^{6}]、粤语读［jam^{6}]，用作壮语〔昰〕［jam^{6}］（晚）的借音声旁；“巾”粤语、平话皆读［kɐn^{1}]，用作壮语〔吜〕［kjən^{1}］（喫）的借音声旁；“北”粤语、平话皆读［pɐk^{7}]，用作壮语〔茈〕［phjak^{7}］（菜）的借音声旁；“辱”平话读［jok^{8}]、粤语读［juk^{8}]，作壮语〔鷐〕［nɔːk^{8}］（雀）的借音声旁。这说明在造这些壮字时，选择汉字借音声旁是以粤语或平话的读音为准的。

此外，中古匣母合口字那坡官话读［x-]，粤语和平话读零声母［w-]。如〔䰟〕［wɔːn^{2}］（日)，〔䄄〕［wi^{1}］（靴)、〔㹕〕［waːi^{2}］（水牛）”的汉字借音声旁“魂、回、懷”皆是中古匣母合口字，“魂”那坡官话读［xwən^{2}]、百色粤语读［wɐn^{2}]、那毕平话读［wən^{2}]；“回”那坡官话读［xwəi^{2}]、百色粤语读［wui^{2}]、那毕平话［hoi^{2}]；“懷”那坡官话读［xwai^{2}]、百色粤语及那毕平话读［wai^{2}]。在《镇安译语》中，中古匣母合口字主要用作壮语读音以零声母开头的壮字的借音声旁，说明在造这些壮字时，汉字借音声旁的选择是以粤语或平话的读音为准。这些词的注音汉字与壮字所含汉字借音声旁相同，应该是受汉字借音声旁的影响所致。

壮字所含汉字借音声旁的粤语、平话读音皆与其壮语读音对应整齐，方块壮字在唐代已产生，宋代已流行。《镇安译语》中的壮字是官府采集当时在民间广泛流传使用的壮字，桂西地区的粤语是清初广东商人沿江而上带到当地的，粤语进入桂西时，方块壮字早已在当地流传使用①。平话是在广西形成的汉语方言，在广西历史悠久（梁敏、张均如 1999：26），且平话中古微母字读［f-］的特点也在《镇安译语》中有所体现，因而我们认为《镇安译语》中壮字所含汉字借音声旁的读音反映的是当时平话的读音。

（三）《镇安译语》壮汉对音小结

《镇安译语》注音汉字与壮字所含汉字借音声旁一致的有 49 个，占总数的 69%。其中有个别注音汉字的选择受壮字所含汉字借音声旁的影响，出现了一些与当时官话读音不太相符的现象，如：〔䨷〕（天）［怕］，壮语读［fa⁴］，当时官话的入声已经舒化，已经有［fa］音节，如《太平译语》的同一个词条写作〔𡗶〕（天）［筏］，汉字借音声旁为“巴”，注音汉字用［筏］，而《镇安译语》仍使用汉字借音声旁的“怕”作注音汉字，是受汉字借音声旁影响所致。

德靖土语现在读［j-］的一些词，从壮字所含汉字借音声旁来看，造字时的读音应该是［j-］，而从注音汉字来看，有些词当时可能读［h-］，反映出这些词在当时可能有［j-］、［h-］两读的情况，如表 3 所示：

表 3　《镇安译语》中“𣅜，昙，鞵，苄”的读音

壮字	词义	注音汉字	德保壮语	靖西壮语	崇左壮语	邕南壮语	武鸣壮语	柳江壮语
𣅜	晚	呷	jam⁶	jam⁶	ʔam⁶	ham⁶	ham⁶	ham⁶
昙	夜	渾	jøn²	jən²	han²	hun²	ŋɯn²	hɯn²
鞵	鞋	厓	jaːi²	jaːi²	haːi²	haːi²	haːi²	haːi²
苄	草	下	ja²	ja²	ha²	ha²	ha²	ha²

〔𣅜〕的汉字借音声旁为“壬”，“壬”百色粤语读［jam⁶］，那毕平话读［ȵam⁶］，那坡官话读［jin²］，注音汉字［呷］是中古晓母狎韵字，用中古入声韵尾的字对应壮语读音鼻音尾词，比较少见，且“呷”在那

① 〔宋〕范成大在《桂海虞衡志》中描述“俗字，边远俗陋，牒诉券约，专用土俗书，桂林诸邑皆然，……余阅讼牒二年，习见之。”（范成大撰、严沛校注 1986：111—112），可见古壮字的使用在南宋时已相当普遍。

坡官话、那毕平话、百色粤语中皆为不常用字，注音汉字存疑。这个词在《顿造忙》中有〔黬〕［ham^{6}］、〔陷〕［jam^{6}］两读（潘其旭、韦如柱2019：10—38），《麽经》中写作〔䃭、硟〕，只有［jam^{6}］一读（张声震2004：2894—2904），但从壮字所含汉字借音声旁有中古匣母“含”、日母“壬”来看，这个词在该地区应该也有［j-］、［h-］两读。

〔昙〕的汉字借音声旁为“云”，“云”那坡官话读［jin^{2}］，百色粤语读［wɐn^{2}］，那毕平话读［wən^{2}］，壮字所含汉字借音声旁的那坡官话读音与该词壮语读音最为接近。其注音汉字［渾］，在那坡官话读［xwən^{2}］，百色粤话读［wɐn^{2}］，那毕平话读［wən^{2}］，此词在《顿造忙》（潘其旭、韦如柱2019：66）中写作〔痕〕［hɯn^{2}］，与注音汉字那坡官话读音比较接近，反映了该词在当时可能有［j-］、［h-］两读。

〔鞋〕的汉字借音声旁是“涯”，其注音汉字［厓］在那坡官话读［jai^{2}］，百色粤语读［ŋai^{2}］或［ŋa^{2}］，那毕平话读［ȵa^{2}］，壮语读音与那坡官话读音一致，说明当时这个词在当地只有［j-］一读。该词如果其壮语方言声母读［h-］，一般用中古晓匣母及溪母字作其壮字的汉字借音声旁，写作〔䩥、䘗、絯、鞴、裥〕$_{241}$。

〔芐〕的汉字借音声旁和注音汉字一样，都是［下］。“下”在那坡官话读［xja^{4}］，百色粤语读［ha^{6}］或［ha^{4}］，那毕平话读［ja^{4}］。镇安地区壮字所含汉字借音声旁“下”一般与壮语读［j-］的词对应，如〔下、吓〕［ja^{4}］（说）、〔妚〕［ja^{6}］（祖母）（张声震2004：2937—2939），〔妚〕［ja^{6}］（老妇）（潘其旭、韦如柱2019：23），从壮字所含汉字借音声旁读音以平话为准来看，〔芐〕在当时应读作［ja^{2}］，从注音汉字读音以官话为准来看，〔芐〕当时读音应为［ha^{2}］。因此，这个词当时可能也存在［j-］、［h-］两读。

从汉语方言韵母的唇鼻音韵尾和塞音韵尾及声母读音与德保壮语的对应来看，《镇安土语》注音汉字的选择是以那坡官话读音为准的，壮字所含汉字借音声旁的读音是以当时的平话为准的。清代《镇安译语》中的镇安土语与现代德保壮语语音高度一致，说明了清代镇安土语即是现代德保壮语的前身，也说明了三百多年来德保壮语语音变化不大。

四　结论

我们通过将清代《镇安译语》各词条注音汉字汉语方言读音与现代

壮语各方言的读音比较，并将其方块壮字与现存清代镇安地区经诗抄本中的壮字比较，从本地特有词的读音及本地常用壮字的汉字借音声旁论证了清抄本《镇安译语》所见早期壮语的基础方言为今德保壮语的前身，也说明了清代以来，德保地区壮语语音变化不大。通过将注音汉字，方块壮字所含汉字借音声旁与汉语那坡官话、百色粤语、那毕平话的比较，论证了《镇安译语》注音汉字的选择是以当地官话读音为准，壮字所含汉字借音声旁的选择多是以当地平话读音为准。《镇安译语》注音汉字的选择受到了方块壮字所含汉字借音声旁的影响。

参考文献

1. 百色市志编纂委员会编：《百色市志》，广西人民出版社 1993 年版。

2. 陈章太、李行健主编：《普通话基础方言基本词汇集（语音卷下）》，语文出版社 1996 年版。

3. 德保县志编纂委员会编：《德保县志》，广西人民出版 1998 年版。

4. （宋）范成大撰，严沛校注：《桂海虞衡志校注》，广西人民出版社 1986 年版。

5. 冯蒸：《“华夷译语”调查记》，《文物》1981 年第 2 期。

6. 故宫博物院编 A：《故宫博物院藏乾隆年编华夷译语（第一卷第一册）》，故宫出版社 2018 年版。

7. 故宫博物院编 B：《故宫博物院藏乾隆年编华夷译语（第十卷）》，故宫出版社 2018 年版。

8. 广西壮族自治区少数民族古籍整理出版规划领导小组办公室：《古壮字字典》，广西民族出版社 2012 年版。

9. 梁敏、张均如：《广西平话概论》，《方言》1999 年第 1 期。

10. 吕嵩崧 A：《那坡话声母与中古音的比较》，《百色学院学报》2009 年第 4 期。

11. 吕嵩崧 B：《那坡话韵母与中古音的比较》，《百色学院学报》2009 年第 5 期。

12. 潘其旭、韦如柱主编：《顿造忙（创世经）影印译注》，广西教育出版社 2019 年版。

13. 那坡县志编纂委员会编：《那坡县志》，广西人民出版社 2002 年版。

14. 覃晓航：《〈广西太平府属土州县司译语考〉的壮语方言词》，《民族语文》2007 年第 6 期。

15. 覃晓航：《从壮语 ʔb 和 ʔd 的多元变体看语触音变规律》，《中央民族大学学报（哲学社会科学版）》2005 年第 3 期。

16. 闻宥：《广西太平府属土州县司译语考》，《“中研院”历史语言研究所集刊》1936 年第 4 期。

17. 余瑾主编：《粤语平话土话方音字汇（第一编）》，上海教育出版社 2009 年版。

18. 百色市地方志编纂委员会办公室整理：《（光绪）镇安府志》，广西人民出版社 2017 年版。

19. 杨玉良：《一部尚未刊行的翻译词典——清官方敕纂的〈华夷译语〉》，《故宫博物院院刊》1985 年第 4 期。

20. 张均如、梁敏、欧阳觉亚、郑贻青、李旭练、谢建猷：《壮语方言研究》，四川民族出版社 1999 年版。

21. 张声震主编：《壮族麽经布洛陀影印译注（第八卷）》，广西民族出版社 2004 年版。

22. 政协上林县委员会：《壮族四大悲歌（译注）》，广西民族出版社 2015 年版。

23. 周本良、沈祥和、黎平、韦玉娟：《南宁市下郭街官话同音字汇》，《桂林师范高等专科学校学报》2006 年第 2 期。

24. ［日］西田龍雄：漢字文明圏の思考地図：東アジア諸国は漢字をいかに採り入れ、変容させたか，大日本印刷株式会社 PHP 研究所 1984 年版。

25. Chung-pui Tai and Hanbo Liao：*Yang Zhuang and its Zhuang Character Writing in the Mid-Eighteenth Century*：*With an Appendix of Yang Zhuang Reconstructions*，2022（待刊）。

附录

表 1　《广西镇安土司译语》词表及其德保壮语读音

序号	壮字	词义	注音汉字	德保壮语	序号	壮字	词义	注音汉字	德保壮语
1	⿱天否	天	怕	fa^{4}	37	⿰口還	甜	灣	waːn^{1}
2	晦	月	海	haːi^{2}	38	⿰果莫	果	莫	maːk^{9}
3	⿰月連	月	連	duːn^{2}	39	䰾	魚	巴	pja^{1}
4	⿱日魂	日	魂	wɔːn^{2}	40	吣	酸	心	θɔːm^{3}
5	⿰日列	天晴	列	deːt^{10}	41	⿰口欽	苦	欽	khɔːm^{2}
6	⿰土那	田	拿	na^{2}	42	⿰口曼	辣	慢	maːn^{6}
7	⿰土乃	土	督	tum^{1}	43	樻	芭樵	貴	kuːi^{3}
8	岜	山	巴	phja^{2}	44	⿰麻未	柑欖	穢	ʔoːi^{3}
9	⿰𧾷倮	路	裸	lo^{6}	45	⿰衤自	衣	自	θy^{3}
10	⿰土雷	坡	雷	doːi^{2}	46	⿱艹⿰衤麻	襪	麻	maːt^{10}
11	晏	早	耨	nɔːi^{1}	47	⿰衤回	靴	囲	wi^{1}
12	⿱日壬	晚	呷	jam^{6}	48	⿰革厓	鞋	厓	jaːi^{2}
13	昙	夜	渾	jøn^{2}	49	鷝	鴨	畢	pat^{7}
14	⿱發火	火	浮	fai^{2}	50	⿰鳥幾	雞	該	kai^{5}
15	⿰亻君	人	羣	kɔːn^{2}	51	⿰鳥罕	鵝	罕	haːn^{6}
16	⿱父波	父	波	po^{6}	52	⿰鳥若	鶴	諾	nɔːk^{8}
17	⿰亻奥	叔	奥	ʔaːu^{6}	53	⿰那鳥	雀	挪	nɔːk^{8}
18	俾	兄	備	pei^{6}	54	⿰犭罵	馬	罵	ma^{4}
19	⿰孑六	兒	六	lok^{10}	55	⿰犭母	豬	謨	mou^{1}
20	⿰亻蘭	孫	蘭	laːn^{1}	56	⿰犭密	羊	媚	be^{3}
21	傀儀	僕	餽	khoːi^{3}	57	⿰犭麻	狗	麻	ma^{1}
22	⿱那面	面	那	na^{3}	58	⿰犭奴	鼠	奴	nou^{1}
23	⿰目他	眼	他	tha^{2}	59	⿰犭比	羊	滅	be^{3}
24	⿰耳求	耳	求	khjou^{2}	60	⿰犭褱	水牛	懷	waːi^{2}
25	咟	口	百	paːk^{7}	61	⿰犭磨	黄牛	磨	mo^{2}
26	⿰扌牽	手	牽	kheːn^{2}	62	⿰木未	木	妹	mai^{4}

续表

序号	壮字	词义	注音汉字	德保壮语	序号	壮字	词义	注音汉字	德保壮语
27	[illegible]	足	卡	kha^{2}	63	苄	草	下	ja^{2}
28	葽	禾倉	効	ʔjaːu^{3}	64	[illegible]	回	麻	ma^{2}
29	[illegible]	碗	退	thuːi^{3}	65	[illegible]	年	卑	pei^{1}
30	鉠	腰刀	央	ʔjaːŋ^{6}	66	[illegible]	石	吞	thən^{2}
31	硦	茶酒杯	吾	wu^{2}	67	[illegible]	大	隆	luːŋ^{1}
32	[illegible]	飯	扣	khau^{3}	68	傀仍	婢	餽盈	khoːi^{3} ȵiŋ^{2}
33	菲	菜	撇	phjak^{7}	69	[illegible]	上	女	ny^{1}
34	[illegible]	喫	今	kjən^{1}	70	[illegible]	下	龍	lɔːŋ^{2}
35	[illegible]	糖	湯	thyːŋ^{2}	71	乃	矮	屯	tɔːm^{5}
36	[illegible]	肉	女	ni^{4}					

（梁晓兰，女，博士研究生，主要研究方向为南方少数民族语言文字，汉语方言音韵。通信地址：上海市闵行区东川路500号华东师范大学中文系。邮编：200241。邮箱：liangxiaolan2011@126. com。）

土家语汉借词与源词的语义比较*

田　洋[1]　王　正[2]

（1. 湖南大学中国语言文学学院；
2. 湖南第一师范学院文学与新闻传播学院）

摘　要：土家语借词的语音及词形结构类型学界讨论较多，而对语义关注较少。土家语中有丰富的汉语借词，其中一部分出现了词义变化。从词义变化的结果可将之分为词义扩大、词义缩小、词义转移3个类型。部分高频使用的汉借词，语义会进一步变化。

关键词：土家语；借词；语义

土家语属汉藏语系藏缅语族（语支未定）。土家族主要分布在湘、鄂、渝、黔4省市交界地区，现有人口800余万。土家族虽人口众多，但现在会说土家语的仅6万余人，主要集中在湖南省湘西土家族苗族自治州的龙山、保靖、古丈、永顺、泸溪等县。土家语分为南北两大方言。南部方言仅通行于泸溪县潭溪镇，使用人口约0.1万，其余地区全部使用北部方言。

土家族与汉族长期接触，其语言结构受到汉语的深刻影响，最显著的是词汇系统中出现了大量的汉语借词。借词现象引起了学界的关注。李启群（2002）举例分析了土家语汉借词对土家语语音、词汇、语法的影响；邓佑玲（2003）、陈康（2006：21—25）等分析了北部土家语中汉借词的

* 本研究得到国家社科基金重大招标项目“湖南及周边省区汉语虚词时空立体研究及数据库建设”（项目编号：21&ZD291）的资助。论文的写作得到了湖南师范大学唐贤清教授和蔡梦麒教授的指导，谨表谢忱。编辑部及匿名评审专家提出宝贵的修改意见，并致谢忱。本文语料主要来源于《土家语汉语词典》，词典记录的是湖南省湘西州龙山县靛房镇他砂片区齐心村（原龙山县他砂乡齐心村）的土家语。

类型；向亮（2011）分析了土家语南北方言汉借词的语音特点；徐世璇（2014）描写了南部土家语汉借词的形式、层次等。这些研究多侧重于借词语音和词形结构，较少涉及借词的意义。从语言使用的事实看，汉语词汇在借用过程中，除语音和词形结构的改变外，部分词的语义也发生了较为明显的变化。本文从词义范围的角度将北部土家语中汉语借词与源词进行比较，探讨二者的差异。

借词讨论存在一个绕不去的问题——借词跟同源词的区别是什么？这是历史比较语言学的一个重要论题。借词词义演变的讨论同样涉及这一问题。我们采用金理新（2008：45）提出的“贷出方语言早就有某一语词而借入方语言原本没有而后来才有这一语词”，即从语词的“意义内容”判定借词的方法，来判定土家语中的汉借词。本文不考究汉借词进入土家语的具体时间，只是粗略地将之分为早期借词和现代借词两类，分析时采用比较的方法。现代借词与土家语北部方言通行地区龙山县的汉语进行比较，而不与普通话比。譬如，“蚌”土家语称为 $pã^{35}kho^{21}$ “蚌壳”，若与普通话比，“蚌壳”的词义范围扩大了，但在龙山汉语方言中“蚌壳”是指“蚌”，而非“蚌的壳”，可见土家语“蚌壳”的意思与当地汉语方言是一致的，语义没有发生变化。古代借词与古汉语进行比较，譬如“禾”，土家语中指粟苗，与古书上的记载相吻合。《广韵》作“户戈切”，释义作“粟苗”①。现代汉语中指禾苗，特指水稻的植株。应该说土家语里保持的是“禾”的古义，而现代汉语中“禾”的语义发生了转移。又如“学”，土家语读成 $a^{35}ɣɨ^{55}$（a^{35} 为前缀，$ɣɨ^{55}$ 即“学”），有两个义项：①学，指学习、模仿；②教，指把知识或技能传给人或给人以教育，其语义等于现代汉语的“学”和“教”两词，这似乎应该把它看成词义的扩大，但从古汉语看则不然。《说文解字》中“学”是“教”的重文，在支部。“古教、学原为一字，以后分化为二。”② “学”进入土家语的时间应在“学”与“教”未分化之前。

---

① 《宋本广韵》，江苏教育出版社 2011 年版，第 46 页。

② “《说文》：‘斆’，觉悟也。从教从冖，冖，尚矇也，臼声。学。篆文斆省。按：‘学’的古文字或从臼执爻以教膝下之子，或从子学爻于大人膝前”。(《汉语大字典》(缩印版)，湖北辞书出版社、四川辞书出版社 1992 年版，第 1092 页。)

一 词义扩大

词义扩大①指词义范围比源词所指的大。这些借词通过引申、比喻等手段，派生出与源词语义相关联的意义，常见的是表名物的词从局部扩展为整体，从个别扩展为一般，从专名扩展为通名；表动作或性质的词适用对象有所扩大。

艄——pu^{53} 船，为船的统称。例如：pu^{53}（艄）pi^{35}（小）“小船” | pu^{53}（艄）thu^{21}（撑）ma^{21}（的人） “撑船的人”。艄，《广韵》作“芳无”“薄故”二切②。《汉语大字典》标音为 bù，释义为“短而深的小艇”③。《方言》：南楚江湘凡船大者謂之舸，小舸謂之艖，艖謂之艒艁，小艒艁謂之艇，艇長而薄者謂之艜，短而深者謂之艄，小而深者謂之樑④。“船”当地汉语读 tshuan^{21}，无其他叫法。pu^{53}“艄”的读音符合土家语汉借词的语音规律：遇摄合口读 u 的较多，例如：补$_{\text{补衣服}}$ phu^{35}、模$_{\text{模样}}$ a^{35}mu^{55}、粗 tshu^{21}、扶$_{\text{搀扶}}$ a^{35}xu^{55}、拄 thu^{21}；並母读 p 或 ph，例如：败$_{\text{旧}}$ a^{35}phai^{55}、赔 phɤ^{35}、抱 pɤ^{53}、盘 pa^{35}、白$_{\text{白鹤}}$ pɤ^{35}。同语族的语言与土家语 pu^{53}“船”的读音是不同的，例如：书面藏文 gru、藏语拉萨话 tʂhu^{13}、羌语蒲溪话 tsu te、景颇语铜壁关话 li^{33}、彝语喜德话 lo^{33}mo^{44}、书面缅文 hle^{2}、缅语仰光话 ɬe^{22}。

厂（廠）——tsho^{53}。有两个义项。

①房子。例如：

（1） tsho^{53} tshʅ^{53} tshʅ^{53}ta^{21}.
房子 大 大 不
大房子不大？

---

① 本文讨论依词的语音形式立条目。各条例证先标出汉语原词，打——破折号，再标出土家语读音及意义。限于篇幅，借词条目的解释仅少部分举出例句，大部分举出合成词或短语，易于理解的则不举例。条目中圆括号内为单个例词的汉译，引号内为整个例词的汉译。

② 《宋本广韵》，江苏教育出版社 2011 年版，第 21、106 页。

③ 《汉语大字典》（缩印版），湖北辞书出版社、四川辞书出版社 1992 年版，第 3269 页。

④ （汉）扬雄，《宋本方言》，国家图书馆出版社 2017 年版，第 121—122 页。

②栋，量词，用于房屋，例如：tsho^{53}（房子）la^{55}（一）tsho^{53}（栋）“一栋房子”①。厂（廠），为早期汉语借词。今当地汉语房子称“屋”。厂，《广韵》有“昌两”“尺亮”二切，两音仅声调有别，释义一作“屋也，出《方言》”，一作“露舍也”②，皆表房屋义。又《集韵》：“厂，屋无壁也”③。厂中古为昌母宕摄三等字，今声母读 tsh，符合古今声母演变规律，韵母读 o 也符合土家语汉借词读音规律，宕摄三等字早期汉语借词的韵母均读 o，例如：匠 tso^{53}、长$_{长大}$ tso^{21}、胀 tho^{21}、壤$_{土}$ zo^{55}、羊 zo^{35}、放 pho^{55}。同语族的语言“房子”的读音与土家语是不同的，例如：书面藏文 khaŋ pa、藏语拉萨话 khaŋ^{55}pa^{55}、羌语蒲溪话 tɕi/tɕi ʁua、景颇语铜壁关话 n̩^{55}ta̱^{21}、彝语喜德话 ʑi^{33}、书面缅文 im^{2}、缅语仰光话 ẽ^{22}。

草鞋——tsho^{21}ɕiɛ^{21} 鞋，为鞋的统称。例如：tsho^{21}ɕiɛ^{21}（鞋）zɿ^{55}（做）“做鞋”｜tsho^{21}ɕiɛ^{21}（鞋）ta^{21}（穿）“穿鞋”。草鞋土家语称为 tɕi^{21}khu^{21}。“灶、草”均属于效摄，早期汉语借词读 o 或 ɤ，例如：猫 mo^{21}、刀 tho^{21}、灶 tso^{21}、草 tsho^{21}、教 kho^{55}｜包胞 phɤ^{55}、菢 phɤ^{21}、抱 pɤ^{53}、苗 pɤ^{35}、蒿 khɤ^{53}。

灶孔——tso^{21}khũ^{35} 灶。当地汉语“灶孔”指灶膛，土家语里则指整个灶，灶神称为 tso^{21}khũ^{35}phu^{21}sa^{21}“灶孔菩萨”。灶膛则说成 tso^{21}khũ^{35}（灶）tũ^{21}ka^{35}（眼儿）“灶眼”。

扁担——piã^{53}tã^{21}。除了指“放在肩上挑、抬东西的工具”义，还指石磨上连接磨扇与磨把儿的物件。

字——tshɿ^{55}tshɿ^{55}。“字”重叠使用，除了“文字”义，还有“学习”的意思。例如：

（2）po^{53}li^{21} niɛ^{21} tshɿ^{55}tshɿ^{55} kuã^{53} to^{21}.
孩子（助）　学习　管　要
要管孩子的学习。

“字”中古为从母志韵止摄开口三等字。土家语中早期汉借词擦音读

① 土家语中存在着一定数量的反响型量词。

② 《宋本广韵》，江苏教育出版社 2011 年版，第 89、124 页。

③ （宋）丁度：《集韵》，上海古籍出版社 1985 年版，第 414 页。

同部位的塞音或塞擦音较为普遍，例如：核 khɤ^{35}、蒿 khɤ^{53}、怂 ʦhũ^{35}、属$_{\text{属相}}$ ʦu^{35}、伸 ʦhẽ^{55}。同语族的语言“字”的说法与土家语不同，例如：书面藏文 ji ge、藏语拉萨话 ji^{13}ki^{55}、羌语蒲溪话 ləɤʐ、景颇语铜壁关话 lai^{31}ka̱^{33}、彝语喜德话 bu̱^{33}mɑ^{33}、书面缅文 sɑː^{2}、缅语仰光话 sɑ^{22}。

实心货——sɿ^{35}ɕĩ^{55}xo^{55}。除了有当地汉语“内部是实心的物体”的意思，还有“纯净物”的意思。例如：

（3）kai^{35}sɿ^{21}mei^{35}sɿ^{35}ɕĩ^{55}xo^{55}，sɿ^{21}khu^{53}thu^{21}tiã^{35}thai^{35}.
　　这　瘦肉　　实心货　　　肥肉　　　　点　没有
　　这肉是纯瘦的，没有一点儿肥的。

五黄六月——wu^{53}xuã^{21}lu^{21}jiɛ^{21}。除了有当地汉语的“青黄不接的时候”的意思，还有“淡季”的意思。例如：

（4）tshɤ^{55}xuei^{55}wu^{53}xuã^{21}lu^{21}jiɛ^{21}ɕiã^{55}jĩ^{55}niɛ^{55}.
　　车费　　　五黄六月　　　便宜　些
　　车费淡季便宜些。

莳——sɤ^{55}。有 3 个义项。

①栽，栽种、种植。例如：sɿ^{55}li^{55}（秧）sɤ^{55}（栽）“栽秧”｜phã^{55}tɕhiɛ^{55}（蘑菇）sɤ^{55}（种）“种蘑菇”。

②钉（钉子、扣子等）。例如：tẽ^{55}ʦɿ^{55}（钉子）sɤ^{55}（钉）“钉钉子”｜phã^{35}thai^{55}（扣襻）sɤ^{55}（钉）“钉扣襻”。

③套，用套拴系。例如：

（5）wu^{35}lã^{35}khu^{55} wu^{35} ka^{21} sɤ^{55} po^{55}.
　　牛轭　　　　牛　上　套（助）
　　把牛轭套在牛（脖子）上。

“莳”当地汉语不说，为早期汉语借词。《广韵》作“使吏切”，释

义作“种莳”①。《说文·艸部》：“莳，更别种”②。《说文解字注》：“今江苏人移秧插田中曰莳秧”③。移栽、栽种是“莳”的本义，“钉”“套”等义项均由此引申而来。土家语早期汉借词止摄字韵母读 ɤ 或 ɿ，例如：屎 sɤ²¹、谁 a⁵⁵sɤ²¹、尸 sɤ³⁵、沸/味 phɤ⁵³ | 豕 tsɿ⁵³、字 tshɿ⁵⁵、齿 sɿ⁵⁵、使用 sɿ⁵³。同语族的语言“莳栽”的说法与土家语不同，例如：书面藏文 ɕiŋ phrug ɦdzugs、藏语拉萨话 tsu⁵²、羌语蒲溪话 phiɛ、景颇语铜壁关话 khai⁵⁵、彝语喜德话 tsɿ³³、书面缅文 sok⁴、缅语仰光话 saiʔ⁴。

嚼——tɕhiɛ²¹。除了有“咀嚼”的意思，还有“耕”的意思。例如：sɿ²¹thiɛ³⁵（田）tɕhiɛ²¹（耕）“耕田” | li⁵³（地）tɕhiɛ²¹（耕）“耕地”。嚼，《广韵》作“在爵切”，释义作“噬嚼”④。“耕”义由咀嚼义引申而来。

死——sɿ⁵³。除了有“表示失去生命”和“表示程度达到极点”的义项，还有“烂、破”的意思。例如：

（6）wo²¹ wo⁵⁵ sɿ⁵³ liau⁵⁵.
背篓 背 烂 了
背篓背烂了。

（7）tha³⁵khu⁵⁵ ta³⁵ sɿ⁵³ liau⁵⁵.
锅 摔 破 了
锅摔破了。

使——sɿ⁵³。当地汉语方言“使”仅用于驾牛耕田，用牛说成“使牛”。“使”在土家语中有 4 个义项。

①做（女工）。例如：

（8）ã⁵⁵ŋa⁵⁵thũ⁵³mũ²¹sɿ⁵³ɣɤ⁵⁵.
针线 做 会

---

① 《宋本广韵》，江苏教育出版社 2011 年版，第 103 页。
② （汉）许慎：《说文解字》，中华书局 1978 年版，第 23 页。
③ （清）段玉裁：《说文解字注》，上海古籍出版社 2011 年版，第 40 页。
④ 《宋本广韵》，江苏教育出版社 2011 年版，第 148 页。

会做针线。

②花（钱）。例如：

（9） thuã^{21} luã^{35} tha^{55} sɿ^{53}.
钱 乱 别 花
别乱花钱。

③出，往外拿。例如：tsu^{53}ji^{21}（主意）sɿ^{53}（出）“出主意”。
④想，思索。例如：

（10） pã^{35}xua^{21} sɿ^{53} to^{21} tha^{21}thi^{35}.
办法 想 到 不能
想不到办法。

搞——kau^{53}。土家语中除了有当地汉语“做，从事”“弄，设法获得”等语义外，可表示“交往”“在（表人的位置）”等，可用在某些形容词后，表示处于某种状态，用汉语翻译时多不用译出来。例如：

（11） kɤ^{53} ta^{55} ta^{55}ko^{55} liɛ^{55} kau^{53} ta-u^{35}.
他们（助）吵架（助）搞 不-完成体
他们吵架后已不再交往了。

（12） ko^{35} tshu^{53} kau^{53} ta^{21}.
她 家 搞 没
她不在家。

（13） ɕi^{55}ɕi^{55}ɕiɛ^{21}ɕiɛ^{21} tha^{55} kau^{53}.
嬉皮笑脸 别 搞
别嬉皮笑脸的。

这是一个进入土家语相对较晚的汉语词。“‘搞’在《集韵》中或同‘敲’，或同‘靠’，‘做’弄，‘设法获取’则是后起的义。”（《汉语大字典》：813）我们对《土家语汉语词典》进行了查检，词典中 kau 音节出现了 393 次，它们绝大部分为汉语借词：读 kau^{55} 的有“高、茭、膏、跤、觉$_{睡一觉}$”；读 kau^{53} 的仅有“搞”；读 kau^{35} 的有 kau^{35}/ kau^{35}tshai^{21} “这里”，为本族词。北部土家语中还有一个高频使用的动词 zɿ^{55} “做、搞”，它的语义与汉借词 kau^{53} “搞”大致呈互补分布态势，“搞”在汉语方言尤其是西南官话中是一个高频使用的动词，工作、劳动、学习、对象都可用“搞”。“搞”进入土家语后，与本族词 zɿ^{55} “做、搞”配合使用，产生了汉语方言没有的新义。另外，同语族的语言“做”的读音与土家语也是不同的，例如：书面藏文 bjed、藏语拉萨话 tɕhie^{132}、羌语蒲溪话 bəl、景颇语铜壁关话 kă^{31}lo^{33}、彝语喜德话 pɑ^{55}/mu^{33}、书面缅文 lup^{4}、缅语仰光话 loʔ^{4}。

荷——khɤ^{53}。除了“挑、扛”的意思，还有“抬（共同用手或肩搬东西）”的意思。例如：tu^{53}tsɿ^{53}（轿子）khɤ^{53}（抬）“抬轿”。荷，应为早期汉语借词。khɤ^{53}，本字实为“何”，《广韵》作“胡可切”①。《说文·人部》：“担也。从人，可声”②。王力（2000：22）解释为负荷，指出“担何的‘何’后作‘荷’。古读平声（胡歌切），后人为区别于疑问代词的‘何’，改读上声（胡可切），后又改读去声。”同语族的语言“挑挑担”的说法大多与土家语不同，例如：书面藏文 phrag par hkhur、藏语拉萨话 khur^{55}、羌语蒲溪话 kiæ、景颇语铜壁关话 phai^{33}、彝语喜德话 thi^{33}、书面缅文 thɑm^{3}、缅语仰光话 thɑm^{55}。

挑担子——tã^{35}tsɿ^{53}khɤ^{53}。除了“比喻勇于承担责任”的意思，还有“背负沉重的思想包袱”的意思。例如：

（14）ko^{35} ta^{35}ɕiau^{21} khau^{53} tɕhi^{53} ta^{55}，tã^{35}tsɿ^{53} khɤ^{53} ɕi^{21} tu^{53}.
她 大学 考 起 没 担子 挑 （助）重
她没考上大学，担子挑得重。

曳——jiɛ^{53}。除了“拖曳”的意思，还有 3 个义项：

①拉（运输）。例如：

① 《宋本广韵》，江苏教育出版社 2011 年版，第 87 页。

② （汉）许慎：《说文解字》，中华书局 1978 年版，第 163 页。

（15）tshɤ^{55}tsɿ^{55}xo^{21}liɛ^{21}jiɛ^{53}.
车子 用 拉
用车拉。

②叼。例如：

（16）li^{35}pa^{55} zo^{35} jiɛ^{53}.
公虎 羊 叼
老虎叼羊。

③拉扯。例如：

（17）pai^{55} jiɛ^{53} ji^{35}tiɛ^{55} ta^{55}.
孩子 拉扯 易得 不
拉扯孩子不容易。

“曳”当地汉语不说，应为早期汉语借词。曳，《广韵》作“余制切”，释义“牵也，引也”①。拖曳是其本义，其他几个义项均由此引申而来。

炙——tha^{35}。有4个义项：
①烤，烘烤。例如：sɿ^{55}pa^{55}（衣服）tha^{35}（烤）“烤衣服”。
②晒。例如：lau^{21}（太阳）tha^{35}（晒）“晒太阳”。
③煎，一种烹调方法。例如：sũ^{35}（鱼）tha^{35}（煎）“煎鱼”。
④烫，将淀粉加水调匀后放在锅里加热使成固体。例如：

（18）sau^{21}pa^{21}pa^{21} la^{55} tha^{55} tha^{35} xa^{55}tshe^{55} zɿ^{55} tsha^{55}.
苕粑粑 一 块 烫 菜 做 好
烫一块苕粑粑好做菜。

炙，《广韵》有二音，一作“之石切”，释义作“《说文》曰：‘炮肉

① 《宋本广韵》，江苏教育出版社2011年版，第109页。

也。从肉在火上’”①。“烧烤”为“炙”的本义，其他几个义项均由此引申而来。炙，当地汉语不说，但湖南省凤凰话里“炙”读 tsa^{55}，有 $tsa^{55}th\varepsilon^{35}ia\eta^{11}$“炙$_{晒}$太阳”、$tsa^{55}xo^{42}$“炙$_{烤}$火”的说法。从读音看，“炙”是早期汉语借词，中古为章母昔韵梗摄开口三等字。土家语汉语借词梗摄入声有读 a 的，如吃 ka^{35}、滴 ta^{35}、隻 $tsha^{55}$、隙 $la^{55}\underline{ka}^{21}$，知章组有读 t 或 th 的，如铸 thu^{35}、筑拄 thu^{21}、触 thu^{53}、摘 $thi\varepsilon^{35}$。同语族“晒（太阳）”的读音不同于土家语，例如：书面藏文 sro、藏语拉萨话 $\c{t}so^{55}$、羌语蒲溪话 pha、景颇语铜壁关话 $k\text{ʒ}\underline{a}^{31}$、彝语喜德话 ko^{33}、书面缅文 $hlum^{2}$、缅语仰光话 $\text{ɬ}\tilde{o}^{22}$。

剔——$thi^{55}thi^{53}$。叠用汉语“剔”。除了有“从骨头上把肉刮下来”的意思外，还有“刮”“打（打人）”的意思。例如：

（19）$tsho^{21}\text{ɕ}i\varepsilon^{35}$ ka^{21} $ni\varepsilon^{21}$ $pa^{21}ts\text{ɿ}^{35}$ $a^{21}pa^{21}$ ka^{21} lau^{55} $thi^{55}thi\text{-}\text{ɪ}^{53}$.
鞋 上（助）泥巴 石头 上 一下 刮-将行体
鞋上的泥去石头上刮一下。

（20）$s\text{ɤ}^{35}$ $a^{21}pa^{55}$ ni^{55} $thi^{55}thi\text{-}\text{ɪ}^{53}$.
你们 父亲 你 打-将行体
你父亲要打你。

铸——thu^{35}。除了“熔炼金属以成器物”的意思，还有“倾倒”的意思，前者是“铸”的本义，这种意思当地汉语说成“倒”，借入土家语后，产生了“倾倒（倒转或倾斜容器使里面的东西全部出来）”义。例如：

（21）$\text{ʦ}h\text{ɤ}^{21}$ $ti\tilde{a}^{35}$ thu^{35} $li\varepsilon^{55}$ $tha^{35}khu^{55}$ lau^{55} wo^{55}.
水 点 倒（助）锅子 一下 洗
倒一点儿水把锅子洗一下。

蒙——$p\tilde{u}^{21}$。除了“（用土、雪等）盖住”的意思，还有“埋葬”的

① 《宋本广韵》，江苏教育出版社 2011 年版，第 153 页。

意思。例如：

（22）lo^{53} $sɤ^{35}thu^{55}khã^{21}khu^{55}pũ^{21}po^{21}$.
人 死 山里 埋 着
把死人埋在山里。

蒙，《广韵》作“莫红切”，释义“覆也。奄也”①。中古为明母东韵通摄合口一等字。土家语汉借词中古明母有读 p 或 ph 的，例如：摸 $pu^{53}pu^{21}$、磨 po^{53}、苗 $pɤ^{35}$、买 $phɨ^{55}$、闷 $phũ^{55}$，“蒙”应为早期借词。

挼——zua^{21}。除了有“揉”的意思，还有两个义项：

①搓。例如：

（23）$ɣɤ^{35}la^{55}$ la^{35} $tsɿ^{55}$ zua^{21}.
绳子 一 根 挼
搓一根绳子。

②被欺骗。例如：

（24）$tsho^{53}mi^{21}tsu^{35}$ tsu^{55} lo^{53} to^{21} zua^{21}.
打工 时 人 被 挼
打工时被人欺骗。

败——pai^{35}。土家语除了有“败落，衰落”的意思，还有“衰老”的意思。例如：

（25）$niɛ^{55}$ $lũ^{55}$ ji^{21} tau^{35}，ko^{35} $tshai^{21}mo^{55}$ $la^{35}piɛ^{55}$ pai^{35} $liau^{55}$.
两 年 见 不了 她 好 一些 败（助）
两年不见，她衰老了许多。

老家——$lau^{55}ka^{55}$。除了有当地汉语的“老（岁数大）”和“（蔬

① 《宋本广韵》，江苏教育出版社 2011 年版，第 6 页。

菜）不嫩”的意思，还有“大（在体积、力量等方面超出一般）”的意思。例如：ai^{55}（那）la^{55}pɤ^{55}（萝卜）lau^{55}ka^{55}（大）“那萝卜大”｜mɤ^{35}（天）lau^{55}ka^{55}（大）tsɤ^{21}（下雨）“下大雨”。

易得——ji^{35}tiɛ^{55}，除了有当地汉语“容易”和“发生某种变化的可能性大”的意思，还有“快要”的意思。例如：

（26）la^{35} tũ^{55} thi^{53}，tɕiɛ^{35}pho^{55} ɕi^{21}　ji^{35}tiɛ^{55} liau^{55}.
一下　等　放工　（助）易得　（助）
等一下，快要放工了。

点巴点——tiã^{55}mei^{55}tiã^{55}。土家语除了有当地汉语方言“一点儿（表少量）”的意思，还有“一般的，普通的”的意思。例如：

（27）ko^{35}ẽ^{35}tɕhi^{55}khuẽ^{21}khuẽ^{21}，tiã^{55}mei^{55}tiã^{55}lo^{53} ta^{55}　sa^{21} li^{21} tha^{55}.
他　鼻子哼哼　点巴点　人（助）话　说　不
他很看不起人，跟一般人不说话。

要扬不紧——jiau^{35}jiã^{21}pu^{35}tɕĩ^{55}。土家语除了有当地汉语方言“慢腾腾”的意思，还有“形容不重视”和“有时”的意思。例如：

（28）ko^{35} piou^{35}jiau^{35}jiã^{21}pu^{35}tɕĩ^{55}，lo^{53}pi^{35} pa^{35}pau^{55}tɕĩ^{55}.
他　女儿　要扬不紧　儿子　八宝精
他不重视女儿,把儿子看成宝贝。

（29）tshɤ^{21}jiau^{35}jiã^{21}pu^{35}tɕĩ^{55}jiou^{35} thai-u^{35}，　jiau^{35}jiã^{21}pu^{35}tɕĩ^{55}
水　要扬不紧　又　没有-完成体　要扬不紧
jiou^{35}ɕiɛ-u^{35}.
又　有-完成体
水有时没有了，有时又有了。

第二个义项“有时”，似乎跟源词没有一点关系，更像是词义发生了转移。

二 词义缩小

这类借词意义概括的对象范围要比源词小，词义涵盖不了的部分用本族词或别的汉语借词表示。

刀——$tho^{21}tho^{21}$。“刀”重叠使用，仅指菜刀，其余的刀各有说法。如“柴刀”说成 $su^{55}khu^{55}$，“刮麻刀”说成 $kua^{35}thi^{55}$，“马刀”说成 $ma^{53}ji\varepsilon^{21}ts\imath^{21}$ 或 $ma^{53}tau^{55}tho^{21}tho^{21}$。而汉语里的“刀”则为切、割、削、砍、铡的工具的统称。

盘——pa^{35} 茶盘。一种用来端饭菜、呈放礼物的盘，木制，浅口，长方形。盛菜的盘儿则说成 $ph\tilde{a}^{21}ph\tilde{a}^{55}$ “盘盘”。从读音看，前者为早期借词，后者为现代借词。

车——$tsha^{55}$ 纺车。早期借词。其他的车说成 $tsh\gamma^{55}$ “车”或 $tsh\gamma^{55}ts\imath^{55}$ “车子”。车，《广韵》“尺遮切”①。《说文·车部》：“舆轮之总名”②。汉语的“车”既是车的总称，也指利用轴轮旋转的机具或机器，而土家语里的 $tsha^{55}$ 仅指纺车。

心——$\c{c}\tilde{\imath}^{55}$ 思想、意念、感情的统称。例如：$\c{c}\tilde{\imath}^{55}$（心）$\c{c}i\varepsilon^{35}$（有）“有心”，$\c{c}\tilde{\imath}^{55}$（心）$tsha^{35}$（好）“心好”

（30）lo^{53} $kau^{35}tshai^{21}$，$\c{c}\tilde{\imath}^{55}$ $kau^{35}tshai^{21}$ kau^{53} ta^{21}.
人 这里 心 这里 在 没
人在心不在。

汉语的“心”还指心脏。“心脏”土家语用本族词 $li^{55}kho^{55}lo^{55}$。

针——$ts\tilde{e}^{55}$，指注射用针。例如：$ts\tilde{e}^{55}$（针）xa^{21}（打）“打针”。缝衣针用本族词 $\tilde{a}^{55}\eta a^{55}$。

货——xo^{35} 布。例如：xo^{35}（布）tha^{21}（织）ma^{21}（的人）“织布的人”｜xo^{35}（布）pi^{35}（小）“布头”。货，《说文·贝部》：“财也”③，后

① 《宋本广韵》，江苏教育出版社 2011 年版，第 46 页。

② （汉）许慎：《说文解字》，中华书局 1978 年版，第 301 页。

③ （汉）许慎：《说文解字》，中华书局 1978 年版，第 130 页。

引申为货物。称“布”为 xo^{35} 与土家人的生活有关。旧时，人们大多居住在农村，过着自给自足的生活，需要购买的货物十分有限，用的布主要是自己纺织的土布，偶有街市上购买的，去街市上买布一般说 xo^{35}（货）tiã^{35}（点）phɨ^{55}（买）“买点货”，久而久之“货”就只用来指称“布”了，而指称货物（总称）时则用本族词 jiɛ^{21}。

晾——lã^{21}lã^{35} 晒（东西）。例如：li^{35}pu^{55}（稻谷）lã^{21}lã^{35}（晒）“晒稻谷”。lã^{21}lã^{35} 为“晾”的重叠使用。“晾”，后起字。把东西放在通风或阴凉的地方使干燥，或者放在太阳下晒（王力 2000：436）。当地方言把这两个意思都称作“晒”。土家语的 lã^{21}lã^{35} 仅为晒（东西）义，而把东西放在通风或阴凉的地方使干燥的意思说成 sa^{53}。例如：

（31）phi^{21}ŋau^{21}tsɿ^{21} lã^{21}lã^{35} tha^{55}thi^{55}，liɛ^{35} ka^{21}sa^{53} po-ɪ^{35}.
皮袄 晒 不能 楼子 上 晾 着-将行体
皮袄不能晒，晾到楼子上去。

扎——tsa^{21} 结扎。土家语里仅仅指结扎。例如：

（32）ã^{35} kɤ^{21} pai^{55}tiɛ^{55}niɛ^{55}ɣɨ^{55} lũ^{55}liɛ^{55} tsa^{21}to^{21}.
我们这里 孩子 两 个 生（助）扎 要
我们这里生两个孩子了要扎。

该词进入土家语的时间较晚，应该是在 20 世纪实行计划生育时。“扎”汉语还有“捆、系”的意思，这个意思土家语则用 a^{35}tsa^{55}，例如：khu^{21}（裤）a^{35}tsa^{55}（扎）“系裤子”｜mɤ^{21}phu^{21}la^{53}（腰带）a^{35}tsa^{55}（扎）“扎腰带”。a^{35}tsa^{55} 系早期汉语借词，a^{35} 为前缀。

濯——tsa^{35} 洗。只用于洗澡、洗衣物，例如：tshɤ^{21}（水）tsa^{53}（洗）“洗澡”｜sɿ^{55}pa^{55}（衣服）tsa^{35}（洗）“洗衣服”，洗脸、洗脚、洗菜的“洗”则说成 wo^{55}。濯，《广韵》“直角切”①。《说文·水部》：“濯，澣也。从水，翟声”②。从《沧浪歌》里“沧浪之水清兮，可以濯

① 《宋本广韵》，江苏教育出版社 2011 年版，第 137 页。
② （汉）许慎：《说文解字》，中华书局 1978 年版，第 237 页。

吾缨；沧浪之水浊兮，可以濯吾足”的诗句可看出，当时“濯”的适用对象较广，“濯”即洗涤，它进入土家语的时间应该较早，读音符合土家语汉借词规律：觉韵读 a、ua 或 o，例如：啄 tsua^{35}、戳 to^{35}、捉 tso^{35}。

办——pã^{35} 煮（饭）。例如：jiɛ^{21}（饭）pã^{35}（办）“煮饭”。煮其他东西则用本族词 lo^{35}，例如：sɿ^{21}（肉）lo^{35}（煮）“煮肉”｜tsɿ^{53}po^{53}sɿ^{21}（猪草）lo^{35}（煮）“煮猪草”。

是——sou^{35}。土家语里只有 3 个义项：

①对，正确。例如：

（33）ko^{35}li^{21}ɕi^{21}　sou^{35}.
他　说（助）是
他说的是（对）。

②表示解释和分类（非特别强调时，不用于肯定句）。例如：

（34）kai^{35} kha^{55}phei^{55} miã^{55}tɕiɛ^{55} sou^{35} ta^{55}.
这　花　红　是　不
这花不是红的。

③表示应答。例如：

（35）sou^{35}，ŋa^{35} xau^{53}zɿ^{21}.
是　我　知道
是，我知道。

汉语里的“是”主要是作判断动词，起判断和肯定的作用。如表示事物等于或属于什么，表示事物的特征、质料、情况等，表示事物的存在，这些义项土家语里都没有。

回——xuei^{21}（东西）回潮。例如：

（36）lo^{21}lo^{55}sei^{55} tshau^{53} po^{21} ɕi^{35}　xuei^{21}liau^{21}.
葵花籽　炒　（助）（助）回　（助）

炒的葵花籽回（潮）了。

回家的“回”用本族词 sũ^{55}kho^{55}。

苦——khu^{53} 指辛苦。表示像黄连味道一样的“苦”用本族词 khɨ^{35}tsɿ^{55}。

三 词义转移

词义转移指表示甲类对象的词转用指称与之相关的乙类对象，即未保留汉借词的原义，而是通过联想、比喻等途径产生出与源词有一定关联的意义。

铳——tshũ^{35}。汉语里指的是一种旧式火器，土家语中原特指打猎用的火枪，现也为枪的统称。例如：tshũ^{35}（铳）pi^{35}（小）“手枪”。

屎——sɿ^{53} 粪。“屎”是“菡”的俗字。《广韵》作“式视切”，释义作“《说文》曰：‘粪也。’本亦作矢，俗作屎”①。掏粪的器具称作 sɿ^{53}phiau^{21}“屎瓢”，担粪的桶称作 sɿ^{53}thũ^{53}“屎桶”。屎，应该是早期汉语借词。“从肛门出来的排泄物”土家语说成 sɤ^{21}。

橙子——ʦhẽ^{21}ʦɿ^{21} 柚子。本地产的橙子则根据品种叫专名。例如：pĩ^{55}thã^{21}tshẽ^{21}“冰糖橙” | tɕhi^{21}tshẽ^{21}“脐橙”。

脚——ʨiau^{35} 踢；脚量词。汉语的“脚”是名词，本义指人和动物腿的下端，接触地面支撑身体的部分。借入土家语后有两个义项：

①踢，抬起腿用脚撞击。

②脚，表示踢的数量。例如：

（37）ŋa^{35} ni^{55} ji^{35} tɕiau^{55} liɛ^{55} tɕiau^{35} sɤ-ɪ^{53}.
我 你 一 脚 （助）踢 死–将行体
我一脚踢死你。

土家语本有 ʨhiɛ^{35}“踢”一词，但只用于指牛、马等的动作。故借入

① 《宋本广韵》，江苏教育出版社 2011 年版，第 71 页。

汉语的 tɕiau^{35} “脚”，用于表人的动作，又因为土家语的量词有使用反响型量词习惯，所以 tɕiau^{35} “脚” 又顺理成章地借用为动量词。

家务——tɕia^{55}wu^{55} 家财；家业。有 tɕia^{55}wu^{55}（家财）tshʅ^{53}（大）“家财多、家业大” 的说法。例如：

（38）tɕia^{55}wu^{55} zʅ^{55} kho^{55}khɨ^{55} tɕia^{55}wu^{55} kha^{55} jiɛ^{35} kẽ^{55} kho^{55}khɨ^{55}.
家务　做　难　家务　守　越　更　难
做家业难，守家业更难。

汉语里“家务（家庭事务）”一词则说成 tshu^{55}（家）niɛ^{55}（的）jiɛ^{21}（活儿）。

铜钱——thũ^{21}tɕhiã^{21} 钱，指钱财。“铜钱” 土家语说成 ɕiau^{53}tɕhiã^{21} “小钱”，流通的货币称作 thuã^{21} “钱”，花钱说成 thuã^{21}sʅ^{53}。thuã^{21} “钱” 应该是 thũ^{21}tɕhiã^{21} “铜钱” 的合音。

垃圾——la^{55}tɕi^{55} 可以回收的废品。例如：

（39）kai^{35} la^{55}tɕi^{55} tɕiã^{53}sʅ^{21} po^{21}，lu^{21} tsha^{35}.
这　垃圾　捡拾　着　卖　好
把这垃圾收着，好卖。

汉语里“垃圾（脏土或废弃物）”一词，则说成 tsa^{55}tsʅ^{55} “渣子”。

供应——kũ^{55}jĩ^{55} 用来赡养父母的粮食。例如：

（40）ŋa^{35} lo^{55}wũ^{55} liau^{55}zʅ^{55} thi-u^{55}，pai^{55}tiɛ^{55} ŋa^{55} kũ^{55}jĩ^{55}
我　老　了　做　不能-完成体　孩子　我　供应
tɕhi^{53}la^{21} xu^{35}.
称（助）（助）
我老了，已不能做了，孩子开始给我称供应了。

“供应” 一词《现代汉语词典》释为“以物质满足需要”，为动词。当地汉语方言有“吃国家供应粮” 的说法，“吃国家供应粮的” 指国家公职人员或城镇居民，这些人员在计划经济时期是由国家提供粮食计划的。

土家语里“供应”为名词，意思不同于汉语，适用对象也有别。

走——tsu^{53} 发情。例如：

（41）ã^{35} tsɿ^{53}ni^{21}ka^{21}tsu^{53} la^{21} xu^{35}.
我们　母猪　　走（助）（助）
我家母猪开始发情了。

行走的“走”土家语说成 ɣɨ^{35}。

箭——tɕiã^{35} 射，用弹力送出（箭）。例如：za^{53}（箭）tɕiã^{35}（射）“射箭”。

接气——tɕiɛ^{35}tɕhi^{55} 接腔，接着别人的话来说。例如：

（42）ko^{35} li^{21} tɕi^{21} liɛ^{55} a^{21}sɤ^{55} to^{21} ko^{55} tɕiɛ^{35}tɕhi^{55} ta^{55}.
她　说 完（助）谁　都　她　接气　　没
她说完后谁也没接她腔。

“接气”一词汉语普通话意为“连贯（多指文章的内容）”。当地汉语方言则指“长辈临终时，晚辈在榻前守候”。咽气时有守候的人则说接到气了，这个意思土家语称 sɿ^{35}sɿ^{55}（气）kha^{53}（守）“接气”，sɿ^{35}sɿ^{55}（气）kha^{53}（守）thi^{21}（得）liau^{21}（了）“接到气了”，土家语中的 tɕiɛ^{35}tɕhi^{55} 不同于汉语，但从连接贯通的角度看，又似乎跟普通话的“接气”有些联系。

示众——sɿ^{35}tsũ^{55} 丢人，指丧失体面。“示众”的汉语义是“给大家看，特指当众惩罚犯人”。借入土家语后语义和适用对象都发生了变化。例如：

（43）ni^{35} sa^{21} li^{21} tshɿ^{55}ɣɤ^{55}，lo^{55} tshu^{55} tha^{55} sɿ^{35}tsũ-ɪ^{55}.
你 话　说 不会　　别人　家　别　示众-将行体
你不会说话，别去别人家里丢人。

细品——ɕi^{35}phĩ^{55} 斯文。“细品”汉语指仔细辨别，品尝。土家语里则形容（吃相）文雅。例如：

（44）ko^{35} jiɛ^{21} ka^{35} ɕi^{35}phĩ^{55}ɕi^{55}thai^{35}.
她　饭　吃　细品　不得了
她吃饭斯文得不得了。

味道正——wuei^{35}tau^{55}tsẽ^{35}。汉语指食物呈原本的味道。土家语里有 3 个义项：①可口。②有趣。③有做头，（某事）有做的价值。它们都不是汉借词的本义。例如：

（45）kai^{35} xa^{55}tshɤ^{55} wuei^{35}tau^{55}tsẽ^{35}，ŋa^{35} tshai^{21}mo^{35} ka^{55} su^{55} ka^{35} liɛ^{55}.
这　菜　味道正　我　好　几　碗　吃（助）
这菜可口，我吃了好几碗（饭）。

（46）xu^{21}pha^{21} thu^{35} sũ^{35} tso^{35} wuei^{35}tau^{55}tsẽ^{35}.
河　里　鱼　捉　味道正
在河里捉鱼很有趣。

（47）la^{55}tɕi^{55} wu^{53} sɿ^{21} khuai^{55} thi^{21} liau^{21}，wuei^{35}tau^{55}tsẽ^{35}.
垃圾　五　十　块　得（助）　味道正
得了五十块钱的破烂儿，（这事）有做头。

词义转移中汉借词跟源词的语义大多是一对一的关系，仅“脚”“味道正”两词表现为多对一的。从未保留源词语义的角度看，它们无疑属于词义转移这一类，但从义项增多、词义使用范围扩大的角度看，也可归为词义扩大类。

四　结语

以上分析仅是从汉借词词义所表示的概念内涵和外延的变化角度进行的。通过分析可见，一种语言的语词借入另一语言后，词义或多或少都会发生变化。变化多通过引申、比喻、联想等方式扩大或缩小词义范围，或改变词的指称对象。词义扩大、词义缩小、词义转移只是从词义变化的结果的大致分类，有的词的多个义项之间可能存在类的交叉，如“要扬不紧”和“味道正”两词。土家语中汉借词与源词语义差异情况较纷繁，形式也多样。从来源看，古代借词源于古通语，现代借词主要源于当地汉语方言。从词义关系看，所借汉语词一般是基本义，直接借用引申义的较少。部分汉借词进入土家语后语义会进一步发生变化，这种变化与词语的高频使用有关。

土家语是一种濒危语言，会说土家语的土家人均为土家语汉语双语人。濒危土家语消亡后，土家人无疑会改说汉语，这种汉语应该是受到土家语深度影响的汉语，它会是一种全新的汉语方言，会与现今土家语通行地区的汉语方言有着较大的差异。在这种方言形成之前，考察研究土家语中汉借词与源词语义的差异，对一种汉语方言形成的探究是大有裨益的。

参考文献

1. 陈康：《土家语研究》，中央民族大学出版社 2006 年版。

2. （宋）陈彭年等编：《宋本广韵》，江苏教育出版社 2011 年版。

3. 邓佑玲：《从借词看汉语土家语的影响》，《中南民族大学学报》（人文社会科学版）2003 年第 1 期。

4. （宋）丁度：《集韵》，上海古籍出版社 1985 年版。

5. （清）段玉裁注：《说文解字注》，上海古籍出版社 2011 年版。

6. 郭锡良：《汉语古音手册》，商务印书馆 2010 年版。

7. 汉语大字典编辑委员会：《汉语大字典》（缩印版），湖北辞书出版社、四川辞书出版社 1992 年版。

8. 黄布凡主编：《藏缅语族语言词汇》，中央民族学院出版社 1992 年版。

9. 金理新：《借词的形式判别标准——以苗瑶语中的汉语借词为例》，《民族语文》2008 年第 5 期。

10. 李锦芳：《壮语汉借词的词义和语法意义变异》，《中央民族大学学报》（人文社会科学版）2003 年第 1 期。

11. 李启群：《湘西州汉语与土家语、苗语的相互影响》，《方言》2002 年第 1 期。

12. 李启群等：《土家语汉语词典》，商务印书馆 2021 年版。

13. 孙宏开等主编：《汉藏语语音和词汇》，民族出版社 2017 年版。

14. 孙宏开等主编：《中国的语言》，商务印书馆 2007 年版。

15. 田德生、何天贞等：《土家语简志》，民族出版社 1986 年版。

16. 王力：《王力古汉语字典》，中华书局 2000 年版。

17. 向亮：《湘西土家语借词的语音特点》，《湖北民族学院学报》（哲学社会科学版）2011 年第 2 期。

18. 徐世璇：《南部土家语中汉语借词的特点》，《百色学院学报》2014 年第 1 期。

19. （汉）许慎：《说文解字》，中华书局 1978 年版。

20. （汉）扬雄撰：《宋本方言》，国家图书馆出版社 2017 年版。

21. 岳相昆、戴庆厦、肖家成、徐悉艰：《汉景辞典》，云南民族出版社 1981 年版。

22. 张海燕：《土家语汉语借词类别及对词汇系统的影响》，《民族语文》2016 年第 6 期。

23. 《中国少数民族语言简志丛书》编委会：《中国少数民族语言简志丛书》，民族出版社 2009 年版。

24. 周发成：《汉羌词典》，中国文献出版社 2010 年版。

（田洋：男，副教授，博士，从事土家语研究。通信地址：湖南省长沙市岳麓区麓山南路 2 号湖南大学中国语言文学学院。邮编：410082。电子邮箱：tianyang1018@hnu. edu. cn；王正：男，讲师，博士，从事音韵学研究。通信地址：湖南省长沙市岳麓区枫林三路 1015 湖南第一师范学院文学与新闻传播学院。邮编：410205。电子邮箱：wangzheng2130@163. com。）

汉藏语历史比较方法论的新探索*

——评《瑶语方言历史比较研究》

李子鹤

（北京大学中国语言学研究中心/北京大学中国语言文学系）

摘　要：苗瑶语的历史语言学研究向来受到学界关注。刘文博士的新著《瑶语方言历史比较研究》是目前瑶语比较和构拟最系统、最扎实的研究成果。该书在材料选取、比较方法、亲缘分群等方面都取得了一定程度的进步，同时也存在一些局限。本文从以上几个方面对该书的优点与不足进行了系统的述评。

关键词：《瑶语方言历史比较研究》；苗瑶语；历史比较；亲缘分群

苗瑶语的历史演变和系属地位问题，向来受到学界关注。张琨（1947）、Chang（1953、1966、1972）很早就开始了对苗瑶语的声调系统的构拟，Purnell（1970）、王辅世、毛宗武（1995）、陈其光（2001）、Ratliff（2010）、李云兵（2018）等已经比较完整地构拟了苗瑶语的历史音系。在前人研究的基础上，刘文博士的新著《瑶语方言历史比较研究》（社会科学文献出版社 2021 年版，以下简称《研究》）针对目前研究还相对薄弱的瑶语，进行了扎实、充分的比较工作。该书共分五章。第 1 章为引言，介绍该书的研究范围、研究方法和材料选取；第 2 章分声调、声母、韵母三个方面详细展开原始瑶语音类和音值的构拟；第 3 章在构拟的基础上，运用计量方法进行了瑶语方言的亲缘分群；第 4 章讨论了部分义类的词汇系统及词源；第 5 章是全书总结。

* 本研究受到北京市社会科学基金重大项目“多语接触与中介语演化机制”（项目编号：20ZDA20）支持。感谢匿名审稿人提出的宝贵意见。

下面从四个方面评述该书的优点与不足。

一　材料选取

（一）方言点选择

《研究》一书在材料选取方面充分吸收了前人的研究成果。在方言点选择方面，主要考虑了尽可能覆盖瑶语方言的差异。根据毛宗武（2004：301—307）的方言划分，每个分支都选取了代表点（第 1.3 节）。这种做法在思路上是合理的，意在尽量囊括现代瑶语方言能够反映的原始语中的对立，尽量恢复原始语的音类。同类研究也有很多采取相似的做法（Blust 1980、Wang 2006、李子鹤 2021 等）。

然而，在具体做法上，该书存在一定漏洞。该书第 1.2.1 节综述了前人对瑶语方言的分类，可以看出多位学者都做过相关的研究，而且分类方案有较大分歧。既然各家有分歧，那么就应该先判断造成分歧的原因和分歧的差异程度，再决定选取哪一家的分类方案或者综合几家的方案。而作者并没有具体论证，直接在第 1.3 节开头说明采取了毛宗武的分类方案。这一点是论证过程中需要进一步补全的。第 4 章的亲缘分群中，东山、石口、大坪在不同的分类标准下，在谱系树上的位置差别较大，这也说明毛宗武的分类体系至少是可以商榷的，直接采用可能过于简单了。

（二）语素收集

该书在研究方法部分说明了用于构拟的词汇比较样本有 3000 条左右（第 1.4 节）。这个词汇量对于历史比较研究来说基本够用了，而且对于研究基础相对薄弱的瑶语来说，也属来之不易，从目前来看是一个平衡了比较的充分性与可操作性的方案。

但是具体看各个方言，在语素收集方面似乎还有一些缺憾。东山、石口、大坪三个方言，在具体的构拟中，很多语素未能与其他方言建立起对应（散见于第 2 章各个音类的构拟过程）。这也是造成非普遍对应的一个主要原因。全书一律用“——”表示某一方言的某一语素未能与其他方言建立起对应，没有区分“未收集到同义语素”“有同义语素但与其他方言的语素不同”“与其他方言语素相同但语音对应不整齐”三种情况。因此无法判断是这三个方言材料的量不足，造成提取出的语素数量少，还是这三个方言材料数量足够，只是与其他方言的词汇差异大。而且这三个方言在谱系分类中位置也有争议（第 4 章），更突出了对应语素少的问题。

二　比较方法

（一）考虑变异

语言中总是存在变异，因此利用活语言材料进行历史比较研究，需要充分考虑语言结构中蕴含的变异。但是直到 20 世纪 60 年代，学者们才认识到了变异与结构的关系，以及进行变异研究的有效方法（Weinreich, Labov, and Herzog 1968）。变异有随时间进展的，也有长期稳定的变异（Labov 2001：74—120）。前者可能是词汇扩散式音变（Wang 1969）的实现方式，往往造成历史语言学观察到的断阶（王洪君 2010）；二者都可能造成共时描写中音位归纳和语素音形归类中的困难。因此，对音系的充分研究应该包括对音系中变异现象的考察，历史语言学研究更应该先找出变异的方向，还原变异的起点。但是，考察变异现象对调查量和分析方法有较高的要求，前人很多已有的研究都由于客观上的局限而没有考虑变异。我们在利用现有材料进行历史比较研究时，需要充分考虑变异描写不足带来的影响，并想办法尽量消除这一影响。

《研究》一书中采取的方法是，把一些对应形式差异不大，又难以解释其差异的对应组暂时合并。以声母*kl（编号 5. 46. 1）为例：

表 1　　原始瑶语的声母*kl（原书表 2. 156，只列出普遍对应实例）

索引	词项	江底	庙子源	罗香	梁子	滩散	东山	石口	大坪
普遍对应实例（1）：tɕ<>k<>kj<>kj<>kj<>kl<>kl<>ts									
147	虫	tɕɛːŋ33	kɛŋ33	kɛŋ33	kjɛŋ35	kɛːŋ35	klɛ33	klaŋ33	tsaŋ44
556	热$_{热水}$	tɕoːm33	kɔŋ33	kɔm33	kjɔm35	kjɔm35	klan33	klœn33	tsam44
145	路	tɕau52	kau53	kjau53	kjau545	kjau55	kla35	klɔu35	tsu24
151	蛋	tɕau24	kau35	kjau35	kjau44	kjau335	klau24	klɔu44	tsu42
普遍对应实例（2）：tɕ<>k<>k<>kj<>kj<>kl<>kl<>k									

续表

索引	词项	江底	庙子源	罗香	梁子	滩散	东山	石口	大坪
146	角牛角	tɕoːŋ33	kɔŋ33	kɔŋ33	kjɔŋ35	kjɔːŋ35	klɔ33	kloŋ13	kɔu44
729	屋角	ko55	kɔ54	kɔŋ33	kjɔŋ35	kjɔːŋ35	klɔ33	kloŋ33	kɔu44
148	剪（断）	tɕap55	ka54	kap43	kjap54	kjaːp35	klan53	kle35	kɛp44
普遍对应实例（3）：tɕ<>k<>kj<>kj<>kj<>kl<>kl<>t									
1058	笑	tɕat55	ka54	kjat54	kjet54	kjet55	klan53	klæ35	tut44
1059	六	tɕu55	ku53	kwo43	kjɔ24	kjɔ35	klɔ53	klɔ35	tɔu44

这一个原始声类包括了三条对应规则，三条规则差异不大，但并不互补，严格按照历史比较法的原则不应该合为一类。但如果分为三类，构拟的声母系统又会非常繁杂。考虑到语言中可能存在的变异，我们也可以暂时认为对应组之间的差异是语言中的变异造成的。当然，这样的差异是不是变异，变异的方向如何，还需要进一步研究。但这种做法已经是目前比较好的做法，从音变研究的经验出发对差异做一个暂时的解释，也避免了构拟音类过于繁杂影响构拟系统的自然度，又保留严格的对应规则，为将来进一步研究这些差异的性质提供机会。

（二）历史比较法与还原比较法

《研究》在研究方法部分开头就说明“本书采用历史比较法和还原比较法开展瑶语方言的比较研究”。历史比较法是研究语言演变和谱系关系的基本方法，但历史比较法的运用需要满足两个基本假设，一是所比较的几种语言或方言是同源的，二是所比较的成分已经剔除了非遗传成分。为了满足第二条假设，该书引入了汪锋（Wang 2006：1—2）提出的还原比较法，经过内部比较、外部比较、语源鉴别三个步骤，保证尽可能地剔除借用成分。从研究结果看，该书运用两种方法是成功的，操作标准比前人严格，构拟的语素也比前人更多。但是两种方法的关系，在理论上还需要进一步讨论。

首先，还原比较法并不是在比较之前先剔除非遗传成分，而是比较过程中一步步剔除。还原比较法是为了解决经历了深刻接触的语言的历史比较问题而提出的（Wang 2006），这个问题的难点就在于非遗传成分可能数量很多，而且与遗传成分的区别不明显，难以在进行比较之前就充分剔除。还原比较法的思路是不追求比较之前完全剔除非遗传成分，而是在比较过程中设置更严格的对应标准和检验对应性质的环节，逐步排除非遗传成分。在内部比较中，控制对应的完全程度和普遍程度，运用概率原则排除偶然对应和较浅程度接触形成的对应；在外部比较中，分析对应的历史层次，进一步排除较深的接触形成的系统性对应；在语源鉴别中，通过不可释原则和词阶法，判断最早层次的对应是同源分化形成的还是深度接触形成的。因此这是一种与欧洲历史比较语言学的操作思路不同的做法，并不在运用历史比较法之前先执行剔除非遗传成分的步骤。

其次，还原比较法也不是独立于历史比较法的方法，而是历史比较法的一种施用策略和补充。二者的理论基础都是概率原则，方法论基础都是建立所比较语言之间的语音对应。区别在于经典历史比较法把所有剔除非遗传成分的步骤都提前到建立对应之前，还原比较法将剔除非遗传成分的步骤分散置于建立对应的过程之中。而且，经典历史比较法很少详细论述剔除非遗传成分的操作，这不是因为这一步很简单，而是因为欧洲历史比较语言学家都有欧洲语文学的基础，对欧洲古典语言的系统非常熟悉，在鉴别借用成分时，除非非常深刻的接触，都可以利用自发建立起的对应关系。而汉藏语言没有形成统一的语文学传统，对于无文字的语言，学者们无法具备凭借知识积累迅速鉴别其中借用成分的基础。因此，在汉藏语言的比较中，剔除非遗传成分就需要详细考虑判断标准和操作方法。即使是印欧语，对于经历了深刻接触的语言，比如亚美尼亚语，学者们也无法做到轻易排除借词，而是需要在建立了对应之后，再去鉴别哪些对应是接触造成的（Hübschmann 1875），这种做法与还原比较法就有一些相似之处。

（三）放宽对应

建立对应的过程中，对应标准控制得越严，把非遗传成分剔除干净的概率就越大。但对应标准并非越严越好。放宽对应条件，是目前在汉藏语历史比较研究中必须考虑的问题。原因有三方面：第一，短期内我们没有条件妥善处理语言中的变异问题（如本节第（一）小节中所述）；第二，严格控制对应只考虑概率，不考虑问题的语言学意义，词汇替换也属于遗传因素，但会被一并排除，偶然的不规则音变也会被排除；第三，对于汉藏语言来说，历史比较工作中需要调查的现代语言数量多，这些语言又大都没有好的研究基础，短期内描写能达到足够的精确程度和丰富程度的语言比较少。《研究》一书充分考虑了放宽对应的问题（第 1.4 节），给出了放宽完全对应和普遍对应①的标准和操作方法。特别是普遍对应的放宽，结合了可操作性和前人研究积累的经验，以 8 个方言中有 5 个对应为标准。书中说道：

> 结合前人研究，我们发现，当标准放宽到至少在五个方言中满足对应时，就基本可以重构出一个相对完整的原始瑶语音系。此外，用这一标准所得到的词项，也可以覆盖前人用于重构原始瑶语的绝大多数词语。（pp. 20—21）

这样既保证了构拟语素的数量，能够得到一个比较完整的系统，又能通过对应的普遍程度给构拟形式分级，区分不同强度的证据所支持的构拟，收到了很好的效果。

相比之下，完全对应的放宽标准，在论证上稍显单薄。表 2 在理论上说明了放宽完全对应的操作程序：

表 2　放宽完全对应的操作程序（原书表 1.4）

	声母	韵母	声调
词项一	A	B	X
词项二	A	B	C
词项三	X	B	C

书中说明词项二联系起了词项一和词项三，因为词项二的存在，我们可以确定声母、韵母、声调的规则反映形式分别是 A、B、C，从而可以将词项一的声调、词项三的声母判定为不规则，而不是直接剔除这两个词项。但是，书中没有用一个瑶语比较中的实例来说明具体如何操作，操作的结果如何，从而也看不出这样操作在多大程度上有效，一方面对于瑶语的比较是否有益，另一方面是否优于前人在其他语言研究中的做法。

---

① 进入比较的语素，其音节的各个成分都符合对应规律，称为完全对应。一个语素在纳入比较的所有方言中都有规则反映形式，称为普遍对应。参见陈保亚（1999）。

（四）外部比较

还原比较法中，外部比较主要目的是分析层次、确定各个层次对应关系的性质，进一步排除非遗传成分。该书也将原始瑶语与原始闽语、原始苗瑶语作了比较，但无论从原始闽语、原始苗瑶语研究本身的深度来看，还是从比较的结果来看，原始闽语、原始苗瑶语不能算是外部比较好的参照点。因此外部比较中的问题比较多。

《研究》中，原始瑶语与原始闽语的比较（2.3.2 节），是主要的问题。作者判断原始瑶语比原始闽语时间层次更早。但是从论证过程来看，作者做出这一判断，主要是根据双方的音值。但是判断时间层次时，应该是先考察双方的音类分合关系。原始闽语六组声母是否能追溯到原始汉语，也不能确定，已经有一系列研究从接触的角度尝试解释了原始闽语六组声母的产生（王福堂 1994、2004、2005，王洪君 2012）。为何可轻易排除类型学上的相似，也没有给出具体的解释。我们结合原书的论证来说明（表 3）：

表 3　　原始瑶语和原始闽语的六组塞音声母（原书表 2.40）

原始苗瑶语	原始瑶语	声母和声调配合	原始闽语	声母和声调配合
*p	*p	清不送气塞音 p+阴调	*p	清不送气塞音 p+阴调
$*p^h$	$*p^h$	清送气塞音 p^h+阴调	$*p^h$	清送气塞音 p^h+阴调
*b	*b	清不送气塞音 p+阳调	*b	清不送气塞音 p+阳调
*mp	*ʔb	浊塞音 b+阴调（非送气）	*-p	清不送气塞音 p+第九调
$*mp^h$	$*b^h$	浊塞音 b+阴调（送气）	$*b^h$	清送气塞音 p^h+阳调
*mb	*mb	浊塞音 b+阳调	*-b	清不送气塞音 p+第九调

原始闽语与原始瑶语的六组塞音中，有四组的构拟音值都一样，另外两组，一是原始闽语*-b 和原始瑶语的*mb，原始闽语中“-”代表的就是响音成分，与原始瑶语的*m-没有本质差异；二是原始闽语的*-p 和原始瑶语的*ʔb，浊音清化也是很常见的变化。因此类型学上的相似恐怕不能直接排除。而且，不知为何作者将外部比较放在了原始瑶语构拟之前来论述，逻辑上应该是先构拟了原始瑶语的音类和音值，再进行外部比较，否则无法判断用来比较的原始瑶语构拟是否可信。

三 亲缘分群

（一）分群与构拟的关系

音系构拟和亲缘分群，都是研究语言历史演变的手段。构拟通常不会一次到位，而是一个步步推进、不断检验完善的过程，而亲缘分群也不必是最终结果，而是还原语言演变历史过程中的一个环节。《瑶语方言历史比较研究》一书论证了放宽完全对应的标准，把构拟到原始语的语素标准确定为 8 个方言中有 5 个对应，进而根据构拟出的一批原始语语素进行了亲缘分群（第 3 章）。亲缘分群所依据的语言材料是经过严格对应检验的，因此亲缘分群的结果比较可靠。但是，亲缘分群完成以后，亲缘分群的结果又为进一步完善构拟提供了条件。在最高层级的两个（或多个）分支之间有对应的语素，即使有规则反映形式的方言少于 5 个，仍然可以判定为第一次分化之前就存在，也就同样可以构拟到原始语中。这样，原始语的语素就能进一步扩充。李子鹤（2021）就采取了这样的做法，将原始纳西语的构拟语素数量增加了约 2 倍。扩充原始语的语素，也许不会增加原始语的音类，但在进一步与亲属语言比较（外部比较）、构拟更高层次原始语的过程中，保证语素数量充足有很大的意义。

（二）分群依据的特征

目前学界常用的语言亲缘分群方法有两种，一是共享创新法，二是词源统计法。该书使用两种方法分别进行了瑶语方言的亲缘分群。在共享创新法的亲缘分群（第 3.1 节）中，作者在第 2 章分别总结声调、声母、韵母的演变规律的基础上，选择了 19 项创新特征作为亲缘分群的依据。但是，作者除了说明腭化、人称标记等在语言中平行发展概率很高的特征不适用于亲缘分群以外，并没有具体论述为何只选取这 19 项特征，而前面总结出来的很多音变都没有选取。当然我们很清楚，用于亲缘分群的特征如何选取，很难给出一个简明的标准。但是孙顺（2016：125—153）提供了另一种思路，就是将所有特征全部用于亲缘分群，不作人为选择。这种做法我们认为是有道理的。第一，平行发展概率高的特征，不一定在每个案例中都只是平行发展，也有可能是共享创新，因此一刀切地排除也有问题；第二，这种做法能最大限度地保存所有历史演变的信息，无论如何归纳原始语的音类、如何概括音变规律，只要把所有的音变都用来做亲缘分群，就不会遗漏任何演变信息，只是具体表述方式不同而已；第三，这种做法与生物学的“全基因组测序”方法思路一致，自20世纪90年代进入实际应用以来，全基因组测序已经逐渐成为生物谱系分类的常规操作手段，被大量的实践检验证明有效，因此在语言学中，这种思路也值得一试。

四 其他问题

书中还有一些比较零散的问题，下面分别说明。

（一）术语的使用

《研究》在声调构拟部分（第2.2节）用“调型”指称声调音高曲线的变化模式，与音高相对。但在这个意义上，用“调形”似乎更为恰当。朱晓农（2014）已经提到过这个问题，“调型”更适合用来指称声调的类型，即跨语言的、有音位性区别的声调种类。

声母构拟部分（第2.3节）多次使用“全清”“次清”“全浊”等跟汉语音韵学声类名称相类比的术语。然而汉语音韵学的这一套术语，在瑶语中并非处处可以类比。首先，汉语音韵学的这一套术语指的是声类，不是具体音值，但在瑶语中，作者显然用来指的是音值，例如第2.3.2小节中“全浊塞音声母配阴调”之类的表述；其次，涉及响音时难以类比，汉语音韵学所说的“次浊”类，学界公认其音值为鼻音、边音等响音声母，但汉语中鼻音、边音不分清浊，而瑶语中鼻音、边音也会分清浊，那么浊鼻音、边音应该归为“全浊”还是“次浊”呢？清鼻音、边音又该如何归类呢？总之，在非汉语中最好不用汉语音韵学的术语作类比命名。

（二）具体构拟

《研究》在声母*x（编号5.13）、*ɣ（编号5.15）的构拟值得商榷。首先看原书中支持这两个声母构拟的实例（表4）：

表 4　　原始瑶语的声母*x（原书表 2. 143）

索引	词项	江底	庙子源	罗香	梁子	滩散	东山	石口	大坪
819	锯子	dʑou24	jəu35	jou35	ȡou44	ȡɔu335	ȡəu24	tɕiu44	ki42
983	锯(木头)	dʑou24	jəu35	jou55	ȡou44	ȡɔu335	—	—	—
985	救(人)	dʑou24	jəu35	jeu35	ȡou44	ȡɔu335	ȡau24	keu44	gɛu42
1010	隔(山)	dʑɛ55	gɛ54	jɛ43	ȡe35	ȡɛ35	gjɛ53	—	—

表 5　　原始瑶语的声母*ɣ（原书表 2. 144）

索引	词项	江底	庙子源	罗香	梁子	滩散	东山	石口	大坪
997	嫌	dʑiːm31	gəŋ31	jem31	ȡeːm33	ȡiːm33	gjɛn31	kleŋ55	—
998	下(去)	dʑe13	je11	ja11	ȡa22	ȡa32	ȡa42	ka13	ga22

由以上两个表的内容可见，这两个声母的构拟有两个问题：第一，两条对应规则只有最后一个方言的反映形式不同，而*x 的例子中只有一个规则的（k，“锯子”），还有一个例外（g，“救”），这个例外还恰好是*ɣ 的规则反映形式。与其他差别不大又不易解释，从而暂时合并的对应规则比起来，这两条对应其实差别更小，也没有分开的确切证据。因此这两个声母可以考虑合并。第二，多个方言中反映形式均为塞音，塞音变为擦音比较常见，但擦音变为塞音不常见，因此原始形式构拟为擦音可能也不恰当。

两个声母如果合并为一类，最好构拟为浊音，因为反映形式大部分为浊音。发音方法最好构拟为塞音。考虑到多数方言的反映形式声母都有不同程度的腭化，原始形式应该还有介音。从其他有介音的声母构拟来看，支持*gj（编号 5. 33. 1）的对应规则，与这一类声母的对应规则基本平行，只是*gj 的反映形式均为清音，这一类除石口方言外均为浊音（见表 6）。

表 6　　原始瑶语的声母*gj（原书表 2. 153）

索引	词项	江底	庙子源	罗香	梁子	滩散	东山	石口	大坪
153	桥	tɕou31	tɕəu31	tɕou31	ȶou33	ȶɔu33	ȶəu31	tɕiu55	ku53
161	骑(车)	tɕei31	tɕei31	tɕei31	ȶei33	ȶɛi33	tɕi31	ki13	ki53
129	陡	tɕuːi231	tɕui232	tɕui213	ȶui32	ȶuːi31	—	—	ki22

因此我们认为原书构拟为*x 和*ɣ 的这两类声母可以合并，音值构拟为*ŋgj。前面的鼻冠成分可以解释反映形式的浊音，同时也填补了*ŋg 声母只配 w 介音不配 j 介音的空格（参见原书表 2. 49）。

五　结语

综上所述，《研究》是目前对瑶语比较和构拟最系统、最扎实的研究成果，总体研究方法得当，结论比较可靠。尽管存在一些小的缺憾，该书仍然可以作为进一步研究比较的基础。苗瑶语的重构，关系到苗瑶语与汉语是否同源这一重要的问题，该书的研究向着最终解决这一问题迈出了关键的一步。

参考文献

1. 陈保亚：《20 世纪中国语言学方法论》，山东教育出版社 1999 年版。

2. 陈其光：《汉语苗瑶语比较研究》，载《汉藏语同源词研究（二）》，广西民族出版社 2001 年版。

3. 李云兵：《苗瑶语比较研究》，商务印书馆 2018 年版。

4. 李子鹤：《原始纳西语和纳西语历史地位研究》，高等教育出版社 2021 年版。

5. 毛宗武：《瑶族勉语方言研究》，民族出版社 2004 年版。

6. 孙顺：《原始闽北语的重新构拟与演变》，博士学位论文，北京大学，2016 年。

7. 王辅世、毛宗武：《苗瑶语古音构拟》，中国社会科学出版社 1995 年版。

8. 王福堂：《闽北方言弱化声母和“第九调”之我见》，《中国语文》1994 年第 6 期。

9. 王福堂：《原始闽语中的清弱化声母和相关的“第九调”》，《中国语文》2004 年第 2 期。

10. 王福堂：《原始闽语构拟问题的研究过程》，《语言暨语言学》2005 年第 6 卷第 3 期。

11. 王洪君：《层次与断阶——叠置式音变与扩散式音变的交叉与区别》，《中国语文》2010 年第 4 期。

12. 王洪君：《也谈闽北方言的浊弱化声母——兼论原始语构拟如何鉴别和处理借用成分以及平等混合造成的无条件分化》，载《语言学论丛》第 46 辑，商务印书馆 2012 年版。

13. 张琨：《苗瑶语声调问题》，《“中研院”历史语言研究所集刊》1947 年第 16 卷。

14. 朱晓农：《声调类型学大要——对调型的研究》，《方言》2014 年第 3 期。

15. Blust, R.. 1980. Austronesian Etymologies I. *Oceanic Linguistics*, 19 (1), 1-181, 183-189.

16. Chang, K.. 1953. On the tonal system of the Miao-Yao languages. *Language*, 29, 374-378.

17. Chang, K.. 1966. A Comparative Study of the Yao tone system. *Language*, 42, 303-310.

18. Chang, K.. 1972. The reconstruction of proto-Miao-Yao tones. *Bulletin of the Institute of History and Philology*, 44, 541-628.

19. Hübschmann. H.. 1875. On the Position of Armenian in the Sphere of the Indo-European Languages. In W. P. Lehmann (ed). 1967. *A Reader in Nineteenth Century Historical Indo-European Linguistics.* Bloomington: Indiana University Press, 164-189.

20. Labov, W.. 2001. *Principles of Linguistic Change: Social Factors.* Maiden, MA: Blackwell Publishers.

21. Purnell, H. C.. 1970. Toward a Reconstruction of Proto-Miao-Yao. Ph. D. dissertation, Cornell University.

22. Ratliff, M.. 2010. *Hmong-Mien Language History.* Canberra: Pacific Linguistics.

23. Wang, F.. 2006. *Comparisons of Languages in Contact: The Distillation Method and the Case of Bai.* Language and Linguistics Monograph Series B: Frontiers in Linguistics III. Taipei: Institute of Linguistics, Academia Sinica.

24. Wang, W. S.-Y.. 1969. Competing changes as a cause of residue.

Language, 45, 9－25.

25. Weinreich, U., W. Labov, and M. Herzog. 1968. Empirical foundations for a theory of language change. In W. Lehmann an Y. Malkiel (eds.), *Directions for Historical Linguistics*. Austin: University of Texas Press, 95－188.

（李子鹤，男，助理教授、研究员，博士，从事历史语言学和中国少数民族语言研究。通信地址：北京市海淀区颐和园路5号北京大学中文系。邮编：100871。电子邮箱：lizh5635@163.com。）